权威·前沿·原创

皮书系列为
"十二五""十三五"国家重点图书出版规划项目

BLUE BOOK

智库成果出版与传播平台

日本蓝皮书
BLUE BOOK OF JAPAN

日本研究报告（2021）
ANNUAL REPORT ON RESEARCH OF JAPAN (2021)

新冠疫情剧烈冲击下的日本

中华日本学会
中国社会科学院日本研究所
主　编 / 杨伯江
副主编 / 吕耀东　唐永亮

社会科学文献出版社
SOCIAL SCIENCES ACADEMIC PRESS (CHINA)

图书在版编目（CIP）数据

日本研究报告.2021：新冠疫情剧烈冲击下的日本／杨伯江主编． -- 北京：社会科学文献出版社，2021.10
（日本蓝皮书）
ISBN 978-7-5201-8896-8

Ⅰ.①日… Ⅱ.①杨… Ⅲ.①日本-概况-2021 Ⅳ.①K931.3

中国版本图书馆CIP数据核字（2021）第218948号

日本蓝皮书
日本研究报告（2021）
——新冠疫情剧烈冲击下的日本

主　　编／杨伯江

出 版 人／王利民
责任编辑／王晓卿
责任印制／王京美

出　　版／社会科学文献出版社·当代世界出版分社（010）59367004
　　　　　 地址：北京市北三环中路甲29号院华龙大厦　邮编：100029
　　　　　 网址：www.ssap.com.cn
发　　行／市场营销中心（010）59367081　59367083
印　　装／三河市东方印刷有限公司

规　　格／开　本：787mm×1092mm　1/16
　　　　　 印　张：26　字　数：390千字
版　　次／2021年10月第1版　2021年10月第1次印刷
书　　号／ISBN 978-7-5201-8896-8
定　　价／168.00元

本书如有印装质量问题，请与读者服务中心（010-59367028）联系

▲ 版权所有 翻印必究

日本蓝皮书编委会

主　　编　杨伯江
副 主 编　吕耀东　唐永亮
编　　委（按姓氏笔画排序）
　　　　　　卢　昊　吕耀东　李　薇　杨伯江　吴怀中
　　　　　　张伯玉　张季风　张建立　张　勇　陈　祥
　　　　　　林　昶　胡　澎　徐　梅　高　洪　唐永亮

主编简介

杨伯江 法学博士，中国社会科学院日本研究所所长、研究员，博士生导师，中华日本学会常务副会长（法人代表），中国亚洲太平洋学会副会长。曾任国际关系学院教授、中国现代国际关系研究院研究员、美国布鲁金斯学会访问学者、哈佛大学费正清东亚研究中心访问学者、日本国际论坛客座研究员、日本综合研究开发机构客座研究员。主要研究方向为大国关系、亚太地区安全、日本问题。

近年来的主要研究成果：《平成时代日本对外援助的战略性演进及其特点》、《中日韩合作战"疫"与东北亚区域治理》、《从尼克松到特朗普：国际战略视角下两场"冲击"的历史比较与日本因应路径分析》、《日本参与"一带一路"合作：转变动因与前景分析》、《日本国家战略转型：认知重构与路径选择》、《构建中日新型国家关系：双轮驱动下的合作共赢》、《国际权力转移与日本的战略回应》、《新时代中美日关系：新态势、新课题、新机遇》、《特朗普执政以来的美日同盟：演变、矛盾及影响》、《弘扬条约精神，推动中日关系重返正常发展轨道》、《"一带一路"推进过程中的日本因素》（合编）、《习近平国际战略思想与对日外交实践》（合著）、《美国对日政策内在矛盾及地区战略影响分析》、《日本强化介入南海：战略动机、政策路径与制约因素》、《东北亚地区如何实现与历史的"共生"——从"大历史"维度思考中日韩和解合作之道》、《战后70年日本国家战略的发展演变》、《美国战略调整背景下日本"全面正常化"走向探析》、《日本民主党对外战略走向与中日关系》、《日本自民党政治走向历史性衰退》、《民主党新政与日本之"变"》、《中日关系:"暖春"时节的形势与任务》、"Redefining Sino-Japanese Relations after Koizumi"、《当前日本对外战略:成因、手段及前景》、《从总体趋势中把握中美日三边关系》、《当前日本社会思潮与"新民族主义"》等。

吕耀东 法学博士,中国社会科学院日本研究所副所长、研究员,博士生导师,中日社会文化研究中心主任,中华日本学会常务理事,中国中日关系史学会理事,中国社会科学院大学国际关系学院教授。研究方向为日本政治、大国关系、当代日本外交政策、东亚的冲突与合作等。

主要著作有《冷战后日本的总体保守化》(专著)、《中国和平发展与日本外交战略》(专著)、《日本国际战略及政策研究》(专著);论文有《中日四点原则共识落实的可行性探讨》《军国主义阴魂不散的深刻思想根源——明治维新后日本侵华思想的发展与演变》《战后日本外交战略理念及对外关系轨迹》《试析日本海洋战略理念及对华政策取向》《试论日本"总体保守化"的选举制度要因》《日美同盟"现代化"的战略意图——〈日美共筑亚太及超越亚太的未来〉共同声明解读》《试析中日两国冲突与纷争的历史问题因素》《论日本政治右倾化的民族主义特质》《总体保守化与政治右倾化的关联性分析——兼论第23届参院选举后的日本政局》《"日本梦"解构》《试析日本的环境外交理念及取向——以亚太环境会议机制为中心》《深化同盟机制:日美双边互动的战略愿景——〈面向未来的共同蓝图〉评析》《日本保守两党制的构想与实践》《21世纪初日本对外目标及外交战略探析》《中日双边互动模式:情境与调控》《美日同盟的发展轨迹》《试析日本的民族保守主义及其特性》《舆论中的中日关系:症结与分析》《日本战略性外交中的海洋政策探析》《日美同盟变局:表现与趋向》《后安倍时代的日本外交政策及中日关系走向》《拜登政府与美日同盟的发展趋向》等百余篇。

唐永亮 哲学博士,中国社会科学院日本研究所研究员,《日本学刊》

编辑部主任，中国社会科学院研究生院教授、硕士生导师。兼任中华日本哲学会常务理事，中国日本史学会常务理事，中华日本学会理事。曾任日本法政大学、国立历史民俗博物馆、皇学馆大学客座研究员、访问学者。研究领域为日本文化，主要研究方向为日本思想史、社会思潮。主要著作有《中江兆民的国际政治思想——日本近代小国外交思想的源流》（专著，2010）、《中江兆民》（专著，2012）、《日本现代化过程中的文化变革与文化建设研究》（合著，2009）、《21世纪初期日本的文化战略》（合著，2020），论文有《日本危机管理体系中的事后检证制度》《日本的"近代"与"近代的超克"之辩——以丸山真男的近代观为中心》《试析日本神道中的时空观念》《日本国民意识调查的历史、现状与意义》《试析日本的东亚文化共同体思想》《近代以来冲绳人群体认同的历史变迁》《从知事选举看冲绳县民的政治意识》《2015年围绕冲绳美军基地问题的政治博弈及其影响》《近年来冲绳基地问题：核心特征、利益博弈及其影响》《仁科芳雄及仁科研究室传统》《试论日本科学精神的内涵特征——以仁科室传统为例》等，译著有《何为日本人》（合译，2010）、《丸山真男讲义录 第六册》（独译，2017）、《丸山真男——一位自由主义者的肖像》（独译，2021）等。

摘　要

2020年，日本国内政治、经济、社会均受到新冠疫情的严重冲击，自民党虽然凭借"一强"优势继续执掌权柄，但首相安倍晋三在原本预计的"高光之年"黯然退场，曾经作为安倍左膀右臂的菅义伟当选自民党总裁并就任日本第99任首相。日本投入大量人力、物力和财力的"2020年东京奥运会"因新冠疫情被迫延期，原先期待能够借举办奥运会宣传本国品牌、推动旅游业发展、促进消费、刺激投资的美好愿景落空。

2020年第一季度日本实际GDP扣除物价因素后环比下降0.6%，按照年率计算降幅为2.2%，这是日本经济连续两个季度负增长。4月份"紧急事态宣言"发布后，第二季度实际GDP扣除物价因素后环比萎缩8.3%，按照年率计算降幅高达29.2%，创二战以来最大降幅纪录。此后，为提振经济、支持遭受重创的旅游业，日本政府出台了"Go To Campaign"旅行补贴政策，但面对"抗疫"和"恢复经济"的两难抉择，又不得不紧急叫停。2020年新冠疫情共造成日本20多万人感染、3000多人死亡，并导致财政状况恶化、失业人口增加、就业困难、收入减少、相对贫困化程度加深。

受新冠疫情的影响，安倍高举高打的"战后外交总决算"在周边外交中频频受挫。日俄关系进展缓慢，领土争端更是由于俄罗斯宪法修正案的生效而陷入僵局。日本与朝鲜半岛间的关系依然难以打开局面，日朝关系处于"隔空喊话"阶段，朝鲜未对日本提出的无条件对话建议做出有效回应。韩国"强征劳工案"的负面影响持续发酵，两国关系反复震荡、难见改善。相比周边外交而言，2020年日本外交在东南亚方向取得新进展。为强化与东南亚各国间的合作，日本不顾疫情的影响，坚持开展实地外交，菅义伟上任后将出访首选定在东南亚。

新冠疫情下，日本外交最为明显的特点是推动与"中等强国"间的合作，注重"印太"视阈下的"准同盟"机制构建。日英关系全面推进，安全防卫合作进展迅速。日印双边合作全面展开，两国关系得到升级。日澳合作深化，两国关系呈现"准同盟"发展趋势。随着日本"印太"构想的持续推进，日本与澳大利亚的双边合作不断提升，特别是在军事安全方面合作步伐加快。

日美同盟是日本外交安全的"基轴"，但特朗普政府秉持"美国优先"主义，令日方不断承压，同盟纽带有所松弛。菅义伟上台后承接了安倍时代"战略性外交"路线，随着特朗普下台，日美同盟重回强化轨道。美国候任总统拜登在与菅义伟通话中表示《日美安保条约》第五条"适用于"钓鱼岛，凸显日本在拜登时代的美国外交战略中的重要地位。

面对疫情冲击，中日之间既有守望相助、携手抗疫的温情时刻，也出现了日本国内将疫情政治化、激化东海局势等阻碍两国关系稳定发展的消极动向。2020年的中日关系经历了高开、低走、徘徊起伏的过程，与此前回暖、稳定向好局面相比，呈现明显回落态势。

展望2021年，在新冠疫情走势不明、美国"印太"战略进一步展开的背景下，受中日两国间固有矛盾、日本国内缺乏强有力控局人物、涉华国民情感低迷不振等因素影响，中日关系前景呈现较大的不确定性。

关键词： 新冠疫情　经济衰退　菅义伟　供应链安全　中等强国外交

目 录

Ⅰ 总报告

B.1 新冠疫情剧烈冲击下的日本
——2020～2021年日本形势回顾与展望
················· 杨伯江 朱清秀 陈 祥 / 001
一 安倍政权戛然而止，菅内阁经受严峻考验 ················· / 003
二 外交安全寻求突破，积极谋建新"战略支点" ················· / 011
三 中日关系高开低走，面临新情况、新挑战 ················· / 020

Ⅱ 分报告

B.2 2020年日本政治：被新冠疫情所左右 ················· 张伯玉 / 027

B.3 日本经济：全年跌宕起伏，对华经贸"危"中显"机"
················· 徐 梅 / 045

B.4 2020年日本外交：后安倍时期的承接与发展 ················· 吕耀东 / 060

B.5 2020年日本社会：新冠疫情的影响
················· 郭 佩 胡 澎 / 074

B.6 2020年日本文化：新自由主义的新动向 …………………… 张建立 / 088
B.7 2020年的中日关系及未来展望 ………………………………… 吴怀中 / 101

Ⅲ 疫情下的日本

B.8 日本"应对疫情特措法"的出台背景、效果评估及影响
　　………………………………………………………………… 张晓磊 / 122
B.9 公明党党首选举与"新山口体制"的建立
　　——山口领导下的公明党在抗疫中的作用和影响 …… 何晓松 / 138
B.10 2020年东京都选举及政局走向分析 ………………………… 孟明铭 / 151
B.11 疫情冲击下日本产业链调整动向及其影响 ………………… 田　正 / 164
B.12 疫情下中日民间交流新动向 ………………………………… 熊淑娥 / 177
B.13 疫情下的日本对非外交
　　——以日本对非抗疫援助为核心 …………………………… 王一晨 / 190
B.14 从2020年年度汉字和新语、流行语看日本社会
　　与国民心态 …………………………………………………… 王瓒玮 / 203

Ⅳ 专题研究

B.15 中美日三边关系动向及日本的战略应对 …………………… 卢　昊 / 214
B.16 从日澳合作看美日印澳"四边机制"的未来走向 ………… 庞中鹏 / 230
B.17 越南轮值东盟主席国期间日越关系新动向 ………………… 白如纯 / 241
B.18 英国"脱欧"背景下的日欧关系 …………………………… 陈静静 / 254
B.19 日本太空战略新动向及其影响 ……………………………… 孟晓旭 / 268
B.20 日本《综合创新战略2020》的实施及其政策创新 ……… 陈　祥 / 282
B.21 RCEP框架下日本对华经济外交走势 ……………………… 常思纯 / 295
B.22 "经济安全"被纳入日本国家安保战略的意图及影响
　　………………………………………………………………… 张玉来 / 309
B.23 "日本学术会议"争议及其社会反应分析 ………………… 邹皓丹 / 323

Ⅴ 附录

B.24 2020年日本大事记 …………… 陈静静　孟明铭　邓美薇 / 336

Abstract ……………………………………………………… / 353
Contents ……………………………………………………… / 356
要　旨 ………………………………………………………… / 374
目　次 ………………………………………………………… / 377

总报告
General Report

B.1
新冠疫情剧烈冲击下的日本
—— 2020~2021年日本形势回顾与展望

杨伯江　朱清秀　陈祥*

摘　要： 2020年，新冠疫情肆虐全球，对日本政治、经济、社会及外交造成全面剧烈冲击，日本的抗疫模式遭遇重挫，东京奥运会被迫延期。自民党执政高开低走，首相安倍晋三在原本预计的"高光之年"挂冠而去，菅义伟内阁在防疫与提振经济之间左支右绌，陷入困境。日本经济急剧衰退，内需外贸双双下挫，全年实际GDP负增长4.8%。疫情对安倍"俯瞰地球仪外交"造成冲击，日本"国际战略活跃度"指数下滑，与近周边国家关系普遍僵冷。但日本积极开展"疫情外

---

* 杨伯江，法学博士，中国社会科学院日本研究所所长，中华日本学会常务副会长（法人代表），主要研究方向为大国关系、亚太地区安全、日本问题；朱清秀，法学博士，中国社会科学院日本研究所副研究员，主要研究方向为日本政治与外交、海洋安全；陈祥，文学博士，中国社会科学院日本研究所副研究员，主要研究方向为日本问题、环境史、近代日本侵华史。

交"，通过线上线下相结合等灵活方式，推动双多边合作取得进展，对欧洲、东南亚外交取得新进展。同时，日本继续推进与"中等强国"合作，着力打造新"战略支点"，深化日欧关系，借引"欧洲因素"入亚太、印太，构建有利于日本的地区战略平衡。随着美国民主党候选人拜登赢得总统选举，日美同盟开始重回强化轨道。2020年，中日关系出现波动，遭遇新问题、新挑战。随着疫情在日本迅速蔓延以及中日钓鱼岛争端再度凸显，执政的自民党的涉华消极言论和动作增多，菅内阁试图借"疫情牌"在台湾以及香港等问题上触碰中国底线。展望2021年，受新冠疫情走势、日本国内政治及中日美三边互动等影响，中日关系前景呈现较大的不确定性。

关键词： 安倍晋三　菅义伟　《外交蓝皮书》　中日关系　RCEP

2020年，新冠疫情引发日本政坛"地震"，创下首相任期最长纪录的安倍晋三宣布辞职，接班的菅义伟内阁在防疫与提振经济之间陷入困境。日本失业率时隔11年上升，就业人数时隔8年减少，[1] 全年实际GDP负增长4.8%。[2] 其中，第二季度按年率计算环比下降29.2%，创二战以来最大跌幅。另外，日本积极开展"疫情外交"，对欧洲、东南亚外交取得新进展，但近周边关系普遍僵冷，继续成为日本对外战略的短板。日本着力深化与欧盟、北约的合作，将"欧洲因素"纳入亚太、印太"战略平衡方程式"；迫切修复日美同盟，获得美国民主党政权在钓鱼岛争端上的支持。受疫情及其

---

[1] 総務省統計局『労働力調査（基本集計）2020年（令和2年）平均結果の要約』、2021年1月29日、https://www.stat.go.jp/data/roudou/sokuhou/nen/ft/pdf/index1.pdf［2021-02-17］。
[2] 内閣府「2020年10～12月期四半期別GDP速報（1次速報値）」、https://www.esri.cao.go.jp/jp/sna/data/data_list/sokuhou/gaiyou/pdf/main_1.pdf［2021-02-17］。

外溢影响的冲击，2020年，中日未能就落实两国领导人达成的"十点共识"、构建"契合新时代要求的中日关系"取得预期进展。而且，随着全球变局进程加快，日本的战略焦虑感上升，自民党内涉华消极言论、动作频频，菅内阁试图借"疫情牌"在台湾及香港等问题上触碰中国底线，使中日关系面临新问题、新挑战，未来的不确定性增大。

一 安倍政权戛然而止，菅内阁经受严峻考验

2020年，突如其来的新冠疫情搅动全球局势，对日本国内政治、经济、社会及外交造成剧烈冲击，日本的抗疫模式遭遇重大挫折，东京奥运会被迫延期。年初高开的自民党执政形势迅速走低，首相安倍在原本预计的"高光之年"宣布辞职。自民党虽凭借政坛"一强"优势继续执掌权柄，但继承安倍路线的菅义伟内阁在有效防疫与提振经济之间陷入"逐二兔而不得其一"的两难境地。

（一）新冠疫情肆虐日本，抗疫模式遇挫

2020年在新冠疫情突袭而至的初期，日本就制定了相关对策措施。1月6日，厚生劳动省报道中国武汉出现疫情；16日，厚生劳动省公布了日本国内首个新冠肺炎感染病例；21日，安倍内阁召开疫情相关对策阁僚会议，通过四项应对病毒传播的措施；30日，日本成立了由首相安倍担任本部长的"新型冠状病毒感染症对策本部"。然而，此后至2020年底，日本相继暴发三波疫情，抗疫模式严重受挫。

在日本第一波疫情来袭时，最先引起关注的是2月3日抵达横滨港的"钻石公主号"邮轮发生的疫情，3711位乘客中最终有712人感染，其中13人死亡。2月13日，日本国内出现首个死亡病例，疫情开始迅速蔓延。次日，对策本部出台首轮紧急对策措施：进一步强化入境管控，针对从出现大量确诊病例地区来日的外国人、乘坐可能发生传染情况的船只的外国人，日本迅速采取措施，禁止他们入境；向旅居武汉的763名日本人回国及回国后

的生活、进行健康管理提供援助；基于《检疫法》对"钻石公主号"邮轮进行检疫。紧急对策措施预算总额达153亿日元。然而，紧急对策未能阻止新冠疫情在全国的扩散之势。日本政府随后迅速成立医疗权威专家会议，将抗疫措施决策权交付专家会议，明确"政府将根据专家会议提出的医学的、科学的建议，并且不拘泥于过去的例子，先行一步推进对策"。[1] 2月27日，安倍宣布全国中小学临时停课。3月10日，对策本部决定动用财政资金4308亿日元、融资援助1.6万亿日元，用于防止传染范围扩大及完善医疗体制、应对学校临时停课带来的问题、应对企业经营收缩和支持就业等。[2] 3月12日、13日，日本众参两院先后通过《新型流感等对策特别措施法》修正案；4月7日，政府基于此法针对东京、大阪等七个都府县发布"紧急事态宣言"；16日又将"紧急事态宣言"适用范围扩大至全国。第一波疫情期间，日本采取了缺乏强制性的"号召民众外出自肃"的措施，提倡"新生活样式""戴口罩和避免三密（密闭、密集、密接）"等防疫做法。

疫情冲击下，日本往日繁华的街区一片静寂，社会经济饱受冲击。5月25日"紧急事态"结束后，安倍政府涉险重启经济，6月19日，全面放开国内人员流动，许多行业迅速转向复工复产，棒球、相扑等体育比赛相继重开。同时，安倍政府尝试缓解疫情对旅游业的冲击，推出"Go To Travel"（去旅游）政策，鼓励民众出门旅游，由政府补贴部分住宿费和交通费。但自7月2日正式实施"去旅游"政策开始，不仅东京都连续出现日增破百确诊病例的情况，而且疫情开始向其他城市蔓延。第二波疫情的传播呈现以年轻人为主的特点，高峰出现在8月7日，确诊病例达1595人。

8月28日，安倍以个人健康为由宣布辞职，曾长期担任安倍内阁官房长官的菅义伟在党内"政治力学"作用下战胜自民党政调会长岸田文雄、

---

[1] 首相官邸「新型コロナウイルス感染症対策専門家会議（第1回）」、2020年2月16日、https：//www.kantei.go.jp/jp/98_abe/actions/202002/16corona_sen.html［2021-03-17］。
[2] 首相官邸「新型コロナウイルス感染症に関する緊急対応策第2弾の規模」、https：//www.kantei.go.jp/jp/singi/novel_coronavirus/th_siryou/kinkyutaiou2_kibo_corona.pdf［2021-02-17］。

自民党前干事长石破茂,当选日本第99任首相,并于9月16日组成"防疫内阁"。日本民众对这位"务实的农民的儿子"抱以极高期待,组阁之初,支持率高达74%,创下战后第三高纪录。① 菅任命前厚生劳动大臣加藤胜信出任内阁官房长官,并延聘顶级流行病专家作为政府智囊。菅内阁的当务之急是控制疫情,而深层挑战是在"抗疫"与"恢复经济"之间取得平衡。疫情使日本经济环境极度恶化,入境限制导致"旅游经济"腰斩,"自肃"等防疫要求让企业苦不堪言。根据东京商工研究所发布的数据,2020年1~8月,日本餐饮业破产案达583件,同比增长13.2%,并创下历史最高纪录。② 菅内阁急欲实现"鱼和熊掌兼得",包括通过加速推动"去旅游"政策刺激经济反弹。尽管第三波疫情的来袭在10月即有征兆,但日本政府仍决定从11月1日起大幅放宽对12个国家和地区的旅行限制,人员入境无须进行核酸检测,出机场后凭自觉不乘坐公共交通工具,实施居家隔离政策。

进入11月,日本第三波疫情暴发,新冠疫情对策担当大臣西村康稔意识到日本面临极端严峻形势,呼吁民众近期全力应对疫情扩散,"接下来是紧要关头,将决出胜负"③。第三波疫情呈现感染人群从年轻群体扩展到高龄群体、重症患者数量急剧增加的特点。12月,日本新增感染和重症患者数量屡创新高,各地医疗体系进入"紧迫、危机感很高的极限状态",收治重症患者的病床严重不足,并且对普通医疗服务造成严重影响。④ 菅内阁的抗疫政策饱受诟病,被迫宣布从2020年12月28日到2021年1月11日暂停实施"去旅游"政策。但这仍然无法阻止第三波疫情高峰的到来,新冠肺炎感染病例数量不断刷新纪录。2021年1月2日,东京都知事小池百合子请求中央政府再度发布"紧急事态宣言"。1月7日、8日、9日,日本新

---

① 注:仅次于小泉纯一郎内阁的87%和鸠山由纪夫内阁的75%,不支持率仅为14%。
② 東京商工リサーチ「『飲食業の倒産状況』調査(2020年1-8月)」、https://www.tsr-net.co.jp/news/analysis/20200914_01.html［2021-01-21］。
③ 「西村経済再生相『この3週間が勝負だ』新型コロナ対策強化」、NHKニュース、https://www3.nhk.or.jp/news/html/20201126/k10012732631000.html［2021-01-21］。
④ 「医療体制各地でひっ迫 危機感高まる 『ギリギリの状態』」、NHKニュース、https://www3.nhk.or.jp/news/html/20201204/k10012745921000.html［2021-01-21］。

增感染人数分别达 7556 人、7875 人、7771 人①，成为第三波疫情的高峰时刻。1 月 7 日，菅向首都圈 1 都 3 县（东京都、埼玉县、千叶县和神奈川县）发布"紧急事态宣言"，为期一个月，1 月 13 日追加大阪府等 7 地，2 月 2 日又宣布将上述 10 地（栃木县除外）的"紧急事态宣言"期限延长一个月至 3 月 7 日。总体来看，新冠疫情在日本没有出现失控状态，但也没有得到完全有效控制，政府的防疫措施缺乏灵活性，政府的反应速度较慢，没有兑现菅所承诺的"为守护国民的生命和生活，要在防疫对策上'下先手棋'"②。

（二）菅内阁负重前行，陷入防疫与复苏经济两难境地

2020 年伊始，首相安倍在新年感言中提出，"目前，需要更多直面未来的动力，在令和新时代构建一个更强大的日本"。他雄心勃勃地勾勒了 2020 年日本要完成的几件大事：推进社保领域的改革、举办东京奥运会以及修改宪法。③ 2020 年原本应是在安倍成为日本宪政史上在位时间最长的首相之后成功举办东京奥运会的"高光之年"，但其因受新冠疫情冲击而遭遇政治生涯的"滑铁卢"，精心策划的一系列重要议程被迫推迟。

安倍内阁对社保领域改革的设计始于 2019 年 9 月设置"全世代型社会保障检讨会议"，之后于 12 月完善了对年金、医疗、介护、就业等领域进行改革的中间报告，提出"人生百年时代"理念，重点如下：一是促进老年人就业；二是不分年龄，民众根据经济能力要求承担"相应（纳税）负担"。④ 但此后受新冠疫情影响，就业形势收紧，日本朝野各党都出现"应

---

① 「新型コロナウイルスの感染状況」、『朝日新聞』、https：//www.asahi.com/special/corona/ ［2021 - 01 - 21］。
② 首相官邸「全世界からの外国人新規入国一時停止等についての会見」、https：// www.kantei.go.jp/jp/99_suga/actions/202012/28bura.html ［2021 - 02 - 10］。
③ 首相官邸「安倍内閣総理大臣　令和 2 年　年頭所感」、https：//www.kantei.go.jp/jp/98_ abe/statement/2020/0101nentou.html ［2021 - 02 - 10］。
④ 「全世代型社会保障、高齢者の『応能負担』明記　自民素案」、朝日新聞デジタル、https：//www.asahi.com/articles/ASMD962C6MD9UTFK021.html ［2021 - 02 - 10］。

慎重考虑增加患者负担"的声音，厚生劳动省认为2020年是"团块世代"全面进入75岁高龄之年，应慎重采纳个人承担20%医疗费用的建议。

新冠疫情暴发后，日本能否如期举办东京奥运会成为全球关注的问题，安倍的表态随时间流逝而逐渐变化：2月坚称"东京奥运会将按照计划举行"，3月上旬变为"全力准备东京奥运会召开"，3月中旬改口为"希望东京奥运会以完整形式呈现"，3月下旬松口表示"可以考虑延期举办"，最终在3月24日日本相关人员与国际奥委会主席巴赫通话后确认东京奥运会延期一年举办。这也是现代奥林匹克运动会首次被推迟。此前，日本已经向东京奥运会投入大量资金和人力，延期造成的经济损失估计达6408亿日元。①

修改《日本国宪法》是自民党的"立党宗旨"和奋斗目标，更是安倍源于家族政治基因的平生夙愿，他在执政期间一直念兹在兹。2019年9月再次改组内阁后，安倍推动修宪的步伐加快，表示"希望一定由我来实现（修宪）"。2020年初，安倍在自民党机关"中央政治大学"的演讲中称，"现行宪法从制定起已逾70年，我们应该修改里面一些过时的内容，第九条居首"。② 但日本民众及在野党反对修宪的态度坚定。新冠疫情的暴发令推动修宪成为"可缓行之事"，不仅与自民党联合执政的公明党代表山口那津男明确表示"宪法问题需要等到形势稳定之后再讨论"，自民党内部也认为"新冠疫情令修宪的时机凋零了"。③ 最终安倍未能在任内完成修宪。

菅义伟接任首相后明确表示将继承安倍的政策和路线，承诺要抗击新冠疫情，恢复日本经济。一是继续推行"安倍经济学"。安倍第二次执政后推

---

① 「東京五輪…経済的損失は延期約6408億円、中止約4兆5151億円」、リセマム、https://resemom.jp/article/2020/03/19/55429.html［2021-04-10］。
② 「安倍総理 自民党議員に『時代にそぐわない部分は改正を行っていくべきではないか。その最たるものが憲法9条だ』」、『政治知新』、https://seijichishin.com/?p=30409［2021-02-10］。
③ 「安倍首相、憲法改正さらに険しく＝新型コロナで国会議論停滞」、時事通信、https://sp.m.jiji.com/article/show/2379843［2021-02-11］。

出了包括灵活财政政策、量化宽松货币政策和促进民间投资增长等的"安倍经济学"，在执政的近八年间，东京股市从8000多点飙升到2.2万点，多数大企业实现盈利，失业率创1994年以来的新低。然而，在进入改革深水期后，"安倍经济学"呈现强弩之末态势，新冠疫情的剧烈冲击又将此前取得的成果全部抹去，菅内阁可供回旋的政策空间很小，只能在继续推行"安倍经济学"的基础上修修补补。菅内阁组建之初，日本央行行长黑田东彦即表示将继续实行宽松货币政策，"日本央行会与政府密切沟通来引导货币政策。无论是前首相安倍晋三还是新首相菅义伟，这一点都不会改变"。①在财政政策方面，菅在内阁会议上下达指示，要求追加经济对策，并于12月8日通过了金额高达73.6万亿日元的经济刺激方案。② 二是弥补日本在抗疫中暴露的短板。日本在疫情冲击下暴露出来的有关行政运行及企业运营的最大问题之一是数字化水平低，政府相关部门各自推行数字化措施，反而造成"多龙治水"的混乱局面。基于对企业和政府都需要增加IT和数字化投资以提高效率的判断，菅着手设立"数字厅"，以作为"拥有强大'司令塔'功能，囊括政府和民间的高水平人才，能够引领日本社会整体实现数字化的组织"，统筹国家数字化发展战略。同时，日本政府推动逐步废除行政手续中的"印章文化"，要求运营商降低手机资费。③ 三是接力解决历届内阁遗留下来的问题。10月26日，菅首次发表施政演说，宣布2050年日本将实现温室气体零排放。这是日本首相首次提出实现无碳社会目标的具体时间表。此外，为应对少子化问题，菅内阁力推将不孕不育症的治疗纳入医保范围。④

新冠疫情冲击之下，菅内阁表现出集中精力处理内政事务而不像安倍

---

① 「政府としっかり連携、雇用含め経済の発展目指す＝菅政権発足で黒田日銀総裁」、朝日新聞デジタル、https：//www.asahi.com/business/reuters/CRBKBN26811J.html［2021－02－17］。
② 首相官邸「国と地方の協議の場」、https：//www.kantei.go.jp/jp/99_suga/actions/202012/14kunitochiho.html［2021－02－17］。
③ 陈祥：《设立"数字厅"：菅内阁的数字化战略》，《世界知识》2020年第24期。
④ 首相官邸「第二百三回国会における菅内閣総理大臣所信表明演説」、https：//www.kantei.go.jp/jp/99_suga/statement/2020/1026shoshinhyomei.html［2021－02－17］。

政权那样注重外交的施政特点,安倍亲信稻田朋美、今井尚哉等被从首相官邸"移除",同时,菅马不停蹄地约见大批民间人士并听取施政谏言。面对疫情,无论是安倍还是菅,施政均围绕实现疫情防控与经济振兴平衡展开,都标榜兼顾疫情防控和恢复经济,但在实际中都表现出偏重经济复苏、疏于疫情防控的倾向。菅继任前,日本已经历两波疫情冲击,防疫形势严峻,经济严重衰退,GDP连续三个季度出现负增长。随着第三波疫情迅速暴发,菅内阁实际上陷入保经济与抓防疫"逐二兔而不得其一"的两难困境,在社保改革方面不得不打出"打造自助、共助、公助和纽带的社会"的口号。同时,作为长期担任安倍内阁官房长官的菅首相,还需要处理安倍遗留下来的"森友学园""加计学园""赏樱会"等一系列政治丑闻。多重压力之下,菅内阁的支持率迅速走低,至2020年底已降至39%。①

(三)日本经济严重衰退,形势严峻且前景不明

受消费税税率上调等因素影响,2019年第四季度,日本国内生产总值(GDP)扣除物价因素后环比下降1.8%,按年率计算为-7.2%,创近六年来的最大降幅。2020年初,日本政府月度经济报告及部分财团经济研究都预判"日本经济完全有可能转入景气扩大的轨道"。然而,随着新冠疫情暴发,形势急转直下,第一季度,日本实际GDP环比下降0.6%,按年率计算降幅达2.2%。② 4月,安倍政府发布"紧急事态宣言"后,政府要求民众外出"自肃",娱乐设施停业,导致以服务业为主的个人消费迅速下滑。随着各国纷纷采取"封城"措施,日本对欧美的汽车出口和资本输出遭受重创;外国访日游客大幅减少,重创日本国内消费和服务业。

---

① 「田原総一朗『国民甘く見たしっぺ返し 今さら焦るあきれた菅内閣』」、『週刊朝日』2021年1月6日,https://dot.asahi.com/wa/2021010400046.html [2021-02-17]。
② 内閣府「2020年10~12月期四半期別GDP速報」(1次速報值)、2021年2月15日、https://www.esri.cao.go.jp/jp/sna/data/data_list/sokuhou/gaiyou/pdf/main_1.pdf [2021-03-03]。

受内外需求急剧下降的影响，企业收益、设备利用率大幅走低，前景的不确定性增加打击了企业的信心，导致设备投资减少。2020年第二季度，日本实际GDP环比萎缩8.3%，按年率计算降幅高达29.2%，创二战以来最大降幅纪录。① 5月25日，日本全面解除"紧急事态宣言"，政府通过发放家庭补贴等方式加大刺激力度，此前被抑制的需求得到释放。第三季度，实际GDP环比增长5.3%，按年率计算增长22.9%，实现四个季度以来的首次环比增长，且创下52年来的最大增幅，② 但仍无法抵消第二季度严重下滑造成的损失。此后，全球制造业强力反弹对出口的拉动作用在一定程度上弥补了日本内需的疲软，第四季度实际GDP环比增长3%，按年率计算增长12.7%，连续两个季度实现正增长，增幅超出市场预期。从全年来看，日本GDP萎缩4.8%，是2008年全球金融危机以来首次出现年度萎缩，但整体好于此前国际货币基金组织（IMF）关于日本GDP全年萎缩5.3%的预测。③

面对新冠疫情在全球持续蔓延，以及国内自然灾害频发、日韩矛盾升级等因素叠加，2020年，日本工矿业生产指数较上年骤降10.1%；大型制造业企业信心指数从9月的5点连续4个月恶化，降至12月的0点；全年新车销量下降11.5%，创2011年以来的最大降幅。2020年，日本股价未受疫情明显影响，在12月30日东京证券交易所年内最后一个交易日，日经平均指数收盘报27444.17点，重回1990年水平，但这说明在菅继承安倍金融财政政策的背景下，流动性的大量注入让日本股市呈现"虚假的繁荣"。实际上，日本经济面临内需提振乏力、反弹前景不明的困境。特别是，作为日本经济不可或缺的重要组成部分，数量众多、涉及细分领域广泛的中小企业受疫情的冲击最为严重，破产数量增加将对日本产业结构造成巨大影响。而且，由于日本未

---

① 内閣府「2020年4~6月期四半期別GDP速報（2次速報値）」、https://www.esri.cao.go.jp/jp/sna/data/data_list/sokuhou/files/2020/qe202_2/pdf/gaiyou2022.pdf［2021-01-11］。

② 内閣府「2020年7~9月期四半期別GDP速報（2次速報値）」、https://www.esri.cao.go.jp/jp/sna/data/data_list/sokuhou/gaiyou/pdf/main_1.pdf［2021-01-11］。

③ IMF, "World Economic Outlook (October 2020)," https://www.imf.org/external/datamapper/datasets/WEO［2021-01-17］.

着力自主研发新冠病毒疫苗，而是将希望寄予从辉瑞、阿斯利康等国外企业进口疫苗，随着新冠肺炎变异毒株的扩散，预计其所预订疫苗的到位率很难满足国内需求，日本将在较长时间内处于疫情的严重威胁之下，经济社会发展前景充满不确定性，延期举行的东京奥运会也因此备受困扰。

为尽量减缓新冠疫情的冲击，借力中国率先复工复产等外部要素拉动经济复苏，日本在对外政策层面采取加快推动区域经济合作进程等多项对冲措施。对于已谈判八年之久的"区域全面经济伙伴关系协定"（RCEP），日本放弃"无印度、不签约"的原有政策立场，于2020年11月15日与印度之外的其他14个成员国共同签署。世界上人口数量最多、成员结构最多元、发展潜力最大的东亚自贸区由此形成。此外，鉴于英国于2020年1月31日正式"脱欧"，并在年底过渡期结束时退出日欧经济伙伴关系协定（EPA），日英两国于6月启动相关谈判，于10月23日正式签署日英EPA。该协定的签署在短期内化解了英国"脱欧"对日本企业供应链造成的影响，减轻了日本投资者对英国金融环境的担忧。长远来看，日本借此进一步充实了在全球尤其是欧洲的经贸伙伴网络，强化了与欧洲国家的经济联系，完善了国际经济战略布局。同时，日英EPA的签署还为日本主导"全面与进步跨太平洋伙伴关系协定"（CPTPP）扩容铺平了道路。

二 外交安全寻求突破，积极谋建新"战略支点"

2020年新冠疫情肆虐全球，制约了人员的跨境流动，同样严重冲击了安倍力推的"俯瞰地球仪外交"。安倍在国际场合的出镜率大幅下降，日本对外"战略活跃度"受到极大限制。为尽量减少出访受阻、实体会议锐减造成的损失，日本采取线上线下结合的灵活方式，积极开展"疫情外交"，在推动双多边安全合作方面取得一些进展。2020年，日本与周边关系依然处于僵冷状态，但在推动区域经济合作方面取得进展，对东南亚外交成为亮点，对欧各领域合作不断深化，与美国的关系重回强化同盟轨道。

（一）周边关系陷入停滞，东南亚外交呈现亮点

2020年，安倍高举高打的"战后外交总决算"在新冠疫情的冲击下进一步受挫，日俄关系陷入僵局，围绕北方四岛（俄称"南千岛群岛"）争端的谈判伴随俄罗斯修宪而倒退。日本对朝鲜"隔空喊话"，其提出的进行"无条件对话"的建议未得到朝鲜的回应。由于韩国强征劳工案的影响持续发酵，日韩关系处于反复震荡、构筑阶段性底部的过程。在周边外交受挫，与邻国关系普遍僵冷的同时，2020年，日本外交在东南亚方向取得新进展。

日俄关系止步不前，对领土争端的解决陷入僵局。安倍原定于2020年5月访问俄罗斯，推进日俄首脑对话，深化相互信赖关系，为陷入停滞的北方四岛领土谈判打开局面。在1月30日参议院预算委员会会议上，安倍表示，"如果能从首脑会谈中挤出时间，就将考虑参加俄罗斯纪念卫国战争胜利75周年的庆典"。① 然而，受疫情影响，俄罗斯决定推迟庆典活动，安倍访俄的计划也随之化为泡影。5月7日，安倍通过与普京总统通电话的方式祝贺俄罗斯卫国战争胜利75周年。与此同时，俄罗斯不断从历史、法理上强化对南千岛群岛的主权。4月24日，普京签署法案，将二战结束日由原来的1945年9月2日改为9月3日。对于俄方的此次改动，日本国内认为"战争胜利日的更改，本质上是在恢复'俄罗斯战胜日本'的纪念日，让日本承认南千岛群岛作为俄罗斯领土的合法性"。② 此后，俄罗斯通过修宪从法理上强化对南千岛群岛的主权主张，为日俄领土争端的解决进一步蒙上阴影。6月25日至7月1日，俄罗斯举行宪法修正案全国公投，7月4日，"俄罗斯宪法修正案"正式生效，明确禁止"领土割让"，这意味着解决领

---

① 竹本能文「旧ソ連戦勝75周年式典、出席検討する＝安倍首相」、『朝日新聞』2020年1月30日、https://www.asahi.com/international/reuters/CRWKBN1ZT0AU.html［2021-01-24］。

② 石橋亮介「ロシアの戦勝式典、『9月3日なら首相欠席』日本が伝達」、『朝日新聞』2020年4月28日、https://www.asahi.com/articles/ASN4X3Q9GN4WUTFK00L.html［2021-01-24］。

土争端的前景变得更加黯淡。从俄方立场看，正如俄罗斯国家杜马主席沃洛金所言，"南千岛群岛问题已经了结"。① 9 月 29 日，日本首相菅义伟与普京举行电话会谈，表示"不应该把领土问题留给后代解决，我国依然坚持解决领土纠纷后再签订和平条约的基本方针"②，但未得到俄方的积极回应。解决领土争端一直是日本推进对俄外交的主要着眼点和动力源，俄罗斯在历史、法理方面强化对南千岛群岛的主权归属，使俄日领土争端的解决更加艰难，日本改善对俄关系的动力也因此而削弱。

日本缓和对朝鲜的姿态未获回应，日朝关系仍陷"冰冻状态"。2020 年 1 月 20 日，安倍在众议院全体会议上发表施政演说，表示"2020 年是日本进行'战后外交总决算'、确立新时代外交的关键之年。在东北亚地区日益严峻的安全环境下，发展与邻国间的外交关系非常重要"。在日朝关系上，"日本将基于《日朝平壤宣言》精神，推进日朝间各种问题的解决"，并强调"为解决'绑架人质'问题，愿不设任何条件与朝鲜最高领导人举行会谈"。③ 菅义伟延续安倍的对朝政策，在 10 月 26 日的施政演说中，强调"人质问题是本届内阁的最重要课题，我决心不设任何条件与金正恩委员长直接会面，清算不幸的历史，实现两国关系的正常化"。④ 然而，日方对朝方的"隔空喊话"、谋求关系松动的姿态并未获得朝鲜方面的回应，日朝关系全年处于"冰冻状态"。

日韩矛盾未见缓解，相互对立情绪在两国社会持续蔓延。2020 年，强征劳工案的影响继续发酵，造成日韩之间的对立呈现扩大化趋势，并进一步

---

① 石橋亮介・佐藤達弥「『夢を見たければ勝手に』ロシア、北方領土交渉にまた壁」、『朝日新聞』2020 年 7 月 25 日、https：//www. asahi. com/articles/ASN7S6GV5N7MUHBI00G. html ［2021 - 01 - 23］。
② 首相官邸「プーチン・ロシア大統領との電話会談についての会見」、2020 年 9 月 29 日、https：//www. kantei. go. jp/jp/99_ suga/actions/202009/29bura. html ［2021 - 01 - 24］。
③ 首相官邸「第二百一回国会における安倍内閣総理大臣施政方針演説」、2020 年 1 月 20 日、https：//www. kantei. go. jp/jp/98_ abe/statement/2020/0120shiseihoushin. html ［2021 - 01 - 17］。
④ 首相官邸「第二百三回国会における菅内閣総理大臣所信表明演説」、https：//www. kantei. go. jp/jp/99_ suga/statement/2020/1026shoshinhyomei. html ［2021 - 01 - 23］。

向经济、贸易及科技等领域蔓延。6月18日，韩国就2019年日本对向韩国半导体材料出口采取管制措施，向世贸组织（WTO）提起诉讼。7月，韩国一家私人植物园在园内新建一座名为"永恒赎罪"的雕像，一男子跪伏在地向一位"慰安妇"谢罪，而该男子长相酷似安倍。对此，日本时任内阁官房长官菅义伟在记者会上表示，"如果报道准确的话，那将是不可原谅的违反国际协议的行为，将对日韩关系产生决定性影响"。① 8月4日，韩国法院扣押日本制铁公司在韩资产的法令正式生效，对此，菅表示"韩方此举将引发严重后果"。日韩对立在两国社会滋生对抗情绪，韩国国内抵制日货运动（"NO JAPAN"运动）进一步升级，日产汽车、本田汽车、朝日啤酒以及优衣库等日本品牌的消费品在韩国的销售额持续走低。日产汽车最终决定退出韩国市场，优衣库在韩国的旗舰店也计划在2021年关闭。"NO JAPAN"运动叠加新冠疫情的冲击，使日韩两国间的贸易、人员往来进一步减少。以韩国进口的日本啤酒为例，2020年进口额为566.8万美元，同比减少85.7%，日本在韩进口啤酒国家排行榜上跌落至第9名。② 日本内阁府公布的调查数据显示，只有34.9%的日本受访者对韩国有亲近感，有82.4%的受访者认为日韩关系不好。③ 日韩两国间的对立也给地区合作带来负面影响，加之受疫情冲击，原计划于2020年在韩国召开的第九届中日韩领导人会议未能如期举行。

日本对东南亚外交亮点频出，双多边合作全面展开。面对疫情冲击，日本进一步意识到供应链安全对国家经济安全的重要性，意识到东南亚在地缘战略竞争中的重要性。为减少对特定国家供应链的依赖，日本政府明确提出要对国际供应链进行优化，资助日本企业将海外生产据点撤回日本国内或分

---

① 神谷毅「韓国で少女像に謝る安倍首相の像　菅氏『許されない』」、『朝日新聞』2020年7月28日、https：//www.asahi.com/articles/ASN7X3VGRN7XUHBI00H.html［2021-01-24］。
② 《韩国2020年日本啤酒进口额大跌近九成》，人民网，2021年1月28日，http：//korea.people.com.cn/n1/2021/0128/c407882-32015705.html［2021-02-01］。
③ 该调查的时间为2020年10月22日至12月6日，参考内閣府政府広報室『外交に関する世論調査の概要』、https：//survey.gov-online.go.jp/r02/r02-gaiko/gairyaku.pdf［2021-03-02］。

散到东南亚等地。① 为强化日本与东南亚各国间的合作，日本不顾疫情影响，坚持开展线下外交。2020年8月20~25日，外相茂木敏充出访南太岛国巴布亚新几内亚和东南亚国家柬埔寨、老挝、缅甸。日本一方面宣传"自由与开放的印度洋－太平洋"构想，希望携手各国推进在"印太"框架下进行经济、贸易及文化等领域的交流与合作；另一方面大力开展"援助外交"。在此次出访中，日本宣布向缅甸提供450亿日元的抗疫贷款，向老挝提供24.12亿日元的无偿援助。② 菅任首相后，将首次出访地放在东南亚，从10月18日起对越南、印尼进行为期4天的访问。其间，除推动实现供应链多元化布局外，菅与越方领导人就维护地区和平、加强防务与经济合作达成共识，并就日本向越南出口军事装备和技术达成原则性协议。菅与印尼领导人确认在南海问题上展开合作，日方在4月向印尼提供1450万日元抗疫赠款的基础上，承诺再向印尼提供500亿日元的防灾贷款。此外，日本自2014年废除"武器出口三原则"以来，一直在与越南、泰国、印尼、菲律宾等国家就武器出口进行谈判，欲借向相关国家提供海上技术和装备支持，介入南海争端，提升地缘政治影响力。2020年8月，日本决定向菲律宾出口四套防空雷达，总价值达到100亿日元。③

（二）着力推进与"中等强国"合作，寻求建立新"战略支点"

推动与"中等强国"的合作，是2020年日本外交的显著特点。首先，日英关系全面推进，对"日英再次结盟"的议论兴起。自2016年英国决定"脱欧"以来，日英首脑互访及政府官员往来频繁，双方在政治、经济、外

---

① 「生産拠点の国内回帰を後押し　緊急経済対策に約2400億円　政府」、NHK、https://www3.nhk.or.jp/news/html/20200407/k10012371511000.html［2021-01-24］。
② 外務省「ラオス人民民主共和国に対する教育分野・公共交通分野の支援にかかる無償資金協力（2件）に関する書簡の交換及び医療関連機材支援の引渡式の実施」、https://www.mofa.go.jp/mofaj/press/release/press4_008687.html［2021-01-25］；外務省「ミャンマー連邦共和国に対する円借款の供与（事前通報）」、https://www.mofa.go.jp/mofaj/press/release/press4_008690.html［2021-01-25］。
③ 「国産の防衛装備品の完成品フィリピン政府に初輸出へ」、NHK、https://www.nhk.or.jp/politics/articles/statement/43819.html［2021-01-25］。

交、安全等领域的合作全面展开。2020年2月1日，外相茂木就英国"脱欧"发表谈话，称"对日本而言，英国和欧盟都拥有共同的价值观，是日本的全球性战略伙伴"，日本"应尽快与'脱欧'后的英国建立新型经济伙伴关系，加强在安全、文化等各个层面的合作"。① 尽管日英都面临严峻的疫情冲击，但两国间的沟通和交流一直保持畅通。6月9日，茂木与英国贸易大臣举行视频会议，双方就建立新型经济伙伴关系、英国参加CPTPP及WTO改革等议题交换意见。② 8月5日，茂木出访英国，为日英EPA的签署扫清障碍。日英双方就汽车关税、农产品税率等签约难点问题展开多轮磋商，于9月11日达成初步协议，10月23日正式签署EPA。日英EPA成为新冠疫情暴发后国际社会首个重要的双边自贸协定。日本与英国在外交、安全层面的合作也呈现日益加强趋势。茂木访英期间，两国外长在会谈中确认，"在东海、南海问题上，日本和英国的立场一致"③，并希望在"印太"框架下就海上训练、防卫装备转移及共同研究等展开进一步合作。英国首相约翰逊多次公开表示，欢迎日本加入"五眼联盟"。从日英双方的战略诉求看，两国关系存在进一步升温的可能，而海上安全领域可能成为彼此深化合作的重点。

日印安全防卫合作进展迅速，两国关系实现"升级"。2020年，日印展开密切沟通和协调，利用视频、电话等方式多次举行各种层级的会谈。④ 4月10日，安倍与印度总理莫迪举行电话会谈，双方确认后疫情时代将进一步深化两国间的合作。9月10日，日印签署《相互提供物资与劳务协定》（ACSA），安全合作大幅升级。即将卸任的安倍与莫迪再次举行电话

---

① 外務省「英国のEU離脱について（外務大臣談話）」、https://www.mofa.go.jp/mofaj/press/danwa/page1_001011.html［2021-01-25］。
② 外務省「茂木外務大臣とトラス英国国際貿易大臣とのテレビ会談」、https://www.mofa.go.jp/mofaj/press/release/press4_008475.html［2021-02-01］。
③ 外務省「日英外相会談」、2020年8月5日、https://www.mofa.go.jp/mofaj/erp/we/page4_005172.html［2021-02-24］。
④ 关于日印政府首脑会谈的具体内容可参考外務省「インド 過去の要人往来・会談」、https://www.mofa.go.jp/mofaj/area/india/visit/index.html［2021-01-17］。

会谈,双方高度评价日印签署 ACSA,并确认将继续强化在安全、经济、高铁建设等领域的合作。依据该协定,日本自卫队和印度军队可以在联合演习期间共享食品、燃料、零部件等物资,共享运输服务和军事设施。ACSA 的签订为日印加强军事安全合作提供了广阔的空间,印度由此成为继美国、澳大利亚、英国、法国及加拿大之后第六个与日本达成此类协定的国家,日本得以使用印度在印度洋安达曼－尼科巴群岛的军事设施,进一步增强了在印度洋地区的存在感和影响力。9 月 25 日,首相菅义伟与莫迪举行电话会谈,双方就进一步提升日印"特殊全球战略伙伴关系"达成共识,希望通过双边合作构建"自由与开放的印度洋－太平洋"。

日澳合作深化,两国关系呈现同盟化发展趋势。2020 年,日澳领导人互动频繁,日本首相与澳大利亚总理共进行了五次电话及视频会谈。① 菅义伟就任首相后,将第一通电话打给了澳大利亚总理莫里森而非美国总统特朗普,显示出在中美博弈背景下,日本持续强化与"中等强国"的合作,将其作为新的"战略支点"。日澳领导人在电话会谈中确认,作为"特殊战略伙伴",双方将致力于构建"自由与开放的印度洋－太平洋"。与此同时,日澳军事安全合作步伐加快,开始从"准同盟"水平向同盟化方向发展。11 月,莫里森访问日本,双方就《日澳互惠准入协定》总体框架达成共识。该协定一旦正式签署,就将成为日本自 1960 年与美国签署《驻日美军地位协定》以来的首份同类防卫协定。根据该协定,日澳军队以联合演练名义进驻对方国家时的审批手续将极大简化,日澳军事介入印太地区事务时的统一性、协调性将大幅提高,这将给地缘安全环境带来重要影响。

(三)重新强化日美同盟关系,将欧洲纳入地区"战略平衡方程式"

日美同盟是日本外交安全的"基轴",但特朗普执政期间奉行"美国优

---

① 关于日澳首脑会谈方面的内容参考外务省「オーストラリア連邦 Australia」、https://www.mofa.go.jp/mofaj/area/australia/index.html［2021－02－17］。

先"政策，令日本承受巨大压力。除在提高驻日美军费用分担比例、将双边贸易与对美军购挂钩等方面直接对日施压之外，美方在退出"跨太平洋伙伴关系协定"（TPP）、"单兵独进"式与朝鲜接触等方面，未与日本事先进行沟通，使日本外交屡陷被动，双方围绕国际经贸秩序、地区安全等问题的分歧凸显。为对冲特朗普政府实施的单边主义政策，日本积极强化与"中等强国"间的对话与合作，努力打造"朋友圈"，以提升战略自主性，在国际议题及地区事务上与美国保持一定距离。随着民主党候选人拜登赢得美国总统选举，日本国内强化日美同盟的呼声再度高涨。11月8日，菅义伟在推特上用日语和英语两种语言祝贺拜登胜选。11月9日，在记者招待会上，菅义伟再次强调强化日美同盟、联手美国确保印太地区"和平与繁荣"的意愿。[1] 11月12日，菅与拜登举行电话会谈，双方确认为应对日益复杂的东亚地缘环境，将强化日美同盟，通过加强合作实现印太地区的和平与稳定。[2] 会谈中，拜登表示《日美安保条约》第五条适用于"尖阁诸岛"（即中国的钓鱼岛及其附属岛屿）。拜登在尚未正式就任美国总统的情况下公开做出这一表态，凸显出日本在拜登时代美国外交战略中的重要性。拜登政府为发挥盟友作用，多边应对美中战略竞争，着手修复特朗普时期留下的"日美裂痕"，重构日本对美国的信任，日本则急于背靠美国应对东海争端，双方的战略诉求高度契合。

2020年，日本与欧洲的合作进一步发展。日本对欧洲积极展开"疫情外交"，从3月开始，安倍先后与法国总统马克龙、英国首相约翰逊、西班牙首相桑切斯、德国总理默克尔举行电话会谈，就疫情及本国对策交换看法，确认将继续与国际社会密切分享信息，以应对新冠疫情。5月26日，安倍与欧洲理事会主席米歇尔、欧盟委员会主席冯德莱恩举行视频会议。这是自2019年12月欧盟新领导人上任以来的首次三方对话，各方重点围绕防

---

[1] 首相官邸「米国大統領選挙等についての会見」，https://www.kantei.go.jp/jp/99_suga/statement/2020/1109kaiken.html ［2021-01-24］。

[2] 外務省「菅総理大臣とバイデン次期米国大統領との電話会談」，https://www.mofa.go.jp/mofaj/na/na1/us/page3_002922.html ［2021-01-25］。

疫及恢复经济的措施交换意见，讨论新冠疫情传播产生的地缘政治影响，并发表了日欧联合声明。

日本对欧洲外交具有多重目标和战略考量，价值观契合、推进安全军事合作是重要组成部分。日欧联合声明强调支持基于规则的国际秩序，确认双方将作为拥有共同价值观的战略伙伴展开密切合作。① 2020年2月第56届慕尼黑安全会议期间，日本防相河野太郎与北约秘书长斯图尔滕贝格举行会谈，表示北约是日本"可靠和不可或缺的伙伴"，并期待根据日本与北约的《国别伙伴合作计划》（IPCP）进一步加强合作。6月，日本自卫队统合幕僚长山崎幸二与欧盟军事委员会主席克劳迪奥·格拉奇亚举行电话会议，就日益严峻的国际安全环境交换意见，确认日欧防务合作与交流的重要性。双方承诺加强合作，维护国际社会和地区的和平与稳定。② 7月，山崎又分别与法国军队总参谋长弗朗索瓦·莱科特尔、英国国防参谋长尼克·卡特爵士举行视频会议。

日本高度重视日欧在印太、东亚事务以及涉华问题上的合作，着力就这些问题取得欧洲的支持。2020年2月，外相茂木出席第56届慕尼黑安全会议，在"印度洋－太平洋开放与自由"小组讨论中提出改善印太地区"三项连接"（物理连接、人员连接、制度连接）的构想。③ 为多边应对中国影响力的不断提升，日本拉欧洲介入印太、东亚事务的意图明显，战略动作不断增多。6月，日本和北约对IPCP进行修订，强化双方在网络安全、海洋安全、人道救援、危机管理等领域的合作，确定将东亚形势作为国际安全形势的一部分共同予以应对。④ 预计，日本对欧洲的外交将继续沿着以重点国

---

① 外務省「日EU首脳テレビ会議の開催」、2020年5月26日、https：//www.mofa.go.jp/mofaj/erp/ep/page4_005157.html［2021-01-25］。
② 防衛省「EU軍事委員長との電話会談について」、2020年6月12日、https：//www.mod.go.jp/js/Press/press2020/press_pdf/p20200612_04.pdf［2021-01-25］。
③ 外務省「茂木外務大臣の第56回ミュンヘン安全保障会議出席（結果）」、2020年2月15日、https：//www.mofa.go.jp/mofaj/fp/nsp/page1_001026.html［2021-01-25］。
④ 外務省「日・NATO国別パートナーシップ協力計画（IPCP）の改訂について」、https：//www.mofaj.go.jp/mofaj/press/release/press4_008535.html［2021-02-03］。

家带动欧洲、以欧盟带动北约的思路展开，持续加强与"中等强国"共建"朋友圈"，不断深化与欧洲在各领域的合作。

三 中日关系高开低走，面临新情况、新挑战

2020年本应成为落实中日领导人2019年6月达成的"十点共识"、构建"契合新时代要求的中日关系"重要年份，预期的中国领导人访日①、东京奥运会成功举办对中日关系的进一步改善与发展产生重要的推动作用。然而，新冠疫情的暴发使中日双方面临的国际、国内环境发生剧烈变动，随着全球变局进程加快，日本的战略焦虑感上升，涉华消极言论和动作频频，甚至借"疫情牌"在台湾及香港等问题上触碰中国底线，使中日关系面临新问题、新挑战，未来的不确定性增加。

（一）中日关系高开低走，出现波折

2020年，中日之间既有守望相助、共克时艰的温情时刻，也有日本执政的自民党将疫情问题政治化、激化东海局势等破坏中日关系发展大局的危情再现。疫情发生初期，中日两国掀起一股互助风，在一定程度上改善了两国国民的感情和相互认知。日本各界发扬人道主义精神，以实际行动支援中国抗击疫情，显示出的真诚善意赢得中国社会的肯定，带动两国国民感情向好发展。2月7日，中国驻日大使孔铉佑与日本执政两党的干事长举行会谈，自民党干事长二阶俊博表示"日方对中国新型冠状病毒肺炎疫情感同身受……日方愿举全国之力，不遗余力地向中方提供一切帮助……只要日中

---

① 2019年6月，中日领导人在日本大阪举行会谈，安倍"代表日本政府邀请习近平主席明年春天对日本进行国事访问"，《新华社快讯：国家主席习近平当地时间27日在大阪会见日本首相安倍晋三。安倍首相代表日本政府邀请习近平主席明年春天对日本进行国事访问，习主席原则接受邀请。》，2019年6月27日，中华人民共和国中央人民政府网，http://www.gov.cn/xinwen/2019-06/27/content_5403946.htm［2021-02-15］。

两国团结合作，就没有办不成的事"。① 2 月 21 日，孔铉佑会见日中友好议员联盟会长林芳正，林芳正对中国致以诚挚慰问，并表示"日方愿学习借鉴中方经验和做法，共同抗击和战胜疫情，并为两国关系改善发展注入强劲动力"。② 自民党要求本党每位国会议员从 3 月工资中扣除 5000 日元，用来援助中国抗击疫情。

日本社会、民间（包括在日华侨华人）在援助中国抗疫中发挥了重要作用，捐赠了口罩、护目镜、防护服等大量抗疫物资。物资上贴的"山川异域　风月同天""岂曰无衣，与子同裳！"等问候语点燃了两国国民心中的友爱相助之情。日本一些商铺贴出"中国加油""武汉加油"的标语更是让中国民众深受感动。据不完全统计，截至 2 月 7 日，日本各界累计向中国捐赠防护口罩 633.8 万余只、手套 104.7 万余副、防护服及隔离衣 17.9 万余套、护目镜及镜框 7.8 万余个，还有大量的防护帽、体温计、消毒水等防疫物资，累计捐款约合 3060.2 万元。③ 此后，随着中国抗疫形势企稳而日本疫情形势日趋严峻，中方发扬人道主义精神，尽己所能向日本提供各类抗疫物资：从病毒检测试剂到口罩、防护服等抗疫物资被源源不断地送达日本。新冠疫情这一共同威胁拉近了中日两国民众的心理距离，让长期低迷的国民感情得到有效改善。

但是，随着疫情在日本迅速蔓延、美国特朗普政府不断就疫情责任"甩锅"中国，日本出现"利用"新冠疫情的消极倾向，指责中国、附和特朗普"中国责任论"的言论增多。与此同时，日本开始打"疫情牌"，官方表态支持中国台湾参加世界卫生大会（WHA）。2020 年度日本《外交蓝皮

---

① 《驻日本大使孔铉佑会见日执政两党干事长》，中华人民共和国驻日本国大使馆网站，2020 年 2 月 7 日，http：//www.china－embassy.or.jp/chn/sgxxs/t1741989.htm［2021－01－23］。
② 《驻日本大使孔铉佑会见日中友好议员联盟》，中华人民共和国驻日本国大使馆网站，2020 年 2 月 21 日，http：//www.china－embassy.or.jp/chn/sgxxs/t1748111.htm［2021－01－24］。
③ 《日本各界积极为中国防控新型冠状病毒肺炎疫情捐款捐物》，中华人民共和国驻日本国大使馆网站，2020 年 2 月 7 日，http：//www.china－embassy.or.jp/chn/sgxxs/t1741988.htm［2021－01－24］。

书》首次写入支持台湾以观察员身份加入世卫大会的内容。①

面对中国取得的抗疫成就以及疫情下中日经贸关系的发展，日本对华心态更趋复杂。受疫情影响，2020年第一季度，中国GDP同比下降6.8%，经过艰苦努力，中国较早地控制住疫情，为经济社会活动的恢复提供了条件，全年GDP同比增长2.3%，成为世界主要经济体中率先实现经济正增长的国家。由于对疫情控制不力，日本全年实际GDP同比下降4.8%。② 2020年，日本对外贸易额大幅减少，但对华贸易额逆势增长，中国市场对日本经济恢复增长的重要性进一步上升。据统计，2020年，中日贸易总额达3175.38亿美元，同比增长0.8%，其中，中国自日本的进口额为1748.74亿美元，同比增长1.8%。日本财务省公布的数据则显示，2020年，日本出口额同比减少11.1%，但对华出口额增长2.7%，日本对华出口额占其出口总额的比例升至22%，中国再次成为日本最大出口目的地。③ 中日经济一升一降，规模差距进一步拉大，日本的战略焦虑感进一步上升。日本媒体大肆炒作中国采取的封城、隔离等抗疫措施，从价值观视角对中国进行指责。不过，随着新冠疫情在日本快速蔓延，面对仅靠"紧急事态宣言"、国民"自肃"无法消除疫情威胁的现实，日本社会开始认真审视中国在抗击疫情中的各种努力。

（二）中日关系面临新问题、新挑战

中日在共同应对疫情过程中产生的"共情"曾在短期内推动两国国民情感向好，但在中美竞争加剧、疫情在日本大规模扩散以及中日间结构性矛盾并未根本解决的背景下，2020年，中日之间的重大敏感问题再度凸显。

---

① 「日台関係」、外務省『外交青書2020』、2020年5月、https://www.mofa.go.jp/mofaj/gaiko/bluebook/2020/html/chapter2_01_03.html#s21302［2021-01-24］。
② 内閣府『国民経済計算（GDP統計）』、https://www.esri.cao.go.jp/jp/sna/menu.html［2021-02-18］。
③ 《中日贸易稳定增长》，人民网，2021年2月9日，http://world.people.com.cn/n1/2021/0209/c1002-32026647.html［2021-02-15］。

钓鱼岛争端再度凸显。2020年，针对中国公务船在钓鱼岛及其附近水域的合法维权行动，日本海上保安厅倾力出动，媒体大肆渲染东海紧张局势，加大对华指责力度，同时积极寻求美国支持。2020年7月29日，驻日美军司令斯奈德公开指责中国正常的海上巡航活动，并表示驻日美军将帮助盟国日本应对中国船只的"入侵"①。11月12日，拜登在与菅义伟的电话会谈中表示，"《日美安保条约》第五条适用于尖阁诸岛"。日本地方政府也以各种方式介入钓鱼岛主权争端。6月22日，冲绳县石垣市议会通过"尖阁诸岛更名提案"，将中国钓鱼岛的"行政区划"名称由"登野城"改为"登野城尖阁"。②9月18日，即菅内阁成立两天后，石垣市议会通过"登陆尖阁诸岛修建渔业设施"的决议，要求日本中央政府为石垣市议会成员登岛提供协助。③

日本涉华消极舆论上扬，民众对华好感度持续下降的势头未降反升。"国之交在于民相亲"，中日两国民众在抗疫之初传诵的"青山一道同云雨，明月何曾是两乡"等诗句体现了双方在面对疫情时的命运一体感，也让两国国民感情一度回暖。进入2020年下半年，随着媒体大肆渲染、炒作中国公务船巡航钓鱼岛，两国国民情感再陷低谷。依据日本"言论NPO"的调查结果，2020年，日本国民对华持有好感的比例仅约10%，较上年下降5个百分点；对华持有负面认知的日本人的比例较上年上升5个百分点，达到89.7%；认为中日关系重要的日本人占64.2%，较上年下降8.5个百分点，这是自2005年进行该调查以来，这组数据首次未达到70%。④

日本内政因素为中日关系的发展增添了新的不稳定因素。后安倍时代，

---

① 「在日米軍司令官、尖閣周辺の中国公船の監視支援可能との見解」、『朝日新聞』2020年7月29日、https://www.asahi.com/international/reuters/CRWKCN24U17W.html［2021-01-25］。
② 「尖閣諸島の字名に『尖閣』加える議案、石垣市議会が可決」、『朝日新聞』2020年6月22日、https://www.asahi.com/articles/ASN6Q4T8NN6QTPOB00D.html［2021-01-25］。
③ 「尖閣上陸決議・意見書を可決　石垣市議会」、『八重山毎日新聞』2020年9月19日、https://www.y-mainichi.co.jp/news/36782［2021-01-25］。
④ 「米中対立下における中国人の認識が、世界で初めて明らかになりました」、言論NPO、2020年11月17日、https://www.genron-npo.net/press/2020/11/npo16.html［2021-01-25］。

日本缺乏铁腕政治人物，领导人控局能力不强导致政策缺乏连续性、统一性。安倍出身自民党第一大派系细田派，且与其他较大派系有着良好的合作关系，党内根基稳固，他能够长期执政离不开强大的控局能力。然而，安倍之后，自民党短期内难以产生像安倍一样拥有稳固执政基础的政治人物。首相菅义伟无所属派系，缺乏铁杆"基本盘"。菅内阁成立后，虽强调"稳定的日中关系至关重要"①，但缺乏积极行动，而自民党外交部会等各种部会、小组、学习会、恳谈会以及在地方会议中的保守派、强硬派势力异常活跃，不断在涉华、涉海、涉岛、涉疫问题上释放消极言论，指责中国，挑拨中日关系。② 这些都折射出了日本国内政治的变化，为中日关系的发展前景蒙上一层阴影。

（三）2021年中日关系展望

受新冠疫情走势、日本国内政治及美国因素等的影响，中日关系前景呈现较大的不确定性。一是新冠疫情能否尽快得到有效控制，中日能否恢复正常沟通与协调。2020年，在新冠疫情背景下，中日两国充分利用网络、电话等，保持基本的沟通与协调。菅义伟当选首相后，习近平主席、李克强总理分别致电祝贺。9月25日，习近平与菅通电话，强调中日"拥有广泛共同利益和广阔合作空间"，"中方愿同日本新政府一道，按照中日四个政治文件各项原则和精神，妥善处理历史等重大敏感问题，不断增进政治互信，深化互利合作，扩大人文交流，努力构建契合新时代要求的中日关系。我愿

---

① 菅就任首相后，在10月26日的施政演说中表示，"与中国之间稳定的关系，不仅对（日中）两国，而且对地区以及国际社会都极其重要。（日本政府）将充分利用高层交往的机会，一边坚定主张该主张的观点，一边就各种共同课题（与中国）展开合作"。参考「第二百三回国会における菅内閣総理大臣所信表明演説」、2020年10月26日、https://www.kantei.go.jp/jp/99_suga/statement/2020/1026shoshinhyomei.html［2021-02-25］。
② 「尖閣周辺の調査求める議員連盟発足」、『朝日新聞』2020年8月18日、https://www.asahi.com/articles/DA3S14589784.html［2021-01-25］；「自民会合、政府の対応『弱腰だ』中国外相の尖閣発言」、『朝日新聞』2020年11月26日、https://www.asahi.com/articles/ASNCV5Q3RNCVUTFK00C.html［2021-01-25］。

同你共同发挥战略引领作用，推动两国关系得到新发展"。① 此外，国务委员兼外交部部长王毅于11月下旬访日，双方达成五点重要共识与六项具体成果。② 7月31日，中日双方以视频方式进行海洋事务高级别磋商团长会谈，就涉海问题坦诚深入交换意见，强调应全面落实两国领导人达成的共识，共同维护东海的稳定与安宁，把东海建设成和平、合作、友好之海。双方还表示将加强中日海洋事务高级别磋商等双边渠道的沟通，建设性管控分歧，妥善处理有关问题，积极推进海洋领域的交流与合作。③

疫情持续蔓延不仅妨碍中日两国国民间的交流，而且不可避免地制约两国政府部门之间进行面对面的磋商。面对面沟通更能拉近彼此的距离，更便于双方外事部门就两国间的重大敏感问题展开有效沟通和协调。如果2021年日本仍不能有效控制疫情，中日国门就难以开启，两国国民的交流以及政府部门的面对面沟通与协调都将继续受到直接影响。

二是菅能否带领自民党赢得选举，从而拥有更加稳定的执政基础。2021年，日本众议院进行改选，安倍遗留、菅所填补的自民党总裁任期在9月底结束，如果菅能带领自民党赢得选举，进而获得更为稳定的党内基础，则日本的对华政策将相对稳定，其可能在推动对华经贸合作及区域合作、第三方市场合作等方面采取较为积极的政策。反之，若菅未能带领自民党赢得选举，那么日本政坛不排除再度出现"乱世争雄"的局面，各方政治势力为赢得政权，可能会迎合民众的对华负面认知和社会焦虑心态，转移国内视线，持续对华示强。菅胜选的概率直接取决于日本对疫情的控制取得的进展、菅政权在防疫与复苏经济之间所进行的抉择。

三是美国"重返多边主义"，对日怀柔政策能走多远，中日美三边互动呈现何种态势。2020年12月14日，美国选举人团正式确认拜登击败特朗

---

① 《习近平同日本首相菅义伟通电话》，央广网，2020年9月25日，http://news.cnr.cn/native/gd/20200925/t20200925_525276955.shtml［2021-01-26］。
② 《王毅：中日达成五点重要共识和六项具体成果》，新华网，2020年11月25日，http://www.xinhuanet.com/world/2020-11/25/c_1126781909.htm［2021-01-24］。
③ 《中日举行海洋事务高级别磋商团长会谈》，中华人民共和国外交部网站，2020年7月31日，https://www.fmprc.gov.cn/web/wjbxw_673019/t1802860.shtml［2021-01-30］。

普赢得总统大选。拜登在竞选期间就一直强调重视盟友以及带领美国重回国际舞台的外交政策。可以预见，拜登将重新激活日美同盟，让日本在美国的亚太、印太战略中发挥重要作用。11月12日，在选举结果认定仍存变数的情况下，拜登就向日方做出承诺，表示"《日美安保条约》第五条适用于尖阁诸岛"，急欲拉住日本的迫切心态可见一斑。拜登政府在钓鱼岛问题上为日本背书，将鼓励日本对华采取更为强硬甚至冒险的政策，这将直接损害中日关系发展大局。

日美同盟关系的存在使中日关系的走向深受美国因素的影响，拜登对于盟友的重视将使日本在未来美国对华政策中"扮演更加重要的角色"。不过，如果美国强力胁迫日本联手制华，就会使日本在中美战略竞争中辗转腾挪的空间受到压缩，这与日本增强战略自主性的取向背道而驰。而且，中美对全球气候、地区安全等问题的共同关注，将在两国之间创造广阔的合作空间，中美关系的缓和又将提升日本改善对华关系的迫切性。预计，20世纪70年代两次饱尝"尼克松冲击"的日本，会在中日美三边互动中为中日关系的发展留下足够空间，而不至于自绝后路。

分 报 告
Situation Reports

B.2
2020年日本政治：被新冠疫情所左右

张伯玉*

摘　要： 新冠疫情的蔓延，不仅打乱了日本首相安倍晋三的政治安排，还使其面临很难在短期内取得政治成果的问题。在疫情防控长期化态势下，基于难以领导日本政府和人民取得抗击疫情胜利的判断，安倍再次因病辞职。与安倍政府一样，2020年9月16日成立的菅义伟政府面临的难题仍然是如何在防控疫情的同时恢复经济。10月1日，在东京都成为菅政府刺激消费的"去旅行"活动的适用对象后，"第三波"疫情迅速蔓延，菅内阁支持率在12月大幅下跌。新冠疫情下，内阁支持率成为疫情防控的晴雨表，疫情改写了2020年的日本政治形势。

关键词： 日本政治　新冠疫情　安倍长期执政　自民党总裁选举　菅义伟政府

---

* 张伯玉，法学博士，中国社会科学院日本研究所政治研究室副主任、研究员，主要研究方向为日本政治。

第二次上台执政以来一直被认为"运气好"的日本首相安倍晋三，在临近卸任之际遭遇最大的"坏运气"——新冠疫情大流行。各种民意调查统计数据显示，日本国民对安倍政府的抗疫政策感到不满意，尤其是耗费近500亿日元财政经费生产的布制"安倍口罩"遭到各种诟病。由于抗疫不力，安倍内阁支持率自2020年4月开始持续下降，8月，内阁支持率（34%）创安倍第二次执政以来的最低纪录，不支持率为47%。2020年8月28日，在疫情防控呈现长期化态势的巨大压力下，基于难以领导日本政府和人民取得抗击新冠疫情胜利的判断，安倍以身体健康问题为由宣布辞职，长期执政的安倍政府落下帷幕。9月16日，一直在安倍政府担任内阁官房长官的菅义伟就任日本第99任首相。在新冠疫情的影响下，日本政府实现了意料之外的轮替。继任的菅义伟政府也难以解决疫情防控与恢复经济的两难课题。在10月将东京都作为刺激消费的"Go To Travel"（去旅行）活动的适用对象后，疫情迅速反弹，进入11月以后，第三波疫情袭来，12月的菅内阁支持率（42%）比11月下降14个百分点，不支持率（36%）上升17个百分点。① 在新冠疫情下，内阁支持率成为疫情防控的晴雨表。

一 新冠疫情的蔓延使安倍长期执政"意外"落幕

2020年1月初，预测日本政治形势的时评文章普遍认为2020年关注的焦点是安倍首相是否以及何时解散众议院举行大选。2020年1月1日，《每日新闻》的野口武则指出，"2020年政治日程的最大焦点是安倍首相是否解散众议院举行大选，以及如果举行大选应该选择哪个时机"。关于解散时间，"执政党认为最有可能的是东京奥运会、残奥会闭幕之后"。② 1月6日，时事通讯社的解说委员藤野清光指出，"执政党内被认为最有可能解散

---

① 「NHK世論調査（2020年12月）」、https://www.nhk.or.jp/senkyo/shijiritsu/archive/2020_12.html［2020-12-28］。
② 野口武則「政界展望2020 解散カード神経戦」、『毎日新聞』2020年1月1日。

众议院的时间是9月东京奥运会和残奥会闭幕以后"。① 1月7日，日本广播协会（NHK）解说委员伊藤雅之指出，"2020年，日本政治的最大焦点是安倍首相是否解散众议院举行大选"。与藤野一样，伊藤也认为"如果年内解散众议院和进行大选，最有可能的时间是9月残奥会闭幕以后"。② 1月10日，富士电视台政治部专门负责采访自民党的记者门胁功树认为，"在选举方面，2020年需要安倍首相做出决定的是是否解散众议院举行大选"。关于解散时间，门胁指出："永田町私下流传的是，东京奥运会闭幕后首相应该断然解散众议院的'今年秋天解散说'。"③

实际上，上述分析刻意回避了一个关键问题，即安倍提前卸任的可能性。关于众议院解散时间，自民党内基本达成共识的是在仍保留奥运"节日气氛"的9月解散。更重要的问题是届时将由谁来解散众议院。④ 创日本宪政史上最长执政纪录的安倍在日本成功举办奥运会、举国沉浸在欢乐祥和的气氛中提前卸任，不仅可以实质上指定继任首相人选，还留有第三次上台执政的余地。自民党在新总裁的领导下解散众议院举行大选，自公两执政党也将在选举中毫无压力地稳赢。对安倍来说，这是一个完美谢幕、未来可期的最好时机。第二次上台执政以来被认为"运气好"的安倍，在临近卸任之际遭遇最大的"坏运气"——新冠疫情的蔓延。新冠疫情不仅打乱了安倍的政治安排，还使安倍面临一个很难在短期内取得成果的政治难题——领导日本政府和人民取得防控新冠疫情的胜利。

（一）新冠疫情蔓延初期，安倍政府防控措施受到国民肯定

2020年1月初，日本政府有关部门已经开始关注中国武汉市出现的不

---

① 藤野清光「衆院解散含み、首相の決断焦点：2020年の政治展望」、https://www.nippon.com/ja/in-depth/d00533/# ［2020-12-10］。
② 伊藤雅之「ことしの政局　解散・総選挙は？」（時論公論）、https://www.nhk.or.jp/kaisetsu-blog/100/418380.html?id=politics ［2020-12-09］。
③ 門脇功樹「今年秋の"憲法解散"が安倍首相にメリットある2つの理由『東京五輪後の"日本"を問う』2020年選挙の展望」、https://www.fnn.jp/articles/-/24707 ［2020-12-10］。
④ 安倍卸任后在一次采访中就是否"考虑过再一次解散众议院"这一问题，明确表示"基本上没考虑过"。参见「安倍前首相インタビュー（上）」、『読売新聞』2020年9月20日。

明原因肺炎的情况。1月6日，厚生劳动省以"中国湖北武汉市发生不明原因肺炎"为题向日本国内通报具体情况。①1月16日，厚生劳动省发布第一例新冠肺炎感染者的相关信息。②1月20日，厚生劳动省确认，与首例确诊感染者密切接触的有41人。③为防止病毒进一步传播，1月21日，日本政府召开与新型冠状病毒有关的传染病对策阁僚会议，安倍首相要求厚生劳动大臣和其他相关大臣根据会议决定的对策方针，进一步彻底采取各项防疫措施。④1月28日，日本政府根据《传染病法》和《检疫法》以政令形式将新型冠状病毒肺炎作为"指定传染病"和"指定检疫传染病"，政令于公布之日起10天后即2月7日实施。在1月30日世界卫生组织将新冠疫情确定为"国际关注的突发公共卫生事件"后，在1月31日召开的内阁会议决定修改政令，将新冠肺炎作为"指定传染病"，政令自公布之日起4天后即2月1日实施。日本政府还决定自2月1日起针对入境申请日前14天内有中国湖北省逗留史的外国人等，除特殊情况外，根据《出入境管理及难民认定法》采取拒绝入境的措施。

随着日本国内确诊感染病例的增加以及需要对从武汉归国的人员进行检疫隔离等，为全面推进各项防控措施，2020年1月30日，日本政府根据《新型流感等对策特别措施法》在内阁官房设置"新型冠状病毒感染症对策本部"⑤。本部长为首相，副本部长为内阁官房长官、厚生劳动大臣、主管《新型流感等对策特别措施法》相关事务的国务大臣，本部成员是除本部长和副本部长以外的所有国务大臣。一般事务性工作在厚生劳动省等相关行政

---

① 「中華人民共和国湖北省武漢市における原因不明肺炎の発生について」、https://www.mhlw.go.jp/stf/newpage_08767.html［2020-12-10］。
② 「新型コロナウイルスに関連した肺炎の患者の発生について（1例目）」、https://www.mhlw.go.jp/stf/newpage_08906.html［2020-12-10］。
③ 「中華人民共和国湖北省武漢市における新型コロナウイルス関連肺炎について（第5報）」、https://www.mhlw.go.jp/stf/newpage_08998.html［2020-12-10］。
④ 「新型コロナウイルスに関連した感染症対策に関する関係閣僚会議議事概要」、https://www.kantei.go.jp/jp/singi/novel_coronavirus/siryou/gaiyou_r020121.pdf［2020-12-10］。
⑤ 「新型コロナウイルス感染症対策本部」、https://www.kantei.go.jp/jp/singi/novel_coronavirus/th_siryou/sidai_r020130.pdf［2020-12-10］。

机关的配合下由内阁官房处理。① "新型冠状病毒感染症对策本部"于2月13日根据执政党等的建议出台紧急采取的对策措施。基本方针是,"在财政方面,除执行年度预算外,实施包括103亿日元储备金在内的预算总额为153亿日元的紧急对策措施。在准确评估形势变化的同时,根据紧急程度利用储备金来实施病毒感染对策、海关出入境管理对策以及观光业对策等各项应急措施"。② 3月10日,日本政府决定采取"财政对策总额为4308亿日元和金融对策总额为1.6万亿日元"的第二轮紧急应对措施,并表示"今后将继续密切关注地区经济和全球经济的发展趋势以及病毒感染情况,并毫不犹豫地采取必要的对策措施"。③

安倍政府一系列应对疫情的措施得到国民的肯定,内阁支持率维持在40%以上。NHK于2月7~10日进行的舆论调查统计数据显示,安倍内阁的支持率为45%。64%的被调查者对安倍政府采取的疫情防控措施给予"高度评价"或"一定评价","完全不予评价"或"不太评价"的比例为31%;74%的被调查者赞成应该严格加强出入境管理。④ NHK在3月的调查数据显示,安倍内阁的支持率为43%。被调查者对安倍政府采取的疫情防控措施给予"高度评价"或"一定评价"的比例为50%,"完全不予评价"或"不太评价"的比例为47%;69%的被调查者赞成大中小学临时停课到春假前;90%的被调查者担心新冠疫情蔓延对日本经济的影响。⑤ 普通民众既希望政府严格防控疫情传播,又担心疫情对经济的影响。

---

① 「新型コロナウイルス感染症対策本部の設置について」、https://www.kantei.go.jp/jp/singi/novel_coronavirus/th_siryou/konkyo.pdf［2020-12-10］。
② 「新型コロナウイルス感染症に関する緊急対応策（概要）（令和2年2月13日新型コロナウイルス感染症対策本部）」、https://www.kantei.go.jp/jp/singi/novel_coronavirus/th_siryou/kinkyutaiou_gaiyou_corona.pdf［2020-12-10］。
③ 「新型コロナウイルス感染症に関する緊急対応策—第2弾—（概要）（令和2年3月10日新型コロナウイルス感染症対策本部）」、https://www.kantei.go.jp/jp/singi/novel_coronavirus/th_siryou/kinkyutaiou2_gaiyou_corona.pdf［2020-12-10］。
④ 「NHK世論調査（2020年2月）内閣支持率 NHK選挙WEB」、https://www.nhk.or.jp/senkyo/shijiritsu/archive/2020_02.html［2020-12-28］。
⑤ 「NHK世論調査（2020年3月）内閣支持率 NHK選挙WEB」、https://www.nhk.or.jp/senkyo/shijiritsu/archive/2020_03.html［2020-12-28］。

（二）2020年4月后疫情防控措施不力，内阁支持率持续下跌，不支持率不断攀升

至2020年4月6日，日本44个都道府县共确诊3817例感染病例和80例死亡病例。尚未确定感染途径的感染者占40.6%（3月16日到4月1日）。① 4月7日，安倍首相宣布部分地区进入紧急状态，埼玉县、千叶县、东京都、神奈川县、大阪府、兵库县和福冈县等七个都府县自4月7日到5月6日实施为期29天的"紧急事态宣言"。② 同一天，安倍政府追加实施动员财政、金融、税制等所有政策手段的大规模紧急经济政策。4月16日，实施"紧急事态宣言"的范围扩展到全国所有的都道府县。③ 5月4日，安倍政府决定将实施"紧急事态宣言"的期限延长至5月31日④。5月14日，除北海道、埼玉县、千叶县、东京都、神奈川县、京都府、大阪府以及兵库县外，其他地区提前解除紧急状态。⑤ 5月21日，京都府、大阪府以及兵库县解除紧急状态。5月25日，安倍政府宣布提前解除紧急状态。⑥

安倍内阁的支持率在2020年4月下跌到40%以下，不支持率不断攀升。主要原因是国民对安倍政府采取的疫情防控措施不满意。NHK在4月的舆论调查数据显示，安倍内阁的支持率下跌4个百分点（39%），仅比不支持率高1个百分点。50%的被调查者对安倍政府采取的疫情防控

---

① 「新型コロナウイルス感染症対策の基本的対処方針　令和2年3月28日（令和2年4月7日改正）」、https：//www.kantei.go.jp/jp/singi/novel＿coronavirus/th＿siryou/kihon＿h（4.7）.pdf［2020-12-10］。
② 「新型コロナウイルス感染症緊急事態宣言」、https：//corona.go.jp/news/pdf/kinkyujitai＿sengen＿0407.pdf［2020-12-10］。
③ 「新型コロナウイルス感染症緊急事態宣言の区域変更」、https：//corona.go.jp/news/pdf/kinkyujitaisengen＿gaiyou0416.pdf［2020-12-10］。
④ 「新型コロナウイルス感染症緊急事態宣言の期間延長」、https：//corona.go.jp/news/pdf/kinkyujitaisengen＿gaiyou0504.pdf［2020-12-10］。
⑤ 「新型コロナウイルス感染症緊急事態宣言の区域変更」、https：//corona.go.jp/news/pdf/kinkyujitaisengen＿gaiyou0514.pdf［2020-12-10］。
⑥ 「新型コロナウイルス感染症緊急事態解除宣言」、https：//corona.go.jp/news/pdf/kinkyujitaisengen＿gaiyou0525.pdf［2020-12-10］。

措施不满意。其中,对各项具体措施的评价情况为:75%的被调查者认为"紧急事态宣言"发布得太晚;对政府实施的108万亿日元紧急经济措施给予肯定评价(49%)的比例高出不予评价(44%)5个百分点;对政府将为月收入下降到一定标准的家庭提供30万日元现金支持的措施,不予评价的比例为50%,给予肯定评价的比例为43%;76%的被调查者赞成政府为企业因防控疫情蔓延而自主减少活动造成的损失提供补偿;72%的被调查者对政府向全国所有家庭分发两个布口罩(被媒体揶揄为"安倍口罩")的措施表示"不评价"或"完全"不予置评。① NHK在5月的统计数据显示,安倍内阁的支持率为37%,不支持率为45%。对政府疫情防控措施"完全不予评价"和"不太评价"的比例上升为53%。48%的被调查者认为政府解除39个府县的紧急状态"为时过早";69%的被调查者不认为5月底可以在所有都道府县解除紧急状态;61%的被调查者认为政府取消向月收入下降到一定标准的家庭提供30万日元现金支持而向所有国民每人提供10万日元支持的决定是"适合"的。② 6月,安倍内阁的支持率为36%,不支持率为49%,47%的被调查者认为政府于6月19日开始放宽跨县移动条件为时过早。③ 7月,安倍内阁的支持率为36%,不支持率为45%。④ 8月,安倍内阁的支持率为34%,创安倍第二次上台执政以来的最低纪录;不支持率为47%;对政府采取的疫情防控措施不满意的比例上升至58%。⑤

---

① 「NHk 世論調査(2020年4月)内閣支持率 NHK 選挙 WEB」、https://www.nhk.or.jp/senkyo/shijiritsu/archive/2020_04.html[2020-12-28]。
② 「NHk 世論調査(2020年5月)内閣支持率 NHK 選挙 WEB」、https://www.nhk.or.jp/senkyo/shijiritsu/archive/2020_05.html[2020-12-28]。
③ 「NHk 世論調査(2020年6月)内閣支持率 NHK 選挙 WEB」、https://www.nhk.or.jp/senkyo/shijiritsu/archive/2020_06.html[2020-12-28]。
④ 「NHK 世論調査(2020年7月)内閣支持率 NHK 選挙 WEB」、https://www.nhk.or.jp/senkyo/shijiritsu/archive/2020_07.html[2020-12-28]。
⑤ 「NHK 世論調査(2020年8月)内閣支持率 NHK 選挙 WEB」、https://www.nhk.or.jp/senkyo/shijiritsu/archive/2020_08.html[2020-12-28]。

（三）在疫情防控长期化的态势下，安倍再度因病辞职

2020年8月28日，安倍宣布辞职。再度辞职的原因与第一次相同——溃疡性结肠炎复发。第一次，安倍是在内阁改组、秋季临时国会召开之后"突然"辞职的，当时，安倍被批评为"抛弃政府"。此次因病辞职不仅得到国民的理解和支持，自民党国会议员也表示充分理解，"由于身体状况不佳辞职也是迫不得已"①。日本社会形成一种对安倍辞职充满同情和理解的氛围，已经容不下批评安倍在疫情防控期间再度突然因病辞职是不负责任的声音，甚至出现了在野党女性议员因在推特上说"（安倍首相）又在重要时刻把身体搞坏的毛病"而受到攻击、被迫道歉的一幕。安倍再次因病辞职被认为是一种"计算好日本人感情的辞职方式"。②

安倍宣布辞职后，一直徘徊在30%低位的内阁支持率一举上升近30个百分点。在史无前例的新冠疫情危机中，作为最高责任者的首相再次"抛弃"政府，内阁支持率却不降反升。日本新闻网（JNN）于9月初进行的舆论调查结果显示，安倍内阁的支持率比8月初提高了27个百分点（62.4%），不支持率降低了26个百分点（36.2%），安倍内阁末期的支持率甚至超过小泉内阁末期的支持率（61.9%）0.5个百分点。关于安倍辞职时机的选择，51%的被调查者认为"是合适的"。高达71%的被调查者对安倍政府的执政业绩给予肯定评价；自民党支持率也比上个月提高了11个百分点（43.2%），创安倍再次执政以来的最高纪录。③ 对此，专门研究比较政治学的野中尚人教授的解释很有说服力："首相在任期末因病辞职后内阁支持率上升这么多比较少见。与拥有很强党派性、党派属性在进行政治性判断时具有重要意义的美国等国家相比，日本党派属性所发挥的作用要弱，国

---

① 「『仕方ない』『潔い引き際』安倍首相辞意県民理解示す」、https：//www.chunichi.co.jp/article/112033［2020-12-28］。
② 「安倍首相『突然の退陣』で混線模様の後継レース」、https：//toyokeizai.net/articles/-/372321?page=2［2020-12-28］。
③ 「安倍内閣支持率は？ 調査日2020年9月5日、6日定期調査」、https：//news.tbs.co.jp/newsi_sp/yoron/backnumber/20200905/q1-1.html［2020-12-28］。

民在对政府和首相进行评价时，与政策相比，更容易受到感情的影响。"①

安倍精心算计辞职时间与辞职方式具有明显的政治意图——最高目标是三度上台执政，最低目标是维持最大限度的政治影响力，这从安倍宣布辞职后的一系列行为中可窥一斑。首先，安倍连续接受日本主流新闻媒体的采访，先是在 9 月 15 日和 9 月 17 日两次接受《读卖新闻》的采访，该报在 9 月 20 日、22 日、23 日分三次连载采访内容；接着在 9 月 24 日接受《日本经济新闻》的采访，该报在 9 月 29 日和 9 月 30 日连载采访内容；《产经新闻》的采访内容在 10 月 13 日分两版刊出。频繁、高调接受媒体采访与因病不能胜任首相之职的形象反差很大。其次，安倍在卸任首相的第三天即 9 月 19 日就参拜了靖国神社，并在一个月后再次参拜。再次，安倍明确表示今后将继续致力于修改宪法之未竟课题。11月 2 日，安倍在回老家山口县访问县政府时表示，"作为山口县选出的国会议员，将竭尽全力振兴地方（经济）。作为一名国会议员，今后将继续致力于思索以修改宪法为中心的尚未解决的问题"。② 最后，安倍还就任于 11 月 11 日成立的国会议员组织"思考后新冠时代经济政策议员联盟"会长，开始研究如何振兴遭受新冠疫情打击的日本经济。

对安倍来说，2020 年，如果没有遭遇新冠疫情，东京奥运会就会在 7 月如期举行，作为任内成功申办（2013 年）并成功举办奥运会的首相，这或将是一个"前无古人，后无来者"的政绩。但是，在新冠疫情的冲击下，安倍政府抗疫成绩不佳，加之与疫情有关、无关的各种政治丑闻频发，导致内阁支持率持续下跌，安倍找不到可以打开政治局面的有效手段。在周密的权衡之下，安倍选择了一个合适的时机、一个容易被理解的理由体面地辞职，他在记者会上表示，"政治最重要的是取得成果。自政府成立以来，我一直这样说，在过去的 7 年 8 个月中，我为取得成果而竭尽全力。在遭受疾

---

① 「菅内閣で支持率どうなる｜特集記事｜NHK 政治マガジン」、https：//www.nhk.or.jp/politics/articles/feature/44687.html［2020－12－28］。
② 「安倍前首相が山口県庁へ　知事・職員 500 人が出迎え」、https：//www.asahi.com/articles/ASNC25HXJNC2TZNB00S.html［2020－12－28］。

病和进行治疗、体力不充分的痛苦中，绝不能在重要的政治决策中犯错误和无法取得成果。既然我已经不再能够自信地回应国民的托付，就不应该继续担任总理大臣"。①

二 疫情下举行的自民党继任总裁选举

2020年8月28日下午安倍宣布辞职，到9月1日，时任内阁官房长官菅义伟优势显著，赢得自民党总裁选举大势已定。各方关注的焦点转向菅义伟能否以压倒性优势胜出，"第二"名究竟花落谁家——岸田文雄还是石破茂。但是，有关继任总裁的选举方式，以二阶俊博干事长为首的自民党执行部的决定遭到以年轻议员为主体的议员团体以及自民党地方议员的挑战。

（一）自民党执行部决定的继任总裁选举方式遭到挑战

以二阶干事长为首的自民党执行部以疫情蔓延为由主张采取在紧急状态下实施的临时选举方式。根据《自民党章程》第二章第一节第六条第2款和第3款的规定，"在任期中间总裁出现空缺的情况下，原则上要根据总裁公开选举规则的规定进行选举。但是，紧急情况下可以由两院议员大会选举继任总裁。选举人由两院议员和都道府县支部联合会派出的三名代表组成"。② 根据该规定，选举人由394名国会议员和47个都道府县支部联合会代表141人组成，共计535人。该选举方式的权重向国会议员倾斜，便于党内派系势力在继任总裁人选的决定中掌握主导权，这种选举方式对党内支持基础雄厚的候选人有利。

另外，部分自民党实力派政治家，如自民党前干事长石破茂及时任自民党选举对策委员长下村博文，以环境大臣小泉进次郎、自民党青年局局长小

---

① 「令和2年8月28日 安倍内閣総理大臣記者会見」、https：//www. kantei. go. jp/jp/98_abe/statement/2020/0828kaiken. html［2020-12-28］。
② 『党則』、https：//jimin. jp-east-2. storage. api. nifcloud. com/pdf/aboutus/organization. pdf［2020-12-20］。

林史明为代表的年轻议员要求采取"全规格"选举方式。① 所谓"全规格"选举方式，是自民党总裁任期届满采取的选举方式。《自民党总裁选举规程》规定："总裁由自民党所属国会议员、党员、自由国民会议会员以及国民政治协会会员投票公开选举产生，即由议员投票和党员投票产生。"② 按照该规定，国会议员票和党员党友折算票是对等的，即自民党有多少国会议员，党员党友投票后的"折算票"就是多少。在"全规格"选举方式下，自民党国会议员票为394张，党员党友折算票也是394张，这意味着党员党友折算票在总裁选举中所占的比重大幅提高。该选举方式对党内支持基础薄弱却在国民中有较高知名度的石破茂的竞选有利。自民党现任及历任青年局局长于8月31日向二阶干事长提出要求进行党员投票的请愿，包括下村博文在内的145名国会议员和22个都府县地方议员等400人在请愿书上签名。③ 9月1日，坚持"广泛听取意见是民主应有姿态"的小泉进次郎闯进正在讨论决定继任总裁选举方式的自民党总务会会议室，明确表达自己的主张。但是，自民党总务会最终还是决定采取临时选举方式选出总裁。

（二）无派系候选人菅义伟获得压倒性支持

9月1日，细田派有意参加总裁竞选的下村博文、经济再生担当大臣西村康稔以及代理干事长稻田朋美宣布放弃总裁竞选，无派系的前总务大臣野田圣子也于同一天决定不参加竞选。④ 随后，麻生派的防卫大臣河野太郎和竹下派会长、代行外务大臣茂木敏充也放弃竞选。最终，总裁选举在菅义伟、岸田文雄和石破茂三人之间进行。

---

① 「後任選び、スピード重視　党員投票見送りに異論—自民総裁選—」、https://www.jiji.com/jc/article？k＝2020082900419&g＝pol［2020－12－20］。
② 『総裁公選規程』、https://jimin.jp－east－2.storage.api.nifcloud.com/pdf/election/results/sousai18/rules.pdf［2020－12－20］。
③ 「党員投票要求、145人　地方からも相次ぐ—自民—」、https://www.jiji.com/jc/article？k＝2020083100791&g＝pol［2020－12－20］。
④ 「下村・西村・稲田・野田氏、総裁選出馬見送り　自民」、https://www.jiji.com/jc/article？k＝2020090100195&g＝pol［2020－12－25］。

8月29日，一直坚持"完全没考虑竞选总裁"的菅义伟向二阶表明参加总裁竞选的意向，立即获二阶派支持。① 之后，麻生派和自民党内最大派系细田派相继跟进，至8月31日，包括20名自民党无派系议员在内，菅义伟获得了半数以上自民党国会议员的支持。② 9月1日，竹下派和石原派也确定支持菅义伟。至此，除石破派和岸田派外，自民党七派系③中有五派支持菅义伟，加上菅义伟自己的"菅组"，其获得七成以上的国会议员的支持。换言之，仅从国会议员所投选票来看，菅义伟所获支持已经超过包括141个都道府县支部选票在内的全部选票（535票）的过半数④，菅义伟就任日本下届首相已无悬念。

为阻止一直对安倍政府持批评态度的石破茂上台执政，安倍有意让岸田文雄成为继任者。2019年12月29日，安倍在接受电视台采访时首次明确谈及继任总裁人选。在采访中，安倍不仅再次否认"四选"的可能性，还以岸田文雄、茂木敏充、菅义伟和厚生劳动大臣加藤胜信的顺序提及继任总裁人选。⑤ 但是，自民党内外对岸田继任总裁的期待一直不高，各种舆论调查统计数据显示，其在国民中的支持度远远低于石破。尤其是岸田在抗击新冠疫情中的表现，让安倍对岸田能否战胜石破产生疑虑。8月28日，安倍宣布辞职后对身边的人明确表示"接下来想交给菅"，该意向最迟在8月29日传达给了菅义伟。实际上，安倍在辞职之前就表示"要是能够战胜（石

---

① 「自民総裁選、菅氏が出馬の意向　岸田氏も立候補明言―来月17日にも首相指名―」、https：//www.jiji.com/jc/article？k＝2020083000243＆g＝pol［2020－12－25］。
② 「菅氏支持、国会議員の過半数に　岸田、石破氏との争い―自民新総裁、14日選出―」、https：//www.jiji.com/jc/article？k＝2020083100672＆g＝pol［2020－12－25］。
③ 自民党派系议员情况如下：细田派为98人，麻生派为54人，竹下派为54人，二阶派为47人，岸田派为47人，石破派为19人，石原派为11人。此外，还有无派系64人，其中有各种"组"，如前干事长谷垣祯一的"谷垣组"，菅义伟也有自己的组，即"菅组"。
④ 「菅氏支持7割以上　構図固まる　自民党総裁選」、https：//www.iza.ne.jp/kiji/politics/news/200901/plt20090122470075－n1.html［2020－12－25］。
⑤ 「安倍総理　ポスト安倍を大いに語る」、https：//www.youtube.com/watch？v＝mNJk89－pUw0［2020－12－25］。

破），菅也可以"。①

自 1996 年众议院选举采取以小选区为中心的小选区比例代表并立制以来，自民党派系力学原理发生重要变化。自民党本部在人事任命和资金分配两个方面掌握强大权限。派系及其领袖筹集的政治资金与中选区制度时代相比大大减少，逐渐失去了庇护所属议员的能力。在重要职位分配的竞争过程中，即使大派系核心议员也会强烈担心不能就任党内要职，在党政人事任命上被冷遇。在这种派系力学原理变化的推动下，得到自民党五派系支持的无派系候选人菅义伟的优势"瞬间"形成。

2020 年 9 月 14 日，自民党继任总裁选举结果揭晓。菅义伟获得压倒性胜利，所获选票为 377 张，其中国会议员票为 288 张，地方票为 89 张。第二位是岸田文雄，所获选票为 89 张，其中国会议员票为 79 张，地方票为 10 张。第三位是石破茂，所获选票为 68 张，其中国会议员票为 26 张，地方票为 42 张。② 菅义伟就任自民党第 26 任总裁，任期为一年。自民党新执行部成立，二阶干事长继续留任，总务会长为原总务大臣佐藤勉，政调会长为下村博文，选举对策委员长为山口泰明。佐藤、下村、山口与菅义伟是 1996 年首次当选的同期国会议员。

三 抗疫与恢复经济难以"两全"的菅义伟政府

2020 年 9 月 16 日，菅义伟政府成立。与安倍政府一样，新政府面临的难题仍然是如何在有效防控疫情的同时恢复经济。

（一）宣称"疫情防控最优先"，但防控措施不到位

9 月 2 日，菅义伟在宣布竞选总裁的记者会上明确表示"首先必须克服眼前的新冠疫情危机"。"日本正面临前所未有的国家危机。无论如何都必须防

---

① 「『次は菅さんに』 自民総裁選、安倍首相の一言で流れ—新政権でも影響力維持か—」、https://www.jiji.com/jc/article?k=2020090301111&g=pol［2020-12-25］。
② 「菅氏 自民新総裁」、『産経新聞』2020 年 9 月 15 日。

止新冠疫情扩散，同时还要确保社会经济活动的开展，保障就业以及实现经济复苏。有必要以疫情结束后的发展为出发点切实推进改革。在此基础上，应对出生率下降和人口老龄化问题、以'战后外交总决算'为中心的外交与安全保障问题，尤其是努力解决'朝鲜绑架人质问题'以及修改宪法。"① 在9月16日就任首相后举行的记者会上，他再次重申"最优先的事项是对新冠疫情的防控"。菅义伟指出，"必须绝对阻止类似欧美各国疫情的相关情况，要彻底保护国民的生命安全和健康。在此基础上开展社会经济活动。否则，就无法确保国民生活。充分运用迄今为止积累的新冠疫情防控经验，分清轻重缓急，实施疫情防控措施，扩充检测能力，保障必需的医疗体制。力争在明年上半年保障涉及所有国民的疫苗用量"。②

菅义伟虽然宣称"新冠疫情防控是最优先事项"，要"扩充检测能力""保障必需的医疗体制"，却未从根本上采取相关防控措施，甚至连对暴发聚集性感染情况和重症化风险高的养老设施等进行免费PCR测试都未做到。"日本医疗资源紧张的最大原因是日本医疗体制与法律制度存在问题。在医疗体制存在问题的情况下，简单地采取限制人员移动的措施，除了给国民带来沉重的负担外，并不能从根本上解决问题。简言之，如果不触及问题的实质，国民的辛苦和浪费的时间（指政府发布'紧急事态宣言'限制移动出行）就可能会简单地重复上演。"③

（二）经济稳定最重要，继续刺激国内旅游消费

在做好疫情防控工作的前提下，稳定就业、保障中小企业正常运转，对新政府来说是极其重要的课题。日本经济受新冠疫情影响严重，在菅义伟政府成立之际，虽然日本正处于某种程度的经济复苏阶段，但是复苏的速度很

---

① 「【菅長官出馬会見】（2）『秋田の農家で育ち、地方を大切にしたい気持ちが脈々』」、https://www.sankei.com/politics/news/200902/plt2009020056 - n1.html［2020 - 12 - 30］。
② 「菅内閣総理大臣記者会見」、https://www.kantei.go.jp/jp/99_suga/statement/2020/0916kaiken.html［2020 - 12 - 30］。
③ 「日本のコロナ対策論議に根本的に欠けているもの/米村滋人氏」、https://news.yahoo.co.jp/articles/69ad2d59b74bbc490c31879348c7bc6fe7071da3［2020 - 12 - 30］。

慢。日本民间智库预测，可能在4年后即2024年后，日本经济才能恢复到新冠疫情前的水平。以中小企业为对象进行的调查显示，若新冠疫情持续下去，则有8.8%的企业将考虑关闭业务。信用研究公司的分析指出，全国有31万多家中小企业面临倒闭的危险。受经济景气下跌影响最大的是经济脆弱群体。民间智库的调查数据表明，收入水平越低的家庭，收入下降幅度越大，许多收入水平下降的家庭表示，收入将在未来一两年内继续减少。另外，日本政府发放的每人10万日元的特别补贴有60%被用于储蓄，促进消费的效果仅为三成左右。[1] 在做好疫情防控工作的前提下，确保就业和促进中小企业继续运转，尤其是加大对旅游、餐饮、娱乐、商业等受新冠疫情影响严重的行业的政策扶持力度，对新政府来说是重要的课题。菅义伟在就任首相后举行的记者会上强调安倍政府于7月22日启动的"去旅行"政策的效果，指出该政策自7月启动以来已有1300万人次参与，但仅出现10名感染者，今后将继续采取相应对策。同时，菅义伟表示将动用财政储备金继续支持保障就业和促进中小企业开展业务，并将在必要时考虑采取追加措施。[2] 为刺激国内旅游观光需求，菅政府于10月1日起放宽以东京为旅行往返目的地的限制。同一天，菅政府放宽了日本的出入境管理措施。舆论调查数据显示，45%的被调查者认为放宽东京旅行限制条件"为时过早"，59%的被调查者认为放宽日本出入境管理要求"为时过早"。[3]

（三）"第三波"疫情使感染情况迅速恶化，菅内阁支持率大幅下跌

2020年10月1日，菅政府宣布将东京都列入"去旅行"政策的适用对象。此后不久，从10月中旬开始，新冠肺炎感染人数急剧增加。"1月16

---

[1] 今村啓一「菅新政権発足　経済政策の課題」、https://www.nhk.or.jp/kaisetsu-blog/100/435915.html?id=social［2020-12-30］。
[2] 「菅内閣総理大臣記者会見」、https://www.kantei.go.jp/jp/99_suga/statement/2020/0916kaiken.html［2020-12-30］。
[3] 「NHK世論調査（2020年10月）内閣支持率 NHK選挙 WEB」、https://www.nhk.or.jp/senkyo/shijiritsu/archive/2020_10.html［2020-12-30］。

日日本出现第一例感染者，8月10日感染人数超过5万人，10月29日突破10万人。进入11月以后，感染人数持续增加，12月1日超过15万人，此后3个星期的时间（到12月21日）又感染5万人。"①

进入11月以后，新冠疫情不仅在东京等大城市，还在北海道等气温下降的地区蔓延，病毒传播速度加快，这被称为"第三波"疫情②，传播势头凶猛。"与'第二波'疫情相比，除重症化风险高、老年人的比例增加外，聚集性感染呈现多样化特征。在7月初开始的以东京为主要起点的'第二波'疫情的高峰出现在8月7日（全国新感染人数达到1605人），当时一周平均感染人数为1300多人。到10月下旬，每天感染人数为500多人，在'第三波'疫情发生的大约半个月的时间内，11月14日，感染人数达到1736人，一周平均日感染人数大约是1400人，已经超过'第二波'疫情的峰值。"③

2020年11月12日，"新型冠状病毒感染症对策分科会"（以下简称"分科会"）会长尾身茂在记者会上表示，"如果感染情况迅速恶化，就将考虑要求政府停止'Go To'运动"。④ 此后，鉴于感染情况日益严重，分科会不断要求政府采取"强力措施"，11月20日建议政府重新研究以感染扩大地区为对象的旅行活动，11月25日要求政府将从感染扩大地区出发的旅行活动排除在外。分科会成员认为"感染扩大与旅行有关"。由于"去旅行"政策是菅政府在新冠疫情下实施的支援观光业的标志性政策，因此他反复声称，"没有证据表明旅行是使感染扩大的主要因素"。⑤

此外，日本知事会表示将根据情况限制"去旅行"活动。2020年11月

---

① 「国内感染、20万人超す 3週間で5万人増—新型コロナ—」、https：//www.jiji.com/jc/article? k＝2020122100685&g＝soc［2020－12－30］。
② 第三波感染人数的峰值出现在2021年1月8日，感染人数为7949人。
③ 「【データで見る】 "第3波" 第2波との違いは 新型コロナ」、https：//www3.nhk.or.jp/news/html/20201117/k10012716911000.html［2020－12－30］。
④ 「感染急拡大ならGoTo停止も コロナ『大流行に最大警戒』—政府—」、https：//www.jiji.com/jc/article? k＝2020111200527&g＝pol［2020－12－30］。
⑤ 「警鐘無視できず転換 『トラベル』めぐり政府迷走」、https：//www.jiji.com/jc/article? k＝2020112701112&g＝pol［2020－12－30］。

23日，日本知事会发布"警戒'第三波'新冠病毒宣言"。宣言指出，日本正处在已经超过"第二波"的新冠疫情蔓延的浪潮中。都道府县知事联合决定进入"新型冠状病毒警戒体制"，将在感染扩大地区，根据情况与政府合作以灵活地实施限制"去旅行"活动的措施。①

疫情迅速恶化使日本全国各地的医疗体系面临崩溃的危险。日本医学会会长在2020年11月25日的记者会上表示，随着新冠肺炎病例持续增加，"全国各地医疗体系正面临崩溃的危险"。他还表示，"这在两周前是无法预料的"。②

自11月12日以来，尾身茂一直呼吁政府在疫情迅速恶化的地区暂停"Go To Travel"活动。但是，菅政府坚持继续推进该活动，并在12月8日通过一项追加经济政策，以用于支持延长"Go To Travel"活动的期限。12月9日，尾身在国会闭会期间召开的众议院厚生劳动委员会审查会上强烈表示："我反复说过，在当前的感染状况下最好中止（'去旅行'活动）。彻底控制感染后再推行支持旅行的政策难道不是更容易得到国民的理解吗？"③

疫情迅速恶化使菅内阁支持率大幅下跌。NHK于12月11日进行的舆论调查统计数据显示，对政府应对新冠疫情的措施，表示"不太评价"或"完全不予评价"的被调查者大幅增加，比例由11月的34%增加到56%；赞成暂时停止"去旅行"活动的被调查者的比例高达79%；57%的被调查者支持政府再次采取紧急事态措施。菅内阁支持率大幅下跌至42%，与上个月相比下跌14个百分点，36%的被调查者表示不支持菅内阁，不支持率

---

① 「新型コロナ『第3波』警戒宣言!」、http://www.nga.gr.jp/ikkrwebBrowse/material/files/group/2/201123%20korona%20sengen%2001.pdf［2020-12-30］。
② 「医療体制『全国で崩壊の危機』日本医師会長」、https://www.asahi.com/articles/ASNCT5WJWNCTUTFL00H.html［2020-12-30］。
③ 「尾身氏、コロナ急増ならGoTo中止を　政府は継続方針変えず」、https://www.jiji.com/jc/article?k=2020120900619&g=pol［2020-12-30］。

较上个月提高了17个百分点。① 此外,《每日新闻》和社会调查研究中心于12月12日进行的全国舆论调查统计数据显示,内阁支持率为40%,与上月相比下跌17个百分点,不支持率为49%,提高了13个百分点,菅政府成立以来,内阁不支持率首次超过支持率。对于菅政府的新冠疫情对策措施,只有14%的被调查者给予评价,与上个月相比下降20个百分点,不予评价的被调查者的比例为62%,与上个月相比上升35个百分点。67%的被调查者要求暂时停止"去旅行"活动。② 2020年12月14日,菅义伟不得不决定从12月28日至2021年1月11日在全国范围内暂停"去旅行"活动。

新冠疫情改写了2020年日本的政治形势,也将继续影响2021年日本的政治局势。在疫情防控长期化的态势下,如何在防控疫情的同时恢复经济仍然是日本政府面临的难题。与2020年相比,2021年,疫情防控的关键是疫苗供应的确保与接种的普及。新冠疫情下,内阁支持率成为疫情防控的晴雨表。疫情防控效果好,感染人数少,内阁支持率就上升,反之,内阁支持率就迅速下降。菅义伟能否成功连任,自民党众议院议席减少的幅度如何,都将取决于疫情防控的效果。2021年,日本的政治形势将继续被新冠疫情左右。

---

① 「NHK世論調査(2020年12月)内閣支持率 NHK選挙 WEB」,https://www.nhk.or.jp/senkyo/shijiritsu/archive/2020_12.html [2020-12-30]。
② 「菅内閣不支持率49%、初めて支持上回る コロナ対策評価せず62% 毎日新聞世論調査」,https://mainichi.jp/articles/20201212/k00/00m/010/163000c [2020-12-30]。

B.3
日本经济：全年跌宕起伏，对华经贸"危"中显"机"

徐 梅*

摘 要： 在中美博弈长期化、地缘政治局势复杂化、新冠疫情突发并肆虐全球的形势下，2020年世界经济出现衰退，日本亦难独善其身。上半年，日本经济连续两个季度出现负增长，尤其是第二季度出现战后以来的最大跌幅。随着国内防疫措施放宽、经济刺激政策显效，第三季度，日本经济大幅反弹，实际GDP环比增长5.3%，但仍无法扭转全年经济下滑、内需与外需双双下降的局面。在经贸环境恶化的情况下，日本对华贸易表现出强劲的韧性，全年实现正增长，凸显了中日两国经贸合作的重要性。面对凶猛的疫情，中国与日本之间存在合作契机，有必要携手应对，共同维护产业链供应链安全及金融市场稳定，积极促进疫后经济复苏，带动地区经济持续稳定发展。

关键词： 新冠疫情 日本经济 产业供应链 民间消费 对华贸易

进入2020年，新冠疫情突如其来，随着疫情蔓延及各国和各地区防控措施不断升级，全球进入前所未有的封闭与隔离状态，产业链供应链遭受重创，企业生产和盈利能力下降，消费骤减，失业人员激增，各地经济贸易活

---

* 徐梅，中国社会科学院日本研究所经济研究室主任、研究员、博士生导师，主要研究方向为日本宏观经济、日本对外经济关系等。

动显著减少，世界经济出现衰退。在此形势下，包括日本在内的主要国家的经济发展及对外经贸受到严重冲击。

一 新冠疫情冲击下的日本经济

受消费税增税、自然灾害等因素影响，2019年第四季度，日本经济出现1.8%的负增长。2020年新冠疫情突袭而至，令日本经济雪上加霜。

（一）全年经济跌宕起伏

如图1所示，2020年第一季度，日本实际GDP环比增长率为-0.6%，经济开始出现技术性衰退。2020年3月日本进行的一项调查显示，在国内近5000家接受调查的企业中，2月销售额同比减少的企业占68%，其中住宿、交通运输、餐饮业的降幅较大，中小企业所受冲击更为明显，主要体现在订单、销售、客流下降等方面。[1] 第二季度，日本实际GDP增长率为-8.3%，换算成年率降幅高达-29.2%，这成为战后以来的最大跌幅，至此，日本经济已连续三个季度出现负增长。

随着2020年5月25日日本解除紧急状态后逐渐复工复产、政府经济刺激措施显效以及此前被抑制的消费需求得到释放，日本经济大幅反弹。第三季度、第四季度，日本实际GDP分别增长5.3%和3.0%，全年经济增长率为-4.8%。经济负增长意味着安倍政府设定的"2020年名义GDP突破600万亿日元"的目标无法如期实现。但是，在世界经济严重衰退的背景下，日本经济的降幅小于英国、意大利、法国、德国、西班牙、加拿大等发达国家。[2]

---

[1] 内閣官房日本経済再生総合事務局「基礎資料」（未来投資会議第37回配布資料1）、2020年4月3日、https://www.kantei.go.jp/jp/singi/keizaisaisei/miraitoshikaigi/dai37/siryou1.pdf［2021-01-03］。

[2] IMF, "World Economic Outlook Report," https://www.imf.org/en/Publications/WEO/Issues/2021/01/26/2021-world-economic-outlook-update［2021-03-03］.

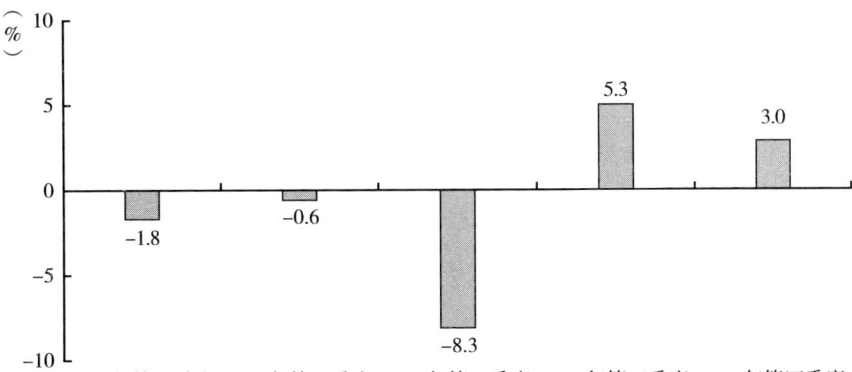

图 1　2019 年第四季度至 2020 年日本经济增长状况

资料来源：内阁府「2020 年 10~12 月期四半期别 GDP 速报」（1 次速报值）、2021 年 2 月 15 日、https://www.esri.cao.go.jp/jp/sna/data/data_list/sokuhou/gaiyou/pdf/main_1.pdf［2021-03-03］。

（二）内需与外需双双下滑

2020 年，日本生产和消费受到疫情的广泛影响，内需下降 3.8%。第一季度，在民间消费支出、住宅投资减少的拖累下，日本内需环比下降 0.2%，而企业设备投资增长 1.4%，成为避免经济大幅波动的重要支撑点。第二季度，因疫情出现高峰，日本民间消费支出下降 8.4%，企业设备投资下降 5.9%，成为当季经济下滑的主要内因。第三季度，在住宅、企业设备投资分别下降 5.7% 和 2.4% 的情况下，民间消费和政府消费支出分别增长 5.1% 和 2.8%，拉动日本经济大幅反弹。第四季度，随着冬季疫情反复，日本民间消费支出增幅放缓至 2.2%，但企业设备投资增幅快速回升到 4.5%。

从外需来看，其对全年日本经济增长的贡献率为 -1.0%。受疫情冲击，国际贸易环境恶化，2020 年，日本对外货物出口减少 9.3%，进口减少 12.2%（见表 1），旅游等服务贸易亦受重创。第一季度和第二季度，外需对经济增长的贡献率分别为 -0.4% 和 -3.1%，第三季度由负转正，回升至 2.6%，成为拉动当季经济增长的重要因素。第四季度，全球疫情反弹，外部市场趋紧，外需对经济增长的贡献率放缓至1.0%。①

（三）失业率上升，通缩加剧

疫情之下，企业业绩普遍受到影响，日本航空、丰田、索尼等大企业纷纷下调当年营收预期，日本铁路（JR）北海道公司甚至关闭了十几个车站，创下该公司实现民营化以来的最高纪录。日本企业经营状况恶化，国内失业率从年初的2.4%上升到10月的3.1%，②但就业状况好于主要发达国家，这是因为在严峻的人口老龄化形势下日本劳动力市场长期存在供需缺口，并且，在疫情期间，多数企业采取解聘非正式员工或让员工"休业"的方式规避裁员。

失业率上升，会导致家庭收入减少，民间消费低迷。日本于5月下旬解除紧急状态后，物价水平一度止跌，但在国内旅游打折活动、入冬疫情反弹等因素的影响下，8月以后的核心消费者物价指数持续走低，12月为-1.0%，③通货紧缩加剧，2020年度，核心消费者物价指数预计为-0.5%，④与安倍政府设定的2%通胀率目标渐行渐远。

二 疫情下中日经贸关系动向

新冠疫情打乱了原有的社会经济状态，引发世界经济贸易陷入衰退，对众多国家和地区间的经贸往来造成影响，一衣带水的中日两国的经贸关系不可避免地受到冲击。

---

① 内閣府「2020年10～12月期四半期別GDP速報」（1次速報値）、2021年2月15日、https：//www.esri.cao.go.jp/jp/sna/data/data_list/sokuhou/gaiyou/pdf/main_1.pdf［2021-03-01］。
② 総務省統計局「労働力調査」、http：//www.stat.go.jp/data/roudou/sokuhou/tsuki/index.html［2021-03-05］。
③ 総務省統計局「2015年基準消費者物価指数」、http：//www.stat.go.jp/data/cpi/sokuhou/tsuki/index-z.html［2021-03-05］。
④ 日本銀行「経済・物価情勢の展望」、2021年1月21日、https：//www.boj.or.jp/mopo/outlook/gor2101a.pdf［2021-03-03］。

（一）中日产业链供应链受损

疫情下的封闭与隔离状态，给中日两国产业链供应链带来影响，部分领域出现"断链"现象。中日货物贸易的很大部分是中间品，包括汽车、电子零部件等。在2017年日本的中间品出口和进口中，对华出口和进口分别占24.7%和21.1%。2019年，日本超过1/3的汽车零部件自中国进口，约35%的电子零部件面向中国出口。[1] 当新冠疫情突袭中国时，中日两国的汽车、电子等产业受到重创，很多企业因零部件、原材料供应链断裂而被迫减产或停产。

随着疫情在全球蔓延，产业链供应链问题更加复杂化。进入第二季度，中国逐渐控制住疫情，而欧美日等地开始失控。在此情况下，中国需自日本进口的一些关键零部件、原材料、设备等供应不足或断供，影响复工复产及恢复经济的速度。可见，中日两国产业之间已密不可分，突发事件导致产业链供应链被破坏，进而影响各自的生产和消费，由此表明，中日两国需要加强合作，共同提升产业链供应链的韧性。

（二）日本有意减少对华经济依赖

在中国经济减速、人力与环境成本上升、人口老龄化加速以及中美贸易摩擦持续的形势下，日本制造业局部出现"去中国化"倾向。根据2019年9月《日本经济新闻》进行的一项调查结果，特朗普政府对华大规模加征关税，已影响到日本企业约1/4的产品的生产。为降低成本和规避风险，有企业开始转移直接受到加征关税影响而收益减少的生产基地，而且日企对华投资预期也受到中美贸易摩擦的影响。日本国际协力银行在2019年进行的调查显示，在被日本制造业企业视为中期投资对象的国家中，中国让位于印度，退居第二，越南、泰国、印度尼西亚、菲律宾、缅甸等东南亚国家成为

---

[1] 内閣官房日本経済再生総合事務局「（未来投資会議第36回配布資料1）基礎資料」、2020年3月5日、https：//www.kantei.go.jp/jp/singi/keizaisaisei/miraitoshikaigi/dai36/siryou1.pdf［2021-01-04］。

日企进行海外投资和转移生产基地的主要承接对象。①

面对突发的疫情及其造成的产业链供应链问题，"去中国化"再度受到热议和关注。疫情对产业链供应链的影响十分广泛，引发众多国家和地区对自身产业布局进行重新思考，全球将出现产业链供应链调整及"短链化"的倾向，各国和各地区纷纷致力于增强和提升产业供给能力和自主性。在安倍政府为应对疫情出台的经济刺激计划中便包括这方面的内容：鼓励日企将生产基地迁回国内，并推进实现海外供应链多元化。中国虽然会受到一定的影响，但未必能如日本政府所愿。从日本国际协力银行的调查结果来看，在被日本制造业企业视为中期投资目标的对象中，中国与印度再次换位并回到首位，越南、泰国、印尼、菲律宾、马来西亚、缅甸等东南亚国家仍居前位。② 这表明，日企遵循政府意图的情况取决于企业自身的需求和利益考量，随着中国经济率先复苏、产业不断转型升级、进一步改革开放政策逐步落地，日企对华期待也在发生变化，并根据形势变化进行调整。更何况，制造业生产的迁移还需要一些时间和条件。

（三）日本对华贸易韧劲十足

在对外贸易整体下滑的情况下，日本对华贸易却明显好于对其他对象。2020年，日本对中国大陆货物出口增长4.9%，进口虽下降3.4%，但显著低于整体12.2%的降幅，分别占日本出口和进口贸易的22.1%和25.8%，中国依然是日本最大的贸易伙伴，而且在日本对外贸易中所占的比重有所提升（见表1）。这表明在因疫情出现经济困境的背景下，中国成为支撑日本对外贸易及经济发展的重要力量，也是拉动日本经济复苏的不可忽视的大市

---

① 日本国際協力銀行業務企画調査部「2019年度わが国製造業企業の海外事業展開に関する調査報告」、2019年11月、22頁。
② 日本国際協力銀行業務企画調査部「2020年度わが国製造業企業の海外事業展開に関する調査報告」、2021年1月15日、https://www.jbic.go.jp/ja/information/press/press－2020/pdf/0115－014188_4.pdf［2021－03－05］。

场。根据世界贸易组织(WTO)于10月上旬发布的预测结果,2020年,世界贸易将下降9.2%。① 相比之下,中日贸易表现堪称良好。

表1 2020年日本对主要国家和地区货物贸易状况

单位:%,万美元

	同比增长率		贸易收支额	所占比重	
	出口	进口		出口	进口
对世界	-9.3	-12.2	689051.1	100.0	100.0
东盟	-13.3	-7.7	-748485.5	14.4	15.7
中国大陆	4.9	-3.4	-2230198.8	22.1	25.8
中国香港	-5.0	-61.5	3115266.7	5.0	0.1
中国台湾	3.0	-0.6	1762543.9	6.9	4.2
韩国	-3.6	-10.4	1806015.7	7.0	4.2
印度	-17.1	-12.3	438413.0	1.4	0.7
澳大利亚	-16.3	-21.8	-2341374.5	1.9	5.6
美国	-15.6	-12.4	4863361.2	18.4	11.0
加拿大	-18.5	-9.0	-350561.8	1.1	1.7
英国	-22.9	-21.1	429691.4	1.7	1.0
EU(27)	-13.4	-10.9	-1308633.1	9.2	11.4
德国	-13.2	-15.2	-360724.8	2.7	3.3
法国	-17.4	-23.3	-359806.4	0.9	1.5
意大利	-18.0	-9.7	-670136.2	0.6	1.7

资料来源:日本贸易振興機構「日本の月次貿易動向」、https://www.jetro.go.jp/world/japan/stats/trade[2021-03-03]。

(四)RCEP框架下中日首次达成关税减让安排

随着特朗普推行"美国优先"和贸易保护政策,很多国家和地区认识到美国无法成为可以依赖的对象,开始寻求推动区域合作,发展滞后的东亚及亚太区域经济一体化出现积极动向。2019年11月,"区域全面经济伙伴关系协定"(RCEP)15个成员国完成所有文本的谈判以及实质完成有关市场准入方面的谈判。

---

① WTO,"Signs of Rebound in Trade," 6 October 2020,https://www.wto.org/english/res_e/statis_e/statis_e.htm[2021-01-04].

随着新冠疫情的突发和迅速蔓延，产业链供应链遭到破坏，世界贸易和世界经济出现衰退。越来越多的国家和地区感受到，仅凭一己之力很难防控和阻断疫情，只有加强合作，才能进行有效应对，尽快摆脱经济萧条。同为东亚地区重要国家的中国与日本，在危机面前尤其需要协作，以共同应对来势凶猛的疫情，维护地区产业链供应链的接续性，推进加强区域经济合作。在这种背景下，2020年11月15日，15个成员国正式签署RCEP，历经8年谈判的世界上最大的自由贸易协定从此诞生。在RCEP框架下，中日两国首次达成关税减让安排，对促进各自经济增长、带动地区经贸发展具有重大意义。

三 2021年日本经济走势分析

随着2020年下半年主要国家和地区的经济形势陆续好转、经济刺激政策显效以及疫苗接种逐步启动、电子商务及数字经济快速发展，前期被压抑的消费得到释放。

（一）日本经济将反弹

据IMF的预测，2021年，世界经济增长率将从上一年的-3.5%反弹至5.5%，其中，中国经济预计将增长8.1%，美国、欧元区经济增长预期分别为5.1%和4.2%，日本经济预计增长3.1%，比上一次预测均有所上调。① 据日本内阁府评估，鉴于新的经济刺激计划的效果，2021年度，日本实际GDP将增长4.0%。② 另据日本央行预测，2021年度，日本实际GDP将增长3.9%，核心消费者物价指数为0.5%；2022年度，日本实际GDP将增长1.8%，高于此前预期，核心消费者物价指数为0.7%。③

---

① IMF, "World Economic Outlook Report," https：//www.imf.org/en/Publications/WEO/Issues/2021/01/26/2021-world-economic-outlook-update［2021-03-03］.
② 内閣府「令和3年度（2021年度）政府経済見通しの概要」、2021年1月18日、https：//www5.cao.go.jp/keizai1/mitoshi/2020/r030118mitoshi-gaiyo.pdf［2021-03-03］.
③ 日本銀行「経済・物価情勢の展望」、2021年1月21日、https：//www.boj.or.jp/mopo/outlook/gor2101a.pdf［2021-03-03］.

上述预测表明，2021年，世界经济将反弹，日本经济亦将复苏。但需要指出的是，日本经济前景及物价变动仍存在不确定性。譬如，入冬后，全球各地疫情反弹，日本在一些地区实行新一轮紧急状态措施，重点针对餐饮业，加之外部市场需求波动，这将对消费增长、提振外需产生负面影响，延缓日本经济复苏的步伐。再如，安倍政府原本欲借助东京奥运会之机提振经济的计划因疫情落空，疫情的反复使国内反对2021年举办奥运会的人数过半，但日本政府出于减少经济损失、维持执政地位、提振国威等方面的考虑，仍坚持如期举办。

（二）经济政策走向暂难改变

疫情之下，安倍政府采取了一系列应对措施，如降低金融机构贷款门槛、取消年购债规模限制、提升公司债额度等，以保持资本市场充裕的流动性，为企业营造宽松的融资环境。菅义伟继任首相后，基本延续了安倍时期的货币政策和财政政策，保持量化宽松货币政策和利率水平，2020年12月，日本央行宣布将2021年3月底到期的企业融资优惠政策延长到9月底，并表示如有需要将考虑进一步延长。同时，日本政府出台和实施大规模经济刺激计划，金额占GDP的比重高达42%，超过德国、意大利、英国、法国、加拿大、美国等。

继安倍政府推出约117万亿日元规模的经济刺激计划之后，12月，菅义伟政府决定实施73.6万亿日元规模的经济刺激计划，增加本年度第三次补充预算，这些资金将主要用于防止新冠疫情扩大、促进经济结构转型、防灾减灾等，如通过设立基金的方式引导企业实现绿色转型，推动经济实现数字化转型。[①] 菅政府还通过了2021年度预算案，规模达106.6万亿日元，创历史新高，其中，社会保障相关费用约为35.8万亿日元，防卫费超过5万

---

① NHK「政府 新たな経済対策決定 規模73兆円超 コロナ対策など3つの柱」、2020年12月8日、https://www3.nhk.or.jp/news/html/20201208/k10012753201000.html［2021-03-01］。

亿日元，新增超过 5 万亿日元的疫情应对预备费。① 该年度预算案与 2020 年度第三次补充预算案一并提交 2021 年通常国会审议。可见，在国内疫情尚未得到有效控制、经济复苏前景不明朗的情况下，日本的金融宽松政策、积极财政政策不会改变。

另外，在人口少子老龄化加剧、区域经济一体化水平提升的趋势下，日本将继续推动劳动力市场开放、农产品贸易发展以及实施"经济伙伴关系协定"（EPA）战略，深化结构改革，进一步强化对外经贸关系，提升在国际经贸关系中的主动性。

（三）经济增长面临一些课题

要促进经济增长，日本当前需做好两方面的事情：一是控制住国内疫情，避免经济及物价面临进一步下行的风险；二是尽快促使经济活动正常化，维持就业和社会稳定，妥善处理东京奥运会相关事宜。从中长期来看，日本经济面临如下课题。

第一，老龄化形势日益严峻。截至 2019 年 10 月 1 日，日本 65 岁以上的老龄人口占总人口的比重为 28.4%，同比持续上升。② 在劳动生产率增速尚难抵消老龄化产生的不利影响的情况下，人口老龄化一方面使医疗、社保费用增加，政府财政负担加重；另一方面导致居民收入减少，整体创新能力下降。

第二，财政状况进一步恶化。多年来，日本养老育儿、灾害应对、防务等方面的支出有增无减，新冠疫情的突发致使日本经济下滑，2020 年度，税收显著减少，创 2009 年度以来的最大降幅。为促进经济复苏，日本政府不得不增发国债，2021 年度预算案新增国债发行额达到 43.6 万亿日元，国债依存度从上一年度的 31.7% 升至 40.9%，自 2015 年以来首次超过 40%。③ 政府债

---

① 《日本将敲定史上最大规模年度预算案，金额超 106 万亿日元》，人民网，2020 年 12 月 21 日，http://japan.people.com.cn/n1/2020/1221/c35421－31973840.html［2021－01－08］。
② 内閣府「令和 2 年版高齢社会白書」、https://www8.cao.go.jp/kourei/whitepaper/w－2020/zenbun/pdf/1s1s_01.pdf［2021－01－08］。
③ 財務省「令和 3 年度予算のポイント」、https://www.mof.go.jp/budget/budger_workflow/budget/fy2021/seifuan2021/01.pdf［2021－01－08］。

务增加，使日本陷入经济增长与财政重建的两难境地，这意味着已被推迟到2025年度的财政重建目标仍难如期实现。

第三，宏观调控余地继续减小。安倍在2012年底再次就任日本首相后，实施"安倍经济学"，其中一项重要内容是量化宽松货币政策。随着中美贸易摩擦持续、新冠疫情突发、世界经济萧条，日本经济面对的风险增加，在继续维持宽松货币政策的同时，日本加大了实施积极财政政策的力度，政府可利用的宏观政策工具和空间进一步收窄。

第四，中美博弈呈现长期化态势。疫情发生后，特朗普政府对华进一步施压，中美关系更加恶化。2021年1月，拜登上台，在一些方面修复特朗普时期毁坏的"常态"，但在对华关系上，美国高层基本达成共识，认为"中国是美国最主要的战略竞争对手"，中美两国博弈长期化的趋势及美国对华强硬姿态恐难改变，给世界经济带来不确定性。这会波及与中美保持密切经贸往来的日本。

四 中日经贸合作新契机

新冠疫情对中国、日本的经济均造成重大冲击，两国需要加强合作，联防联控，通过协作促进疫后经济复苏。中国是日本最大的贸易伙伴和主要投资对象，也是2020年世界主要经济体中唯一实现经济正增长的国家，加上中国国内市场庞大、消费结构不断升级、产业门类齐全、基础设施完备以及改革开放进一步扩大、营商环境日益改善，中日经贸合作具有更多的机遇和空间。

（一）携手应对传染病等突发公共卫生事件

在中国出现疫情之后，日本各界向中方捐赠口罩等防护用品，安倍首相号召国会议员每人从工资中捐出5000日元援助中国，日立、松下等日企向中国捐款、捐赠医疗设备等。除了物质形式的捐助外，来自日本的"岂曰无衣，与子同裳！"等赠语感动了无数的中国人。随着中国疫情缓解而日本

疫情蔓延，中国开始向日方捐赠防护用品、核酸检测试剂等。双方的友好互动成为中日两国共同抗击疫情、守望相助的真实写照。

随着疫情持续及其带来的不确定性，各国和各地区对有效应对突发传染病进行思考。在高度国际化的今天，任何国家和地区都难以置身事外。中国与日本迫切需要加强在公共卫生领域的合作，共建网络信息平台，实现疫情相关信息透明与共享，建立防疫部门对话机制；进行工作层面的合作，如援助抗疫物资、分享社区防疫经验、外防输入等；加强远程医疗合作，联合研发新冠病毒疫苗和特效药，就有关临床诊疗方案进行交流等，并着眼于构建常态化应对突发公共卫生事件的防控机制。

（二）维护产业链供应链安全和加强新业态合作

在应对疫情的同时，各国和各地区积极促进产业链供应链正常运转，避免经济大幅波动。随着各国和各地区之间经济的相互融合，构建完整的产业链供应链需要多国和地区协作。在东亚，韩国是产业链的重要参与者，自中国、日本进口大量中间品。疫情发生后，韩国汽车企业需自日本、中国进口的零部件一度中断，不得不减产或停产。马来西亚、新加坡等东盟国家处于东亚及全球半导体产业链的重要环节，主要生产和出口存储器、封测等产品。中国与日本均处于产业链的重要位置，有必要通过合作消除"断链"环节，共同推动本地区经济社会有序运转。

突发的新冠疫情及其冲击，也给人类敲响警钟，即人类应着眼未来，构建区域性的产业链供应链风险评估、预警、信息分享与协作机制，打造安全有序的产业生态环境。值得关注的是，新冠疫情促使企业加快技术创新、进行结构调整及促进商业模式转变，催生出新的业态，正在成为人类变革的加速器，也在改变人们的生产和生活方式。譬如，为减少人员接触和交叉感染，全球很多机构和企业的工作人员进行居家网上办公，产业及经济发展线上化、智能化的趋势增强，人类将迎来数字经济大发展的时代。中国和日本都将数字化视为促进疫后经济增长的重要抓手之一，两国可从中探索新的合作机遇。

（三）维护金融市场稳定及粮食安全

疫情突发和蔓延之初，国际金融市场大幅震荡，美国股市一个月内多次触发"熔断"机制，世界经济出现衰退，很多国家和地区面临金融债务风险。在此情况下，任何一国独木难支，同处东亚的中国与日本更加需要通过进行宏观政策沟通与协调、扩大货币互换规模等方式共同抵御金融风险，减少因市场波动性带来的不利影响，为实体经济创造良好的融资环境。另外，中国和日本是美国国债的两大外国买家，中国还是日本国债的主要持有国，两国在维护地区及世界金融稳定方面具有合作空间。

在大宗商品领域，中日两国都是世界能源需求和进口大国。疫情之下，各国和各地区的经济活动明显减少，能源资源需求量下降，石油、天然气价格及其交易波动不稳定，中日可在维持能源价格、保障能源安全方面加强交流与协作。农产品价格也是衡量和影响一国经济安全的重要指标之一。2020年，疫情导致物流不畅，农业病虫害增加，农耕人手不足，越南、俄罗斯等产粮国宣布限制粮食出口，引发粮食价格波动及粮食进口国对粮食安全的担忧。日本粮食自给率较低，中国人口众多，对粮食需求量较大，在国际粮食市场风险评估和预警、农产品贸易、有关粮食信息共享、技术与经验交流、良种培育等方面，中日双方可加强合作，构建粮食安全协作机制。

（四）促进地方间合作及企业有效运营

新冠疫情下，中日两国地方之间出现友爱互助的范例。在2020年初中国突发疫情时，作为江苏省无锡市的友好城市，日本爱知县丰川市向无锡市新吴区捐赠了口罩等防护用品，以缓解当地抗疫物资不足的状况。当3月下旬疫情在日本扩散时，无锡市紧急筹集5万只口罩支援丰川市。再如，辽宁省大连市政府向日本和歌山县捐助了医用口罩、消毒液等抗疫用品，发放给县内养老院、学校及医疗机构。

通过地方之间的合作，中日两国国民真切感受到守望相助的深刻内涵，有助于促进中日关系良性发展。由于各具特色和优势，中日地方之间的合作

空间广阔，而且合作方式更加灵活、务实。疫情对企业造成严重冲击，在中国和日本，很多企业的生产受到影响，利润大幅下滑，尤其是规模小、抵御风险能力差的中小企业倒闭数量显著增加，失业人员激增。为此，中日两国在为应对疫情出台的经济刺激方案中，都包含援助中小企业的相关内容。如何增强中小企业融资的可获得性、企业资金链的接续性以及减少失业人员，是中日共同面对的课题，地方政府之间、企业之间可加强交流与合作。

（五）共同推动早日实现碳中和目标

进入21世纪，在全球气候变暖、各国和各地区日益重视生态环境的背景下，中日两国开始重视加强能源环保领域的合作。2020年9月，国家主席习近平在第75届联合国大会期间表示，中国努力争取2060年前实现碳中和。同年12月，菅义伟政府出台绿色增长战略，提出到2030年将汽车电池成本减少五成以上，加快发展氢能、风能等清洁能源，同时有限度地重启核能发电，这被视为日本版的2050年实现碳中和目标的进度表。该战略涉及能源、运输等14个重点领域。

可见，中日两国有着共同的目标，即应对全球变暖、大幅减少碳排放、实现经济绿色转型、促进经济持续增长。日本拥有世界一流的能源相关技术、经验、体制以及优质的"绿色"产品、环保设备等。中国与日本有必要加强在节能、新能源、可再生能源、清洁能源开发与利用等方面的合作，共同推动低碳环境建设，努力实现环保的终极目标，促进人类社会可持续发展。

（六）合力推动亚太区域经济一体化进程

在疫情扩散的情况下，2020年上半年，东盟与中日韩（"10＋3"）召开"10＋3"卫生发展高官特别视频会议、"10＋3"新冠肺炎问题卫生部长视频会议、抗击新冠肺炎疫情领导人特别会议以及中日韩新冠肺炎问题外长视频会议等。各方达成共识，将加强合作以应对疫情，增强区域产业链供应链的韧性。

面对疫情持续及其对经济的冲击，作为地区重要国家，中日有必要合力推动构建常态化的区域疫情防控机制，由此带动两国在旅游、医疗康养等民生领域加强合作，共同促使RCEP尽快落地生效，推动亚太区域经济一体化进程，提升贸易投资便利化水平，从而促进本地区经济复苏及经济社会可持续发展。

B.4
2020年日本外交：
后安倍时期的承接与发展

吕耀东*

摘　要： 2020年，日本首相轮替，安倍外交理念注定会影响菅内阁的对外关系。深化日美同盟关系，注重"印太"视域下的"准同盟"机制构建，处理"战后外交总决算"遗产，均是菅义伟政府承接安倍时代"战略性外交"的具体内容。菅义伟要落实"将与近邻各国构筑稳定的关系"的外交方针，一方面需要重新考量中日关系；另一方面仍需面对日俄领土问题、朝鲜半岛历史问题等安倍内阁的外交遗产。尤其是中日关系中存在结构性问题，加之中美关系具有不确定性，菅内阁的对华政策变数增加。

关键词： 后安倍时期　日美同盟　准同盟国　美日印澳"四边机制"　中美日关系

2020年，日本首相易人，内阁官房长官菅义伟继任首相，日本内政外交进入"后安倍时期"。就日本外交政策及中日关系走向而言，菅义伟表示将继续坚持安倍外交理念。事实表明，安倍外交理念继续影响菅内阁的外交政策。尽管菅内阁已根据国际局势适度调整日本的对外政策，但对于强化日

---

* 吕耀东，法学博士，中国社会科学院日本研究所副所长、研究员，博士生导师，主要研究方向为日本政治、大国关系、当代日本外交政策、东亚的冲突与合作等。

美同盟关系、构建美日印澳"四边机制"、进行价值观外交和"战后外交总决算"等安倍外交理念，菅内阁将以特有的外交举措加以继承、调整与发展。

一 后安倍时期"求稳"的外交理念及政策取向

首先，日本首相易人，安倍外交理念影响菅内阁的对外关系。2020年，安倍继续在深化日美同盟下发展中日关系。事实上，安倍首相的第二任期在对华政策上出现过较为明显的变化与反复。从上任初期的对华遏制，到2018年前后转而改善中日关系，再到2020年4月就新冠疫情、东海、台海、南海及涉港等问题打压中国，主要根源在于安倍等保守派政治家的具有现实主义色彩的外交理念。2020年9月，日本政坛实现首相更替，菅义伟作为继任者，让国际社会对后安倍时期的日本内政外交产生诸多猜测。尽管菅义伟首相表示"将大胆起用适合我政策的人"，但实际上缺乏创新性，多继承安倍的路线。这可以从菅内阁对20名成员的选择看出，其中从安倍内阁留任的有11人。同时，为顾及派系平衡，其也给作为自民党总裁选举竞争对手的岸田、石破两派分配了职位。在菅义伟委任的官员中，与在安倍内阁中就任相同职位的共有8人，如强调作为"内阁关键"的副首相兼财务相麻生太郎、外相茂木敏充、环境相小泉进次郎等；对留任的另外3人则采用"换岗"的方式加以安排。前防卫相河野太郎出任行政改革担当相，再次被委以重任，菅义伟希望他在"打破垂直分割行政"方面发挥主导作用。从自民党各派系的入阁人数来看：细田派有5人，麻生派有3人，竹下派、二阶派、岸田派各有2人，石破派、石原派各有1人，无派系有3人。安倍所在的细田派人数较多，其中包括以参议院名额入阁的2名参议员。菅义伟让前首相安倍晋三的胞弟岸信夫首次入阁，体现出对安倍的顾及。① 让岸信

---

① 《菅义伟新内阁阵容展现继承安倍路线》，共同社，2020年9月16日，https://china.kyodonews.net/news/2020/09/0fc2d8519d89.html［2020－11－28］。

夫担任防卫大臣显然是为了延续安倍关于强化日本防卫实力、加大自卫队向海外派兵力度；外相茂木敏充作为安倍的"老臣"加入菅内阁，也一定会按照安倍的既定外交战略路线走下去；菅义伟作为安倍执政多年的"老管家"，也深深懂得要延续安倍外交理念中的核心内容，即使出台新的外交政策，也不会脱离安倍外交理念。

其次，虽然日本实现了首相更替，但以日美同盟为基轴的外交传统并未改变。安倍晋三在辞去首相职务后，依然与时任美国总统特朗普就未来构筑导弹防御体系等深化日美同盟的具体问题交换意见，这表明了日本为维护和巩固日美同盟的良苦用心。2020年9月，菅义伟作为新任日本首相与特朗普总统进行电话会谈，就携手加强日美同盟达成共识。特朗普强调日美关系已经达到前所未有的牢固程度，并期待与菅义伟携手合作以进一步加强双边关系。特朗普表明将继续追求与日本共同推进"自由与开放的印度洋－太平洋"构想，加强日美同盟以推进实现共同目标。特朗普政府关注菅义伟能否构筑长期稳定的政府以维持牢固的日美同盟。在美中关系日益紧张的背景下，特朗普政府期待与菅义伟政府在对华方面携手应对。在美国政府看来，在构筑牢固的日美同盟方面，日本政治的稳定不可或缺。① 在领会了美国政府的意思后，菅义伟在国会发表就职演说时强调，"日美同盟是我国外交和安全保障的基础，也是实现印太地区和国际社会和平、繁荣、自由的基石"。② 2020年11月拜登在总统竞选中获胜，菅义伟在对其胜选表示祝贺时，强调日美同盟是实现地区和平与稳定的基石，刻意突出深化日美同盟的重要性。在接替安倍出任首相的菅义伟看来，无论谁当选美国总统都不可能使日美关系恶化。可见，菅义伟完全延续了前首相安倍晋三的对美外交姿态，力图与拜登政府构建相互信赖关系，以维护双方的共同

---

① 《特朗普祝贺菅义伟当选首相，欲携手加强日美关系》，共同社，2020年9月17日，https://china.kyodonews.net/news/2020/09/cff850590c53--.html［2020-11-28］。

② 首相官邸「第二百三回国会における菅内閣総理大臣所信表明演説、総理の演説・記者会見など」、2020年10月26日、http：//www.kantei.go.jp/jp/99_suga/statement/2020/1026shoshinhyomei.htmll［2020-12-02］。

利益。

再次,菅义伟仍坚持安倍的"积极和平主义",继续强调力争使"朝鲜绑架人质问题"得以解决,使日俄就"北方四岛"问题进行的谈判取得进展,实际上,其很难取得安倍执政时期的外交成果。菅义伟出任首相后明确表示,要坚持安倍"积极和平主义"的外交政策与理念,继续处理安倍既定的"战后外交总决算"中未解决的周边外交问题。他强调,将以日美同盟为核心推行外交政策。为了保护国家利益,日本将战略性地推进"自由与开放的印度洋-太平洋"构想,希望与包括中国和俄罗斯在内的"近邻各国构筑稳定的关系"。为了实现"战后外交总决算",日本将全力解决"朝鲜绑架人质问题"。① 菅义伟在施政演说中将"朝鲜绑架人质问题"继续定位为"政府的最重要课题",并与安倍一样表达了不设条件面对朝鲜劳动党委员长金正恩的决心,明确了继承安倍外交方针的立场。针对如何处理复杂的对外关系,其只能在继续依靠"老领导"安倍的外交"智慧"的同时,寻求获得外务省官僚的技术性支持,谋求开辟日本外交新局面。针对"北方四岛"问题的谈判,其也沿用安倍的发言内容,称"必须画上句号"。菅义伟外交姿态缺乏自身色彩是显而易见的,安倍在任期间不仅在"朝鲜绑架人质问题"和"北方四岛"问题上未取得进展,在日韩历史问题上也未取得显著成果。对于不擅长处理外交事务的菅义伟来说,其显然没有安倍那般从容应对复杂国际关系和形势的能力,"战后外交总决算"毫无进展已显现出菅义伟内阁外交政策缺乏战略规划的迹象。如果在对外关系上仅靠继承安倍外交方针的话,那么执政党内存在不满的声音和进行质疑就在所难免。为此,在无法摆脱内政困局的情况下,为稳定政局,谋求外交政绩,菅义伟在对外关系上存在"出奇招"的可能性。

---

① 首相官邸「第二百三回国会における菅内閣総理大臣所信表明演説、総理の演説・記者会見など」、2020 年 10 月 26 日、http://www.kantei.go.jp/jp/99_suga/statement/2020/1026shoshinhyomei.html［2020-12-02］。

二 美日首脑更替与日美同盟的强化

安倍执政时期通过解禁集体自卫权，使日美同盟的安全保护从"单向义务"走向"双向义务"，日本借保护美国安全之名，增强自卫队的实力。美国在减轻同盟负担的同时，必须面对日本谋求日美同盟"对等化"的诉求。面对日本的政治诉求，美国要求日本履行和承担更多的同盟义务和责任，以满足美国实现东亚利益最大化的需求。拜登多次强调"美国与同盟国合作时变得最强"，对特朗普执政时期同盟关系弱化颇有危机感，考虑重振同盟体系[1]，强化日美同盟。

第一，日本以保护盟国名义提升防卫乃至攻击能力，谋求在日美同盟中实现"对等化"。二战结束以来，在日美同盟中，日本具有被美国安全保护的不对等关系。近年来，日本认为"修宪"是改变日美不对等同盟关系的关键，考虑通过"修宪"拥有"对敌基地攻击的能力"，这种转变既可以增强自卫队攻击敌方、保护盟国的实力，又可以达到日美同盟对等化的目的，这也是菅义伟对前首相安倍晋三意愿的核心"安保"议题的继承。针对安倍托付菅义伟在2020年内就拥有在敌方疆域内阻止弹道导弹的"对敌基地攻击能力"要做出决定一事，因存在脱离《日本国宪法》第9条的专守防卫基本方针的可能性，其在日本国内存在很大争议，就算是政治上强势的安倍政府最终也没能将其提上议事日程。对于安倍托付的这一难题，菅义伟政府决定"从易到难"：从提升自卫队"对敌基地攻击能力"的武器硬件入手，着手加长陆上自卫队12式陆基反舰导弹的射程，使原来100多公里的射程增长约2倍，实现对宫古海峡全域的覆盖。该导弹被设想部署在冲绳县宫古岛，此举旨在强化对日本西南诸岛的防卫。开发费在2021年度预算案申请中由27亿日元大幅增长至逾330亿日元。菅义伟政府将此次改良定位为可以

---

[1] 《前瞻：美国候任总统拜登期待与日本合作对华》，共同社，2021年1月1日，https://china.kyodonews.net/news/2021/01/248ff67bc250.html［2021-02-03］。

从射程外攻击对方的"防区外能力"。基于2018年制定的防卫力量建设指针——《防卫计划大纲》，日本正强力推进面向获得该能力的防卫装备配备。在野党担忧地指出，实现"防区外能力"看似为了拥有在对方疆域内拦截"以日本为标靶的弹道导弹"，实为实现"对敌基地攻击能力"开辟道路。①

2020年12月18日，日本政府在内阁会议上通过导弹防御相关文件，内容包括作为对在陆上部署导弹拦截系统——"宙斯盾"陆基导弹防御系统计划的替代方案，日本将新造2艘宙斯盾舰艇，明确制定延长陆上自卫队12式陆基反舰导弹的射程，对能从敌方射程圈外实施攻击的"防区外导弹"（Stand-Off Missile）进行开发，并使陆海空均能实现发射的运用方针。该文件虽然放弃写明拥有在对方国家疆域内阻止瞄准日本的导弹的"对敌基地攻击能力"，但表示将继续探讨强化威慑力。也就是说，菅义伟政府尽管暂时搁置存在脱离《日本国宪法》"专守防卫"理念之忧的拥有"对敌基地攻击能力"，但基于未来政策发生转变的可能性，先行开发可以使用的防区外导弹。关于防区外导弹，该文件强调其对保障自卫队的安全并有效阻止试图进攻日本的舰艇而言不可或缺。该文件明确将在陆上、战机、护卫舰等"多样的平台"上搭载防区外导弹。② 为此，菅义伟政府在2021年度预算案中把超过330亿日元用于进行相关技术研发。导弹射程拟从目前的100多公里延长到900公里左右。日本政府计划从2021年着手进行基本设计，用五年时间完成试制品。为了提升"防区外能力"，日本政府基于2018年制定的《防卫计划大纲》，正在推进在航空自卫队的F-15战机上搭载美国产远程巡航导弹"JASSM"和"LRASM"（射程均为900公里）的改装工作。③

美国从东亚现实利益出发，不仅会放任日本发展"对敌基地攻击能

---

① 《日政府拟大幅增加陆基反舰导弹开发费》，共同社，2020年12月7日，https://china.kyodonews.net/news/2020/12/bdc02967dbec.html［2020-12-13］。
② 《日本内阁通过导弹防御文件将新造两艘宙斯盾舰》，共同社，2020年12月18日，https://china.kyodonews.net/news/2020/12/9c715c96c790--2.html［2020-12-28］。
③ 《日本将全面着手开发长射程反舰导弹》，共同社，2020年12月18日，https://china.kyodonews.net/news/2020/12/7f659963688e.html［2020-12-28］。

力",还会延续与日本在导弹防御系统部署等方面进行的合作,尽管这关系到调整以日本为"盾"、以美国为"矛"的日美同盟方式,① 但在美国看来,日本发展"对敌基地攻击能力",暂且难以改变长期以来的"不对等"的日美同盟机制,出于让同盟国日本维护自身亚太战略利益的现实考量,美国可适度"照顾"盟友的"对等化"诉求。

第二,拓展日美同盟合作领域,使其更加深化、多元化。在传统安保领域,日美双方更注重合作的深度和广度。2021年1月28日,菅义伟首相与美国总统拜登进行首次电话会谈。双方确认强化日美同盟,为推进"自由与开放的印度洋-太平洋"构想开展密切合作。两国首脑确认美国将向日本提供包括核战力在内的"延伸威慑"。拜登对日本为美日印澳四国合作所做的贡献给予肯定。双方还就美国在印太地区增强存在感的重要性达成共识。以上这些所谓共识也是为了谋求实现彼此国家的利益最大化,这就是在日美同盟机制框架内不断增添诉诸武力、进行军事威慑内容的缘由。此外,菅义伟对拜登政府的国际协调路线表示欢迎,双方将寻求进行全方位合作:(1)美国重返全球变暖应对框架——《巴黎协定》;(2)美国撤回退出世界卫生组织(WHO)的通知;(3)加入力争向发展中国家供应新冠病毒疫苗的框架"COVAX"。两国首脑就日美合作应对气候变化、新冠疫情等全球性课题达成一致意见。② 尤其是,日本政府对拜登有意重返应对气候变化的《巴黎协定》十分期待,希望借助与美国的合作实现"去碳化社会"构想。

菅义伟非常重视加强作为日本外交和安全保障基轴的日美同盟关系。2021年4月16日,菅义伟访美并与拜登总统发表联合声明。在此次首脑会谈中,菅义伟希望"确认日美同盟的牢固纽带"。拜登表示将毫不动摇地支持运用包括核武器在内的所有种类的美国军事力量对日进行防卫。菅义伟在

---

① 《需调整日美"盾与矛"的同盟方式》,共同社,2020年9月20日,https://china.kyodonews.net/news/2020/09/ae801730594d.html [2020-12-03]。
② 《日美首脑首次电话会谈,确认强化同盟关系》,共同社,2021年1月28日,https://china.kyodonews.net/news/2021/01/4bbcb2430f6e-2-.html [2021-02-02]。

日美首脑会谈后的联合记者会上强调，此次双边达成的联合声明"将成为日美同盟的指南针"。日美两国首脑再次确认将朝着实现"自由与开放的印度洋-太平洋"构想目标的方向展开合作，一致表示日美韩三国合作对于实现共同的安全与繁荣不可或缺。①

第三，日美针对驻日美军驻留经费一事决定延期进行协商，以避免影响双边关系发展。尽管针对驻日美军驻留经费，日本美其名曰"温馨预算"，但对特朗普要求日本增加安全"保护费"数额的做法大为不满。按照惯例，针对驻日美军经费负担方式，两国会在日本编制预算的上一年年底前谈妥。因为2020年美国总统特朗普要求大幅增加日本对驻日美军驻留经费的负担比例，双方的磋商未能取得进展。2021年1月拜登政府成立后，日本提议把磋商工作暂时延长一年，美国表示同意。显然，为拉拢同盟国，拜登调整了解决驻日美军驻留经费问题的期限。关于2021年度驻日美军驻留经费负担问题，日美两国政府于2021年2月24日决定把现行特别协定期限从2020年度末延长一年。特别协定通常每五年更新一次，延长一年实属罕见。2021年度，日本的负担额为2017亿日元②，与2020年度保持同一水平，用于支付驻日美军基地的水电煤气费及员工的劳务费、训练转移费等。至于2022年度以后的负担情况，日美表示将再行商议，力争于2021年内谈妥。

对于美国要求日本大幅增加驻日美军驻留经费，日本并未妥协，而是宣布在2021年度增加自身防卫预算。这是维护和扩大日本在印太地区政治、军事存在和既得利益的重要内容之一。日本政府力求通过增强自身防卫实力，改变美国在同盟关系框架下收取安全"保护费"的"痼疾"。日本预判，拜登政府强化同盟体系离不开日本的支持和帮助，这不仅是强化日美同盟及基于"双向义务"进行合作的机会，也是日本灵活应对"温馨预算"的契机。

---

① 《日美首脑确认台湾海峡和平很重要》，共同社，2021年4月17日，https：//china.kyodonews.net/news/2021/04/5f0bc3709fe9.html ［2021-04-19］。
② 《日美就美军驻留经费协定延长一年签署文件》，共同社，2021年2月24日，https：//china.kyodonews.net/news/2021/02/4a8ebe0d51ec.html ［2021-02-26］。

三 "印太"构想视域下的美日印澳"四边机制"构建意向

"自由与开放的印度洋-太平洋"构想的机制化已经成为客观事实。日美同盟机制下,美日印澳"四边机制"(Quad)已逐步完善。美日印澳"四边机制"因安倍晋三和特朗普达成共识而得以迅速推进。菅义伟首相与拜登总统在2021年1月的首次电话会谈中,商定进一步推进美日印澳"四边机制"。日本作为美日印澳"四边机制"的主要推手,不仅将美日印澳"四边机制"的联合军事训练逐步扩展到东北亚,而且将澳大利亚定位为"准同盟国",不断加强军事合作。加之拜登上台后将美日印澳"四边机制"作为抓手,把美日印澳"四边机制"视作推进"自由与开放的印度洋-太平洋"构想的基础,并把此前只是外长级的四国会议提升至首脑级,通过进行四国海上联合训练,强化美国在印太地区的同盟体系,这大有对该机制进行扩员的意向。

第一,日本政府及学者共谋将"自由与开放的印度洋-太平洋"构想机制化。美日印澳"四边机制"就是"自由与开放的印度洋-太平洋"构想的机制化体现。"这原本是前首相安倍晋三的构想,源头是日本。"美日印澳"四边机制"源于安倍在第二次上台执政的2012年12月用英语发表的"安全保障钻石构想":"合作的对象范围是以美国夏威夷为起点,用直线连接日印澳三国的钻石形海域。"据悉,该想法相当于后来由安倍提倡,美国也统一步调的"自由与开放的印度洋-太平洋"构想的"源流"。日本力图在维持稳定的日中关系的同时,通过四国进行合作遏制中国,而这需要四国表露对华强硬的姿态。澳大利亚加强对华强硬立场,莫里森总理将美日印澳"四边机制"表述成"为了实现地区和平与稳定而依靠的绳索"。尽管美日印澳的立场存在差异,① 但日本认为美日印澳四国实现首脑会谈机制

---

① 《聚焦:日本欲以四国合作应对中国,与美印存温差》,共同社,2021年3月12日,https://china.kyodonews.net/news/2021/03/8a25a3750603--.html [2021-03-16]。

化,对于推进"自由与开放的印度洋－太平洋"构想意义重大。

同样,日本一些学者就推进"自由与开放的印度洋－太平洋"构想提出相关建议。2020年10月,日本政策研究大学院大学校长田中明彦所创立的研究会向外务省提交了旨在将日本推进的"自由与开放的印度洋－太平洋"构想具体化的建议。该建议认为,印度洋－太平洋地区将成为全球经济增长的引擎,其对于维护国际秩序的重要性持续提高。该建议指出:"一是'为应对中国快速发展,应举行美日印澳首脑峰会,以增强日本的防卫力量'。二是呼吁'为抑制中国的动向',需要'力争进行自由民主的涉及经济及社会方面的各国合作'。要举行美日印澳峰会,并探讨将来英国和法国加入美日印澳'四边机制'的可行性。三是'为防止中国军事力量突起,敦促美中俄构建抑制巡航导弹等发展的相关机制'。四是强调推进'自由与开放的印度洋－太平洋'构想,重视与位于该地区中心的东盟的合作必不可少,需通过实现供应链的多元化等强化彼此的关系。"[①] 可以看出,日本学者的政策建议与日本决策者的外交理念基本相同,成为影响日本外交决策的重要因素。

第二,日美两国政府始终是"印太"构想下美日印澳"四边机制"的推动者。日美两国均将"自由与开放的印度洋－太平洋"构想视为同盟体系内的重要战略课题。安倍晋三在2016年日本非洲发展国际会议上首次提出"自由与开放的印度洋－太平洋"战略后,得到特朗普的认同,并将其发扬光大。菅义伟上台后亦希望美国新任总统拜登能够继续推进"自由与开放的印度洋－太平洋"构想。正如日本共同社评论所指出的那样:拜登政府展现继承前首相安倍晋三与前总统特朗普推进的"自由与开放的印度洋－太平洋"构想的姿态,对日本来说也是利好。拜登在就任前把该构想称为"安全繁荣的印度洋－太平洋"。由于未使用被认为包含对华牵制意味的"自由与开放"的措辞,美国对华姿态或将软化的猜测一度在日本流传。

---

① 《日本学者建议举行日美澳印四国峰会》,共同社,2020年10月29日,https://china.kyodonews.net/news/2020/10/cf312d45688a.html [2020-11-06]。

拜登在2021年初上台后恢复原来的"自由与开放的印度洋－太平洋"的说法。日本首相官邸有人回应称："日本方面的工作起效了。这是外交成果。"① 可见，拜登和菅义伟已达成在推进"印太"战略上加深合作的"共识"，这预示着日美同盟将在推进"自由与开放的印度洋－太平洋"构想、构建美日印澳"四边机制"中发挥主导和方向引领作用。

第三，力求构建美日印澳"四边机制"，增强西方"盟友圈"在"印太"地区的影响力和威慑力。2020年11月17日，菅义伟与到访的澳大利亚总理莫里森举行会谈，双方宣布已在原则上就签署《日澳互惠准入协定》达成一致意见，并就协调把定位为"准同盟"的澳军纳入日本自卫队的"武器防护"对象达成共识。菅义伟还与英国首相约翰逊一致同意在"自由与开放的印度洋－太平洋"构想下，加强安全保障领域的合作，推动构建日英"准同盟"关系。② 日本特别期待以日美同盟关系为基轴，拉拢欧洲和澳大利亚加入"自由与开放的印度洋－太平洋"构想。

菅义伟在2021年初的国会施政演说中宣称，要深化与美国、东盟、澳大利亚、印度和欧洲等的合作，共同促进"自由与开放的印度洋－太平洋"构想实现。③ 2020年12月，日美法三国舰艇在日本最南端的冲之鸟礁周边集结，开展了针对敌方潜艇的联合训练。日美法三国舰艇于2021年2月又在日本九州西侧进行燃料补给训练。英军派遣航母"伊丽莎白女王号"前往印度洋－太平洋区域，与日美展开联合训练。④ 2021年3月12日，美日印澳进行"四边安全对话"，对话以视频方式进行，四国领导人首次出席。此后，四国进行了"马拉巴尔"海上军事演习。未来，日美推动构建美日

---

① 《前瞻：美高官访日协调对华政策将成焦点》，共同社，2021年3月7日，https://china.kyodonews.net/news/2021/03/550286997225.html［2021-03-16］。
② 《菅义伟首次与英首相通电话同意加强安保合作》，共同社，2020年9月24日，https://china.kyodonews.net/news/2020/09/8b9ceb53949b--.html［2020-12-03］。
③ 首相官邸「第二百四回国会における菅内閣総理大臣施政方針演説、総理の演説・記者会見など」，2021年1月18日，http://www.kantei.go.jp/jp/99_suga/statement/2021/0118shoshinhyomei.html［2021-02-02］。
④ 《封锁中国进入"新局面"，日美欧加强合作》，共同社，2021年3月24日，https://china.kyodonews.net/news/2021/03/81beb5aa2c17--.html［2021-04-01］。

印澳"四边机制"的意愿和政策,将是推进"自由与开放的印度洋-太平洋"构想的重要内容。日本以日美同盟为基础扩大"盟友圈"的尝试成为印太地区新的不确定因素。

四 日美同盟的对华针对性及政策趋向

日本是维护美国在亚太、印太地区的战略利益的主要盟友。拜登通过投其所好,突出日美同盟对华的针对性,展现重振美国同盟体系的现实性意图。中国一贯强调,"《美日安保条约》是冷战的产物",不应损及第三方利益,更不应危害地区和平稳定。① 拜登和菅义伟关于钓鱼岛适用《日美安保条约》第五条的言论,不仅损害中国的领土主权和核心利益,而且危及亚太地区的和平、稳定和发展。

第一,菅义伟和拜登不仅确认钓鱼岛适用《日美安保条约》第五条,而且首提"台湾海峡和平稳定的重要性",露骨地表明了日美同盟的对华针对性。在中美关系持续恶化的背景下,将中国视作对手的美国政府期待日本对华态度变得更为强硬。为此,2021年4月16日,访美的菅义伟充分利用美国拉拢日本对付中国的急切心态,不仅让拜登总统再次确认钓鱼岛是规定美国对日本防卫义务的《日美安保条约》第五条的适用对象,而且"借机"在维持对华威慑力、台海局势和人权问题上与之达成进行紧密合作的所谓"共识",展示出以日美同盟机制遏制中国的强硬姿态。日美两国首脑在会谈后发表的联合声明中,就台湾海峡写明"强调和平稳定的重要性,敦促和平解决两岸问题"。该声明还强调,"反对在东海进行单方面改变现状的尝试以及在南海进行非法海洋权益主张"。会谈后,菅义伟就台湾海峡和钓鱼岛局势向媒体表示:"严峻状况持续,这是事实。(日美首脑)就以和平

---

① 《2020年11月12日外交部发言人汪文斌主持例行记者会》,中华人民共和国外交部网站,https://www.fmprc.gov.cn/web/wjdt_674879/fyrbt_674889/t1831796.shtml[2020-12-07]。

解决为最优先一事达成了共识。"① 菅义伟和拜登发表的联合声明，完全背弃了《中日联合声明》、中美三个联合公报的原则，公然干涉中国内政事务，这将给未来中美关系、中日关系发展带来较大的不确定性。

第二，基于日美同盟构建西方"盟友圈"提高对华针对性。中国的和平发展对于世界繁荣与稳定的贡献举世瞩目，但在一些欧美国家看来，这是"威胁"。在日美同盟的主导和引领下，亚太地区的一些国家开始组建新的对华战略联盟。2021年3月12日，菅义伟首相在美日印澳"四边安全对话"中歪曲中国在东海、南海的正当海洋维权行动，称其是"单方面改变现状"的尝试，力图使美日印澳"四边机制"发展成对抗中国的框架。菅义伟明知其言论会加剧中日对抗却仍故意为之，对华遏制的意图十分明确。2021年，日本伙同美国、法国、澳大利亚等在亚太地区联合举行的大型海军演习日益频繁，对华针对性不言自明。日本希望更多的欧洲盟友加入"印太"战略下的"盟友圈"机制，以共同"应对"中国。日本政府更加期待拜登以"价值观外交"加强与盟国的合作，不断扩大"应对"中国的"盟友圈"。

第三，日本对华政策的摇摆性导致中日关系具有不确定性。安倍内阁的对华政策存在一定的"摇摆性"。从安倍执政前期的"中国威胁论"到执政后期的"中日协调论"，再到菅义伟内阁又回到"中国威胁论"，与菅义伟上台伊始强调的"将与近邻各国构筑稳定的关系"相悖。尽管日本媒体曾称，菅义伟可能会通过"平衡外交"处理中美日三边关系，但这显然是不现实的。因为日美同盟作为具有双边性质的军事同盟，在政治上同样具有排他性和针对性。进入2021年初，菅义伟越来越突出日美同盟的重要性，这就不可避免地会出现以日美同盟的利益为重，并不惜淡化他国利益和地区安全利益，将矛头指向中国的趋向。鉴于新冠疫情对东亚经济的影响，日本与中国积极互动，推动签署拖延已久的"区域全面经济伙伴关系协定"

---

① 《日美首脑确认台湾海峡和平很重要》，共同社，2021年4月17日，https://china.kyodonews.net/news/2021/04/5f0bc3709fe9.html ［2021-04-19］。

(RCEP)。但当谈到涉及盟友美国利益的"全面与进步的跨太平洋伙伴关系协定"(CPTPP)议题时,菅义伟仍然称中韩加入 CPTPP 并非易事。① 与此同时,日本却强烈希望美国拜登政府能重返 TPP。在日本看来,CPTPP 是制定"自由与开放的印度洋-太平洋"构想规则的框架,对华具有排他性。日本的做法表现出忽视地区共同经济利益并以日美同盟为优先的明确政治态度。

五 结语

尽管菅义伟曾经强调亚洲外交,"将与近邻各国构筑稳定的关系",但是,在"后安倍时期",其很难在短时间内解决安倍外交的遗留问题。尤其是周边外交难题困扰菅义伟政府。虽然菅义伟表示将继续推进安倍的"战后外交总决算",但若不反思安倍的历史修正主义外交"败迹",其所说的"将与近邻各国构筑稳定的关系"就是一句空话而已。

拜登和菅义伟将日美同盟定位为"印度洋-太平洋地区和平与繁荣的基石",显然是基于构建"自由与开放的印度洋-太平洋"达成的战略共识。在日美同盟下形成的美日印澳"四边机制"的对华针对性日益显露。加之菅义伟和拜登有关钓鱼岛适用《日美安保条约》第五条、"台湾海峡和平稳定重要性"的言论,均在加剧对中国领土主权及国家核心利益的侵害。从长远来看,针对中日关系中固有的结构性矛盾加上中美关系的紧张状态,不能排除日本为迎合美国而采取进一步的对华遏制政策。基于日美同盟,在与澳大利亚、英国构建"准同盟"关系过程中,日本官员发表了涉港、涉台及有关中国南海问题等的消极言论,使亚太地区的国际关系变得更加复杂,这严重影响亚太乃至世界的和平、稳定与发展。

---

① 《菅义伟称中韩加入 TPP 并非易事》,共同社,2020 年 12 月 11 日,https://china.kyodonews.net/news/2020/12/25be8066629a-tpp.htmll [2020-12-26]。

B.5
2020年日本社会：新冠疫情的影响

郭佩 胡澎*

摘　要： 2020年，日本在1月发现首个新冠肺炎感染者后，经历了4月的第一波疫情、8月的第二波疫情以及11月开始的第三波疫情。为抑制疫情范围扩大，日本政府采取了包括减少经济活动、缩短营业时间、减少出行等一系列应对措施。但新冠疫情仍造成日本20多万人感染、3000多人死亡，对2020年日本社会的影响也是广泛而深远的，如失业人口增加、就业困难、收入减少、相对贫困化程度加深等，特别是日本女性面临前所未有的困境。另外，疫情也推进远程办公、居家工作、线上课堂、网络应聘等新兴事物发展，日本人既有的生活方式、工作方式、学习方式、交往模式正悄然发生变化，"东京一极化"的发展趋势面临一些不确定因素。

关键词： 日本社会　新冠疫情　远程办公　数字厅　失业率

2020年2月之后，新冠疫情在日本蔓延，截至12月31日，日本国内感染人数累计为23万人，死亡人数超过3400人。① 疫情对日本社会方方面面

---

* 郭佩，文学博士，中国社会科学院日本研究所社会研究室助理研究员，主要研究方向为日本人口老龄化、少子化、社会福利；胡澎，历史学博士，中国社会科学院日本研究所社会研究室主任、研究员、博士生导师，主要研究方向为日本社会、日本史。
① 厚生労働省「新型コロナウイルス感染症の現在の状況と厚生労働省の対応について（令和2年12月31日版）」、2020年12月31日、https://www.mhlw.go.jp/stf/newpage_15828.html［2021-01-05］。

造成诸多影响，经济活动减少，学校停课，各种公众活动、文艺表演、体育赛事延期或取消，人们的社会交往活动大幅减少，就连日本国民翘首期盼的东京奥运会也不得不延期一年举办。

日本政府在疫情初期就将防范疫情作为危机管理的重大课题。在对新冠疫情状况进行整体把握之后，内阁府成立"新型冠状病毒感染症对策本部"，中央和地方政府、相关公共机构相互合作，陆续制定方针、对策。同时，日本政府强调，紧急防疫状态并非"封城"，号召各地根据疫情严重程度采取具有弹性的限制措施，试图在"抗疫"与"恢复经济"中找到一个最优平衡路线。一方面，政府令企业缩减经济活动，令市民自觉配合政府的要求，减少高峰出勤，减少聚会，减少不紧急非必要的出行，避免去"三密场所"；另一方面，政府通过发放疫情补贴、刺激消费等措施尽量减少疫情给经济带来的损失，如面向所有国民发放 10 万日元补贴，面向企业实施积极"雇佣调整补助金"政策等。为提振经济、支援遭受重创的旅游业，7 月实施"Go To Travel"（去旅行）和"Go To Eat"（去吃美食）①两项经济刺激活动，但由于疫情出现反复，政府不得不在 12 月 14 日中止相关活动。由此来看，"抗疫"和"恢复经济"难以两全。与此同时，因疫情被解雇的失业人数不断攀升，经济与就业面临前所未有的巨大压力，许多既有的社会问题更加凸显。此外，疫情也催生出许多新业态、新模式，"新生活方式""远程办公""在线上课""网络应聘""口罩聚餐"等成为疫情生活的"主旋律"。

一　新冠疫情对日本人口的影响

新冠疫情对日本人产生深远影响，不仅凸显了既有的结构状态与问

---

① 民众通过网络预约旅行团或餐厅，就能享受大幅的价格折扣优惠（最多可以享受半价优惠），剩下的费用由政府埋单。"Go To Travel"活动从 7 月 22 日开始推行，最初，民众只能在东京以外的地区享受相关优惠，从 9 月 18 日起，东京也被纳入活动范围。"Go To Eat"活动从 10 月 1 日开始在日本各个城市依次推行，全然不顾东京新冠疫情（当时处于最严重的时期），从 11 月 20 日起，预约东京的 11800 家店铺均可享受折扣优惠。

题，而且让社会矛盾加速浮现。一方面，被称为"国难"的少子化问题愈演愈烈；另一方面，老龄化及高龄化程度仍在进一步加深，"活到老，劳到老"已成为工薪阶层的普遍共识。在多数地区为人口低增长和老龄化困扰时，以东京为代表的核心都市圈却在为"东京一极化"等问题苦恼。

（一）少子老龄化程度进一步加深，财政预算持续增加

2020年，日本老龄化率再创新高，已稳居世界首位。总务省统计局公布的数据显示，截至2020年6月1日，日本的总人口为1.2587亿人，较上年同期减少39.4万人，连续11年负增长。在总人口持续减少的同时，65岁以上老年人呈增加趋势，占比高达28.7%，其中，75岁以上老年人占比达14.8%。另据国立社会保障和人口问题研究所的预测，日本的老龄化率还将继续上升，在第二次人口高峰期（1971～1974年）出生的一代人陆续进入65岁的2040年，老龄化率将上升至35.3%。[①] 为了积极应对老龄化，日本政府于12月14日召开了"全世代社会保障讨论会议"，会上提出，为了维护社会保障制度的可持续性，针对75岁以上老人，将其医疗费的比例从10%提高到20%。其实，在即将到来的2022年，被称为"团块世代"（1947～1949年出生）的人就会进入75岁。[②] 政府面临医疗费急剧上涨的局面，此次决定采取这样的对策，可以说是未雨绸缪，提前布局。这是自2008年引入后期高龄者医疗制度以来，首次进行的重大制度改革。此次改革预计从2022年10月开始，在2023年3月进入试行期间。

随着老龄化的发展，日本的少子化程度进一步加深。2020年6月，15岁以下人口为1508万人，较上年同期减少19万人，在全部年龄层中人口减少最快；15～64岁人口为7467万人，较上年同期减少50万人；15岁以下、

[①] 総務省統計局「人口推計（令和2年（2020年）6月確定値）」、2020年11月20日、https://www.stat.go.jp/data/jinsui/new.html［2020－12－15］。

[②] 「政府、現役世代支援に軸足、収入ある高齢者負担増、『全世代型社会保障』最終報告」、『毎日新聞』、https://mainichi.jp/articles/20201214/k00/00m/040/256000c［2020－12－15］。

15~64岁以及65岁以上人口分别占总人口的12.0%、59.3%与28.7%。[1] 新生儿数量快速减少,2019年,日本出生人口降至86.5万人,创下有统计数据以来的新低,引发社会各界震惊。2020年,"86万冲击"一词在日本媒体、社交平台以及日常生活中被广泛使用。新冠疫情在一定程度上加快了日本少子老龄化进程。日本厚生劳动省为了调查新冠疫情对怀孕的影响,对2020年1~7月日本各地有关怀孕申报的相关数值进行统计分析,结果显示,各地受理的怀孕申报为51.38万份,同比减少5.1%,5月以后的怀孕申报率尤其低,显示出家庭在面对未来不确定的社会风险时会选择人为控制怀孕。[2]

在少子老龄化与疫情双重影响下,日本财政预算与社会保障费用持续攀升。2020年12月21日的内阁会议通过了关于2021年度的预算方案。为更好地应对新冠疫情冲击,2020年度第三次预算补充方案延至2021年1月执行,与2021年度编制的新冠对策预算连在一起被称为"15个月预算方案",预算总额达125万亿日元。2021年度的预算为106.6万亿日元,为史上最高值,除了历年设置的5000亿日元以外,还为应对新冠疫情专门设置了5万亿日元预算,同时也包括2021年9月启动"数字厅"的相关费用。此外,社会保障费及防卫费急剧攀升,2021年度的预算扩充了社会保障费及防卫费,社会保障费比2020年度增加1500亿日元,提升至35.8万亿日元;防卫费扩充了300亿日元,达到5.3422万亿日元,创历史新高。[3] 一方面,人口老龄化导致社会保障费持续增加,为应对新冠疫情,相关支出不断增长;另一方面,受疫情影响,企业业绩恶化,税收呈下降趋势。2021年度,日本财政状况恶化将不可避免。

---

[1] 総務省統計局「人口推計(令和2年(2020年)6月確定値)」、2020年11月20日、https://www.stat.go.jp/data/jinsui/new.html［2020-12-15］。
[2] 「出生数、コロナで減少懸念、妊娠届1~7月5.1%減」、『日本経済新聞』2020年10月22日。
[3] 「来年度予算案のポイントは、コロナ対策で巨額に」、『日本経済新聞』2020年12月21日。

（二）"东京一极化"缓解仍在路上

长期以来，与其他发达国家相比，日本的政治、行政、经济的中枢机能全部集中在东京，人口也集中在东京（以占全国0.58%的面积，容纳了11%的人口），从占国内生产总值（GDP）的份额来看，东京所占份额高达20%，远高于美国（8.1%）、德国（12.1%）等发达国家。东京是对地方年轻人有强大吸引力的城市，人口不断膨胀，城市规模不断扩大，"东京一极化"和"地方过疏化"状态持续加剧。

2020年，新冠疫情在纽约、伦敦、巴黎、东京等人口集中的大城市迅速蔓延，人们开始对超大城市的工作和生活方式进行反思。2020年，日本政府积极推进的"防止三密"、远程办公等带来了新的工作方式和生活方式，对人口流动产生一定影响，那么，新冠疫情可否成为缓解"东京一极化"趋势的一个契机？

总务省发布的居民基本台账人口移动报告显示，2020年10月，从东京都向其他府县迁出的人口较上年同期增长10.6%，为3.09万人，从其他府县向东京都迁入的人口减少7.8%，为2.81万人。① 从每月的迁出、迁入动向来看，全年波动较大的月份为3~4月，出于就职、新入学、调动等原因出现人口流动。2020年1~3月，人口流动的变化情况与往年基本相同，但从4月开始，迁入人口呈现减少趋势，其中的因素有疫情下不少企业取消或延缓员工工作调动及多数高校开始进行线上授课等。

进入5月后，迁出东京的人口数据超过迁入数据，自2013年总务省开始统计包括外国人在内的人口移动数据以来首次出现这种情况。尽管6月迁入人口数据又超过迁出数据，但7~10月一直处于迁出人口数据超过迁入数据的状态。总体来看，2020年5~10月，东京都的迁出人口为17.58万人，迁入人口为16.3万人，迁出人口比迁入人口多1.28万人，

---

① 総務省統計局「2020年住民基本台帳人口移動報告」、2020年11月26日、https：//www.stat.go.jp/data/idou/index.html［2020-12-23］。

其中，一些人从东京搬到郊区居住，该变化或许与远程办公方式逐渐固定下来有关。

日本政府为缓解"东京一极化"趋势、推动地方创生可谓煞费苦心。2020年是日本实施地方振兴第二期计划的开局之年，为了鼓励更多的人去地方城市安家落户，日本政府出台了"买房送家电积分"计划（预计从2021年春天开始实施）。该计划是指如果去地方定居、在当地购置房产的话，政府就会给予一定的积分，1次积分最高相当于100万日元，可用来购置家电。该计划的适用群体为居住在东京23区的人或在东京23区工作的人，另外，在地方购入新房需满足节能环保条件才可获取积分，二手房不受环保节能限制。[①]

值得注意的是，从东京整体情况来看，人口迁出仍然是极少数现象，而且主要迁入地是东京周围的埼玉县、千叶县、神奈川县等，真正到地方城市的人口仍较少。另外，在像千代田这样的东京23区内的核心区域，人口较之前反而呈现增加趋势，原因之一是考虑到疫情下长时间通勤感染概率大，另外，年轻人厌倦了因通勤花费较多时间，正好以疫情为契机，搬到距离工作单位较近的地方。因此，疫情带来的工作方式变革对于缓解"东京一极化"趋势的作用有待观察。

二 新冠疫情对就业的冲击

新冠疫情对日本就业的冲击是巨大的，国内企业大量停工，或缩小生产与营业规模，造成员工收入减少或失业。新冠疫情影响到了社会所有阶层，但影响程度较深的是应届毕业生、非正式劳动者、自营作业者等。日本政府采取的停工停学停业、减少外出等措施，使依靠短工劳作或灵活就业赚取薪资的人的生活受到严重威胁。

---

① 「地方移住の住宅購入でポイント、政府最大100万円分」、『日本経済新聞』2020年12月6日。

（一）非正式劳动者就业形势严峻，隐性失业者增加

疫情背景下，企业的经济活动受限，营业时间缩短，客流量减少，零售业受到的冲击尤为严重。东京商工研究所的调查表明，2020年8月之前，因新冠疫情停业、倒闭的企业超过3.5万家，为历史之最。① 厚生劳动省的数据显示，截至2020年11月6日，因新冠疫情被解雇、停止雇佣的劳动者达7.0242万人。② 2020年6月，因新冠疫情而失业的人数超过2万人，之后每月以平均1万人的速度增加，雇佣形势之严峻可见一斑。此外，从行业类别看，4~5月实施"紧急事态宣言"期间，解雇、停止雇佣多集中在受影响较大的住宿业和餐饮业，之后，扩展到制造业和零售业。截至10月31日，制造业失业人数最多，达1.2979万人；其次为餐饮业，为1.445万人，零售业与住宿业的失业人数分别为9378人和8614人。其中，非正式员工的就业环境最为严峻，在因新冠疫情被解雇、停止雇佣的劳动群体中，超过3.3万人是非正式员工。从都道府县地域差别来看，截至10月30日，东京都失业者人数最多，为1.6918万人；其次是大阪府，为6154人；之后是爱知县，为3805人；然后是神奈川县，为3149人。③

此外，2020年11月，日本总务省统计局公布的《劳动力调查》显示，2020年10月，就业人数为6694万人，较上一年同期减少93万人，已连续7个月呈减少趋势；完全失业④人数为215万人，与上一年同期相比增加了51万人，呈现连续9个月增加的态势；完全失业率⑤为3.1%，较上月增长0.1个百分点，达到2017年以来的新高（见表1）。

---

① 『二極化が進む日本、コロナで格差はより深刻に』、2020年10月1日、https://poverty-japan.net/bipolarization/ ［2020-12-23］。
② 「コロナ関連解雇7万人超え　厚労省集計」、『日本経済新聞』2020年11月9日。
③ 「コロナ関連解雇7万人超え　厚労省集計」、『日本経済新聞』2020年11月9日。
④ 完全失业指调查期间（1周以内）无工作，如有工作立马可以就职且一直处于找工作状态的情况。
⑤ 完全失业率是劳动力人口中完全失业者的比例。

表1　日本2017～2019年年均完全失业率及2020年7～10月完全失业率

单位：%

	年均			月度（2020年）			
	2017年	2018年	2019年	7月	8月	9月	10月
完全失业率	2.8	2.4	2.4	2.9	3.0	3.0	3.1

资料来源：総務省統計局「労働力調査（基本集計）2020年（令和2年）10月分結果」、2020年12月1日、https：//www.stat.go.jp/data/roudou/sokuhou/4hanki/dt/index.html［2020-12-23］。

日本除按照统计数据得出完全失业率以外，还关注在统计口径以外的失业者，即"隐性失业者"，如疫情导致企业员工临时停工或对打工工作量不满等。若疫情长期持续，"隐性失业者"就将沦为完全失业者。2020年11月，日本总务省统计局公布的《劳动力调查》显示，"隐性失业者"为284万人，比上年同期增加58万人。在受疫情影响最为严重的4～6月，该数据一度升至339万人。[①]

（二）应届毕业生"内定"比例下降

新冠疫情对日本应届毕业生就业的影响正在显现。日本文部科学省、厚生劳动省于11月17日发布的调查报告显示，获得企业录用承诺的大学生比例大幅下降，意味着2021年大学生就业率或将大跌。文部科学省、厚生劳动省在调查全国62所大学4770名准毕业生的求职情况后发现，截至10月1日，69.8%的被调查者拿到"内定"，即获得企业录用承诺。这一比例相比上年同期下降7个百分点，下降幅度仅次于发生全球金融危机的2008年。这也是大学生10月"内定"比例时隔5年再次低于70%。[②] 短期大学、专科学校毕业生的就业形势同样不乐观。上述调查显示，27.1%的短期大学毕

---

① 総務省統計局「労働力調査（詳細集計）2020年（令和2年）7～9月期平均結果」、https：//www.stat.go.jp/data/roudou/sokuhou/4hanki/dt/index.html［2020-12-23］。
② 厚生労働省「令和2年度大学等卒業予定者の就職内定状況（10月1日現在）を公表します」、2020年11月17日、https：//www.mhlw.go.jp/stf/houdou/0000184815_00008.html［2020-12-25］。

业生获得企业录用承诺,专科学校的这一比例为45.5%。此外,毕业生即使拿到"内定"也会面临不被录取的危险。厚生劳动省要求企业在招聘时,将毕业3年内的求职者都视为应届毕业生。

受疫情影响,很多企业面临经营危机,不得不借助裁员或减招等方式降低人力成本,如日本最大航空运营商全日空航空公司的母公司ANA控股公司在2021年预计总共招聘200名应届毕业生。而该企业在2020年4月原定新招3200人,受疫情影响减少至大约700人。

(三)儿童贫困、女性就业困境凸显

随着新冠疫情蔓延,不仅个人、地区乃至国家间的差距不断拉大,贫富差距也呈现拉大态势。厚生劳动省公布的数据显示,受疫情影响,申请生活保护的件数增长,2020年4月的申请件数为21486件,较上年同期增长24.8%。之后,政府出台多项生活援助措施,贫困情况得到一定程度的缓解。但2020年11月第三波疫情到来后,停业、失业比例再次上升,尤其是与儿童与女性相关的贫困现象较为突出。在经合组织国家中,日本儿童的相对贫困率[1]仅次于美国和意大利。2018年,日本儿童的相对贫困率为13.5%,即每7个儿童中就有1个儿童处于贫困状态。受疫情冲击,儿童贫困化现象更加凸显。联合国儿童基金会以41个高收入国家为对象,对新冠疫情对儿童造成的影响进行调查分析,预测此后5年,日本儿童的贫困化形势会比新冠疫情流行之前更加严峻。

持续蔓延的疫情对日本女性的影响尤为严重。2019年,日本的女性劳动力参与率[2]为52.5%,[3]但大多为非正规就业。日本女性就业多集中在餐饮、旅游和零售等行业,而它们恰恰是2020年受新冠疫情冲击较大的行业。2020年11月,总务省统计局公布的《劳动力调查》显示,2020年4月,女

---

[1] 儿童的相对贫困率指的是在年收入水平不足平均水平一半的家庭中生活的儿童比例。
[2] 女性劳动力参与率指的是15岁以上参与劳动的女性人口占全体女性人口的比例。
[3] 厚生労働省『平成30年版 働く女性の実情』,https://www.mhlw.go.jp/bunya/koyoukintou/josei-jitsujo/18.html[2020-01-03]。

性雇佣数量减少约74万人，减少幅度是男性的2倍以上。① 女性失业数量远超男性，出现新的合成语"she-cession"，即将英语中女性的第三人称代词与"经济衰退"合在一起。12月5日，日本播放了NHK的特别节目《"新冠"危机对女性的影响》，在社会上引起较大反响。

2020年5~6月，内阁府在网上对1万人进行新冠疫情蔓延前后生活满意度调查。结果显示，受访者对生活的满意度从疫情前的5.96下降到4.48（满点为10），自2005年以来首次跌破5。② 女性满意度的下降幅度为1.7，高于男性的1.26，这意味着，在疫情期间，受幼儿园、学校停课的影响，承担工作和育儿双重压力的女性面临更大的挑战。此外，疫情对于单亲母亲具有重要影响，她们多从事非正式工作，在疫情冲击下被迫离职的概率提升，生活陷入极度贫困。此外，11月，独立行政法人劳动政策研究、研修机构面向单亲家庭做了一项紧急调查，结果显示，60%的单亲父母认为到年底时生活会更加艰难，40%的单亲父母回答已经有近一个月没有钱购买基本食物。各地政府虽紧急出台对经济困难单亲家庭的援助政策，发放"单亲家庭特别补助金"，但这似乎杯水车薪，难以从根本上解决问题。

2020年，日本的自杀人数有增加的态势，女性自杀数量的激增尤为引人关注。警察厅的调查显示，2020年10月，日本女性自杀数量为851人，比上年同期增长82.6%。③ 女性自杀数量的增加有经济的影响、生活环境的变化、育儿负担、家庭暴力等多种原因，其中，不平等的劳动市场带来的差距扩大是一个重要原因。营造对女性更为包容、友好的社会环境，减轻女性面临的工作和生活压力，是日本政府需要长期探讨并努力达成的目标。

---

① 「コロナで女性の雇用急減、自殺者は増加、男性より深刻」，『東京新聞』2020年11月19日。
② 「生活の満足度、コロナで急低下 内閣府調べ」，『日本経済新聞』2020年9月11日。
③ 《日本上月自杀人数较去年同期增长40%，分析称或与新冠有关》，澎湃新闻，2020年11月10日，https://www.thepaper.cn/newsDetail_forward_9929882［2020-12-24］。

三 新冠疫情对日本人社会行为的影响

受疫情影响，日本社会的多个层面悄然发生变化，新的学习方式和工作方式兴起。同时，新冠疫情蔓延也暴露出日本存在行政效率低下、数字化进程缓慢等潜在问题。疫情成为日本政府下定决心推进数字化改革的重要契机。

（一）新的学习方式和工作方式兴起

随着新冠疫情蔓延，通勤、出差、工作调转、盖章、交换名片、现金支付等发生变化，居家工作、远程办公、线上学习等新型工作方式和学习方式兴起。日本教育机构为防止感染扩大，不得不进行远程教学，早稻田大学、庆应义塾大学等逐渐转向进行网上授课，一些补习班也开始采用线上授课、作业批改、随堂答疑等方式。

2020年4月的一项调查显示，随着4月发布"紧急事态宣言"，进行远程办公的企业的比例从3月的24%大幅增至62.7%。[1] 从《日本经济新闻》在2020年5月对国内主要企业高管进行的问卷调查结果来看，九成以上的高管表示在"紧急事态宣言"结束后仍会进行远程办公。[2] 就具体情况来看，远程办公并非不得已的消极应对方式，其可以缩减办公成本，提升工作效率，其所发挥的积极作用正逐渐显现。不少公司取消了拟扩大办公面积的计划，解除了写字楼租赁合同，也有公司将总部从东京搬到地方，决定录用远程办公专门人才等。另外，通勤时间缩减也有利于公司员工兼顾工作和家庭。

厚生劳动省进行的一项关于远程工作的调查的结果显示，截至2020年

---

[1] 日経調査「テレワーク継続9割・コロナで変わる働き方」、https://style.nikkei.com/article/DGXMZO66966570T01C20A2000000/［2020-12-23］。
[2] 日経調査「テレワーク継続9割・コロナで変わる働き方」、https://style.nikkei.com/article/DGXMZO66966570T01C20A2000000/［2020-12-23］。

7月，有34%的企业进行远程办公，其中，1000人以上规模的企业占74.7%，99人以下的企业仅占17.6%。六成以上企业以新冠疫情为契机开始进行远程办公。这项调查同时向已引入远程办公机制的企业询问了今后的意向，有43.7%的企业回答会继续进行或扩大使用规模，有87.2%的员工希望今后能继续进行。此外，这项调查还针对企业询问了关于管理劳动时间的方法，选择"按照通常的劳动时间管理"的回答最多，占82.7%；选择"裁量劳动型"的回答占16.3%。①

推广远程办公这一新型工作方式面临制度方面的一定障碍。大多数日本企业一直沿用以工作时间为主的"时间管理型"劳务制度，而对于远程办公，员工实际承担的工作量比较难以评估。近期，不以工作时间长短而以工作成果支付相关报酬的"工作型"（JOB）雇佣制度在社会上被热议，这一制度是一种明确规定职务内容和责任范围的劳务制度。目前，日立、富士通、资生堂等公司均表明了今后要向"工作型"雇佣制度转型的意愿。

（二）新一轮技术革新的催生

疫情将催生新一轮范围较广的技术革新。在防控疫情的背景下，人与人需要保持社交距离，而互联网可满足人们居家生活、工作、娱乐、购物以及与朋友和家人互动的需求。新冠疫情背景下，日本行政效率低下、数字化进程缓慢的问题再次受到关注。中央和地方政府的行政手续和申报材料绝大多数需要进行书面填报，线上提交比例仅为12%。在此次疫情中，对于政府向每位国民发放的10万元补贴，国民虽可在网上提交申请，但在实际操作过程中仍需进行传真和加盖印章。不少企业开始推行远程办公方式，但文件上需加盖印章时仍要到公司处理。数字化落后的现实引发民众不满，出现了"废除印章"的声音。另外，远程教育通话延时、课堂互动性较弱也暴露出日本数字化水平较低的现实。2020年7月10日，联合

---

① 该项调查是厚生劳动省委托三菱UFJ调查咨询公司针对2万家公司的员工进行的。「企業の43%『テレワークを継続・拡大』厚労省調査」,『日本経済新聞』2020年11月16日。

国经济和社会事务部（UNDESA）以联合国 193 个成员国为对象发布的《联合国电子政务调查报告》显示，2020 年，日本的数字化政务水平排名降至第 14 名（2018 年为第 10 名），韩国排名第 2。在 2018 年"地方政府数字化排名"中，上海和首尔并列排在第 9 名，跻身前 10 名，东京从 2017 年的第 19 名降至第 24 名。[1] 日本数字化进程滞后已对国家竞争力和社会服务能力产生负面影响。

菅义伟首相上台后非常重视数字化改革，2020 年 12 月 15 日，内阁会议通过了设置"数字厅"的基本方针。[2] 作为电子行政的"司令部"的"数字厅"于 2021 年 9 月正式启动，此举打破了日本数字化管理方面的条块分割状态，整合和优化各部门的数字化职能，更好地监督中央和地方政府信息系统的建设情况，提高行政服务效率。"数字厅"的启动极大地促进了数字化办公，打通线上服务渠道，借助大数据、人工智能发展各类"非接触式服务"。线上与线下加速融合，各行业、各产业的经营模式发生较大变化，企业的运营模式也因具有大量的数据要素而发生改变。因此，未来利用大型技术平台进行业务往来的企业会实现较快的发展，这会进一步加快 AI、机器人等自动化技术的发展。

但是，数字化进程的推进仍面临不少挑战。如面对中央和地方政府使用的系统不同，解决方案有两种：一是只保留其中一个系统作为主系统，二是将分散的系统连接起来。两种方案各有利弊，操作起来均有较大难度。另外，日本的老龄化状况也在一定程度上阻碍数字化进程的推进。总务省发布的《2019 年通信利用动向调查报告》显示，日本有 72.4% 的 65 岁以上老年人使用互联网，比例并不低，但这距离熟练使用及将其作为日常生活的重要工具尚有较大差距。[3] 截至 2020 年 7 月，申请"个人编号卡"的 65 岁以上

---

[1] 《菅义伟新官上任"三把火"，设立"数字担当大臣"为哪般》，新京报客户端，2020 年 9 月 25 日，https://m.bjnews.com.cn/detail/160102193415941.html ［2020 - 12 - 23］。

[2] 「デジタル庁、9 月 1 日発足、政府の基本方針案、500 人規模」，『日本経済新聞』2020 年 12 月 15 日。

[3] 情報バリアフリーのための情報提供サイト「高齢者のインターネット利用率」，https://barrierfree.nict.go.jp/relate/statistics/elder_net.html ［2020 - 12 - 26］。

老年人口数仅占老年人口总数的20%。① 如何让更多的民众接受并适应数字化生活及如何保障个人隐私安全等,是推进数字化改革面临的重要课题。

四 结语

2020年12月中下旬,新冠疫情仍在日本蔓延。2021年1月7日,日本政府决定以首都圈的东京都、埼玉县、千叶县和神奈川县一都三县为对象,发布"紧急事态宣言",② 这是自2020年4月以来第二次发布"紧急事态宣言"。此次"紧急事态宣言"并没有广泛停止经济活动,也没有强制要求中小学停课,而对于聚集感染风险高的餐饮店、大型商场、运动设施、游艺场所和娱乐设施,规定营业时间均缩短至晚8时。对于不配合的商家,日本政府将向社会公布其名称。政府要求民众晚8时后自觉避免不必要、非紧急的外出,并要求企业推行远程办公和轮换上班制,争取实现"出勤人数削减七成"的目标。

疫情远未结束,其不仅对日本的人口结构、社会交往方式、就业等产生显著的影响,还将对民众的心理产生深远影响,如民众对未来的迷茫和焦虑会进一步加剧。在20世纪90年代泡沫经济崩溃后,日本经济长期低迷,少子老龄化愈演愈烈,"低欲望社会""无缘社会"成为日本社会新的代名词。2020年,日本政府应对新冠疫情不力,社会差距拉大,"防疫"与"恢复经济"两头受阻,年底疫情再度反弹,东京奥运会无法如期举办……这一切让民众对日本的未来充满担忧,陷入一种焦虑和迷茫状态之中。在新的一年里,日本如何更好地控制疫情,重振经济,增强民众信心,需要我们持续关注。

---

① 《菅义伟新官上任"三把火",设立"数字担当大臣"为哪般》,新京报客户端,2020年9月25日,https://m.bjnews.com.cn/detail/160102193415941.html [2020-12-23]。
② 此次"紧急事态宣言"实施时间为期一个月,即从2021年1月8日至2月7日。

B.6
2020年日本文化：新自由主义的新动向

张建立*

摘　要： 在新冠疫情在全球暴发及常态化背景下，日本20世纪80年代以来不断深化的新自由主义性质的企业雇佣形态改革的弊端开始凸显。用每人每月发放7万日元的"无条件基本收入"制度取代现行社会保障体系的日本改造计划提案，不仅有助于实现新自由主义追求的"小政府"目标，也有可能动摇维护日本社会相对稳定的根基。菅内阁提出的"打造自助、共助、公助和纽带的社会"的口号，可能助长强求"责任自负"的社会风气，令深受日本新自由主义改革之苦的弱势群体更加苦不堪言。

关键词： 日本文化　日本社会　新自由主义　无条件基本收入

奉行"市场至上原理""小政府""责任自负"的"新自由主义（Neo-liberalism）主要是一种经济思潮，而老自由主义或古典自由主义（Classical Liberalism）却涵盖经济、社会、政治、文化各方面。老自由主义或古典自由主义在20世纪的经济学中分化为自由主义左翼（New Liberalism）和自由主义右翼（Neo-liberalism），本来前者才是'新自由主义'，以凯恩斯为代表；后者本应称为'新-自由主义'，以哈耶克为代表。国内学界由于不了

---

* 张建立，文学博士，中国社会科学院日本研究所文化研究室主任、中日社会文化研究中心副主任、研究员，主要研究方向为日本文化、社会思潮、国民性。

解情况，一直把后者称为新自由主义"①。日本也一直把后者称为新自由主义。因此，为便于论述，本报告也遵循这一理解来梳理2020年日本新自由主义的新动向。

一 新冠疫情使日本新自由主义弊端日益凸显

美英等西方国家在2020年新冠疫情来袭之初，奉行维护自由竞争、反对国家干预的新自由主义哲学，顺其自然地主要依赖私营企业和自由市场对疫情的应急反应能力，致使政府反应滞后无力，最终造成严重灾难。"西方国家的错误应对，现实地印证了新自由主义理论的巨大失败。"② 也有日本社会学者指出，"新冠病毒就是一种新自由主义性质的感染症"。③

新自由主义自被引入日本以来，大体经过了20世纪80年代初期中曾根内阁新自由主义改革序幕期，20世纪90年代的桥本内阁、细川内阁及小渊内阁新自由主义改革全方位展开期，再到21世纪初期小泉内阁及至2020年菅义伟内阁新自由主义改革继续与深化期等发展阶段。在日本新自由主义改革的不同发展阶段所采纳的举措中，对日本社会影响较为深远的举措之一当属对日本企业雇佣形态的改革。1985年"广场协议"之后，日元大幅升值，国外原材料和劳动力成本变得相对低廉，日本大企业纷纷采取海外战略，国内企业或部门逐步解散而迁移到海外，日本国内出现产业"空洞化"情况，企业减少了对国内劳动力的需求。1986年，中曾根内阁出台《劳动者派遣法》，允许13类职业雇佣劳动派遣工。20世纪90年代初期，日本企业出口受损，泡沫经济破裂，外部经营环境迅速恶化，海外发展中国家劳动力成本低廉，引发日本大企业转变国内劳动力雇佣形态及对薪金形态的要求，进一步减少对日

---

① 马拥军：《新时代世界社会主义运动的生机与活力》，《人民论坛·学术前沿》2019年第17期。
② 张南燕：《后疫情时代新自由主义的危机与变革》，《长江论坛》2020年第4期。
③ 水無田気流「女性の自殺者増、コロナでケア負担重く」、『日本経済新聞朝刊』2020年11月23日。

国内劳动力的需求。1994年修订的《劳动派遣法》将劳动派遣工进一步扩大到26类职业。1999年，小渊内阁修订《劳动派遣法》以进一步放松对劳动派遣的管制，规定承包公司可以使用非正规雇佣员工。在泡沫经济崩溃后，日本诸多企业为削减人力成本开始减少正式员工，不断增加非正规雇佣员工。2001年，松下、富士通、索尼等电子公司相继宣布裁员计划，日本的终身雇佣制受到冲击，出现加速瓦解态势。于是，非正规雇佣的派遣员工越来越多，成为公司的正式员工越来越难。小泉内阁于2003年把劳动派遣员工合同期限由一年延长到三年，规定制造业也可以使用劳动派遣员工，这使雇佣制度发生质变。此前，非正规雇佣的临时工主要是贴补家用的已婚妇女和赚取生活费的大学生；此后，非正规雇佣的范围扩大到作为家庭"顶梁柱"的男性，这无异于把工人阶级的整个家庭推向贫困深渊。近年来，这项日本新自由主义改革措施拉大了日本社会的贫富差距，已经被很多社会学者关注。2020年，肆虐全球的新冠疫情对日本社会经济造成非常严重的影响，进而更加凸显出这项日本新自由主义改革措施的弊端。

日本厚生劳动省公布的统计数据显示，受新冠疫情扩大的影响，截至2020年12月11日，大约76543人因被解雇等而处于失业状态，其中，非正规劳动者占六成。从行业类别来看，失业人数由多到少依次是：制造业最多，高达15310人，餐饮业为10902人，批发零售业为10272人，酒店业为9542人，劳动者派遣业为5064人。从都道府县等区域来看，失业人数由多到少依次是：东京都最多，高达18476人，大阪府为6581人，爱知县为4315人，神奈川县为3354人，北海道为2979人。[①] 另外，第三波疫情在日本再度蔓延，日本社会自杀人数不断增加，特别是女性自杀者的数量更是暴增。日本警察厅公布的数据显示，本来2020年4月、5月的自杀人数比2019年同期减少，但从2020年7月开始形势急转直下，自杀人数较2019年同期出现增加趋势，8月增长了17.8%，9月增长了10.0%，到了10月，

---

① 厚生労働省「コロナ解雇、7万6000人に 非正規労働者6割」、https://news.yahoo.co.jp/articles/bfef405d2e3b68e9173c548bc79514e464adc9ad［2020-12-15］。

竟然比 2019 年同期增长 39.9%。其中，令人惊愕的是女性自杀率骤增。2020 年 8 月，女性自杀率比 2019 年同期增长 42.2 个百分点，到了 10 月竟然比 2019 年同期增长 82.6 个百分点。其中，40 多岁女性的自杀率为 2019 年同期的 2 倍。如果不考虑新冠疫情因素就难以解释这个数字，这充分说明新冠疫情对日本女性生活造成的直接影响之严重程度。①

于 2009 年 11 月至 2010 年 6 月任民主党政权内阁府参与、现任厚生劳动大臣指定法人"支援生命自杀对策推进中心"（JSCP）代表理事的清水康之指出：受新冠疫情影响，2020 年 8 月的《劳动力调查》数据显示，临时合同工、打零工者与 2019 年同月相比减少 74 万人，其中，女性约为 63 万人。由此可知，经济上陷入困境者绝大多数是女性。日本政府推进具有新自由主义性质的政策，不断修订放宽劳动法制，导致如今近半数劳动者不得不甘于非正规雇佣者身份。虽然不排除其中有人自愿选择非正规雇佣者身份，但这毕竟是少数。企业愿意大量雇用非正规职员的最大理由就是在解雇时履行的手续相对容易。当不需要太多人手时，企业可轻易地将其解雇。非正规雇佣者完全是被企业作为处于雇佣状态的"调节阀"来加以利用的。而且，统计数据已经清楚显示，新冠疫情对经济的负面影响在餐饮、观光等领域日益凸显，从事这些行业工作的大量非正规雇佣者皆因被无情解雇而导致生活陷入窘迫境地，其中过半数被解雇者是女性。②

总体而言，日本女性的就业领域偏向于与人接触较多的医疗、福祉、零售业、餐饮业、观光业等感染风险较大的行业，而且她们多为非正规雇佣者，她们也因此成为受到新冠疫情负面影响最大的人群，特别是边工作边育儿的单亲妈妈更是苦不堪言。日本政府奉行新自由主义政策，为推动日本企业在全球化竞争中取胜而进行的"雇用改革"，造成日本社会贫富差距扩大，导致曾被称作"一亿总中流"的具有日本特色的"中流社会"崩溃。

---

① 富家孝「コロナ禍の日本で40代女性の自殺が倍増したのはなぜか？」、https：//news.yahoo.co.jp/articles/2f72f4483ba8602826fcb4e3df5e3430d0e35a89 ［2020-12-07］。
② 清水康之「ようやく見えてきたコロナ禍と自殺の関係」、https：//news.yahoo.co.jp/articles/1e4835519e4ffe53010de1cc23a1ee9dc9470bf3 ［2020-12-12］。

2020 年，在全球暴发的新冠疫情造成日本女性自杀率升高，无疑凸显了日本新自由主义改革措施的弊端。

二 日本新自由主义开始触及维护日本社会相对稳定的社会保障制度

日本新自由主义改革措施拉大了日本社会贫富差距，早已受到日本社会很多有识之士的关注和批判，甚至曾作为细川内阁及小渕内阁新自由主义改革急先锋的中谷岩也幡然悔悟，转为批判新自由主义给日本带来的恶劣影响。① 2020 年，在全球暴发的新冠疫情对日本社会特别是对遭到解雇的非正规雇佣人员来说无疑雪上加霜。有学者甚至担心，新冠疫情不仅会进一步加剧日本社会在经济层面的贫富分化，而且会导致后疫情时代日本社会在价值取向等方面的割裂。② 但是，2020 年 9 月 16 日，安倍之后的菅义伟内阁显然没有放弃新自由主义政策的打算，继续重用日本新自由主义标志性人物竹中平藏，设置以其为核心的"成长战略会议"，进一步推行新自由主义政策。其中，竹中平藏提出在日本推行向每人每月发放 7 万日元的"无条件基本收入"（Unconditional Basic Income）制度来替代现有社会保障制度的构想，这在日本引发热议，成为 2020 年日本新自由主义最大的新动向。

所谓无条件基本收入，是指国家不分性别、年龄、工作收入，无条件发给属于本国每位公民一份可满足保障基本生活需求的工资。对于"基本收入保障"这种社会理想，"美国体制之父"托马斯·潘恩（Thomas Paine）早在 18 世纪就提出过类似的想法。但直到近年来，随着经济和债务危机导致国家财政紧缩、底层反建制运动此起彼伏、传统左派政党缺乏新的话语和政策主张、新工业革命方兴未艾，"无条件基本收入"再度成为欧美国家各

---

① 〔日〕中古岩：《一个新自由主义者的忏悔：我为什么"转向"?》，载李慎明主编《世界在反思之二——批判新自由主义观点全球扫描》，社会科学文献出版社，2012。
② 野口悠紀雄「コロナで仕事失う人と何ともない人に映る格差」, https://news.yahoo.co.jp/articles/2107e4d9bb4907bce76f20947a6fa286192ad303 ［2021 - 01 - 10］。

界乃至普通民众都开始重新思考的话题。对此，持赞成意见者认为，该制度有助于将人们从劳动中解放出来，赋予人们更大的择业自由，从而使社会更富创造性、灵活性。反对者则认为，该制度会让人们失去工作动力，从而导致产值下滑，甚至导致经济衰退。

从理论上及未来社会发展态势来看，推行"无条件基本收入"制度，至少有以下三点益处。第一，能够有效降低官僚体系的运行成本。现有社会福利体系的一大弊端就是过度行政化和官僚化，政府需要一个庞大、专业的福利部门花费大量人力鉴别、监督、管理社会福利的发放情况；而无条件基本收入制度的优点就是"简单"，不附带任何限制条件，直接发钱，极大地简化了社会福利发放方式。这不仅会减轻政府福利支出负担，而且能减少行政管理成本，有助于实现新自由主义追求的"小政府"目标。第二，有助于打破原来福利国家预设的"穷人拿了国家钱就不会好好工作"的人性假设，最大限度地维护穷人的尊严及择业自由。原来的福利国家体制对穷人缺乏基本信任，因此创设了各种复杂的监督惩罚机制和管控条件，这不仅会导致福利机构官僚化，而且会让救助对象失去生活尊严和更多择业自由。"无条件基本收入"制度则是直接以现金补贴满足穷人的基本生活需求，可以让社会弱势群体获得更大的自由。第三，有助于应对"第四次工业革命"，作为未来社会全民共有阶段的公共必需品，"无条件基本收入"可以满足人工智能时代人类的基本社会需求。随着人工智能和机器人的大量开发和普及，大量产业工人将面临群体性失业问题，人类的生产方式和就业方式也将发生革命性变化。如果没有基本收入保障，就将引发大规模社会动荡，加剧一些国家的政治极化现象。从长远来看，"无条件基本收入"可谓关乎社会稳定、社会创新乃至政治发展。

从这一意义上讲，竹中平藏把在日本推行"无条件基本收入"制度作为后疫情时代"日本改造计划"的六大重要政策提案之一，[①] 具有一定的前

---

① 竹中平蔵『ポストコロナの「日本改造計画」：デジタル資本主義で強者となるビジョン』、PHP 研究所、2020。

瞻性。当然，在日本主张推行"无条件基本收入"制度并非竹中平藏独创。日本国民民主党党首玉木雄一郎于在2020年9月24日发表的下次众议院选举公约中就提出在日本实验性地推行"无条件基本收入"制度。令和新撰组党首山本太郎也一直提倡日本应该通过推行现金给付制度摆脱通缩状态。2020年4月，日本政府在第一次宣布应对新冠疫情蔓延的"紧急事态宣言"后，宣布不设限制地向每位国民一律发放10万日元现金。2021年1月，日本政府发布应对新冠疫情蔓延的第二次"紧急事态宣言"后，一些经济学者、政治家纷纷提出政府应该再度不设限制地向每位国民统一发放10万日元的现金等。

但是，为何竹中平藏一提出在日本推行"无条件基本收入"制度，就遭到广泛批判呢？原因在于竹中平藏要在日本推行的"无条件基本收入"制度，是以废止日本现有社会保障制度为前提的。作为一种社会理想，"无条件基本收入"制度的确有许多优点，但是推行的难点在于"无条件基本收入"额度的确定与相应财源的确保。竹中平藏主张在日本推行"无条件基本收入"制度：无条件地向每个人每月发放7万日元的最低收入补偿；废止现行的国民年金与生活保护制度。在新冠疫情常态化背景下，作为自小渊内阁以来的日本自民党政权智囊，特别是作为菅内阁"成长战略会议"的核心智囊，竹中平藏的提案被制度化并予以推行的可能性较大。因此，竹中的提案在日本社会可谓掀起轩然大波，招致一片反对之声，有些网民甚至口不择言地对其进行谩骂和人身攻击。究其原因，"无条件基本收入"制度虽然是一种美好的社会理想，但竹中平藏意欲在日本推行"无条件基本收入"制度的核心内容是出自对新自由主义的考虑，不得人心。很多对此持批判意见的学者指出：在日本，若每个人每月仅依靠7万日元的最低收入补偿维持生计，则人们就不得不去从事不情愿的工作。到那个时候，企业可以大幅降低工资待遇。如此一来，雇佣条件恶劣的底层劳动者将因"无条件基本收入"制度的导入与社会保障制度的废止而不断增加。这才是竹中推行"无条件基本收入"制度的真正目的所在。提倡这种具有新自由主义性质的"无条件基本收入"制度的企图被很多人识破，遭到激烈的批判也就在所难免。① 另外，对于竹中平藏要在日本推行的"无条件基本收入"制度是以废止日本现有的社会保障制度为前提的，日本中部圈社会经济研究所研究部部长岛泽谕指出：关于"无条件基本收入"的具体制度设计尚不明确，无论是竹中的"每人每月7万日元"方案还是其他提案，都没有解决实施该制度时面临的财源问题。如果为了确保财源而再度提高消费税、所得税税率，就无疑会加重国民生活负担，特别是现在处于工作阶段的年轻一代人的负担会相当沉重。本来是旨在构建救助国民生活的制度，结果却本末倒置了。另外，如果废止年金、削减医疗费，或者完全废止社会保障制度，那么受益的只有那些为员工缴纳保险费等的企业。这样的话，企业负担减轻了，工人的生活待遇却并无任何改善。②

日本著名媒体人田原总一郎特意撰文总结日本各界对竹中平藏的批判情况。佐高信在与田原总一郎对谈中批判竹中平藏是"无比危险的弱肉强食的新自由主义者"。藤原正彦在《文艺春秋》2020年12月号发表的文章批判竹中平藏是"亡国的改革至上主义者""从小泉内阁至安倍内阁20年间一直位于政权中枢，极尽巧言令色之能事，作为新自由主义的传道师误导日本，将日本的财富进贡给美国，既非学者亦非政治家也不是实业家的可疑人物"。神津里季生、中岛岳志在《中央公论》发文批判竹中平藏是"新自由主义者"。《周刊朝日》也批判竹中平藏因主张在日本推行"无条件基本收入"制度而是"经济白痴"。另外，获得大宅壮一纪实奖的佐佐木实在著作中将竹中平藏描写成"日本最危险的男人"。③ 不仅日本各界对竹中平藏主张在日本推行"无条件基本收入"制度多持批判意见，如今与自民党联合执政的公明党也对其主张持反对意见。公明党党首山口那津男在接受田原总

---

① 藤崎剛人「竹中平藏の『ベーシックインカム』はなにが問題なのか。議論のテーブルに付くことの危険性」、https://news.yahoo.co.jp/articles/79bd01ad4b7d15a61c8b2757a55d4c22ba10d82b［2020-09-30］。
② 「ベーシックインカム導入議論 所得格差を埋める意義と財源確保の不安」、『週刊ポスト』2021年1月15・22日号。
③ 田原総一朗「竹中平藏氏に大批判 その異常さを日本は受容できない」、『週刊朝日』2020年12月11日号。

一郎采访时称:"竹中平藏主张在日本推行的'无条件基本收入'制度是一种保障基本收入的想法。公明党对此并不完全赞同。现行社会保障制度还有不完善之处。不断地为国民生活提供必要完善的服务是我们的基本想法。所谓保障你的收入,至于你如何使用请便的说法是不负责任的。"①

尽管日本的新自由主义改革导致日本非正规雇佣者大量增加,造成工人阶级贫困化、失业率上升和工会组织作用下降,② 对日本社会产生诸多深远的负面影响,但毕竟新自由主义在日本社会保障制度改革方面还只是局部介入。现行的社会保障制度虽然还有不完善之处,但在化解新自由主义改革弊端、维护日本社会相对稳定方面还是发挥了非常大的作用。有学者指出:"日本在建立和完善社会保障体系的过程中十分重视社会保障的再分配功能,形成了以社会保险为主体、国家投入为辅助的社会保障体系。以公共养老金保险、医疗保险和护理保险等社会保险为主要内容,构成日本社会保障发挥收入再分配功能的重要途径。日本在实现社会保障制度覆盖全民的前提下,通过缴费和给付两个环节进行收入再分配调节;通过保险制度之间的资金调剂,消除制度之间由于风险不均所造成的财政负担失衡,促进收入再分配调节功能的发挥。在收入再分配实践当中,日本促进了代际间的收入转移,加大力度调节不同收入阶层间的差距,缩小不同地区之间的经济差距。"③ 可以说,在一定程度上,日本现行社会保障体系仍然是维系日本社会相对稳定的根本。

三 是否坚持新自由主义成为日本政党政策理念抉择的焦点

2020年9月14日产生的自民党新总裁菅义伟提出"打造自助、共助、

---

① 田原総一朗「公明・山口那津男が"菅首相と安倍前首相"の違いを語る」、『週刊朝日』2020年11月20日号。
② 吕守新:《日本新自由主义结构改革与工人阶级贫困化》,《当代世界与社会主义》2015年第6期。
③ 王伟:《日本社会保障调节收入再分配的路径与效应分析——以社会保险为中心》,《日本学刊》2020年第6期。

公助和纽带的社会"的口号。对于"自助、共助、公助",原本主要是防灾领域的通识性想法,被视为当自然灾害发生时应该遵守的基本救助原则,算不上什么新理念。日本2018年版《防灾白皮书》中就记载了如下调查结果:阪神淡路大震灾时,有近七成靠"自助"、三成靠邻居等的"共助"得救,依靠"公助"的获救者微乎其微。作为防灾政策,究竟应该将重点放在"自助、共助、公助"中的哪一个呢?日本内阁府对关于相关实施情况的调查结果显示,2002年调查时受访者回答"应该将重点放在公助"的比例为24.9%,2017年调查时受访者回答"应该将重点放在公助"的比例减少为6.2%。另外,回答"应该将重点放在自助"者的比例,从2002年的18.6%上升为2017年的39.8%;回答"应该将重点放在共助"者的比例,从2002年的14.0%上升为2017年的24.5%,依赖"自助""共助"者的比例明显高于依赖"公助"。从年龄层来看,2017年调查时,"18~29岁"受访者回答"自助"的占25.0%,回答"共助"的占31.0%,依靠"共助"的占比高一些。与之相对应,"70岁以上"受访者回答"自助"的占51.2%,回答"共助"的占22.3%,越是年龄大的人,重视依靠"自助"的倾向越明显。① 针对自然灾害发生时应该遵守的基本救助原则,人们都能接受"自助、共助、公助"的救助程序,但将其普遍作为日本社会所有领域运行的一般性程序,就不是么合适了。从日本媒体的报道来看,日本第一位布衣首相菅义伟作为日本秋田县一位农民之子,经过在大都市的艰苦打拼,一步步完成了从寒门子弟到农民工到蓝领再到政客的蜕变,最终以72岁高龄攀升至日本政治家最高理想的首相之位,可谓"自助"成功的典范。由菅义伟首相提出的"打造自助、共助、公助和纽带的社会"的口号,颇具励志意义。但在日本在野党看来,将这种应对灾害时的"自助、共助、公助"救助程序,普遍作为适用于日本社会所有领域的一般性程序是不可取的,特别是作为一国首相提出这种新自由主义的口号更是不负责任的。强

---

① 外冈秀俊「『自己責任』論とコロナ禍」,https://news.yahoo.co.jp/articles/7b21f3db7e2cba3b5632c0cd08edf1399a6f965c [2020-09-26]。

调"自助",往往容易导致以新自由主义所强调的"责任自负"为理由无限强求人们做自助努力,对陷入困境者之缘由不加甄别,而将其简单归咎为本人缺乏自助努力。

2020年10月28日下午,立宪民主党党首枝野幸男在日本众议院代表发言中,针对10月26日菅义伟首相的施政演说,特别是其在不同场合反复强调的"打造自助、共助、公助和纽带的社会"的口号进行批判,称当前日本社会弥漫着一种逼迫人们努力自助、强求责任自负的风气,因而导致生活陷入窘迫境地者对接受政府援助抱有很强的抵触感。立宪民主党为了守护每个人的生命与生活,不会拘泥于关注短期的效率性,而追求发展让人民幸福的经济。立宪民主党的理念是建设取代新自由主义的新社会,追求构建可以负责任地发挥相互扶助作用的共生社会。

虽然日本政府一直在努力进行具有新自由主义性质的结构改革,但对新自由主义的反省、批判声音越来越强。2006年第一次任首相时还表示要坚定不移地推进小泉未竟之结构改革的安倍晋三,在2012年再度谋求执政时不得不声明自己追求的不是新自由主义,而是"瑞穗之国的资本主义"。"瑞穗之国的资本主义"是安倍晋三自己创造出来的。他在《文艺春秋》2013年1月号上发表题为《瑞穗之国的资本主义》的文章,以其家乡美丽的梯田为引子阐述如下观点:"我一直认为瑞穗之国应该有适合瑞穗之国的资本主义。重视自由竞争和开放的经济,但同时又不是那种从华尔街席卷世界的以强欲为原动力的资本主义,要重视道义。作为瑞穗之国,应该有符合瑞穗之国的市场主义模式。"[①] 不过,安倍晋三在2012年底上台后实施的一系列刺激经济政策,表明其并未放弃新自由主义。

虽然菅义伟内阁没有明确承认在推进新自由主义改革,但其在推行新自由主义政策上可谓有过之而无不及。2021年,按照日本的政治日程,众议院举行大选,针对菅义伟在不同场合反复强调"打造自助、共助、公助和纽带的社会"的口号,以立宪民主党和日本共产党为首的日本在野党关注

---

① 安倍晋三「瑞穂の国の資本主義」、『文芸春秋』2013年1月号。

自民党是否坚持将新自由主义作为政党政策理念,并积极备战即将来临的日本众议院大选。针对菅内阁所提出的"打造自助、共助、公助和纽带的社会"的具有新自由主义性质的口号,立宪民主党提出摆脱新自由主义,构建相互扶助的共生社会的理念。2020年12月,在日本共产党第二次中央委员会全会上,志位和夫委员长发表的"创造新日本的五个提案"中的第一提案就是要摆脱新自由主义,消除贫富差距,创造首要援助生活、家计的政治。志位和夫委员长在提案中指出:新冠肺炎危机,使新自由主义的种种弊端,无论在世界其他国家还是在日本均已展露无遗。日本从根本上转换新自由主义路线乃当务之急。

虽然在日本政府内部乃至在最大的执政党自民党内部,对于新自由主义改革方案不乏反对批判之声,但日本政坛将对新自由主义路线的选择明确作为进行众议院选举时政党政策理念抉择的焦点,尚属首次。

四 结语

本报告对2020年日本新自由主义的新动向进行了简明扼要的梳理。回顾日本新自由主义改革历程,自20世纪80年代初以来,日本政府虽欲推行新自由主义改革把其作为摆脱经济困境的良方,但囿于固有社会结构、传统价值理念等影响,一直未能获得预想的成功。① 所谓日本新自由主义改革,实质上是一种在国家垄断资本主义和西方新自由主义(Neo-liberalism)相结合体制下进行的迂回曲折的结构改革。② 虽不能将日本社会的贫富差距仅归因于新自由主义改革,但其产生的负面影响不容置疑。2020年,新冠疫情导致新自由主义改革的弊端凸显,竹中平藏针对日本社会保障体系的颠覆性改革方案引发各界激烈批判,从网民舆论来看,大有引起全民公愤之感。有鉴于此,虽然立宪民主党等在野党的民调支持率依旧很低,但在野党把日本

---

① 〔日〕伊藤诚:《评日本新自由主义》,丁晓钦译,《海派经济学》2005年第4期。
② 吕守新:《日本新自由主义结构改革与工人阶级贫困化》,《当代世界与社会主义》2015年第6期。

是否应该继续坚持新自由主义路线明确列为2021年日本众议院大选政党政策理念争议焦点，会对日本政局变化带来怎样影响，值得关注。另外，自2020年12月以来，新冠疫情在日本再度蔓延，因新冠疫情而穷困的人必然会进一步增加，作为后疫情时代缩小经济差距、避免社会割裂的政策，应对智能化时代新生产、生活方式的政策，日本对"无条件基本收入"制度的讨论不会停止，竹中平藏以废止现行国民年金与生活保护制度为前提的"无条件基本收入"制度构想能否落实，值得继续关注。

B.7
2020年的中日关系及未来展望

吴怀中*

摘　要： 2020年的中日关系基本呈现三阶段发展轨迹：前期（1~4月前后）高开升温、中期（5~8月前后）波动徘徊、后期（9~12月前后）低位盘整。这与2019年两国关系整体尚佳的情况相比，呈现较为明显的差异。综观全年，全球疫情暴发及蔓延、美国对外政策变化及中美关系紧张对中日关系整体发展产生重要影响，而两国之间的矛盾与分歧时而显现、日本政情与施策变化、双方经济相互依赖等因素又加剧或削弱了这种影响。中日关系在2021年面临两种选择，双方应加强互信合作，妥善处理矛盾与分歧，努力构建契合新时代要求的双边关系。

关键词： 中日关系　疫情时代　中美日互动

中日关系从2017年以来呈现改善、回暖的势头，2019年更是在重回正轨的基础上稳步发展，2020年被期待继续前行，更进一步。事实上，2020年开局之际的中日关系确实继续保持改善势头。然而，突如其来的新冠疫情带动全球形势急剧生变，也使中日关系发展的宏观前提和战略环境随之发生一系列变化。起初，明显可见的是，进行抗击疫情及相应的非传统安全合作、满足恢复或稳定经济与民生的需要，在短期内，这为中日关系带来利好

---

* 吴怀中，法学博士，中国社会科学院日本研究所副所长、研究员，主要研究方向为日本政治外交、安全与中日关系。

因素，发挥促进作用，两国官民守望相助，互动热络密切。然而，2020年第二季度，在疫情催生中美关系急剧紧张后，日本的战略自主空间受到压缩，再加上不时发生的中日矛盾和摩擦，日本国内负面动向抬头，安倍政府对华接近与示好的姿态出现犹疑与回缩迹象，两国关系的改善遇到一定的阻碍。9月，宣称继承"安倍路线"的原内阁官房长官菅义伟出任日本首相，多次表态要构建稳定的日中关系。在进行领导人通话、外交上的高层访问及工作磋商等一系列互动后，两国关系初步呈现止跌企稳的态势。在新的内外形势下，中日关系面临更加复杂的局面，又一次站在选择的路口。

一 前期：高开升温的中日关系

新冠疫情对国际政治形势造成强烈冲击，进而对中日关系产生复杂影响。疫情初期，助推中日关系改善的利好因素相对居多，包括促进两国经济合作"刚需"走强、对"命运共同体"认知深化、区域多边协调拓展深化等。抗击新冠疫情的早期友好互动，证明双方可以成为命运相连的合作伙伴。2020年早期，日本政府准备欢迎习近平主席于4月对日本进行首次国事访问，这本应是一次加深两国战略互信和实现政治和解的极佳机会。虽然疫情暴发，但两国政府都不太愿意轻易放弃这次机会，因而直至3月3日才宣布访问延期。凡此种种，两国关系得以在2020年春季之前达到2017年加速改善以来的一个小高潮，媒体与观察人士也广泛议论并看好新的东亚合作秩序，期待中日关系能更上一层楼。

（一）政治引领与友善互动下的关系升温

2019年12月23日，习近平主席在北京会见安倍时表示："中方愿同日方保持密切沟通，加强政治引领，推动中日关系再上新台阶。"[①] 在2020年

---

① 《习近平会见日本首相安倍晋三》，新华网，2019年12月23日，http://www.xinhuanet.com/politics/leaders/2019-12/23/c_1125379559.htm［2020-01-19］。

1月20日的国会施政方针演说中,安倍首相表示:"要增进两国首脑之间的往来,深化、扩展各领域之间的交流,构建新时代成熟的中日关系。"① 事实也是如此,2020年早期的中日关系发展基本遵循这一方针,呈现之前的前行的态势。

2020年1月9日,日本众议院跨党派议员团与中国全国人大在北京举行中日议会交流委员会会议,日本众议院运营委员长高木毅在会上表示,希望双方积极交换意见以为习近平主席访日取得丰硕成果做准备。1月14日,中日举行第十五轮战略对话。1月24日,安倍在参议院全体会议上就习近平主席作为国宾访日的计划表示,日本和中国对地区及世界的和平与繁荣共同负有巨大责任,日本想使其成为向国内外明确显示有意切实尽到这一责任的机会。2月18日,日本外务省亚洲大洋洲局局长泷崎成树访问北京,双方外交部门确认将继续按计划推进习主席访日事宜的准备工作。2月15日,国务委员兼外长王毅在出席第56届慕尼黑安全会议期间会见日本外相茂木敏充,表示中国愿继续加强同日本在经贸、人员往来等各领域的互利合作,共同推动中日战略互惠关系迈上新台阶;茂木表示日本将与中国密切配合,进一步深化各领域合作,共同筹备好两国间的重要高层交往,推动中日关系取得新进展。② 2月28~29日,中共中央政治局委员、中央外事工作委员会办公室主任杨洁篪应邀访日,并与日本国家安全保障局局长北村滋举行新一轮中日高级别政治对话,双方表示同意"希望通过此访,落实两国领导人重要共识,增进高层战略沟通,加强应对疫情合作,推动中日关系进一步向前发展"。③

---

① 首相官邸「第二百一回国会における安倍内閣総理大臣施政方針演説」、2020年1月20日、http://www.kantei.go.jp/jp/98_abe/statement/2020/0120shiseihoushin.html [2020-01-21]。
② 《王毅会见日本外相茂木敏充》,人民网,2020年2月16日,http://world.people.com.cn/n1/2020/0216/c1002-31589078.html [2020-02-20]。
③ 《2020年2月27日外交部发言人赵立坚主持例行记者会》,中华人民共和国外交部网站,2020年2月27日,https://www.fmprc.gov.cn/web/wjdt_674879/fyrbt_674889/t1750121.shtml [2020-02-30]。

两国的积极互动还体现在一度针对国际形势达成较多共识。2020年初开始蔓延的新冠疫情有助于中日在世界观、合作观上具有一定共同认知，这包括但不限于如下内容：全球治理形势严峻、全球化遭遇危机、美国领导力并不完全靠谱、地区合作及一体化只能加速不能放缓等。当然，由于日本外交的基本前提是维持对美同盟关系，这些认知与共识在短时间内难以自动转换为中日关系友好发展的直接推力，但在一定时间内有助于日本在中美日三边关系中保持最低的外交平衡态势，这是不争的事实。与美国针对疫情处理、新冠病毒来源等对中国进行大肆攻击和污蔑的行径不同，日本最初并无多少意愿参与这种赤裸裸的指责游戏。日本厚生劳动省官员针对个别国家发出的极端歧视性言论，出面谴责有关病毒谣言，表示祸根绝非人而是病毒。① 事实上，疫情发生后，面对因自身的"亚裔元素"而受到欧美同行讥讽的窘困，即便像麻生太郎这种"亲美保守"的日本政治家也抱有很大的不满。②

可以看到，至少在2020年第一季度，中日双方在如下方面具有共同的深刻体会：疫情下，需要充分认识到让全球经济免于长期停滞和萧条可以维护双方的共同利益；疫情危机带来的教训不是强调分歧、阻隔合作，而是相反；两国在不必要的地方刺激对立、制造敌意，刻意保持经济上的脱钩或独立，只会加深经济危机并延缓经济复苏。

（二）"抗疫合作"拉近双方距离，助力改善民意认知

在应对疫情、共同抗疫的目标的驱动下，中日的"人类命运共同体"认知得到增强，双方民间及舆情曾出现良好互动，国民感情一度得到明显改观。中日两国政府在2019年达成推进构筑"新时代"关系的共识，这在

---

① 「新型肺炎 中国人への中傷やデマ 厚生労働省 冷静対応呼びかけ」、NHK、2020年2月2日，https：//www3.nhk.or.jp/news/html/20200202/k10012269171000.html ［2020－02－20］。
② 例如，麻生太郎副首相在2020年3月24日的众议院会议上指出，2月末，其在沙特G20财长和央行行长会议上善意提醒欧洲同行注意新冠疫情，但他们嘲笑新冠疫情仅是"亚裔之病"。

2020年之初两国共同抗击疫情的积极行动中得到体现，例如，当时尽管日本也受到疫情的严重影响，但在疫情暴发后对中国采取的早期措施相对温和、理性，与其他一些激进的国家相比，安倍政府没有立即关闭边境阻止中国公民进入，也并未追随美国全面禁止中国游客入境。

日本是最早不吝正面看待并称赞中国是负责任地处理疫情的国家。1月26日，茂木外相在与王毅外长通话时赞扬"中国政府和人民在习近平主席的领导下，为坚决控制新型冠状病毒疫情蔓延采取积极有力举措……遇到困难时倾力相助的朋友才是真朋友。日方愿同中方一道，共同应对疫情威胁，向中方提供全方位支持帮助"。① 1月29日，日本驻华使馆宣布向中国提供抗疫物资。2月15日，在慕尼黑安全会议期间，中日外长又举行会谈，双方同意为平息疫情共同努力。2月26日，茂木与王毅就应对新冠疫情对策进行通话，双方就卫生合作等议题交换了意见。2月28日，安倍在会见访日的杨洁篪时表示，日本高度评价中方抗疫积极成果，愿同中方加强信息共享、疫情防控等交流合作，向国际社会发出了中日携手应对国际公共卫生安全挑战的积极信号。4月21日，中日外长进行电话会谈，双方对各自国内的新冠肺炎感染情况及对策进行说明，讨论为防止疫情扩大进行双边及多边合作，确认进行医药事务方面的合作，并在确保与传染病控制有关的物品的顺利进出口等方面继续保持合作。② 4月30日，日本外务事务次官秋叶刚男与中国外交部副部长乐玉成举行电话磋商，双方决定继续推进合作以应对新冠疫情。

日本各界还向中国抗疫提供宝贵的支持和帮助，特别是提供了大量的防疫物资。中国外交部及驻日使馆就此专门向日本各界表达赞赏和谢意。日本官方和民间机构、个人向中国运送了数量众多的手套、防护服、护目镜、温度计和防腐剂等。日本自民党干事长二阶俊博、公明党干事长齐藤铁夫、内阁官房长官菅义伟等政界要人，也在不同场合对中国防控疫情的举措和成效

---

① 《王毅同日本外相茂木敏充通电话》，人民网，2020年1月27日，http://japan.people.com.cn/n1/2020/0127/c35421-31563099.html［2020-02-07］。
② 《日中外长电话会谈（2020年4月21日）》，日本国驻华大使馆网站，2020年4月21日，https://www.cn.emb-japan.go.jp/itpr_zh/00_000494.html［2020-04-22］。

表示敬意，提出愿意提供支持和帮助。茂木外相表示，遇到困难时倾力相助的朋友才是真朋友。二阶表示，日本对中国新型冠状病毒肺炎疫情感同身受，并公开表示"愿举全国之力，不遗余力地向中方提供一切帮助，与中方共同抗击疫情"。① 中日还在国际与地区框架下进行抗击疫情的协调与合作。例如，3月中国、日本、韩国举行新冠肺炎问题特别外长视频会议；4月与东盟举行抗击新冠肺炎领导人特别会议及应对新冠肺炎合作特别卫生部长视频会议；5月与韩国举行卫生部长特别视频会议——这是自疫情突袭而至以来东亚国家卫生官员之间的首次会晤。

其后，日本疫情开始告急，两国之间良性互动，礼尚往来，中国同样没有缺席邻国的抗疫努力，力所能及地提供了援助。中国外交部发言人耿爽承诺，"根据日方需要，积极向日方提供力所能及的支持和帮助"。② 在日本疫情持续加重的情况下，中方毫不犹豫地向日本伸出援助之手，自3月以来向日本捐赠防护服、口罩、核酸检测试剂盒等大量医疗用品和器材。中日地缘相近、人文交流密切，在东亚传统文化中也有诸多思想认同和价值纽带。疫情发生后，"岂曰无衣，与子同裳"，"道不远人，人无异国"，成为中日共同应对疫情的文化共鸣与价值唱和。两国民众和社会舆论对相互的善举、好意高度关注和赞赏，彼此好感度皆大幅上升。中国外交部发言人对此表示："中日韩是一衣带水的友好邻邦，在疫情面前更是休戚与共的命运共同体。"③ 王毅外长亦表示，"疫情面前，中日是同舟共济的命运共同体"。④ 这种互帮互助、热络互动的情景，不免让人产生如下期待：照此势头，两个相邻的东亚大国不是没有可能扭转几代人以来断断续续的紧张关系。

---

① 《日本执政两党干事长：举全国之力与中方共同抗击疫情》，人民网，2020年2月8日，http://japan.people.com.cn/n1/2020/0208/c35421-31577107.html［2020-04-22］。
② 《2020年2月17日外交部发言人耿爽主持网上例行记者会》，中华人民共和国外交部网站，2020年2月17日，https://www.fmprc.gov.cn/web/wjdt_674879/fyrbt_674889/t1745873.shtml［2020-02-18］。
③ 《外交部：中方愿继续同日、韩分享防疫经验》，人民网，2020年3月20日，http://world.people.com.cn/n1/2020/0320/c1002-31642039.html。
④ 《王毅同日本外相茂木敏充通电话》，新华网，2020年2月27日，http://www.xinhuanet.com/2020-02/27/c_1125631816.htm［2020-03-18］。

在新冠疫情的影响下，中日关系无论在经济上还是在政治上、文化上都达到一个阶段高峰。① 中日双方的中央和地方政府、公司、民间组织以及个人等各种公共和私人行为者都参与了这一"全国性努力"。这些举措得到了双方乃至全球舆论的好评，被认为既是对对方慷慨大方的表示，也是未来中日关系可期的善意信号。

二 中期：波动徘徊的中日关系

2020年开春后，日本对华态度发生微妙变化，中日关系呈现下滑趋向。这与疫情加重背景下美国全面打压中国及中美关系加速恶化等结构性因素有关，也与原定的高层交往未能如期成行、日本国内对华负面杂音发酵相关。同时，中日围绕领土主权与海洋权益的争端并未在疫情流行期间自动缓和、消融，日本在经济安全方面的消极举措、在涉港涉台等问题上的干涉动向，又给中日关系带来新的负面干扰因素。在这些因素的综合作用下，自2017以来一路升温的中日关系，从2020年第二季度起出现一定的降温和下沉。

（一）疫情持续加重与高层访问推迟带来直接影响

新冠疫情直接影响中日既定交流日程，严重打乱政治关系回暖升温节奏。进入2020年，在中国国家主席习近平行将访日、中日关系有望继续回暖的重要节点，两国相继发生大规模疫情。习主席原定于4月访日，这本是2020年两国关系发展的重要机遇和头等大事，对中日关系发展起到有力的引领作用，但受突如其来的疫情影响，访问不得不一再推迟和延后。这使中日两国围绕双边首脑会晤精心策划的改善努力脱轨、受挫。中日双方起初都不愿过早或轻易宣布取消访问，但最后不得不在3月宣布访问需要推迟。

随着疫情在日本蔓延、美欧对中国涉疫舆情趋恶，日本政府对中国疫情

---

① 二阶俊博曾表示："对日本来说，当疫情在中国暴发时，日本人民就像看到亲人或邻居受苦一样。日本人民愿意向中方提供帮助，希望疫情尽快过去。"

及抗疫的态度出现微妙变化。① 5月25日，安倍在记者会上甚至发出有关病毒源头的不当言论，对此，中国外交部发言人进行了澄清和指正，强调："新冠病毒源头是一个严肃的科学问题"，"坚决反对将病毒来源问题政治化、污名化"，（安倍的发言）"有违国际社会包括中日两国共同抗击疫情的努力和期待"，"团结合作才是人类战胜疫情的最有力武器"②。而此前的4月21日，王毅外长在与茂木外相会谈中指出，中日双方要珍惜在抗疫合作中积累的友好情谊，但同时要警惕制造分裂和仇恨的"政治病毒"以及指责和抹黑中国的企图。③

此后，日方发展对华关系的动力明显减弱，日本国内干扰双方关系的沉渣开始泛起。无独有偶，习主席访日计划取消数小时后，日方宣布对来自中国的旅客进行入境限制。从5月起，日本国内部分政治势力针对习主席访日事宜，不断发出阻挠和反对的鼓噪之声，5月底，日本自民党外交部会等党政机构向政府提交有关"反对访问"的决议文，安倍内阁的重要成员，如内阁官房长官菅义伟、外相茂木敏充、防卫相河野太郎等，在此期间均对此事发出慎重看法或消极意见。6月4日，菅义伟在记者会上表示，目前第一要务是防控新冠肺炎，至少现在还没有到调整习主席访日具体日程的时候。6月5日，河野更是表示，待新冠疫情好转后，要将中日安全状况作为前提来讨论习主席访日一事。④ 对此，中国外交部发言人指出，"希望日方为两国关系稳定发展营造有利环境和氛围"。⑤

---

① 例如，美方最初赞扬习主席对疫情的处理方式，但随着疫情在美国暴发，3月，特朗普改变论调。相比之下，安倍晋三不愿意参与"指责游戏"，而是希望加强全球合作以管控疫情，之后，我们看到日本出现部分改变策略的迹象。
② 《2020年5月26日外交部发言人赵立坚主持例行记者会》，中华人民共和国外交部网站，2020年5月26日，https://www.fmprc.gov.cn/web/wjdt_674879/fyrbt_674889/t1782879.shtml［2020-05-28］。
③ 《王毅同日本外相茂木敏充通电话》，中华人民共和国外交部网站，2020年4月21日，https://www.fmprc.gov.cn/web/wjdt_674879/wjbxw_674885/t1772080.shtml［2020-04-22］。
④ 「習氏国賓来日・防衛相「安保状況反映して議論」」，『日本経済新聞』2020年6月5日。
⑤ 《2020年6月4日外交部发言人赵立坚主持例行记者会》，中华人民共和国外交部网站，2020年6月4日，https://www.fmprc.gov.cn/web/wjdt_674879/fyrbt_674889/t1785844.shtml［2020-06-20］。

（二）在领土争端问题上对峙与抗衡力度加大

钓鱼岛问题向来是中日关系中敏感、复杂的问题，2020年春季后，钓鱼岛问题再次发酵并升温。日方着力寻求动员并分配更多资源，以加大在相关海域对抗中国的力度，① 还就中国海警船在钓鱼岛附近的正常活动不断进行渲染并向中方提出外交抗议。中国外交部对日本的抗议活动做出回应——中国海警船"在钓鱼岛海域开展巡航执法是中方固有权利"，并要求日方"避免在钓鱼岛问题上制造新的事端"②。

日本内阁官房长官菅义伟在6月17日的新闻发布会上重申安倍政府关于钓鱼岛的立场。中国外交部驳斥了日本政府的观点：钓鱼岛及其附属岛屿是中国固有领土，中方维护主权的意志和决心坚定不移。在7月14日发布的《防卫白皮书》中，与以往相比，日本对中国进行了更多的批评。中国外交部发言人回应称，白皮书中存在许多对中国的偏见和不实信息，敦促日本与中国合作构建建设性的安全关系。

围绕领土争端，日方还通过议员外交、地方议会活动耍弄花招。6月22日，日本石垣市议会通过修改钓鱼岛"行政区划"的议案，重新命名了覆盖这些无人岛屿的行政区域。中国政府对此表示坚决反对，中国外交部发言人谴责日本的举动是"对中国领土主权的严重挑衅"，是"非法的、无效的"，并补充说，"不能改变钓鱼岛属于中国的事实"③。事实上，日方此举只会使争端更加复杂，带来更多危机、风险，并损害中日关系。9月18日，石垣市议会又以优势票数通过一项意见书，决定登陆钓鱼岛及其附属岛屿并在岛上修建渔业设施。日本自民党保守派议员在钓鱼岛问题上也是空前活

---

① 例如，为谋求装备优势、增强警备力量，日本新型巡逻舰密集下水，2020年1月，日本当时最大的4000吨级大型测量船"平洋"号入列海上保安厅。
② 《2020年5月11日外交部发言人赵立坚主持例行记者会》，中华人民共和国外交部网站，2020年5月11日，http://www.fmprc.gov.cn/web/fyrbt_673021/jzhsl_673025/t1777931。
③ 《2020年6月22日外交部发言人赵立坚主持例行记者会》，中华人民共和国外交部网站，2020年6月22日，https://www.fmprc.gov.cn/web/wjdt_674879/fyrbt_674889/t1791135.shtml［2020-06-29］。

跃，通过议员联盟和意见交流会，敦促政府采取各种措施加强应对，企图单方面加强对钓鱼岛的控制。①

（三）日本经济安全政策调整带来消极影响

新冠疫情在某种程度上确实重新定义了国家安全的范围和意义。从2020年春开始，日本国家安全保障会议（NSC）讨论以经济安全保障为核心目标之一的新版国家安全战略，具体架构与内容由NSC办事机构即国家安全保障局下设的"经济班"负责制定。目标是整合内政外交中的各种重要经济举措，以确保国家经济安全政策的统筹性、连贯性和最大效力。日本政府构想的经济安全战略由如下五大支柱组成：保护领海和专属经济区的海洋权益、发展科学技术和保护敏感信息、消除5G等下一代电信标准的潜在威胁以及打击网络袭击、构建外商在日投资的管制制度和具体措施、对外开展基础设施建设合作。②

日本首先关注的是"进口"和"出口"管理问题。"进口"管理是指对外国投资展开更为严格的限制。2020年6月，日本修改后的《外汇与外贸法》正式生效，其旨在构建围绕外国投资的安全审查措施，例如，加强国家对投资流入的控制、扩大需要预先审批的企业范围等，以增强日本的国家经济安全保障能力。该法的主要内容是，外资在收购日本重要企业股份时必须进行事先申报的标准由原来的"10%以上"修订为"1%以上"，旨在防止涉及安全的先进技术和机密信息流向海外特别是中国。日本将武器、飞机、太空、原子能、网络安全、电力和天然气等12个领域列为特别重要的"核心行业"，进行重点审查。同时，基于中美围绕人工智能和第五代移动通信系统的竞争加剧，也是出于美国对日本进行严格的技术管理的要求，日本政府为防止尖端技术外流到中国开始加强出口管制，以迅速应对经济和技

---

① 例如，7月29日，日本自民党前防卫相稻田朋美等11名议员举行了关于钓鱼岛问题的意见交流会；8月5日，日本自民党国防议员联盟在党总部召开会议，讨论加强对钓鱼岛的控制。
② Econ, "Japan Likely to Draw up Economic Security Strategy in 2020," *Nation Thailand*, Jan. 5, 2020, https://www.nationthailand.com/business/30380154［2020-01-08］.

术领域的安保课题。

在生产链、供应链安全方面，日本政府陆续推进"双链"回迁国内，并逐步降低对华经济的依赖程度，从而确保经济领域拥有较强的战略自立性。在2020年度第一次国家补充预算中，安倍内阁专门安排了2200亿日元补助预算用于促进供应链及生产据点重返国内。日本政府在4月发布的紧急经济对策中提出，对于企业将部分海外生产据点转回日本国内，或分散到东南亚各个地区，政府将考虑提供补助金。5月，日本经济产业省以医疗用口罩和防护服等属于"紧急物资"为由，明确要求医用物资等领域的生产链必须撤回国内。6月，日本经济再生担当大臣西村康稔表示，日本经济过于依赖中国，需要扩大供应来源以维持供应链的稳健和多元化。[1] 8月，日本、印度和澳大利亚开始商讨建立三边"供应链弹性倡议"，以减少对中国的依赖。经过以上种种举措的激励，日企在可能范围内将在华"双链"基地转向日本国内或东南亚等地区的趋势展示出加速推进的势头。

（四）新的争端——日本在涉港涉台等问题上的干涉

中国全国人大通过"香港国安法"后，日本最初采取相对审慎的态度，没有和美、澳、英、加等国一道发表批评声明，但随着形势变化，其采取了逐渐"升级"的做法。

日本外务省事务次官约见中国驻日大使孔铉佑，传达日方立场，引发中国反对。孔铉佑大使回应表示，此事与中国国家安全相关，严正声明了中方立场。6月8日，安倍在众议院表示对中国香港的情势表示"深切忧虑"。同一天，内阁官房长官菅义伟在记者会上称，加强与拥有共同价值观的G7等相关国家的合作十分重要。6月10日，茂木外相与法国外交部部长通电话，在"就'香港问题'包括G7在内的各国应加强合作对话"方面达成共

---

[1] 「TPP閣僚級テレビ会議を検討　中国への供給網依存など議論—西村経済再生相—」、https：//www.jiji.com/jc/article？k＝2020061400147&g＝eco［2020－06－14］。

识。① 6月10日，安倍表示，日本希望在七国集团中带头就中国香港局势发表声明。中国外交部发言人华春莹针对日本官员的言行表示，香港事务"完全属于中国内政，任何外国无权干涉"。② 随后，6月17日，日本牵头起草了七国集团外长的联合声明，对"香港国安法"表示"严重关切"，要求中方改变该决定。在涉港问题上，日本自民党内部呼吁对抗中国的保守派议员也比较活跃。

在"台湾问题"上，日本也是明里暗里动作频频，日本和中国台湾之间互动频繁。2020年1月，在蔡英文再次当选台湾地区领导人后，茂木外相发表祝贺谈话，强调"进一步深化日台合作和交流"，自民党议员岸信夫等还赴台祝贺。日本2020年版《外交蓝皮书》将中国台湾的定位从"重要伙伴"提升至"极为重要的伙伴"。此外，安倍政府试图支持中国台湾加入世界卫生组织（WHO）。4月，安倍在国会答辩中还提到了台湾未能加入世界卫生组织的状况，称已将此关切"直接告知总干事谭德塞"。李登辉去世后，日本还展开以前首相森喜朗带队的赴台"葬礼外交"。8月7日，菅义伟还以内阁官房长官的身份进入台湾驻日机构悼念李登辉。

三 后期：日本新政权与中日关系低位盘整

9月16日，日本新旧政权交替，不可避免地给中日关系带来一定影响，但并未影响大局并造成两国关系的逆转或剧烈震荡。虽然在内外因素作用下，不排除菅义伟政府会有自己的一些新特色并给中日关系带来风险，但其更多的是对安倍路线的继承和延续，至少在一段时间内带有"没有安倍的安倍时代"色彩。在这个阶段，两国之间不是没有矛盾和争端，但双方出

---

① 外務省「日仏外相電話会談」、2020年6月10日、https：//www.mofa.go.jp/mofaj/press/release/press6_000646.html［2020-06-14］。
② 《2020年6月10日外交部发言人华春莹主持例行记者会》，中华人民共和国外交部网站，2020年6月10日，https：//www.fmprc.gov.cn/web/wjdt_674879/fyrbt_674889/t1787630.shtml［2020-06-14］。

于大局考虑，没有让关系直线下跌，托住了基本盘。通过领导人通话、外交高层互动及工作层级交流的恢复，中日关系在2020年第四季度前后止住一度下滑的势头，初步实现止跌回稳，呈现盘整观望和基本稳定的态势。

（一）菅义伟内阁与中日关系阶段性盘整

8月28日，安倍首相宣布辞职，9月16日，菅义伟当选日本新首相。8月29日，中国外交部发言人在回应安倍发表辞职声明时表示："近年来，中日关系重回正轨并取得新的发展，两国领导人就推动构建契合新时代要求的中日关系达成重要共识。我们对安倍首相为此所做的重要努力表示积极评价，同时祝愿他早日康复。"① 这一评价反映了一个基本事实，即在安倍执政的近8年时间里，中日关系并没有持续恶化，而是在过去几年有很大的改善。菅本人在多个场合表示重视稳定中日关系，这意味着安倍的对华政策不会被他的继任者轻易否定或抛弃。在这种情况下，加上应对疫情和恢复经济的艰巨任务，菅政权实施的重要的两个外交政策——以日美同盟为基轴，与中国等构筑稳定的关系——都属于合理的选择。

中日同为亚洲和世界重要国家，拥有广泛的共同利益和广阔的合作空间，两国业已达成共识，致力于构建契合新时代要求的中日关系。菅义伟当选首相后，习近平主席和李克强总理分别致电祝贺其当选。在贺电中，习近平主席表示："发展长期稳定、友好合作的中日关系，符合两国人民根本利益，也有利于亚洲和世界的和平、稳定、繁荣。双方应恪守中日四个政治文件确立的各项原则和四点原则共识精神，积极推动构建契合新时代要求的中日关系，造福两国和两国人民，为维护世界和平、促进共同发展作出积极贡献。"② 李克强总理表示："中方愿同日方一道，加强两国各领域友好交

---

① 《外交部发言人赵立坚就日本首相安倍晋三宣布辞职答记者问》，中华人民共和国外交部网站，2020年8月29日，https://www.fmprc.gov.cn/web/wjdt_674879/fyrbt_674889/t1810338.shtml［2020-08-30］。

② 《习近平致电祝贺菅义伟当选日本首相　李克强向菅义伟致贺电》，新华网，2020年9月16日，http://www.xinhuanet.com/2020-09/16/c_1126502025.htm［2020-09-02］。

流与务实合作，共同推动两国关系取得新的更大发展。"① 9月25日，在菅义伟新内阁成立后的首次中日首脑电话会谈中，双方对关于双边及国际性课题进行紧密合作达成一致意见，并再次就构建契合新时代要求的中日关系达成重要共识。习主席就此表示："在双方共同努力下，近年中日关系重回正轨并保持向好势头。中方愿同日本新政府一道……努力构建契合新时代要求的中日关系……推动两国关系得到新发展……当前，新冠肺炎疫情仍在全球蔓延……中日双方可以相互支持，实现共赢。"②

菅义伟表示重视与中国高层进行往来与务实合作。2020年9月12日，在自民党总裁竞选辩论中，菅在对华问题上提出："虽然日中两国之间有悬而未决的问题，但是继续利用高层对话的机会，在表达日本主张的同时，解决问题很重要。"菅同时表示不赞成组建"亚洲小北约"，认为此举将导致敌我阵营对立。③ 9月16日，刚当选首相的菅义伟在记者招待会表示，要"与中国、俄罗斯等邻邦建立稳定的关系"。④ 9月25日，菅在与习主席的首次电话会谈中表示："稳定的日中关系不仅符合两国人民利益，对世界和平繁荣亦不可或缺。我希望同习主席保持紧密沟通，致力于加强两国经贸合作，深化人文交流，推动日中关系迈上新台阶。日方愿同中方密切沟通，确保年内签署区域全面经济伙伴关系协定，加快推动日中韩自由贸易区谈判，共同维护地区产业链供应链稳定。"⑤ 10月21日，菅义伟在出访之际再次表

---

① 《习近平致电视贺菅义伟当选日本首相 李克强向菅义伟致贺电》，新华网，2020年9月16日，http://www.xinhuanet.com/2020-09/16/c_1126502025.htm［2020-09-02］。
② 《习近平同日本首相菅义伟通电话》，中华人民共和国外交部网站，2020年9月25日，https://www.fmprc.gov.cn/web/wjdt_674879/gjldrhd_674881/t1818578.shtml［2020-09-26］。
③ 「公開討論会 対中外交 岸田氏『したたかにコントロール』石破『米中協力する世の中を』菅氏『ハイレベルの機会活用』」、Yahooニュース、https://news.yahoo.co.jp/articles/ac61e018a04d86c562de33789818c508c8896f8［2020-09-25］。
④ 首相官邸「菅内閣総理大臣記者会見」、2020年9月16日、http://www.kantei.go.jp/jp/99_suga/statement/2020/0916kaiken.html［2020-09-25］。
⑤ 《习近平同日本首相菅义伟通电话》，新华网，2020年9月25日，http://www.xinhuanet.com/politics/leaders/2020-09/25/c_1126542052.htm［2020-09-26］。

明，日本的目标不是通过建立一个"亚洲小北约"来遏制任何特定的国家。①

11月24日，应茂木外相邀请，中国国务委员兼外交部部长王毅应邀对日本进行正式访问，并会见了菅义伟首相。这是菅就任首相后首次与中国政府主要官员会晤，也是疫情突袭而至以来中日外长首次面对面会晤。② 王毅在24日与茂木的会谈中指出："要扎实构建契合新时代要求的中日关系，以中日关系的稳定性为充满不确定性的世界注入正能量。"③ 两国外长就中日关系以及共同关心的国际、地区问题进行了坦诚的沟通，达成五点重要共识和六项具体成果。④ 菅义伟会见王毅时表示："稳定的日中关系不仅对两国，对国际社会而言也十分重要。希望共同负起责任。"王毅表示："经过多年努力，中日关系终于重回正轨，双方应珍惜这一来之不易局面。下一步，中方愿同日方着力构建契合新时代要求的中日关系，使这一目标早日落地、开花结果，惠及两国人民，并为迎接2022年中日邦交正常化50周年打下坚实基础。"⑤

王毅此访对于后疫情时代的中日关系而言具有重要意义。其重要性和作用，正如中国外交部发言人于11月24日所言："通过此访落实领导人重要共识，增进高层战略沟通，深化抗疫和复工复产合作，加强国际地区事务协调，推动中日关系健康稳定向前发展。"⑥

---

① 《刚在南海参加完联合军演，日本就玩起"双标"?》，网易，2020年10月21日，https://news.163.com/20/1021/16/FPFQC7FF00018AOR.html［2020-10-26］。
② 《境外媒体：王毅访问日本以合作巩固"周边外交"》，参考消息网，2020年11月26日，http://www.cankaoxiaoxi.com/china/20201126/2425567.shtml［2020-11-28］。
③ 《境外媒体：王毅访问日本以合作巩固"周边外交"》，参考消息网，2020年11月26日，http://www.cankaoxiaoxi.com/china/20201126/2425567.shtml［2020-11-28］。
④ 《王毅：中日达成五点重要共识和六项具体成果》，中华人民共和国外交部网站，2020年11月25日，https://www.fmprc.gov.cn/web/wjdt_674879/wjbxw_674885/t1835081.shtml［2020-11-28］。
⑤ 《日本首相菅义伟会见王毅》，中华人民共和国外交部网站，2020年11月25日，https://www.fmprc.gov.cn/web/wjdt_674879/wjbxw_674885/t1835464.shtml［2020-11-28］。
⑥ 《2020年11月24日外交部发言人赵立坚主持例行记者会》，中华人民共和国外交部网站，2020年11月24日，https://www.fmprc.gov.cn/web/wjdt_674879/fyrbt_674889/t1835005.shtml［2020-11-28］。

（二）经济往来持续与区域合作深化的加持作用

2020年，对中日两国政府而言，应对疫情与发展经济均成为首要执政议题。在菅义伟于9月上任后，日本正经历自二战结束以来最严重的经济衰退。刚当选首相的菅义伟在记者招待会上表示，"我们的首要任务是采取新冠疫情防控措施"，"经济形势依旧严峻"，"经济复兴依旧是政府的首要任务"①，明确表示当时日本面临的最主要的课题是集中力量抗击疫情和恢复经济。

疫情不可避免地破坏了日本政府的原定计划和日程，即在通过举办奥运会推动旅游业发展的同时实现强劲复苏经济的目标。"严峻""恶化""危机"等成为日本政府在评估2020年经济形势时常用的措辞，并且，日本11年来首次在经济评估中使用"萧条"一词。② 在9月即菅义伟开始担任首相之际，疫情导致日本千余人死亡，并且死亡人数还在持续增加。安倍在应对疫情时举措迟缓、优柔寡断，这是因为虽然面对新冠疫情，其不愿轻易调整举办奥运会、振兴经济等政策优先事项。在菅上台前的统计数据中，日本实际GDP在4~6月按年率计算下降29.2%，在经历了71个月的增长后，日本经济正式陷入衰退。日本政府全年通过三次补充预算案，2020年度的预算总额由当初的约102万亿日元增至约175万亿日元。受新冠疫情影响，经济低迷，消费不振，全年税收收入大幅减少。为填补缺口，日本政府采取增发国债的方式，年度新发国债总额首次突破100万亿日元。日本庞大的经济刺激计划已成为其进行财政平衡时面临的巨大负担，一般估计，2020年度财政赤字将扩大至GDP的15%左右。③

---

① 首相官邸「菅内閣総理大臣記者会見」、2020年9月16日、http：//www.kantei.go.jp/jp/99_suga/statement/2020/0916kaiken.html［2020-11-28］。
② 「首相、経済は大不況より厳しい」、『毎日新聞』2020年4月28日。
③ 根据日本内阁府公布的GDP统计数据，从2019年第四季度起，日本连续三个季度实际GDP呈现负增长。到2020年第三季度即菅义伟上台前后，日本经济有所恢复，其中，外需贡献了半壁江山。日本对华出口对于日本宏观经济的恢复和增长是有明显贡献的。菅义伟对此情况应该并不陌生。

在如此形势下，菅义伟不得不把主要精力和工作重点放在恢复受疫情重创的经济上。内需外需动能疲软、战后最长景气期终结、社会总需求乏力、居民消费谨慎，导致日本对华经济依赖性呈现进一步增强而非减弱的趋势。

中国经济强劲复苏，成为2020年唯一实现经济正增长的主要经济体。与此形成鲜明对照的是，包括日本在内的众多发达国家的经济状况仍在恶化。为了振兴经济，维持一种稳定和可预期的对华关系是菅内阁明智的政策选择。尽管存在与中国的竞争及对中美贸易摩擦的担忧，绝大多数日本企业仍在中国寻求发展机会。中日同为亚洲重要国家和世界主要经济体，在许多方面联系紧密，新冠疫情加强了中国和日本在许多方面的相互依赖。中日加强合作，更多关注共同利益，无疑有利于双方尽快重振遭受疫情重创的经济。从国家和地区来看，对比西方还在艰难"战疫"的上半场或中场，中国经济最早复苏，第二、第三、第四季度GDP增速已分别恢复至3.2%、4.9%、6.5%，复工复产的进程比美日欧更快更实。这一状况可谓为世界其他国家的经济复苏提供了坚实的早期推动力。日本在2020全年出口总额同比下降11.1%的情况下，对中国的出口额继续快速增长，从7月起，日本对华出口额恢复正增长，全年出口额同比增长2.7%，2020年，中国再次成为日本最大的出口市场及唯一的出口额增长对象国。当然，对中国而言，在中美双方都在采取减少对对方的依赖、两国经济与科技部分"脱钩"不可避免的趋势下，中国经济发展中的日本权重与作用在上升。中日强化经济合作显然是互利互惠的选择，既可为两国经济发展注入直接动力，亦能对美国特朗普政府发动的逆全球化、单边主义与贸易保护主义形成侧面牵制与对冲。

同时，可以看到，在充满挑战的疫情时期，日本坚持日美同盟基轴路线并不影响其参与亚洲区域合作进程。疫情使日本朝着与中国等东亚国家建立更紧密伙伴关系的方向迈出了重要步伐。随着美国特朗普政府的"退群""弃责"行为，中日"得到"了一个分享领导角色和推动地区合作深化的利好机会。日本开始认真地将促进签署区域全面经济伙伴关系协定（RCEP）乃至中日韩自贸协定（FTA）等亚洲区域一体化进程纳入政策议程。2020年11月，RCEP正式签署，使中日合作进一步制度化，两国以此为平台建

立了新的自贸关系，包括电子商务（禁止数据本地化要求）、政府采购规则以及超越WTO规则的知识产权规则的新篇章。RCEP还包含中日韩三国之间的首个三边协定，这表明三个国家的共同利益"压倒"了亚太地区紧张的地缘政治关系，由此，三方之间的贸易出口额将大幅增加。在亚洲经济一体化的大背景下，中日经贸关系的发展具有良好前景，这有助于促进区域供应链和产业链乃至国际经济秩序稳定。

四 走向与展望

2021年，中日关系发展既有稳定因素，也有"易燃"风险，态势和走向将由这些因素的合力所塑造或左右。首先，以下一些可能出现的明显干扰或负面因素需要引起注意并加以规避。

第一，就外部因素而言，最有可能的重大干预变量是美国因素及中美关系走势的影响。日本近年来的重要外交任务就是设法应对中美之间"日益加剧的战略竞争"。在美国拜登政府正式出台对华战略、日本调整对华政策之前，很难具体预测日本将在多大程度上配合美国同步对中国采取行动。尽管如此，不难想象的是，拜登敦促盟国加入其对华压制计划和统一战线将是大概率事件，[①] 中美竞争和紧张关系越是加剧和持久化，菅义伟所处的两难境地就越明显，在中美之间进行选择并维持适度平衡的余地就越为狭小。日本不是没有可能借机摸索调整对华政策方向，加入美国不断加剧的对华地缘政治竞争与抗衡之中的。如果拜登政府"善待"盟友、协作"制华"的策略奏效，那么日美对华战略的共振趋同部分将增加，日本改善中日关系的劲头和动力不排除会相应减弱。

第二，日本对华战略的两面性亦有可能加剧并发酵。菅义伟上任以来的首次外交尝试以两组截然不同的外交事件为特征：9月中日领导人通话，10

---

① Hugh White, "Australia Must Get Better at Picking Its Fights with China," East Asia Forum, https://www.eastasiaforum.org/2020/05/10/australia-must-get-better-at-picking-its-fights-with-china/［2020-05-10］.

月在东京举行美日印澳"四边机制"会议；11月签署亚洲区域合作导向的RCEP，紧接着日澳就签署历史性的防卫协定达成一致。这两组事件凸显出日本的外交平衡与对华牵制：一方面努力保持与中国合作的姿态；另一方面谋求建立一个联盟或网络以制衡中国。进入2021年，情况也是如此：菅内阁前脚刚表示要推动CPTPP扩容，后脚就对中国参与CPTPP一事消极表态，并高调欢迎英国参加。①

第三，日本国内政治的不确定性及保守倾向可能对中日关系造成干扰，诱使或迫使日本政府调整对华姿态。疫情在很大程度上影响日本政治稳定，从安倍到菅义伟，日本政府应对疫情的领导能力不断受到质疑和批评，菅政权走向及日本是否会再度出现"首相旋转门"，已引起各界猜测和担心。在菅义伟上台后，首相官邸及内阁的保守派的话语权渐占上风，他无法像安倍那样推动政治主导、集中权力和"摆平"派系。② 因而，日本对华政策的延续性，特别是菅义伟内阁能否持续有力地推动改善中日关系，存在较大的不确定性，这也拉低了后疫情时代两国谋求关系深化发展、提质升级的可能性。

第四，矛盾分歧与热点争端仍是"易燃"风险。无论谁是日本首相，都难以回避中日之间的历史、领土和台湾问题等老问题，同时还需面对经济安保与科技脱钩、涉港涉台等新问题。尤其是两国之间的涉岛涉海争端，长期以来都是形势恶化的主要"驱动力"。在日本国内对华好感度下降的情况下，争议问题就有可能挟持或绑架两国关系大局。一些矛盾和摩擦如果不时显现并尖锐化，就将使双方关系在越发复杂的内外环境下难以取得突破性进展。中日之间缺少可以依靠的真正信任基础，因此一个小小的挑衅或失误都可能导致两国关系迅速恶化。

---

① 菅义伟曾表示，中国要达到CPTPP的高标准并获得11个成员国的足够支持并不容易。此举难免存在看"拜登脸色"行事的嫌疑，即包含在估算拜登政府对华战略行情之后再见机行事的成分。

② 例如，在安倍首相的首席秘书今井尚哉等经济派人士去职后，在首相官邸主张以经济务实观点看待或处理中日关系的一派被认为势力衰退。与此相对照，岸信夫、河野太郎等亲美保守派则屡屡发出干扰中日关系之言。

其次，发展中日关系也存在有利条件和促进因素，主要体现为如下两点。

第一，日本执政集团能够在中美日三边、对华牵制与合作之间保持实用主义的最低平衡思维。对安倍来说，改善对华关系可能是其留下外交遗产的最后也是最好的机会，大体继承安倍外交路线的菅义伟政权，对中日关系情势的把握总体上也算比较理性和有所节制。面对国内外形势，特别是来自美国的压力，安倍不得不对中国表现出强硬态度，但又不允许中日关系失控。菅被认为是一位务实的现实主义者，其有能力继续实施安倍的双重外交战略，同时操弄两种游戏。尽管日本有配合拜登加强应对中国的可能，但最终也应当不会过于激进和冒险。对于美国对中国采取的遏制措施，菅也没有完全与美国步调一致，他追求的是一种微妙的平衡，其一直将最大的贸易伙伴中国纳入战略考量之中，因此，11月就"回归"亚洲并签署了RCEP。很明显，日本应该是看到，中日在寻找共同事业、建立更加开放的地区秩序方面具有重大合作利益。尽管中美之间的紧张关系很难得到有效缓解，但日本仍将继续进行这种缓慢却重要的平衡努力。

第二，经济因素仍在发挥重要的"稳定器"作用。日本牵制中国的外交与安全行为可能会继续加速，然而，日本在中国的"经济介入"决定了其可能需要相当长的时间来适应两国关系的深度调整。当前，中国抗疫已进入精准防控阶段，日本想恢复及振兴经济，需要中国的部分在短期内只会增加，不会减少。尽管日本在与中国的合作中更加警惕风险，但不会轻易放弃其在中国数十年的投资和未来目标。在日本国内消费低迷、市场规模收缩的趋势下，再加上受疫情困扰，中国巨大的市场规模和消费潜力对日本经济的重要性更加显著。可以肯定的是，2020年，日本无疑将经历近年来最严重的经济衰退。截至2020年12月，疫情大流行已经导致日本近5000人死亡，而且这个数字还在上升。日本尽管正在缩减其在中国的产业计划，并鼓励企业重返国内，但其还是签署了RCEP，并且是中日韩自由贸易协定的推动者。可以说，在疫情全球流行这个时期，增强了中日韩在经贸方面的团队协作精神，提升了进行合作的可能性。

综合而言，随着安倍时代结束，很难说菅义伟拥有多少政治资本和时间采取长期连贯且有效的对华政策，但可以肯定的是，目前的中日关系比安倍时期更具挑战性甚至不可预测性。中日关系的常规日程已经被疫情打乱或搁置，但要评价这场疫情大流行对中日关系乃至亚洲意味着什么，还为时过早。由于新冠疫情的蔓延，习近平主席的对日国事访问被迫推迟，新的日期尚未确定。同样因疫情被推迟的还有东京奥运会，这本来可以成为双方积极进行外交互动的一个重要契机。疫情不仅颠覆了安倍原定的领导权交接日程，也打乱了菅政权的政治计划。从政治与战略角度看，中日关系仍处于一种停滞和修整状态，菅义伟不大可能对改变这一状况产生明显的影响。更何况，针对目前的气氛，日本几乎没有多少空间让人们就对华政策展开温和、理性的辩论。

总的来说，进入2021年后，中日关系面临两种不同发展方向的选择。一种是延续2017年以来尤其是2019年以来的改善势头，直至2022年建交50周年，保持构建新时代关系的态势；另一种是日本紧随甚至助推美国"抗中制华"，再加上中日无法有效管控分歧与争端，双方关系由此低迷甚至跌入下行区间。中日关系的重要性有目共睹，发展良好的中日关系符合各方利益。不言自明，两国应珍惜近年来来之不易的关系发展势头，从过去几年的沉浮起伏中充分吸取教训，共同努力，相向而行，持续构建契合新时代要求的中日关系。

疫情下的日本

Japan under COVID-19 Epidemic

B.8
日本"应对疫情特措法"的
出台背景、效果评估及影响*

张晓磊**

摘　要： 日本"应对疫情特措法"的出台背景包括政局、体制和法律三方面因素。2020年4~5月日本采取的"紧急事态宣言"尽管存在波折，但总体上起到了控制疫情的效果，同时也暴露出一些问题：一是宣布"紧急事态宣言"是否必须修改2012年的《新型流感等对策特别措施法》；二是"紧急事态宣言"的效果未达到预期，这与修改后的《新型流感等对策特别措施法》缺少政府补偿、赔偿以及相关处罚措施有一定的关系。《新型流感等对策特别措施法》的修改产生两个方面

---

* 本报告为中国社会科学院创新工程项目"后安倍时代日本政治与政局变动研究"（项目编号：2021RBSB01）的阶段性研究成果。
** 张晓磊，法学博士，中国社会科学院日本研究所政治研究室副主任、副研究员，主要研究方向为日本政治、中日安全关系。

的影响：为日本出台安全层面的"紧急事态特措法"甚至"紧急事态基本法"提供先例；自民党或借抗疫加强修宪必要性宣传。

关键词： 日本 新冠疫情 紧急事态宣言 应对疫情特措法 修宪

2020年3月13日，日本内阁在经过十几天"闪电操作"后推动国会审议通过了《新型流感等对策特别措施法》修正案（以下简称"应对疫情特措法"），时任首相安倍晋三由此获得针对新冠疫情的国家紧急状态宣布权。从表面上看，此法只涉及对新冠疫情的应对，但实际上对日本的政局走向、战后政治与行政体制甚至修宪进程都将产生深远影响，本报告旨在分析"应对疫情特措法"的出台背景，根据法案内容及实施过程评估相关效果，并简要论述其带来的潜在影响。

一 出台背景

2020年2月，疫情开始在日本迅速蔓延，日本中央政府在应对疫情上由于初期的疏忽大意逐步陷入被动境地，内阁支持率急剧下滑，地方政府面对严峻疫情开始各自为政，在上述多重背景下，日本应急卫生管理体制承压巨大，"应对疫情特措法"迅速酝酿出台。

（一）政局因素：挽回民意，表明政府应对疫情的决心和信心

日本在应对"钻石公主号"邮轮疫情中暴露出低效、不透明、欠专业等问题，引起舆论和国民不满。随后，日本本土疫情出现扩散之势，截至2020年3月16日已有819例确诊感染者。安倍内阁的支持率受到较大影响。根据NHK在2020年3月9日的调查，内阁支持率为43%，较2月下滑2个

百分点，不支持率为41%，较2月上涨4个百分点；对疫情"感到焦虑"的民众所占比例从2月的67%上升到74%①。安倍需要推出高效的、强力的疫情应对措施，显示出应对疫情的决心和信心，证明其具有控制疫情的能力，挽回失去的民意。除此之外，安倍还可利用"应对疫情特措法"扩大法定权力，进一步强化首相官邸主导权。截至2019年底，安倍已累计执政近8年，成为日本宪政史上任职时间最长的首相。在此期间，日本政治权力架构日益从"官僚主导"向"官邸主导"倾斜，自民党内"安倍一强"与日本政坛自民党"一党独大"的现象明显。"应对疫情特措法"出台后进一步扩大了首相的法定权力，为"官邸集权""保守势力加码右倾政策"拓宽通道。

（二）体制因素：向地方自治体防疫工作施加政策压力，改善央地之间政令不畅的现状

日本实施地方自治的政治体制，地方行政长官由普选产生，并非由中央任命，地方不为中央左右，这决定了在首相不具备紧急状态宣布权的情况下，内阁对地方发出的应对疫情"命令"仅具有指导意义。这很容易造成央地之间、各地之间政令不一以及疫情应对措施混乱。譬如，北海道就因不满中央政府防疫工作低效而于2020年2月28日自行宣布进入"紧急状态"②；当安倍首相要求全国中小学停课时，有的地方政府又因首相不具备相应权限而拒绝执行。这给日本中央政府有效应对疫情带来了较大困难。"应对疫情特措法"的迅速出台向地方自治体防疫工作施加政策压力，迫使其尊重、执行中央政令，高效开展防疫工作。

（三）法律因素：重在设置"兜底"条款，防止疫情扩大和失控

鉴于立法体系中缺少"紧急事态基本法"，日本政府只能通过"一事一

---

① 《民调：安倍内阁不支持率为41% 同比上涨4%》，中国新闻网，2020年3月10日，https://www.chinanews.com/gj/2020/03-10/9119702.shtml [2020-03-29]。
② 《日本北海道宣布进入紧急状态，呼吁居民本周末避免外出》，环球网，2020年2月28日，https://world.huanqiu.com/article/9CaKrnKpE2X [2020-03-01]。

议"的方式制定"特别措施法",授权首相针对特定事宜宣布国家进入紧急状态。当2011年3月11日发生东日本大地震及海啸,随后发生福岛核电站核泄漏事故时,民主党政府宣布启动"紧急状态特别措施法",但当时日本没有全境进入紧急状态,仅在震区采取紧急避难措施。2012年5月,针对加强基于新型流感极有可能在全国快速蔓延的新感染症对策、保护国民的生命及健康,将对国民生活及经济造成的影响控制在最小限度,日本政府颁布了《新型流感等对策特别措施法》[1]。2013年通过的《应对新型流感等对策特别措施法》修正案授权日本首相可以应对H1N1等新型流感为由宣布全国进入紧急状态,但当时此权力并未被行使。实际上,日本战后以来还没有出现过因重大公共卫生事件而宣布全国进入紧急状态的例子。"应对疫情特措法"授权首相在必要情况下宣布日本进入紧急状态,通过各级地方政府限制民众外出及公共设施开放,防止新冠疫情扩散。

二 主要内容及效果评估

本部分通过梳理"应对疫情特措法"从出台到具体实施的过程,对其实际效果进行客观评估,并分析其中存在的一些问题。

(一)出台过程

2020年2月15日,日本政府发布了首个《新型冠状病毒感染症对策基本方针》[2],当时日本的状况是在国内多个地区散发性地发现了感染路径不明的患者,部分地区还出现了小规模的患者群,但还没有确认有大规模感染扩大的地区。在当时的背景下,政府采取的对策是依据"感染症法",在保

---

[1] 「新型インフルエンザ等対策特別措置法(平成二十四年法律第三十一号)」、e-gov、令和3年4月1日、https://elaws.e-gov.go.jp/search/elawsSearch/elaws_search/lsg0500/detail?lawId=424AC0000000031 [2020-12-01]。

[2] 《新型冠状病毒感染症对策基本方针》,日本厚生劳动省网站,2020年2月25日,https://www.mhlw.go.jp/content/10900000/000608655.pdf [2020-12-01]。

健所进行积极的流行病学调查，对密切接触者进行健康观察，要求自律外出等，并宣布若患者数量继续增加，就将对策修正为要求民众广泛配合自律外出，并提出有关学校等地的感染对策方针，以及由都道府县等要求学校妥善采取临时停课等措施。

随后，鉴于疫情迅速蔓延，同年3月10日，日本政府出台《关于新型冠状病毒感染症的第二轮紧急应对措施》①，这轮措施包括四个方面的内容：(1) 采取措施防止疫情进一步蔓延，完善医疗应对体制；(2) 解决因学校停课而出现的相关问题；(3) 采取应对业务规模收缩和保障就业的相关措施；(4) 根据事态变化采取紧急应对措施等。其中，第四个方面中最核心的一点便是同日由政府向国会提交了《新型流感等对策特别措施法》修正案的草案，即将新型冠状病毒感染症列入《新型流感等对策特别措施法》适用对象。但在日本宣布国家进入紧急状态非同小可，而《新型流感等对策特别措施法》制定的主要意义在于设置"兜底"条款，为最坏情况做打算。日本国会通过了一个附带决议，规定了首相宣布进入紧急状态的严格条件：(1) 除迫不得已的情况外，（在宣布紧急状态前）须事先向国会报告；(2) 宣布紧急状态应基于专业知识慎重做出判断；(3) 要求限制使用设施等时，应充分顾及蒙受经济损失者（的利益）；(4) 客观且科学地检验政府的应对措施等。

安倍首相多次强调，这一法案只是从危机管理的角度出发，做好疫情可能快速扩散的最坏打算。2020年3月14日，他在记者招待会上表示，紧急状态的宣布会对各类私权进行限制，政府会谨慎行事。② 经济再生担当大臣西村康稔也表示，宣布进入紧急状态是处理紧急情况的最后王牌，是为以防万一做准备，政府首先将竭尽全力控制疫情。

---

① 「新型コロナウイルス感染症に関する緊急対応策—第2弾—（概要）」、首相官邸、2020年3月10日、https://www.kantei.go.jp/jp/pages/coronavirus_2nd_emergency_response_summary.html［2020-12-01］。
② 「新型コロナウイルス感染症に関する安倍内閣総理大臣記者会見」、首相官邸、2020年3月14日、https://www.kantei.go.jp/jp/98_abe/statement/2020/0314kaiken.html［2020-12-01］。

同年 3 月 19 日，日本疫情依然没有出现好转的迹象，日本政府召集"新型冠状病毒感染症对策专家会议"①，汇总了"对新型冠状病毒感染症的情况分析和建议"，其中特别分析了疫情严重的北海道地区的情况与对策，并强调由于北海道知事发布了"紧急事态宣言"，当地居民改变了日常行为模式，各行各业也迅速采取了相应的措施，这对遏制疫情的迅速蔓延起到了一定作用。北海道宣布"紧急事态宣言"的政策效果得到了专家们的积极评价，也使日本政府内部逐步达成共识，这为随后安倍宣布"紧急事态宣言"做好了铺垫。

3 月底，疫情在日本出现加重的趋势，地方政府陆续宣布紧急应对措施。东京都知事小池百合子宣布东京面临严重局面，要求民众自我约束，不在夜间和休息日外出。千叶、神奈川、埼玉和山梨四个县的知事也呼吁民众自觉取消各类活动，不去人员密集的场所，无急事不外出。大阪和熊本等地方政府也要求民众周末避免外出。中央政府面临的压力越来越大，2020 年 3 月 26 日，根据"应对疫情特措法"，内阁会议决定设立"新型冠状病毒感染症对策本部"。据此，所有都道府县也都设立了对策本部。中央政府试图与地方政府进行更为紧密的合作，宣布"紧急事态宣言"的态势已经日趋明朗。

（二）内容及推进过程

2020 年 4 月初，东京、大阪等大城市的感染病例迅速增加，病床数量濒临极限，部分地区的医疗应对体制已经出现危机。从 3 月 16 日到 4 月 1 日，确诊病例从 817 例骤增到 2299 例，感染途径不明患者所占比例高达 40.6%。② 根据"应对疫情特措法"第 32 条第 1 项关于发布"紧急事态宣

---

① 《新型冠状病毒感染症对策专家会议 "对新型冠状病毒感染症对策的情况分析和建议"（2020 年 3 月 19 日）（摘要）》，日本国首相官邸网站，2020 年 3 月 19 日，https://www.kantei.go.jp/cn/japan_intro/2020/20200319corona_exp_cn.pdf［2020-12-01］。
② 《新型冠状病毒感染症对策基本应对方针》，日本国首相官邸网站，2020 年 4 月 16 日，https://www.kantei.go.jp/cn/japan_intro/2020/0416Crnbasicp.pdf［2020-12-01］。

言"的条件：（1）肺炎的发生率高于患上季节性流感并达到一定程度；（2）无法排查感染途径的病例大量且快速增加，医疗应对体制面临危机；（3）明显存在对国民的生命及健康造成重大伤害的可能性，并且已经发生了可能因其在全国快速蔓延，而对国民生活及经济造成重大影响的事态。①日本政府应对此情况刻不容缓，随即在4月7日发布了第一次"紧急事态宣言"。

所谓"紧急事态宣言"，根据"应对疫情特措法"第32条的规定，是指与季节性流感相比，在日本国内成为重症的病例多，同时因其在全国性快速蔓延而对国民生活及经济造成重大影响时，政府对策本部长（内阁总理大臣）特别指定期间、区域、事件概要所发布的宣言。②在发布"紧急事态宣言"后，对象地区的都道府县知事可以采取紧急事态措施，规定更加具体的期限及区域，要求无急事不外出及进行设施使用限制等。

日本的"紧急事态宣言"具有一定的特殊性，根据"应对疫情特措法"第45条的规定，日本的紧急事态不会发生像欧美"封城"那样——采取附带罚则强制性封城。③对象地区的都道府县知事可以基于"应对疫情特措法"，对于自觉不外出、限制使用设施进行要求、指示等。即使对象地区的都道府县知事要求自觉不外出，但面对到医疗机构看病、购买生活必需品、在办公室才能进行办公、为保持健康而散步及跑步等维持生活所需的情形，民众仍可以外出。对象地区的都道府县知事可以针对一定规模以上的游乐及娱乐场所等人群聚集的设施，要求暂不开放或举办活动等。可见，日本发布的"紧急事态宣言"依然保留了对个人自由的较大尊重，总的原则是"非

---

① 『新型インフルエンザ等対策特別措置法（平成二十四年法律第三十一号）』、e-gov、令和3年4月1日、https：//elaws.e-gov.go.jp/search/elawsSearch/elaws_search/lsg0500/detail?lawId=424AC0000000031［2020-12-01］。

② 『新型インフルエンザ等対策特別措置法（平成二十四年法律第三十一号）』、e-gov、令和3年4月1日、https：//elaws.e-gov.go.jp/search/elawsSearch/elaws_search/lsg0500/detail?lawId=424AC0000000031［2020-12-01］。

③ 『新型インフルエンザ等対策特別措置法（平成二十四年法律第三十一号）』、e-gov、令和3年4月1日、https：//elaws.e-gov.go.jp/search/elawsSearch/elaws_search/lsg0500/detail?lawId=424AC0000000031［2020-12-01］。

必要不外出"。为推动"紧急事态宣言"发挥作用,安倍在同日呼吁①国民积极配合,同时由于"应对疫情特措法"的权限由都道府县知事行使,日本政府要求关东地区的一都三县以及大阪府、兵库县和福冈县的知事向辖区内民众发出除维持基本生活以外不随意外出的要求。

2020年4月7日,日本发布的第一次"紧急事态宣言"期间预定为4月7日至5月6日。但是,如果政府判断不再需要实施,则将基于"应对疫情特措法"第32条第5项的规定,迅速解除紧急状态;实施"紧急事态宣言"的区域包括埼玉县、千叶县、东京都、神奈川县、大阪府、兵库县以及福冈县。到4月14日为止,共有46个都道府县出现确诊病例,累计为7964例,死亡119人,根据4月13日的数据,无法确定感染途径的感染者所占比例高达1%。这意味着感染不仅发生在聚集性场所等,原本仅限于部分日常生活的感染风险逐渐增加。② 面对严峻态势,日本政府于4月16日宣布将全国所有都道府县都列入"紧急事态宣言"实施地区。5月4日,鉴于当时日本全国确诊病例仍有200例左右,日本政府决定将"紧急事态宣言"延长至5月31日,同时计划于5月14日对紧急状态进行再次评估。5月14日,政府决定解除除关东地区的一都三县、关西地区的两府一县和北海道八个都道府县以外的39个府县的"紧急事态宣言"。5月21日,日本再解除两府一县的"紧急事态宣言",同月25日,日本全国解除"紧急事态宣言"。

(三)效果评估

总体上看,"应对疫情特措法"的出台及完善在控制疫情、减少损失方面起到了中流砥柱的作用,这与日本丰富的经验和成熟的制度有密切关联。

---

① 『新型コロナウイルス感染症に関する安倍内閣総理大臣記者会見』、首相官邸、令和2年4月7日、https://www.kantei.go.jp/jp/98_abe/statement/2020/0407kaiken.html [2020-12-01]。
② 《新型冠状病毒感染症对策基本应对方针》,日本国首相官邸网站,2020年4月16日,https://www.kantei.go.jp/cn/japan_intro/2020/0416Crnbasicp.pdf [2020-12-01]。

作为灾害多发的发达国家，日本的应急管理体制和抗灾法律体系相当成熟，共制定了227部应急管理法律法规，构建了系统完善的应急法律体系、科学严密的应急组织结构以及具有发达的应急设施和技术支撑。

在2020年12月疫情在日本再次严重之前，4~5月政府实施的"紧急事态宣言"尽管存在波折，但总体上起到了控制疫情的效果，同时也暴露出一些问题。

在4月7日日本政府宣布为期一个月的第一次"紧急事态宣言"后，尽管其对疫情起到了一定的控制作用，但没有实现既定目标。4月17日，东京都感染人数创下新高，与疫情扩大之前相比，对于大城市平日的出行人流，东京的涩谷地区减少了约六成，大阪的梅田地区减少了约七成，与政府确定的至少减少七成甚至减少八成的目标还有差距。为解决上述问题，同时防止5月黄金周假期期间的人员流动，日本政府遂将"紧急事态宣言"适用范围扩大至全国。① 半个月后，尽管全国日均新增感染人数从近700人降至200人左右，减少了约2/3，但仍未达到理想水平，5月4日，日本政府决定延长"紧急事态宣言"。

经过前期的各项政策修正，5月14日，日本政府召集专家对疫情态势进行再评估，从疫情发展、医疗应对体制、监控体制三个方面，明确了包括具体数据等在内的解除"紧急事态宣言"的客观标准②，并根据上述标准对39个府县的疫情态势进行评估，认为这些府县通过采取彻底的聚集性疫情防控措施，将疫情控制在可控水平；重症患者有所减少、医疗应对体制得以改善，检测系统也在判断新增确诊病例的情况时发挥了充分有效的作用，已经达到了可以解除"紧急事态宣言"的标准，并于同日宣布解除39个府县的"紧急事态宣言"。

---

① 『新型コロナウイルス感染症に関する安倍内閣総理大臣記者会見』、2020年4月17日、首相官邸、https://www.kantei.go.jp/jp/98_abe/statement/2020/0417kaiken.html [2020-12-01]。

② 『新型コロナウイルス感染症に関する安倍内閣総理大臣記者会見』、2020年5月14日、首相官邸、https://www.kantei.go.jp/jp/98_abe/statement/2020/0514kaiken.html [2020-12-01]。

5月25日，日本疫情得到有序控制，全国每天新增确诊病例少于50人，住院患者也从峰值的近万人降到2000人以下，按照相关比例来看，感染人数和死亡人数均保持在较低水平。① 全国范围内的"紧急事态宣言"得以最终解除。

（四）主要问题

在"紧急事态宣言"酝酿、公布到实施的过程中，主要存在两个问题：一是宣布"紧急事态宣言"是否必须修改2012年的《新型流感等对策特别措施法》，通过法律解释是否可以授权首相直接发布"紧急事态宣言"，政府的做法是否延误了宣布紧急状态的最佳时间；二是"紧急事态宣言"的效果未达预期，这与"应对疫情特措法"缺少政府补偿、赔偿以及相关处罚措施有一定的关系。

1. 2012年《新型流感等对策特别措施法》中的"紧急事态宣言"措施是否可以直接适用于新冠疫情

宣布"紧急事态宣言"拖沓是时任首相安倍晋三在防控疫情方面被批评的焦点之一。日本政府第一次发布"紧急事态宣言"之前，《每日新闻》在2020年4月9日的民调显示，针对日本首相安倍晋三发布"紧急事态宣言"一事，70%的民众认为"太迟"。② 纵向比较来看，此次日本内阁批准国会修改《新型流感等对策特别措施法》是非常迅速的，但与瞬息万变的疫情比较，日本政府的应对还是显得低效和拖沓。早在2020年3月19日，由日本内阁召集的专家会议就建议政府必须尽快彻底加强聚集性疫情对策，并肯定了北海道发布的"紧急事态宣言"的积极效果。如果日本政府在3月中下旬及时采取相关紧急措施，那么或许疫情防控的效果会更加明显，但

---

① 『新型コロナウイルス感染症に関する安倍内閣総理大臣記者会見』、2020年5月25日、首相官邸、https://www.kantei.go.jp/jp/98_abe/statement/2020/0525kaiken.html［2020 – 12 – 01］。

② 《民调：70%民众认为安倍发布紧急事态宣言"太迟"》，中国新闻网，2020年4月9日，https://www.chinanews.com/gj/2020/04 – 09/9151601.shtml［2020 – 12 – 01］。

安倍内阁花费了半个月的时间纠结于《新型流感等对策特别措施法》修改问题，招致舆论批评，浪费了防控疫情的宝贵时间。

关于新冠疫情是否可以作为 2012 年《新型流感等对策特别措施法》的直接适用对象，关键问题在于如何从法律上定性新冠疫情。根据 2012 年《新型流感等对策特别措施法》[1] 第 2 条及第 6 条的相关规定，此法的适用对象包括两类传染病：一类是新型流感等此前被人类研究、确认的已知疾病，称为"指定传染病"，对于指定传染病，政府无权发布"紧急事态宣言"；另一类叫作"新传染病"，即这类传染病与已知的传染病相比有明显区别，相关人员发病时病情严重，且这类传染病的传播可能对公众的生命和健康产生重大威胁，最根本的一点在于未知性。针对这类传染病，此法规定是可以发布"紧急事态宣言"的。2020 年 1 月 28 日，日本政府将新冠肺炎定性为"指定传染病"，这意味着一方面政府判定新冠疫情不会造成重大公共卫生安全威胁，另一方面表明政府无权就防控新冠发布"紧急事态宣言"。随着新冠疫情迅猛蔓延，在意识到必须发布"紧急事态宣言"后，基于前期的定性，政府不得不花费时间启动对 2012 年《新型流感等对策特别措施法》的修改，目的在于重新授权政府在新冠肺炎这一"指定传染病"发生时依然可以发布"紧急事态宣言"。

对于以上问题，部分日本专家持较大异议，认为新冠肺炎是可以直接适用上述法律的，比如日本大学危机管理学部福田充教授认为，完全可以将新冠疫情定性为第二类，即"新传染病"，这样就可以为后期发布"紧急事态宣言"提供充足的法律适用空间，若日本政府起初进行这样的定性，便可在 2 月底和 3 月上旬的关键阶段采取相应的紧急应对措施。[2]

---

[1] 『新型インフルエンザ等対策特別措置法（平成二十四年法律第三十一号）』、e-gov、令和 3 年 4 月 1 日、https：//elaws.e-gov.go.jp/search/elawsSearch/elaws_search/lsg0500/detail?lawId=424AC0000000031 ［2020-12-01］。

[2] 森永輔「緊急事態宣言 特措法の不備改め基本法を」、『日経ビジネス』2020 年 4 月 13 日、https：//business.nikkei.com/atcl/gen/19/00005/041000125/?P=5 ［2020-12-01］。

2."应对疫情特措法"并不完善,直接影响"紧急事态宣言"发布后的政策效果

如前所述,4月7日,第一次"紧急事态宣言"的效果并不明显,对外出人口流量的控制及餐饮、娱乐等相关设施的自肃措施等都未能充分达到政府预期,这与"应对疫情特措法"本身缺少一些法律细则有很大的关系。

第一,"应对疫情特措法"既无经济补偿,也无行政处罚相关规定。鉴于"应对疫情特措法"从性质上属于危机管理法律,具有必要的国家赔偿、补偿以及处罚规定有利于高效应对公共卫生危机,同时也符合法治国家的管理理念。在法治国家中,自由从来都不是绝对的,只有将法律和自由维持在一个相对平衡的状态,公民的权利才能得到最大限度的保护。如果"应对疫情特措法"一方面对处于自肃过程中的餐厅、娱乐设施等规定具体的国家赔偿或补偿标准;另一方面规定违反"紧急事态宣言"的具体处罚措施,确立具体的法律依据,那么"紧急事态宣言"的效果可能会产生很大改观。福田充教授认为,应该把这次新冠疫情危机作为反思日本危机管理法律制度的转折点。[①]

第二,"应对疫情特措法"对发布"紧急事态宣言"时中央和地方的权责的规定模糊。"应对疫情特措法"没有明确划分中央政府、中央各省厅以及地方政府之间的角色和作用,也没有明确它们发布"紧急事态宣言"的具体权限、标准和程序。日本政策研究大学院大学岩间阳子教授认为这些问题导致日本中央政府在协调各地方政府之间及省厅与地方政府间的关系时捉襟见肘,另外,由于省厅和地方政府缺少明确的法律授权,其在中央政府宣布"紧急事态宣言"后无法在各自所辖行政区域内进行明确的法定管控。[②]中央和地方政府间的权责不清带来一系列潜在问题,甚至会加剧政局的不稳

---

① 森永輔「緊急事態宣言 特措法の不備改め基本法を」、『日経ビジネス』2020年4月13日、https://business.nikkei.com/atcl/gen/19/00005/041000125/? P=5 [2020-12-01]。
② 「緊急事態宣言 専門家に聞く」、『日本経済新聞』2021年1月5日、https://www.nikkei.com/paper/article/? b=20210105&ng=DGKKZO67869270U1A100C2PP8000 [2021-02-01]。

定性，比如2020年12月日本出现新一波疫情后，菅义伟首相与东京都知事小池百合子之间就在防控疫情上出现了明显的矛盾，这与"应对疫情特措法"没有明确央地间的权责不无关系。菅义伟认为小池没有尽到职责，东京都餐厅的营业时间没有按照中央的提议加以缩短，而小池则认为中央在疫情控制上没有出台有效的规制措施，致使地方无法有效管控疫情。①

面对上述问题，日本政府进行了相关修正。2021年1月7日，鉴于疫情再度蔓延，日本再次发布"紧急事态宣言"。随后，日本政府针对此前"应对疫情特措法"实施过程中出现的一些问题向国会提交"应对疫情特措法"修正案并于2021年2月13日实施，修正案中增加了"防止蔓延等重点措施"，并新导入罚则，规定："紧急事态宣言"期间，可以对拒绝缩短营业时间和停业要求的商家下达命令，若违反命令，则对其处以30万日元以下罚款；在实施防止疫情蔓延措施期间，针对商家违反缩短营业时间的规定，则对其处以20万日元以下罚款。② 这些修订内容在一定程度上弥补了此前法律的部分漏洞，实施效果有待进一步观察。

三 影响

尽管日本的卫生治理制度已经比较成熟、完善，但在应对突发公共卫生事件上，日本依然缺乏一部基本法，这给日本的公共卫生应急管理带来了巨大的挑战，新冠疫情的发生和《新型流感等对策特别措施法》的修改将对日本的紧急事态应对制度及宪政体制带来多层面影响。

---

① 『国と東京都の不信連鎖 「緊急事態」の実効性左右首相・都知事、長年の確執』、『日本経済新聞』2021年1月9日、https://www.nikkei.com/paper/article/? b = 20210109&ng = DGKKZO68041270Z00C21A1EA3000 ［2021 - 02 - 01］。

② 「新型インフルエンザ等対策特別措置法等の一部を改正する法律案（閣法第六号）（衆議院送付）要旨」、参議院、2021年2月4日、https://www.sangiin.go.jp/japanese/joho1/kousei/gian/204/meisai/m204080204006.htm ［2021 - 02 - 20］；「新型インフルエンザ等対策特別措置法（平成二十四年法律第三十一号）」、e-gov、令和3年4月1日、https://elaws.e-gov.go.jp/document? lawid=424AC0000000031 ［2020 - 12 - 01］。

（一）为日后出台安全层面的"紧急事态特措法"甚至"紧急事态基本法"提供先例

战后，日本在美国的压力下接受了英美判例法系的改造先例，这对后续立法、修法意义重大。从制定针对特定事项的"特别措施法"起步，再逐步升级到制定可以普遍适用的"基本法"，是日本保守势力改变安全政策的惯用手法。比如，2001年的《反恐特别措施法》和《补给支援特别措施法》、2003年的《伊拉克特别措施法》，为当时日本实现向海外派兵提供了特定时间范围内的法律依据，此后，它们又都为2015年日本通过具有海外派兵"基本法"性质的《国际和平支援法》提供了先例。

从2012年《新型流感等对策特别措施法》到"应对疫情特措法"的立法、修正轨迹看，日本将为就相关事态寻求国家紧急状态宣布权而不断制造先例。可以推断，在此基础上，今后，日本可借"朝鲜发射中短程导弹威胁日本国土安全"为由，提出针对朝鲜安全威胁可由首相宣布国家进入紧急状态的"特别措施法"。在先例持续积累的基础上，最终形成能够应对各种类、各层次威胁的国家紧急状态"基本法"，从而使日本日益趋向"正常国家化"，"和平宪法"更加形同虚设。福田充教授认为日本存在太多"特别措施法"，这类法律就像一所反复进行扩建的房屋，已经不再适合当下的日本整体立法环境，有必要制定一部基本法。① 日本前防卫大臣中谷元也建议自民党尽快推动制定国家紧急状态"基本法"，他认为在危机管理中应该秉持"杀鸡用牛刀"的心态，在危机开始时采取较大胆的措施，以防出现无法挽回的局面。②

---

① 森永輔「緊急事態宣言、特措法の不備改め基本法を」、『日経ビジネス』2020年4月13日、https：//business. nikkei. com/atcl/gen/19/00005/041000125/？P＝5［2020－12－01］。
② 森永輔「『国家緊急事態基本法をつくれ』—中谷元・元防衛相に聞く（1）—」、『日経ビジネス』2020年4月23日、https：//business. nikkei. com/atcl/gen/19/00152/042200003/［2020－12－01］。

（二）自民党或借抗疫加强针对国民的修宪必要性的宣传

《日本国宪法》中缺乏与紧急状态相关的条款，这也是日本制定"应对疫情特措法"的相关背景。早在2012年4月，在宪法中增加紧急状态条款、赋予首相紧急状态宣布权就成为《自民党修宪草案》①的重要内容。2012年底安倍再次执政后一直谋求以该草案为蓝本推动修宪进程。目前，自民党在国会已具备动议修宪的条件，但对后续通过国会审议及国民投票实现修宪目标尚无把握，为此，说服民众成为自民党实现修宪目标的关键环节。

此次疫情的扩散及应对将为自民党向国民宣传修宪的必要性提供契机。预计疫情过后，自民党会利用国民对控制疫情重要性的切身感受，引导舆论重视宪法因缺少紧急状态相关条款而增加修法负担、降低防疫效率等问题，得出应增加或修改宪法相关条款的结论，并将此观念深入民心，为加快修宪进程铺路。

"应对疫情特措法"给日本修宪带来的潜在影响引起日本宪法学界在保护战后《日本国宪法》基本理念方面的警惕。当2020年4月17日"紧急事态宣言"扩大至全国时，东京大学宪法学者石川宪治教授警告，应该防止日本宪政体制以"紧急状态"之名向权威主义政治体制发展，"紧急事态宣言"不应该作为在《日本国宪法》中增加紧急状态相关条款的理由。② 东京都立大学木村草太教授也持同样的观点，他认为，此次为防控疫情而宣布的"紧急事态宣言"并不违反《日本国宪法》，这种紧急状态与我们通常所说的宪法中的紧急状态具有不同的性质。在宪法中的紧急状态下，内阁被赋予一些特殊独裁权是为了维持国家主权安全和领土完整等，而在出现突发公共卫生事件这种紧急状态下，赋予内阁一些上述强权没有实际意义。即便首相发布了强制性命令，也并不意味着PCR测试的准备就会突然得到改善，

---

① 『日本国憲法改正草案 Q&A』、自由民主党憲法改正推進本部、2012年10月、https://constitution.jimin.jp/document/faq/［2020-12-01］。
② 豊秀一・石田祐樹「『緊急』の魔力、法を破ってきた歴史　憲法学者の警鐘」、『朝日新聞』、https://www.asahi.com/articles/ASN4K3CQ3N4BUPQJ00C.html［2020-12-01］。

人工呼吸机的数量也不会增加。①

　　紧急状态相关问题之所以会引起宪法学界的警惕，是因为日本二战前选择了军国主义发展道路，这给日本国家、民族和国民带来了巨大的创伤。1938年的日本内阁制定了战时法律《国家总动员法》，剥夺了国民的言论和思想自由，公民的生存权和其他人权被不合理限制。因此，保护国民人权成为战后《日本国宪法》的基本核心原则之一。时至今日，日本没有制定一部综合性的国家紧急状态"基本法"，也与上述这段历史紧密相关，日本国民和舆论都非常担心这样一部法律会让日本内阁滥用紧急状态相关权力进而为损害国民人权提供潜在的机会。

---

① 森永輔『木村草太教授「緊急事態宣言、首相の"独裁権"は役に立たない」』、『日経ビジネス』2020年5月7日、https：//business.nikkei.com/atcl/gen/19/00152/050100018/？i_cid=nbpnb_arc［2020-12-01］。

B.9
公明党党首选举与"新山口体制"的建立
——山口领导下的公明党在抗疫中的作用和影响

何晓松*

摘　要： 公明党在建党之初就是代表广大底层民众，并得到他们支持的大众政党。创价学会原会长池田大作参与创建公明党时提出，"与大众共话语""与大众共战斗""为大众战斗""到大众中去""在大众中死"。山口那津男秉持这种政策理念，在2009年临危接任公明党党首后连续6次当选，他于2020年9月又一次无投票当选公明党党首，同时提拔石井启一担任干事长，建立"新山口体制"。面对2020年新冠疫情冲击，公明党在经济政策上提出进行企业融资支援、发放雇佣调整助成金、向国民每人发放10万日元补助金等；在社会福祉政策上继续推进全世代型社会保障制度改革。这些政策对稳定日本政治经济取得一定成效。

关键词： 新山口体制　全世代型社会保障制度　新冠疫情　社会福祉　党首候选人

一　党首选举与"新山口体制"的建立

2009年，时任公明党党首太田昭宏在众议院选举中失利，山口那津男

---

* 何晓松，法学博士，中国社会科学院日本研究所政治研究室副研究员，主要研究方向为日本政治、日本国家发展战略。

公明党党首选举与"新山口体制"的建立

接任公明党党首，此后连续6次当选。2020年9月17日，公明党选举管理委员会接受党首候选人报名，只有山口那津男报名参选党首。公明党内的普遍意见是在下一次众议院选举中，只有山口才能带领公明党参加竞选。① 9月27日，公明党举行全国大会，过半数代议员投票同意山口担任党首，山口提名62岁的石井启一代理干事长担任干事长，由此建立山口、石井新体制，山口的任期到2022年9月。另外，山口还提名62岁的原厚生劳动副大臣竹内让担任政调会长，获过半数出席全国大会的代议员投票通过。石井启一干事长提名58岁的参议院议员西田实仁担任选举对策委员长，获得中央干事会通过。山口在记者招待会上提出，"促进新陈代谢，激发党的活力，建立能带领公明党成功竞选的领导体制"。在"新山口体制"中，石井干事长9次当选众议员，曾担任公明党政调会长和国土交通大臣。山口那津男认为，"石井是担当新时代重任的核心成员之一"，表明在下次党首选举时，石井会代替山口出任公明党党首。竹内政调会长原为京都市议会议员，历任众议院总务委员长等，西田实仁是参议院埼玉县选区议员，与同为由埼玉县选出的自民党选举对策委员长山口泰明关系良好，西田帮助自公两党进行选举合作。原干事长齐藤铁夫和原政调会长石田祝稔就任公明党副党首，兼任综合选举对策本部长。

公明党对国会议员和地方议员任职年龄的规定是：议员在下一次任期中超过69岁，或者在职年限超过24年，都不能取得公明党"公认"。鉴于山口在2019年参议院选举时是68岁，在任期中超过69岁，采取例外处理。在29名公明党众议员中，前党首太田昭宏为74岁，副党首井上义久为73岁，原干事长齐藤铁夫为68岁，原政调会长石田祝稔为69岁，有10名议员在下一次众议院选举中在任期内超过69岁。20世纪90年代中期当选的公明党资深议员占国会两院议员多数，若一次性全部更迭，就会对政党运营造成影响，公明党在2020年9月24日公布的下一次众议院选举第3次公认候选人名单中共包括6人。东北比例区选出的副党首井上义久，四国比例区

---

① 「公明山口代表が7選 首相と意思疎通密かに」、『読売新聞』2020年9月18日。

选出的政调会长石田祝稔，中国比例区选出的代理政调会长桝屋敬悟，东京比例区选出的代理政调会长高木美智代不再参加下次众议院选举，各区拥立一名新候选人。太田昭宏把选举地盘众议院东京都第12区让给关东比例区选出的55岁的原外务省政务官冈本三成。另外，对中国比例区选出的干事长齐藤铁夫（68岁）转入小选举区广岛3区、大阪3区选出的选举对策委员长佐藤茂树（61岁）、大阪16区选出的副党首北侧一雄（67岁）进行例外处理，获得公明党"公认"，只有前党首太田昭宏等5人不被予以"公认"。① 山口提出"让年轻世代继承公明党政治理念和传统"，强调公明党进行世代交替的重要性。许多公明党政治家认为，应趁菅义伟上台推进党内世代更替。

二 "新山口体制"的政策纲领

山口那津男的政策纲领深受"创价学会"的影响，山口的母亲是"创价学会"会员，他在中学时期就加入"创价学会"青年部，从小参加"创价学会"讲习课，并接受日莲正宗教义。在1990年12月的众议院选举中，时任公明党党首神崎武法邀请山口参选，指出，"1964年成立的公明党，进入世代更替的时代，继承公明党草创时期劳苦先辈志愿，公明党要提出与时代相符的政策。公明党接纳法学家、外交官、记者等这些在各个职业中积累了经验的有能力、有资质的人才作为新生力量"。② 此后，"与大众同行"的"大众福祉主义"和"和平主义"成为山口参选的政策纲领。

2009年山口那津男担任党首以来，积极推进"大众福祉主义"政策，主张国民收入再分配应向普遍贫困的"创价学会"会员及其他低收入阶层倾斜，随着"创价学会"会员老龄化，公明党政策也向老人看护、老人医疗保险等政策倾斜。公明党成为联合执政党后，为扩大支持基础，代表更广

---

① 「公明　世代交代急ピッチ　衆議　太田前代表ら5人引退へ」、『読売新聞』2020年9月25日。
② 佐藤優・山口那津男「今公明党が考えていること」、潮出版社、2016、29頁。

大国民的利益，主张推行少子高龄化对策、儿童补助金政策、促进就业政策、将消费税税率提高到10%后的降低税率政策等。①

山口那津男在公明党全国大会上提出"新山口体制"政策纲领，指出当前政策课题是全力应对新冠疫情，防止新冠疫情感染扩大，同时积极推动经济复苏。山口认为，在菅义伟就任首相后的新自公联合政权中，菅义伟内阁提出的打破行政纵向分割、降低手机通信费、推动社会数字化、将不孕治疗费用纳入医疗保险报销范围等，都是公明党曾经提出的政策，因此期待菅义伟能够站在国民立场与公明党加强合作以联手实施各项政策。山口指出结束新冠疫情需要靠有效的治疗药品和疫苗，日本要得到海外新开发药品和疫苗，并推动国内制药公司和研究机构进行开发生产。为应对2020年秋冬季节新冠疫情和季节性禽流感同时发生，需整备医疗体系，也要保证国民的正常生活和工作，充实雇佣调整助成金，进行特别定额补助。公明党主张利用补充预算中的预备经费，延长实施雇佣调整助成金和休业支援金的时效，全力恢复国民生活和社会经济活动。针对日本频频出现的自然灾害，公明党继续推动实施"国土强韧行动计划"。鉴于2020年的基础设施修建三年紧急计划目标已经实现，公明党要求今后应确保有充足的预算，提出在政府财政方针中应明确记载五年开支计划，制订中长期事业计划。此外，新冠疫情进一步暴露出日本国民向东京集中的"大城市弊病"，公明党主张进行确保国民安全、安心的生命和生活安全保障，积极防灾、减灾。因此，日本需要加强数字化基础设施建设，通过强化线上工作、线上教育、线上医疗，提高日本社会数字化建设水平，以加快建立地域分散型社会。

山口就政治决策提出"与大众同行""与大众交流"，与选民进行一对一对话，这是其在众议院选举中取得胜利的重要手段。但是，受新冠疫情影响，公明党基本停止住宅访问、面对面谈话，只能使用电话或社交网络（SNS）。与选民对话，把地区微小声音传递到政府和地方自治体，

---

① 潮編集部「日本政治と公明党　政治は誰のためにあるのか」、潮出版社、2014、23頁。

这个作用是公明党获得政治权力的重要源泉，公明党拥有由3000多名国会和地方议员组成的强大网络。山口在菅义伟上台执政后表示，作为执政的联合一翼，将从国民视线出发推动改革，全力协助菅义伟内阁。2021年初，日本进行北九州市议会选举，4月、5月进行统一地方选举，2021年夏进行参议院选举，2021年10月前进行众议院选举，公明党的政治目标是争取让推举的候选人全部当选，以巩固公明党的政治基础，维护自公联合政权。

石井启一是公明党下一任党首候选人，职责是辅佐党首，统管党务。石井在全国大会做报告时，详细阐述了山口的政策纲领并指出公明党在联合政权中起到的支柱作用，且今后其将继续推进全世代型社会保障制度改革、实现教育无偿化、推行将消费税税率提高后的降低税率政策等以留给后世许多划时代的贡献。自公联合政权受到国民信赖，与国民认真对话，把现场声音传递给政治体系，对稳定日本民主主义政治基础发挥了重要作用。2020年，日本遭遇新冠疫情冲击，公明党立足人本主义、中道主义，最大限度地尊重生命、生存、生活，全力守护国民生活，努力应对未曾出现的危机。疫情暴发之初，公明党先于日本政府组建党对策本部，设置专家委员会，倾听基层医疗机构的声音然后制定对策，提出30多个提案，尤其是公明党提出向全体国民每人发放10万日元补助的政策受到好评。国会议员与地方议员一起行动，支援中小企业、个体经营户、自由职业者、打工学生、文化艺术者等群体。公明党在日本社会积极活动，主张现在正是实践"与大众同行"的立党精神的时候，着眼于后疫情时代，开创国民安心生活的未来，制定新社会愿景。

新冠疫情暴露出来的日本社会的主要问题是经济生活基础脆弱。日本政府发布"紧急事态宣言"后，在一定程度上限制了社会经济活动，个人收入大幅减少。非正规雇佣工人及自由职业者等受到的冲击最为严重。其中，观光业、零售业、饮食业的中小企业尤为困难。公明党提出构筑日本新社会：第一，构建以人本主义、宗教主义为基础的尊重生命的社会；第二，今后在应对疫情或自然灾害时，提高防御能力，建立安心、安全的地方社会，推进"国土强韧化计划",提高灾后"复原力";第三,克服日本社会少子高龄化、社会分断、两极对立、贫富差距扩大等问题。

石井启一代表公明党提出"社会基本服务论"。2025年,"团块世代"都会进入"后期高龄者"(75岁以上的老年人)阶段,医疗、看护需求激增。公明党提出的具体政策之一是"全世代型社会保障制度"。石井认为政府应免费提供"医疗、老人看护、育儿、教育、扶助行动不便者、住房"等生活中不可缺少的基本服务,从实施扶助弱者的制度转变为构建"没有弱者的社会",扩大社会福祉覆盖范围。与"社会基本服务论"相似的是,其还主张制订向每一位国民支付一定现金的基本收入计划,两者的主要差别是国民收到的是现金还是服务。公明党主张降低税率、推动教育无偿化、支援单身未婚妈妈养育子女、防止社会分断和收入差距影响社会安定,旨在建立重视每一个人的包容性社会。

在外交和安保政策上,石井就气候变化、传染病防治、核裁军等全球性问题,提出日本要引导国际舆论,强化联合国的作用,在多国间进行协调以发挥主体性作用。公明党可谓提出地球民族主义的和平政党,重视多元价值观和进行对话,构筑国际协调体制。作为执政党一员,进一步推动与中国、韩国等世界其他国家进行基于信赖关系的政党外交。石井启一的政策主张基本延续了山口那津男的"大众福祉主义"、扶助中小企业、坚持和平主义的基本政策纲领。

三 公明党在新冠疫情中的作用和影响

新冠疫情沉重打击了日本经济,公明党与自民党积极协调,在经济政策上提出三次补充预算,创纪录地超过100万亿日元。为保证企业的资金周转,日本政府提供雇佣调整助成金,确保停业企业可以在支付工人工资时得到政府补贴,以防止大规模裁员、减员,还向国民每人提供10万日元现金补贴。面对新冠疫情,公明党频频出招,对日本控制疫情扩散起到了如下机制性作用。

（一）构建自公两党政策协调机制

自公联合政权建立了有效的政策协商机制，在新冠疫情危机中，"新山口体制"下的公明党发挥了重要的作用，提出30多个应对危机的对策，帮助日本摆脱疫情影响，加快疫情后的重建。

自公两党政策协调机制主要包括执政党政策责任者会议，干事长、国会对策委员长会议，执政党国会对策会议，政府执政党联络会议，政府执政党协议会等。自公两党政策责任者会议协调两党政策，由两党的政调会长、代理政调会长、参议院政审会长等参加，每周三和周五召开会议，负责协调两党的不同意见。[①] 自公两党干事长、国会对策委员长组成的"二干二国"会议也定期召开，在安倍制定"安保法案"期间，为弥合两党矛盾，发挥领导作用，该会议下设执政党国会对策会议，讨论国会具体对策，主要由两党国会对策委员长参加。自公两党与政府之间设立政府执政党联络会议，由主要内阁成员和两党干部参加，讨论当前问题，制定法案，商讨国会对策，在其之下设立政府执政党协议会，由内阁官房长官、内阁官房副长官、两党干事长和两党国会对策委员长等参加，主要讨论法案通过等事项。

（二）建立健全"紧急事态"法律体系

新冠疫情发生后，2020年2月，公明党就在党本部设立新冠疫情对策本部，向政府建言献策。自公两党首先着手修改《新型流感等对策特别措施法》和《传染病防治法》，原法在政府发布"紧急事态宣言"时，对违反者不具备处罚效力。在对《新型流感等对策特别措施法》进行修正后，政府可以要求餐馆、酒店等服务业企业变更营业时间，企业拒绝变更营业时间将被处以30万日元以下行政罚款；另外政府发布"紧急事态宣言"之后可对违反规定者处以50万日元以下罚款。《传染病防治法》修正案规定，拒

---

① 中北浩爾『自公政権とは何か』、ちくま新書、2019、57頁。

绝入院治疗或从医院逃跑的病人将被惩罚；政府发布"紧急事态宣言"后拒绝入院治疗者将被处以一年以下有期徒刑，或被处以100万日元以下罚金。

2020年3月10日，安倍晋三在首相官邸召开的政府执政党联络会议上，说明法案修改的宗旨是"防止最坏事态发生"。所谓"紧急事态"包括两个构成要件：第一，国民生命和健康可能遭受重大损害；第二，疫情在全国蔓延，对国民生活和国民经济具有重大影响。《新型流感等对策特别措施法》修正案对这两个要件做了详细规定：第一要件还要满足新冠肺炎等病症的发生频度，即超过季节性新型流感；第二要件是指感染路径不明确或者患者行动扩大了疾病流行事态。①

时任内阁官房长官菅义伟在2020年3月10日的记者招待会上指出，现阶段还没有出现发布"紧急事态宣言"的状况。修正案规定，针对两个要件设置基本对策方针咨询委员会，咨询委员会由传染病专家组成，以判断是否达到要件的要求。如需发布"紧急事态宣言"，首相将确定区域和实施时间，都道府县知事可以根据"紧急事态宣言"限制国民的个人权利，要求市民减少外出，限制学校上下学时间，禁止使用公共设施等；政府为提供医疗保障，可以不经所有人同意征用土地和建筑物，还可以征收私人药品。众议院内阁委员会审议时增加了相关条款，规定除不得已情况外，发布"紧急事态宣言"前必须向国会报告。全国知事会会长德岛县知事饭泉嘉门在3月10日与首相进行会谈时提出，政府要向国民认真说明法律内容及发布"紧急事态宣言"的必要性。

（三）提出向每名国民紧急支付10万日元的国民收入计划

2020年3月10日，安倍在首相官邸召开的政府执政党联络会议上指出，在防止疫情扩大的基础上，政府最优先的课题是保障就业和确保企业经

---

① 「緊急事態強力な権限　知事に付与　私権制限に慎重論」、『読売新聞』2020年3月11日。

营顺利，需要实施大规模的经济对策。① 2020年3月末，公明党在提交的新冠疫情追加经济对策提案中提出，向每名国民支付10万日元现金，直接支持国民家庭开支。② 公明党副党首北侧一雄在3月29日的记者招待会上称，"要优先考虑向收入减少家庭支付现金"。③ 安倍内阁在4月7日内阁会议中通过决议，原计划向收入减少的低收入家庭发放30万日元现金，之后，公明党总部收到来自民众的大量反对意见，公明党干事长齐藤铁夫指出，此次仅向困难家庭发放现金补助，国民的评价非常恶劣。4月15日早晨，山口那津男紧急会见安倍首相，提出"国民对内阁评价非常恶劣，政府已经处于危机状态，公明党在国民和自民党'选边站队'之际，公明党选择站在国民一边，如果内阁维持原来的方案，公明党就将投票反对补充预算法案"。④ 山口要求安倍首相撤回内阁决议案，制定没有收入限制、向每名国民支付10万日元的内阁决议案。此后，安倍首相告诉山口，在自公两党迅速通过补充预算法案的条件下，内阁会按照公明党方案重新制定内阁决议案。在自公联合执政20多年来，这是仅有的一次公明党推翻内阁已经通过的决议案的情况。

需要指出的是，公明党在这之前的政府经济景气对策中也曾提倡向国民直接支付现金。1999年亚洲金融危机时，在野党公明党主张向儿童和老人支付现金，小渊政府听从公明党的建议，向有15岁以下儿童的家庭和老人发放地区振兴券，总额为7000亿日元。金融危机后，2009年，公明党提议向18岁以下年轻人和65岁以上老人每人支付2万日元现金，总额约为2万亿日元。⑤

2020年度第一次补充预算案的主要内容是向每位国民支付10万日元。2020年5月19日，自公两党确认2020年度第二次补充预算案，主要内容是

---

① 「与野党大型経済対策を」、『読売新聞』2020年3月11日。
② 飯田泰之「危機時の経済対策は一律給付が　原則である」、『潮』2020年2月、57頁。
③ 藤田孝典「戦後最大の危機を　どう生き延びるか」、『潮』2020年7月、94頁。
④ 「現金給付　揺れる一強　公明に押される政策変更」、『読売新聞』2020年3月21日。
⑤ 「直接給付　公明が提言へ」、『読売新聞』2020年3月21日。

减轻商户房租负担，国家向承租不动产的商户提供半年房租的2/3，每月上限为50万日元；政府准备10万亿日元以上资金，向大企业、中小企业提供运营资金；政府向临时停业的企业的职工每日提供15000日元雇佣调整助成金；公明党还提出增加东京、大阪等大城市的地方临时交付金，帮助地方自治体独自实施店铺租金支援计划。①

（四）推进全世代型社会保障制度改革

菅义伟就任首相时，提出"自助""公助""共助"口号。主要政策包括减少手机通信费、将不孕治疗费用纳入医疗保险报销范围、推进全世代型社会保障制度改革、给年轻人群体更多帮扶。菅义伟指出，"不减轻年轻人负担，就无法实现全世代型社会保障制度改革的目标"，决定将年收入在170万日元以上且年满75岁以上的单身老人的医疗费用负担比例从10%提高至20%，增加高龄老人医疗费个人负担，以减少年轻世代缴纳保险费的负担。② 菅义伟推进的改革方案让大约520万名老年人增加负担，每年减少缴纳保险费世代负担金额为1220亿日元。2022年"团块世代"普遍进入75岁，到2025年全部进入75岁，这会让年轻人负担的保险费进一步增加。在12月3日举行的政府执政党协议会上，公明党主张增加年收入在240万日元以上且75岁以上的单身老人的医疗费负担，约200万名老人增加负担，每年减少缴纳保险费世代负担金额为470亿日元。

虽然菅义伟与公明党保持着良好的关系，但他对上述建议坚决不做让步，如此强硬的姿态令公明党难以接受。公明党在国会选举中的得票率不断下降，主要原因是支持阶层老龄化，为迎接即将到来的众议院选举，公明党需要尽力避免大范围实施增加老人负担的政策。如果实施年收入170万日元以上的方案就会有520万名老人增加负担，众议院小选举区平均每个选区接近2万余人，自公候选人可能在小选举区的选举中失败。公明党反对菅义伟

---

① 「自民　事業者支援を重視　公明　都市部に交付金増要求」、『読売新聞』2020年5月20日。
② 「医療費自公痛み分け」、『読売新聞』2020年12月10日。

方案，负责政策协调的自公两党政调会长在执政党政策责任者会议上各执一词，自民党政调会长下村博文只能向公明党传达首相的强硬态度。经过艰苦谈判，2020年12月9日，菅义伟与山口那津男达成协议，提高年收入在200万日元以上且年龄超过75岁的单身老人的个人医疗费用负担比例至20%，大约370万名老人增加负担，每年减少缴纳保险费世代负担金额为880亿日元。菅义伟不得不与公明党达成妥协，主要考虑到自公两党争执将对菅义伟内阁造成重大打击，只有与公明党妥协，自民党才能在参议院顺利通过该法案。

（五）推进少子化对策

将不孕治疗费用纳入医疗保险报销范围是公明党应对少子化的重要政策。这是公明党议员坂口力在小泉纯一郎内阁担任厚生劳动大臣期间制定的政策，计划由政府向不孕治疗者一年支付10万日元。2020年6月，公明党向政府提出扩大补助金制度，10月15日，公明党不孕治疗推进小组座长伊佐进一在不孕治疗会议结束后表示，"收集各方提案，尽快加速推进"。公明党提出的方案旨在减轻患者的经济负担，实施扩大政府补助金措施，以有利于工作和治疗，故认为应将不孕治疗费用尽早纳入医疗保险报销范围。菅义伟上台后，就将不孕治疗对策与降低手机通信费并列为首相重要政策。田村宪久厚生劳动大臣于9月17日举行记者会，表示实现把不孕治疗费用纳入医疗保险报销范围是菅义伟内阁的重要政策，在此之前，应大幅提高现行补助制度金额，以减轻患者负担。现行补助制度金额是向初次诊疗提供30万日元补助，对于体外受精或显微受精，向一次诊疗提供15万日元补助。[①]自民党支援不孕治疗议员联盟会会长甘立明在2020年10月15日召集会议，计划在2020年末向政府提出方案。[②]公明党政调会会长竹内让在10月8日的PT（工作小组）会议上指出，有关不孕治疗的对策是公明党听取一线声

---

① 「不妊治療助成増額検討　オンライン診療恒久化かも」、『毎日新聞』2020年9月18日。
② 「公明　不妊治療で埋没懸念」、『産経新聞』2020年10月15日。

音后提出的重要政策，今后也要取得政策主导权。公明党于 11 月 12 日提交报告：增加不孕治疗补助金，将不孕治疗费用纳入医疗保险报销范围，将向初诊治疗提供 30 万日元补助扩大到向每次治疗提供 40 万日元补助。在菅义伟的力推下，在日本政府推出 2020 年度第三次补充预算案中，加入了不孕治疗补助金开支。该政策迅速得到落实，在众议院选举中成为公明党向国民展示的政治成果之一。

四　结语

2020 年，公明党建立了"新山口体制"，提拔 60 岁左右的石井启一、竹内让、西田实仁等国会议员分别担任干事长、政调会长、选举对策委员长等重要职位。石井启一干事长极有可能于 2022 年 9 月接替山口那津男担任公明党新党首，开启公明党新时代。山口那津男在 2009 年公明党沦为在野党时临危受命，于 2012 年由自公两党推翻民主党政权，建立稳固的自公联合政权，之后经历 7 年多的安倍晋三长期执政时期，其间，公明党着力推进构建新社会福祉体制，取得很多成果。2022 年 9 月，石井启一接替山口担任党首时将面临后安倍时代混乱的日本政局。菅义伟内阁的支持率不断下滑，新冠疫情很难在短期内结束，对于 2021 年众议院选举和 2022 年参议院选举，自公两党面临的不确定性增加，自公两党在政策上受制于在野党的可能性增加，面对复杂的政局就需要有灵活的政治手段，这对党首候选人石井启一来说将是巨大的考验。

在山口政策纲领领导下，公明党在抗击疫情中发挥了稳定形势的重要作用。新冠疫情中，公明党凭借遍布全国的议员网络优势，广泛听取国民声音，提出符合广大国民利益的政策。首先，公明党建立新冠疫情对策本部建言献策，为遏制疫情，支持政府发布"紧急事态宣言"，确保获得海外疫苗，并积极推动国产疫苗研发；其次，采取积极的经济应对政策，防止企业破产、员工失业，实行追加财政预算、扩充企业流动资金、提高失业人员经济保障水平的对策，帮助地方自治体解决失业问题，向中小企业追加投融资，实施积极的财政政策，旨在推动日本经济重新步入成长轨道；再次，公明党主张的政策还包括设置数字厅，降低移动通信费，扩充不孕治疗补助金，继续构筑全世代型社会保障制度，增加国土强韧化预算，着力于防灾、减灾和应对自然灾害等。

B.10
2020年东京都选举及政局走向分析

孟明铭*

摘　要： 2020年7月，日本东京都举行了四年一度的知事选举。在新冠疫情影响的大背景下，以东京都知事小池百合子为代表的20多名候选人围绕防疫、复兴等问题展开角逐，最终小池百合子赢得连任。小池胜选既有自身执政成绩稳定、防疫形象突出、善于操控舆论等内因，也有东京都内的主要政党支持或默认、在野党竞争力不强等重要外因。此次选举结果有利于稳定小池阵营"都民第一会"在2021年都议会选举中的选情；小池与自民党的关系得以暂时缓解，但其本人未来不大可能像2017年都议会选举后那样借势参加中央选举。另外，此次选举中显露出的民粹主义动向，值得我们进一步关注。

关键词： 日本政治　东京都知事选举　小池百合子　剧场型政治　自民党

2020年7月5日，日本举行了四年一度的东京都知事选举。此次选举是在日本笼罩在新冠疫情的背景下进行的，结果东京都知事小池百合子以明显优势赢得连任。尽管过程波澜不惊，但此次选举展现的某些特性及其对未来日本政局的影响，值得我们关注。

---

* 孟明铭，历史学博士，中国社会科学院日本研究所助理研究员，主要研究方向为日本政治。

一 选举前各参选者的竞选方针综述

2020年初新冠疫情在日本暴发后,始终难以得到有效控制。新冠疫情持续恶化对东京都民众造成前所未有的冲击,社会惶惶不安,各路思潮迭起。受此影响,此次都知事选举共有22名候选人参加,创下历史纪录。从候选人的支持阵营、竞选口号和方针来看,大体可将候选人分为三类。

(一)谋求连任的东京都知事小池百合子

2016年,出身自民党的小池以无党派身份第一次竞选东京都知事,打出以"东京都民众优先"、提高都政府信息情报公开度、整顿都财政为主题的"东京大改革"竞选口号,以获得约291万张选票、44%得票率,大幅领先其他候选人的优势,成为东京都首位女性知事。

在本届都知事选举开始后,小池百合子打出了"东京大改革2.0——同都民们决定东京的未来"的竞选口号,分为以下三个主题。

第一个主题是"打造奋力守护都民生命的东京",具体有以下三种措施。(1)借鉴引进国外疾控中心(CDC)制度,在东京都内设立东京版疾控中心,招募新冠疫情领域专家充实其中;强化当前以核酸检测为代表的新冠检测能力;有效甄别新冠肺炎患者的症状,并借此重新整合部署当前医疗体制;加大对医务工作者的支持力度;改革患者转院制度;增加口罩、消毒液的储备量;对新冠病毒疫苗和药物研发进行支援等。通过这些措施,有力强化东京都应对疫情的能力。(2)积极强化社会安全网络的能力,包括确保民众住房和收入保障机制稳定、提高干预自杀的对策效率、向行动不便者提供援助等。(3)有效应对疫情影响,打造东京经济新模式。例如,积极引导支持疫情下以安全防护、有效隔离、绿色环保为特点的新日常生活习惯的形成;加强对就业雇佣的保障工作;(尽可能通过互联网、数字化等技术手段)向受疫情影响的产业提供援助;推进"智慧东京"建设,加强对5G等高新技术的运用,加强数字技术人才队伍建设。

第二个主题是打造"令人璀璨光耀的东京"。具体包括积极推进解决育儿、女性问题，促进教育事业发展，推进都民健康、养老事业发展，向老弱病残等弱势群体提供补助支援等。

第三个主题是"从'都民优先'的视角进行行政、财政改革"。具体包括利用数字化手段提高公共服务效率和满意度；对都政府的行政、财政进行彻底改革；推进地方分权自治改革、规制改革，减少行政冗余；推动"大东京圈"一体化进程等。①

（二）由主要在野党推举的候选人

尽管此次都知事选举参选者甚多，但从自身实力和后援规模来看，小池百合子的主要对手包括以下几位。

（1）由立宪民主党、国民民主党、日本共产党、社民党支持的日本律师联合会原会长宇都宫健儿。宇都宫的竞选纲领重点同样在于疫情处理上。他提出三项紧急对策：增强医疗体制的能力，并对因疫情而陷入困境的中小企业和低收入群体进行补贴；停止都立公立医院的独立行政法人化进程并对其进行充实强化；终止对都内赌博业的建设。另外，他还提出八项重点对策，涉及学校餐食免费或学费减免、低收入者的劳动、住房补助、防灾、城市基建、环保等方面。②

（2）由日本维新会支持的熊本县原副知事小野泰辅。小野的竞选纲领同样主张通过科学决策应对疫情蔓延，将防疫重点放在重症患者的救治上，特别强调应尽快采取措施推动东京经济模式转型，以尽早走上灾后复兴之路。③

（3）被日本媒体称为"日本版伯尼·桑德斯"的"令和新选组"党首

---

① 「東京の未来は、都民と決める　東京大改革 2.0」、小池　ゆりこ公式サイト、https://www.yuriko.or.jp/policy［2020-12-30］。
② 「宇都宮けんじの政策」、宇都宮けんじ・希望のまち東京をつくる会　公式サイト、http://utsunomiyakenji.com/policy［2020-12-30］。
③ 「東京に、活を　日本に、力を」、小野たいすけ　オフィシャルサイト、https://ono-taisuke.info/policy/［2020-12-31］。

山本太郎。他提出激进的左翼民粹主义选举口号，称一旦获选就将马上向每一位都民发放 10 万日元补助；免除都内所有学校一年的学费；全额承担中小企业的受灾损失；全额补贴医院诊疗费用；如暴发新一轮疫情，考虑再向每位都民发放 10 万日元补贴，免除所有居民一年水电费用等。这将由都政府发放 15 万亿日元的地方债券来承担。①

（三）其他参选者

除了以上这些较有实力和声势的竞争者外，还有一些小党派或市民团体推举了自己的候选人并发布了竞选纲领，也有一些没有政党推荐的独立候选人（见表1）。②

表1　2020 年东京都知事选举战部分选举人情况

候选人	所属党派	主要选举主张
七海纮子	幸福实现党	减少住民税、固定资产税，整顿都政府财政
樱井诚	日本第一党	减税，降低日常生活费用，缓解民众生活压力
込山洋	无所属	保证疫情下民众生活，整顿城市卫生环境
竹本秀之	无所属	在东京都内试行废除消费税
关口安宏	无所属	进行东京水灾防治、城市基础建设
押越清悦	无所属	在疫情加快数字化背景下防范高科技犯罪
服部修	堀江新党	疫情灾后恢复、文化建设
立花孝志	堀江新党	对疫情下的青年人权益进行保护
齐藤健一郎	堀江新党	整顿城市公共交通
后藤辉树	超人类主义党	将东京建设成为世界第一的 AI、IT 城市
泽紫臣	无所属	推进东京成为少子化对策先进城市
市川浩司	平民与动物之会	立法阻止虐待动物，为餐饮业、娱乐业提供防疫补贴

资料来源：「東京都知事選挙 2020 の各候補者の政策を一覧で比較！」、選挙ドットコム、https://go2senkyo.com/articles/2020/06/30/53108.html［2021－01－04］。

---

① 具体参见山本太郎参选官方网站，https://taro-yamamoto.tokyo/policy［2020－12－31］。
② 还有一些候选人，如平冢正信、内藤久远、牛尾和惠、长泽育弘、石井均等，他们并没有提出明确的主张，甚至连竞选网站也是在社交媒体上搭建的，基本没有影响力，故不再赘述。

2020年7月5日，东京都知事选举结果揭晓，小池百合子以获得366.1371万张选票、59.7%的得票率得以连任，排名第二的宇都宫健儿仅获得84万张选票（13.8%），排名第三的山本太郎获得65万张选票（10.7%），小野泰辅排名第四，获得61万张选票（10.0%），其余参选人获得的选票基本在10万张以下。①

二 选举结果分析

从此次选举结果来看，小池百合子不仅顺利得以连任，得票数量和领先幅度较上届知事选举也进一步增加。造成这一结果的原因，主要有以下几个方面。

（一）小池任期内局势相对平稳，无明显丑闻

尽管小池在四年任期内的政策兑现率较低（"7个零"）②，但她在处理东京都一些重大事项时的表现值得肯定。例如，对于她上任后面对曾困扰都政府数年的难题——筑地市场搬迁至丰州地区一事，历经波折终于得到解决，完成了搬迁工作。其大力推动的东京金融中心建设也取得一定成就，在都知事选举前的2020年3月，东京的国际金融中心指数（GFCI）时隔多年一度重回前三。此外，在东京奥运会筹办过程中，小池也非常积极地配合中央政府和东京奥组委，奥运会场馆建设、运动员后勤保障、旅行接待等工作的推进都较为顺利。这些政绩对东京都民众而言，较之一般竞选口号更有说服力。

小池的另一项优势在于政治丑闻较少。此前两任都知事——猪瀬直树因

---

① 東京都選挙管理委員会「東京都知事選挙（令和2年7月5日執行） 投開票結果」，https://www.senkyo.metro.tokyo.lg.jp/uploads/r02tochiji_touhyo.pdf［2021-01-05］。
② "7个零"指：待机儿童为零、介护人员离职为零、满员电车为零、加班现象为零、露天电线杆为零、多摩地区发展差距为零、宠物扑杀量为零。除"宠物扑杀量为零"实现之外，其余都没有完成。具体可参见「小池百合子の都知事選2020の公約は何？7つのゼロ政策の達成率を検証してみた！」，https://t-break1986.com/koikeyuriko-tochizisen2020-kouyakunani/［2021-01-05］。

非法收受利益团体政治献金、舛添要一因贪污而先后辞职。小池在任期内未出现重大金权丑闻，引起公众关注的至多是其大学学历存在伪造嫌疑，大体保持住了自己的形象。此外，2017年以来，掌握中央政府的安倍政权接连爆出"森友学园""加计学院"等负面事件，客观上映衬出小池"中庸"表现的"可贵之处"，促使其声望保持稳定水平。

新冠疫情出现在东京后，小池较快意识到防疫工作的重要性。因此，早于日本政府发布第一次"紧急事态宣言"，小池多次向东京都民众发出强烈警告，并于3月25日正式在东京都内施行"外出自肃"和"营业自肃"的管控呼吁。4月初，小池前往首相官邸同安倍晋三会面，探讨"封城"和宣布国家进入紧急状态等事宜，认为如果发布"紧急事态宣言"的话，除了小部分生活必需产业（如超市、便利店、公共服务设施等）外，其他行业应尽量停业，减少工作时间或居家办公。[①] 这些举动展现出了小池较为积极的防疫态度，进一步巩固了选民的支持度。

（二）小池善于利用"剧场政治"博得民众好感

"剧场政治"的概念来源于美国人类学家克利福德·格尔茨（Clifford Geertz），他认为国家能通过在公共空间进行华丽的、戏剧性的仪式、表演等软实力手段，来引导、形塑民众的欣赏、崇拜、忠诚。在当代日本，"剧场政治"表现为随着电视、互联网等大众媒体的发达，某些政治家利用媒体作为"舞台"进行带有民粹主义色彩的作秀表演，运用个人魅力直接向作为"观众"的选民表达诉求，以引导其价值取向，博得其好感和支持，从而获取选票的政治手段。20世纪90年代后，国内外形势的明显变化驱使日本走上改革的道路，导致部分日本政治家开始打造反抗威权、解构秩序的"剧场政治"，有效利用大众媒体进行宣传，在日本民众展现出一出黑白分明的二元冲突剧情。他们是为民请命的"改革者"英雄（好人），与之对立

---

① 「緊急事態宣言　安倍首相の狙いは『小池都知事封じ込め』か」、『週刊ポスト』2020年4月24日号。

的是阻碍改革、不顾民众福祉、享受既有威权、秩序的既得利益者（恶人）。① 这种政治操作若得当，就能有效引起寻求话题的大众媒体的关注，为政治家带来曝光度和人气，最终转化为选民支持。

小池百合子深谙"剧场政治"之道。她在 2016 年第一次竞选东京都知事时，给自己的竞选对手东京都内以石原伸晃、内田茂为代表的自民党东京都联合会（以下简称"东京都联"）贴上"守旧""世袭""父权"的标签，将自己标榜成敢于锐意改革、为民请命的"弱女子"，从而有效赢得了东京都民众（特别是女性选民）的支持。此次选举前，东京始终是日本疫情的重灾区，因此小池再次使用"剧场政治"手段积攒声望，并规避可能出现的对其防疫不力的指责。例如，小池在东京都内发出较为严格的行业休业停产要求的同时，向安倍政府提出颁布或延长全国"紧急事态宣言"的法令。但是安倍政府担忧，部分经济相对落后地区无法像"财大气粗"的东京那样，它们不能承受休业停产和发放停工补助带来的经济压力，因此犹豫不决。小池利用这一点将"祸水外引"，一方面不断通过媒体高调展示本人的抗疫决心、果断实干的管控姿态；另一方面宣称在防疫时必须听从中央政府"天之声"的安排，自己只是"企业里的中层干部"。这种表述方式很容易在东京民众心中留下如此印象，即都知事已经尽责，防疫不力是因为中央政府的犹豫。② 实际上，根据日本行政法规，地方政府和中央政府是并立关系，而非上下级关系，地方行政长官具有发布各种防疫措施的充分权限。因此，在小池的"中层干部"言论出现后，虽有一些学者或官员反驳，但小池在通过媒体高曝光率的"炫日"宣传，有效博取了民众的关注度，掌控了舆论导向。③ 小池的声望和疫情出现同步上涨的现象。

---

① 金赢：《密室与剧场——现当代日本政治社会结构变迁》，人民出版社，2009，第 10 页。
② 「緊急事態宣言で小池劇場が復活！二階派議員　菅首相がダメなら『首相候補カード』」、『朝日週刊』、https://dot.asahi.com/wa/2021010800080.html?page=1 ［2021-01-08］。
③ 片山善博『知事の真贋』、株式会社文藝春秋、2020、110 頁。

（三）东京都内主要政党的支持和默许

小池百合子与东京都内主要政治势力的关系也为她赢得此次选举提供了重要助力。小池在2016年首次当选东京都知事后，借助得胜势头培植、经营亲信势力。2017年，小池退出自民党，携由其主导新创的地方政党"都民第一会"参加2017年东京都议会选举并获得49个议席，成为第一大党。尽管此后小池通过组建"希望之党"参与国政的企图失败，但以"都民第一会"为代表的选民基本盘仍是其确保在东京都的政治地位的坚定后盾。

公明党在中央层面与自民党是盟友，但在东京都与小池保持合作关系。在2017年的东京都议会选举中，公明党就公开支持小池的"都民第一会"参加竞选，并在其取胜后与之共同组建东京都议会的执政党联盟。公明党的背后是宗教团体"创价学会"的基层组织，动员信徒选民的能力较强，在东京都议会选举中已取得连续七届"提名候选人全部当选"的选战佳绩。在此次都知事选举前，公明党党首山口那津男公开表态支持小池连任。① 公明党的有力"助推"进一步强化了小池在此次选举中的优势。

小池与自民党的关系曾较为紧张。2016年，小池战胜自民党东京都联推举的候选人、前总务大臣增田宽也当选，2017年，小池公开脱离自民党组建"都民第一会"取得胜选的议席，也多半是从自民党东京都联手中夺取的。不过，小池与自民党高层特别是干事长二阶俊博保持着密切联系，以避免与自民党完全走向对立。

然而，进入2020年后，受到前所未有的新冠疫情的冲击，安倍晋三政府面对疫情的考验明显表现得迟钝、施策无方，导致日本疫情渐渐失控，令日本举国上下对于安倍的批判日趋激烈。在这种不利局面下，围绕安倍政权的丑闻不断出现。除了长期以来的"森友学园""加计学

---

① 「公明・山口氏、東京都知事選で小池氏を実質支援　表明」、朝日新聞デジタル、https://www.asahi.com/articles/ASN6J5X1NN6JUTFK00G.html ［2021-02-04］。

院"丑闻之外,"赏樱会"事件①、黑川弘务延迟退休事件②、河井夫妇贿选事件③等接二连三被曝光,重挫安倍内阁的支持率。自第二次上台执政以来,安倍屡次经历政治风波而不倒,但在前所未有的新冠疫情冲击下,各种危机产生叠加效应,安倍政府呈现末期迹象。

与之相对应,小池百合子在东京都防疫工作中展现出良好形象,积攒了较高人气。这也意味着在都知事选举中,自民党方面很难推举出有足够分量的对手与之抗衡。④ 因此,与其在选战中同小池进行针锋相对却胜算不大的斗争,倒不如顺水推舟做个人情。自民党方面希望能够通过支持小池的举动,为丑闻缠身的安倍内阁尽量弥补形象,舒缓政治压力。更何况作为拥有1400万人口的日本第一大城市,东京的政治影响力和选举价值更是不在话下,如果自民党能够借此机会主动弥补与小池的关系,那么对2021年的众议院选举也是有利因素。正因如此,与小池关系较为密切的自民党干事长二阶俊博表示小池是"最好也是最合适的人选"。尽管为顾及自民党东京都联的感受,自民党中央没有公开表态支持小池,但允许党员"自主投票",这实际上就是采取了默认的态度。⑤

---

① 赏樱会是日本政府组织的赏花活动,费用由国库承担。安倍在二次上台以后,每年邀请近千名本人后援会的成员参加赏樱会。换言之,安倍利用国家资金、纳税人的税金来培育维护自己的选民团体,明显违背日本《公职选举法》和《政治资金规正法》。
② 2020年2月初,安倍以内阁决议的形式,将亲信东京高等检察厅检察长黑川弘务的法定退休时间从2月推迟至8月。安倍"先上车后买票",到5月才提出修改《检察厅法》,使黑川的退休行为合法化,安倍此举可能是希望黑川有机会接任日本总检察长一职,以为自己的修宪事业布局。消息一经媒体曝出,即引发举国批判。之后,黑川被媒体揭发在疫情期间违规聚众赌博而被迫辞职,此事才不了了之。
③ 2020年6月18日,日本警方逮捕了自民党众议员河井克行、参议员河井案里夫妇。2019年参议院选举时,河井克行以2570万日元收买广岛选区94名地方议员,希望他们支持河井案里。河井克行曾任安倍内阁法务大臣,知法犯法,这引发舆论对安倍政权的又一轮批判。
④ 自民党东京都联曾先后联系过自民党参议员丸珠川代、文部科学省体育厅厅长官铃木大地、网球选手松冈修造等人,但都因没有把握而作罢。
⑤ 「自民・二阶干事长、小池知事の支援表明 次期知事選」、『朝日新聞』、https://www.asahi.com/articles/ASM3464JPM34UTFK01D.html［2021-02-02］。

（四）竞争对手相对处于弱势地位

在此次选举中，小池的对手存在明显弱点，也是其顺利连任的重要原因。由政党推荐的几位候选人如宇都宫健儿、小野泰辅等的竞选纲领的内容和小池的主张差别不大，甚至还不如小池竞选纲领所涉及的面广。加之，小池在任期内取得值得肯定的政绩，执政能力得以验证。其他候选人也难以提出与之匹敌并引发选民强烈共鸣的选举提案。

除此以外，这些参选者的竞选观点呈现碎片化、随意化特点，可信度较低。如山本太郎提出减少消费税、大规模发放补贴等激进主张，但他没有提出明确、可行性强的落地方案，财源保证措施也显得不切实际；堀江新党候选人同时也兼任"NHK党"党首的立花孝志参选的目的主要是利用都知事选举的关注度继续宣扬其批判NHK的论调；① 新宗教团体"幸福科学"关联的"幸福实现党"派出宣传部部长七海纮子，但其在登记参选后即退出；还有部分候选人实际上是代表其所属的市民团体宣传主张的，如维护城市卫生、保护小动物、加强基建、降低消费税等，甚至候选人平塚正幸公然宣扬新冠疫情只是普通感冒，是政府和媒体的阴谋。部分候选人具有明显的自我宣传或"玩票"性质，进一步分流了在野候选人的选票，他们特立独行的行为也令选民对所有在野候选人产生不信任感，削弱了整体竞争力。

从更宏观的层面讲，随着冷战后日本政治保守化与右翼化程度加深，固化成为社会思潮主流，且小池百合子正是该思潮的代表人物之一（小池本人是著名保守右翼团体——"日本会议"的成员）②，其最大的竞争对手宇都宫健儿的主要后援团体是中左势力（立宪民主党、日本共产党、社民党），在这样的政治大环境中，其会受到较为明显的制约，发力困难。

---

① 「テレビ局が頭を抱える都知事選『トンデモ』政見放送」、東京スポーツ（web）、https://www.tokyo-sports.co.jp/entame/news/1920300 ［2021-02-03］。
② 『日本会議の人脈：秘められた保守系民間団体の活動と100人のプロフィール』、三才ブックス、2016、76頁。

三 对本次选举后政局走向的分析

此次选举过程虽然较为平稳，结果也在预想之中，但从日本政治角度来看，有四点趋势值得关注。

（一）此次选举结果有助于小池阵营在2021年都议会中的选情

东京都议会作为立法机关在地方政治中占据重要地位，小池麾下的"都民第一会"在2017年主要依靠夺取自民党东京都联的议席而成为都议会第一大党，但由于议席未单独过半数而与公明党东京支部结盟，成为联合执政党。"都民第一会"的不少议员初次当选，政治基盘薄弱，且近一年来与公明党之间因政见不一而渐生裂痕，联盟已难以维持。公明党方面，中央考虑到参加2021年众议院选举时，仍需与自民党结盟来保证国家执政党的地位，倾向于东京支部与自民党东京都联合作，以拉近关系。目前，对小池阵营来说，2021年都议会选举的选情非常严峻。此次都知事选举，小池成功连任，声望、人气得以巩固和提高。对于2021年都议会选举，小池的威望很可能成为"都民第一会"候选人用来背书和集票的最有效保证。小池阵营即使失去了东京都执政党地位，仍有机会保持住足够的议席，在东京都政治中继续产生有效影响。

（二）小池短时间内再度参与国政的可能性不大

连任都知事后，随着小池地位的不断提高，不少日本舆论猜测小池是否会重现2017年的历程，再度向中央政权发起冲击。但结合小池的言行、动向来看，她对这一问题保持谨慎态度，称自己的主要精力放在东京都防疫及奥运会筹办等地方事务上，对参与国家政治并无兴趣。原因可能在于以下三点。首先，尽管成功连任，但小池面临的主要问题仍是"抗疫"。东京的新冠疫情难以缓解，确诊病例始终居高不下，面对日渐焦虑不安的民众，小池能不能继续使用"剧场政治"维持个人形象和民心，不让问责、抱怨殃及自身仍是未知数。其次，小池虽从政多年，但政治基础依然薄弱。小池为维系地位曾多次转换阵营，有"政治候鸟"的贬称，旗下的"都民第一会"（或此前的"希望之党"）是有着明显地域局限的"大城市政党"，难以在全国范围内得到支持，且民众对其逐渐失去"新鲜感"，处于收缩阶段，挑战国家政治选举并无胜算。最后，目前，在国家政治层面，自民党"一党独大"的局面仍然稳固。小池曾在2017年组建"希望之党"参与议会选举，不仅徒费功夫，还被东京都民众批判为"不务正业"，为避免重蹈覆辙，不再"伤害"自己的选举基本盘，小池需要在疫情基本结束或中央政局有变时再做打算。

（三）小池未来与自民党（及东京都联）的关系可能会趋向缓和

2020年，日本政坛最为重大的事件莫过于安倍长期政权的动摇和终结。在这一过程中，自民党干事长二阶俊博在党内的话语权逐渐增强，其在安倍辞职后主动出击"拥立"菅义伟的做法，更使党内形成被外界称为"菅、二阶共治"的局面。小池虽然与菅义伟交恶，但与二阶俊博之间有着稳定的盟友关系。小池高票连任不仅是这层盟友关系的产物，而且考虑到菅义伟政府仍重蹈前任覆辙，深陷防疫泥潭，支持率持续下滑，以二阶为首的自民党中央需要拉拢小池的局面至少会延续到2021年众议院选举之前。在自民党中央的倾向性态度影响下，加之小池在选举中体现出的较高人气，与之公开对抗可能会"引众怒"等，东京都内的自民党势力在选举结束后的态度也从过去的强硬走向务实，出现希望与小池合作的动向。在顺利当选后，小池的地位较为稳定，对于自民党方面也暂时不再像以往那样操弄"剧场政治"煽动对立。双方缓和的动机充分，逐渐成为两者未来一段时间内关系的主要趋势。

（四）此次选举折射出的日本国内民粹主义动向值得关注

此次选举的候选者数量空前的主要原因是面对新冠疫情，日本抗疫局势始终难以得到真正改观，日本国民不安感强烈，对各级政府和传统政治家的治理能力产生强烈质疑，具有反建制、反精英的民粹主义情绪明显抬头。有不少初次参选者的动机是：认定现有的建制政党或候选人无法代表东京都民众的利益而选择自组政党或独立参选，提出的主张也更强调底层民众的权益。大部分带有民粹主义色彩的候选人虽因缺乏政治素养和选举经验、宣泄极端反智情绪而应者寥寥。不过，类似山本太郎这样有一定政治经验的政客仍然能够汇聚60多万张选票，排在候选人第三位，说明疫情影响下日本民粹主义已在东京都这一日本最大人口聚集区内形成一股有存在感的政治力量。日本疫情发展始终存在不确定性，民粹主义在这种不确定性的影响下的发展动向，值得关注。

B.11
疫情冲击下日本产业链调整动向及其影响*

田 正**

摘　要： 随着全球化潮流减退，日本制造业企业撤资现象日益引人关注，新冠疫情冲击造成的产业链断裂，促使日本将维护产业链稳定上升到战略高度。促进制造业企业回归本土、在东南亚地区实现生产多元化是日本进行产业链重构的两个重要方向，日本政府出台的产业链调整政策，对日企转变产业链布局产生实际作用，短期内增加日本医疗卫生器材、关键零部件供给，长期内加快日企产业链的多元化分散。这对中国经济健康稳定发展的影响较小，成为中国加强自主创新、提升产业链与供应链现代化水平的契机，以应对日企进行产业链调整的挑战。

关键词： 产业链　供应链　价值链　制造业　直接投资

近年来，日本制造业回流现象日益突出，新冠疫情突发为中日经贸关系带来不确定性，日本产业链调整再次成为引人关注的问题。经过40余年的

---

* 本报告为国家社科基金青年项目"战后日本供给侧结构性改革经验与教训研究"（项目编号：17CGJ012）、中国社会科学院青年启动项目"日本产业再生政策研究"（项目编号：2021YQNQD0067）的阶段性研究成果。
** 田正，经济学博士，中国社会科学院日本研究所副研究员，主要研究方向为日本产业、日本经济政策。

发展，中日两国贸易、投资发展，中国已成为日本重要的生产制造基地与销售市场，日本是中国重要的贸易合作伙伴，两国在产业链领域已经开展了深度合作，并形成了深层次连接。突如其来的疫情影响了在华日企的生产与经营，对日本产业链产生影响，日本政府出台一系列政策维持产业链稳定。为此，本报告主要分析和探究日本产业链调整的原因、具体措施、对中日两国的影响，并提出对策建议。为了更好地研究和分析疫情冲击下的日本产业链重构情况，本报告首先明确产业链的概念，它是一个既包括价值链又包含供应链的概念，不仅具有生产、研发、销售等价值链的内涵，而且具备维护企业间交易关系的供应链意蕴。

一 日本产业链调整的背景因素

日本产业链出现重构现象面临全球化浪潮减退的深刻背景，叠加疫情冲击，严重影响了日本产业链的稳定性，促使日本政府将维护产业链稳定上升至战略高度并加以重视。

（一）全球价值链分工与全球化浪潮的减退

随着全球化的深入，跨国公司积极推动国家间的价值链分工，将产品价值链分解为研发设计、原材料和零部件生产、制成品组装、市场销售、售后服务等环节，并在全球范围内以生产成本最小化为标准选择不同地区以完成生产，表现为全球价值链分工。在2008年全球金融危机发生之前，跨国公司积极推动全球价值链深入发展，全球投资增长迅速；在全球金融危机发生之后，进入全球价值链萎缩阶段，全球投资增速明显放缓。此后，跨国公司的撤资行为逐渐成为引人关注的事实。根据OECD的研究，2007~2014年，在全球62000家跨国公司中，约有20%的公司具有撤资行为。[1] 由此可见，

---

[1] Borga, M., Ibarlucea-Flores, P., Sztajerowaska, M., "Drivers of Divestment Decisions of Multinational Enterprises – A Cross-Country Firm-Level Perspective," *OECD Working Papers on International Investment*, Vol. 22, No. 3, 2019, pp. 3–55.

推动全球化的重要因素全球价值链深化正在放缓,这一趋势深刻影响中日经贸关系。

改革开放40多年来,中日经贸关系迅猛发展,两国的贸易和投资深刻联系,但近年来在全球化浪潮减退的影响下,日本的全球价值链开放因素趋于弱化,使中国和日本之间的投资与贸易关系趋于平缓。表1展示了日本企业在全球范围内撤资率的变化情况。撤资率是指当年撤资日企数与日企设立数之比。从表1可知,在2013年之前,在华日企撤资率要低于全球日企撤资率,但是在2013年之后,在华日企撤资率显著攀升,从2013年的37.55%迅速提升到2019年的123.21%。自2015年以来,除2018年之外,在华日企撤资率均超过100%,这意味着新设立日企数量要少于撤资日企数量。这表明,自2013年以来,日本对华投资的情况发生明显改变,日企撤资现象成为亟须关注的问题。日本企业撤资率的提升表明,驱动日企深化与中国的产业链合作的开放因素正在弱化,而抑制产业链合作的因素在增强,如中日关系因钓鱼岛问题显著恶化、中国劳动力与环境成本上升、中美贸易摩擦等。

表1 2011~2019年全球、在华、在美日企设立数、撤资数及撤资率对比

单位:个,%

年份	全球日资企业			在华日企			在美日企		
	设立数	撤资数	撤资率	设立数	撤资数	撤资率	设立数	撤资数	撤资率
2011	1272	372	29.25	421	86	20.43	76	80	105.26
2012	1435	337	23.48	383	81	21.15	107	74	69.16
2013	1343	342	25.47	237	89	37.55	98	55	56.12
2014	1090	345	31.65	164	98	59.76	98	49	50.00
2015	891	372	41.75	102	119	116.67	94	59	62.77
2016	779	453	58.15	90	135	150.00	100	56	56.00
2017	687	413	60.12	91	111	121.98	79	63	79.75
2018	599	372	62.10	106	104	98.11	79	56	70.89
2019	348	238	68.39	56	69	123.21	35	42	120.00

资料来源:廣田充彦『海外進出企業総覧2020』、東洋経済新報社、2020、1700頁。

（二）新冠疫情冲击影响日本产业链的稳定性

此次新冠疫情在全球范围内暴发，不仅对世界经济造成长期且负面的影响，也深刻影响中日经贸关系。疫情暴发对于中日经贸关系的影响主要表现为供给冲击。受疫情防控影响，两国人员和物资等生产要素的自由移动受阻，在全球价值链分工体系中，波及日本国内生产体系，而产业链的断裂则影响日本国内工厂的生产，导致生产活动停滞，对日本经济造成沉重打击。

日本的汽车、医疗产业对华依赖程度较高，疫情严重影响日本汽车和医疗产品的产业链。以汽车产业为例，自全球金融危机发生以来，日本对于中国汽车零部件的进口逐年增加。疫情暴发后，受到疫情防控措施的影响，在华日本汽车企业无法进行生产，上游零部件企业停工停产，波及日本国内的汽车企业，日本国内的汽车企业因缺乏必要零部件而中断生产，生产规模和生产效率双双下降。2020年2月初，由于来自中国的汽车零部件短缺，日产、本田等日本汽车企业的生产受到影响。2月下旬至3月上旬，日产公司因为无法获得零部件，甚至发生了生产停止的情况。本田因为零部件短缺，减少了两种车型的生产。① 在医疗产品方面，日本需要从中国进口大量医疗原材料。日本的医用防护服及防护口罩严重依赖从中国进口。此外，日本为应对疫情开发的特效药"法匹拉韦"的主要原材料丙二酸二甲酯也主要依靠从中国进口。② 由于疫情防控需要，中国在疫情突袭而至的初期减少了医药用品出口，这间接导致日本国内医药品供应不足，不利于日本维护公共卫生安全。

改革开放以来，日本企业为了降低生产成本，在中国设立诸多生产基地，中日两国产业的关联性日趋增强，但其对中国生产的中间品的依赖降低了日本产业链的稳定性。疫情与后续发生的生产中断事件，使日本政府与企业认为有必要降低战略性物资对中国的依赖性，促使日本企业进一步在全球

---

① 大木博巳「コロナ禍と対中依存リスク」、『国際貿易と投資』2020年6月号、1~26頁。
② 増田耕太郎「新型コロナウイルス蔓延によるサプライチェーンの見直し」、『国際貿易と投資』2020年6月号、120~138頁。

范围内推动价值链多元化进程，减少对中国生产基地的依赖。此前，日本为避免对中国的过度依赖，已经提出"中国＋1"战略，加强在泰国、越南、缅甸、印度尼西亚、柬埔寨等国拓展业务，构建和完善产业链。受到疫情冲击，日本加速改变全球产业链布局，加大对"中国＋1"战略的实施力度，推动采购地多元化。

二 日本调整产业链的目的与具体措施

疫情冲击下，日本调整产业链的主要目的是维护产业链的安全与稳定。日本政府直接针对特定企业采用基于经济供给端的产业政策。以下详细分析日本出台产业链调整政策的目的、具体措施与实施结果。

（一）出台产业链调整政策的目的

日本出台产业链调整政策的目的在于："新冠疫情的暴发和蔓延暴露了日本产业链的脆弱性。为维持产品和零部件供应稳定，应推动对国家依赖程度较高的特定产品和零部件以及对国民生活具有重要意义的产品和零部件回归日本国内生产。"[1] 另外，"通过强化与东盟地区国家开展经济合作，在东亚地区实现生产多元化，以提升产业链的稳定性"[2]。由此可见，日本政府出于对产业链安全的战略性考量，对产业链的结构和关系进行调整，通过调整全球产业链体系和结构，提升产业链的安全性。

综合日本政府发布的公开募集资料，可以将其出台产业链调整政策的目的归纳为以下两点。一是促进制造业回流日本本土，提升医疗用品、汽车及半导体零部件等战略性物资产品的本地化生产能力。推动制造业企业回归日本，不仅可以提升日本战略物资及高附加值产品的生产能力，也能够增加日

---

[1] 「サプライチェーン対策のための国内投資促進事業費補助金公募要領」、みずほ情報総研、https://www.mizuho-ir.co.jp/topics/supplychain/std01/02.html［2020-12-10］。
[2] 「海外サプライチェーン等多元化支援事業公募要領」、日本貿易振興機構、https://www.jetro.go.jp/services/supplychain/［2020-12-11］。

本国内投资，提振受疫情重创的内需。二是推动日本企业在东南亚地区实现多元化生产，增加中国以外的中间品采购来源，从而提高产业链的多元化水平，减少进行产业链集中采购的风险。在此次出台的产业链调整政策中，除了提出促进日本企业回归国内生产外，还提出将产业链分散于东南亚地区的措施，推进日本企业的产业链实现多元化，降低对中国生产基地的依赖性。

（二）政策的提出与具体措施

基于上述目的，日本政府出台了产业链调整政策，并采取一系列措施进行实际推动，最终产生了一定的政策效果。

1. 日本政府提出与实施产业链调整政策的情况

2020年3月，日本首相安倍晋三在与成长战略相关的未来投资会议上指出，由于从中国进口的零部件减少，日本产业链的稳定受到影响，为此需要采取措施，减少对特定国家的依赖，促进依赖性高及附加值高的产品的生产回归日本国内，同时需要在东南亚地区实现生产基地多元化。日本在2020年4月提出了金额为108万亿日元的"紧急经济对策"，其中包括用于产业链调整的资金，总计2435亿日元，其中，2200亿日元被用于促进日本制造业企业回归本土，235亿日元被用于支持企业在东南亚地区进行产业链多元化布局。[①] 在促进制造业产业链回归本土方面，日本政府分别在2020年7月和11月公布选取结果，分别支持57家和146家企业回归本土，支持金额分别为574亿日元和2478亿日元。由此可见，支持制造业企业回归本土总额为3052亿日元，是预算金额的1.38倍。在促进制造业企业生产据点多元化方面，日本政府在2020年7月、9月和12月公布了选取结果，分别支持30家、21家和30家企业采取产业链多元化措施。

2. 日本政府提出的有关产业链重构的具体措施

一是促进日本将产业链搬迁回日本国内的相关措施。表2总结了日本政府

---

① 「経済産業省関係令和2年度補正予算」、経済産業省、https：//www.meti.go.jp/main/yosan/yosan_fy2020/hosei/pdf/hosei_yosan_gaiyo.pdf［2020-12-15］。

促进制造业产业链回流日本国内的具体措施，具有如下特点。其一，资助对象为特定企业，且具有明确的目的。与传统产业政策不同，此次产业政策措施的资助对象明确，具有明确的战略意图，即消除生产基地的过度集中所导致的供应不稳，确保关键零部件及医疗器材供应稳定。其二，促进产业链回流的措施准确，且针对不同类型企业设定不同的资助金额。从具体补助科目来看，补助主要用于支持企业在日本国内开展设备投资，建设经费、设备费等将降低企业在日本国内进行投资的成本，提振企业的投资意愿，并设置了150亿日元的上限，针对大企业和中小企业给出不同的补助措施。其三，要求企业提交具体情况说明，并制定设备投资计划。企业提交的情况说明包括：实施的必要性、生产的集中程度、调整产业链后的产业波及效应、投资的诱发效果、对国民健康的重要性等。

表2 促进制造业产业链回流日本国内的具体措施

	A类资助计划	B类资助计划	C类资助计划
资助对象	消除生产基地高集中度及零部件高集中度的企业活动与行为	削减因零部件供给不足而影响国民生活的企业活动与行为	由多个中小企业共同实施的生产设备转移活动
补助科目	建设经费、设备费、系统购置费等	建设经费、设备费、系统购置费等	建设经费、设备费、系统购置费
补助比例	大企业：1/2以内 中小企业：2/3以内	大企业：2/3以内 中小企业：3/4以内	中小企业集团：3/4以内
补助限额	150亿日元	150亿日元	150亿日元
所需材料	情况说明、生产集中度说明、设备投资计划等	情况说明、对国民健康的重要性、实施计划等	情况说明、企业集团化的优势、实施计划等

资料来源：「サプライチェーン対策のための国内投資促進事業費補助金公募要領」、みずほ情報総研、https：//www.mizuho–ir.co.jp/topics/supplychain/std01/02.html［2020-12-10］。

二是推动日企在亚洲地区内采取生产多元化的具体措施。表3为日本推动日企在东盟地区实现生产多元化的具体措施，具有如下特点。其一，截至目前，日本共采取三次生产多元化支持措施，其中第一次和第三次的目的在于维持和强化关键零部件及医疗器材供应的稳定，而第二次的目的在于为企业提供研究开发资金补助，测试使用新材料、新零部件对于生产的影响，以及验证物联网、人工智能、区块链等第四次产业革命技术在应对产业链"断裂"时发挥的作用。其二，针对不同政策目标，采取不同的资金补助措施。为强化在东盟地区的生产，向企业提供建设费、设备购入费等，而针对产品开发类、价值链高度化类项目，则给予劳务费、事业费等，体现专款专用的特征。其三，针对具有不同目的的项目，进行有差异化的检查，确保项目有效执行。如针对生产基地多元化项目，注重检查项目的可行性及投资计划等，而对于实验类项目则侧重于检查项目的必要性和具体实施方法，创新性地为控制产业链风险提供帮助。

表3 推动日企在东盟地区实现生产多元化的具体措施

	第一批、第三批申请		第二批申请	
	一般项目	特别项目	产品开发类项目	价值链高度化类项目
资助对象	为强化在东盟内的供应链所开展的设备投资行为	实现对与提升国民健康生活水平密切相关的产品的供应稳定的投资	实验使用第三国原材料技术以实现对特定国产品的替代	实验使用新技术以避免供应链中断的相关设备投资
补助科目	建设费、设备购入费、改造费	建设费、设备购入费、改造费	劳务费、事业费、委托研究费	劳务费、事业费、委托研究费
补助比例	大企业：1/2 中小企业：2/3 中小企业集团：3/4	大企业：1/2 中小企业：2/3 中小企业集团：3/4	大企业：1/2 中小企业：2/3 中小企业集团：3/4	大企业：1/2 中小企业：2/3 中小企业集团：3/4
补助限额	1亿~50亿日元	100万日元至50亿日元	实证事业：1000万元至2亿日元 事业实施可能性调查：100万~5000万日元	实证事业：1000万元至2亿日元 事业实施可能性调查：100万~5000万日元
审查标准	事业计划的必要性、可行性等	事业计划的必要性、可行性等	实施可能性、必要性、实施效果	实施可能性、必要性、实施效果

资料来源：「海外サプライチェーン多元化等支援事業公募要領」、日本貿易振興機構、https：//www.jetro.go.jp/services/supplychain/ [2021-01-07]。

（三）政策的实施效果

首先，分析促进制造业企业产业链回流日本国内措施的结果。如表4所示，这一政策的结果具有如下特点。一是以医疗健康产业为主，但不乏汽车及机械零部件、半导体、化工原材料等战略性较强的行业。从回迁日本企业的分布行业看，以医疗健康企业为主，所涉及的领域包括口罩、防护器材、医疗器械和防疫相关用品（如涉及新冠病毒检测、制药），可见该政策对促进日本医疗用品供应稳定产生了一定作用。此外，回迁企业中不乏关键零部件生产企业，且占比持续提升。汽车及机械零部件企业占比从第一批的12%提升到第二批的23%，半导体企业从5%提升到10%，说明该政策对促使关键零部件企业回迁日本也产生了作用，提升了日本产业链的稳定性。二是从回迁的企业类型看，以中小企业为主。第一批获批的企业中，中小企业占比为70%；第二批获批的企业中，中小企业的占比达到了60%。可见，在回迁日本的企业中，以中小企业居多。三是日本政府对申请企业进行严格筛选。第一批共有90个企业申请，但只有57个企业获批，第二批共有1670个企业申请，但仅有146个企业获批，可见，日本依据标准对企业获得资助资质进行了严格的核查。

表4 促进制造业企业产业链回流日本国内措施的结果

单位：个，%

产业		第一批		第二批	
		项目数	占比	项目数	占比
医疗健康	口罩	17	30	18	12
	防护器材	7	12	16	11
	医疗器械	11	19	50	34
	新冠病毒检测	5	9	3	2
	制药	4	7	3	2
汽车及机械零部件		7	12	34	23
半导体		3	5	14	10
化工原材料		3	5	8	5
项目总计		57	100	146	100
申请项目总计		90	—	1670	—

资料来源：「サプライチェーン対策のための国内投資促進事業費補助金の採択事業が決定されました」、経済産業省、https://www.meti.go.jp/press/2020/11/20201120005/20201120005.html/［2021-01-06］。

其次，探讨推动日企在东南亚地区实现生产多元化措施的结果。如表5所示，该政策表现出如下特征。一是在产业特征上，从注重推进医疗健康产品供应稳定转向注重促进汽车及机械零部件生产稳定。在第一批申请中，医疗健康产业占比为56%，但是在第三批申请中，占比下降到22%，而汽车及机械零部件所占比例则从30%提升至60%。这说明日本在注重维持医疗健康产品供应稳定的同时，也在积极促进汽车及机械零部件的生产布局调整，降低产业链风险。二是申请倾向于注重在东南亚地区积极开展产品替代实验及尝试稳定产业链新技术。例如，日本大真空公司，将用于5G通信的水晶振子生产基地转移至印度尼西亚；日本大崎医药公司，在印度尼西亚开展应用人工智能技术进行医药用品产业链管理的实验；三菱商事则在越南尝试构建简化贸易手续的新型电子系统等。三是从产业链调整国家的分布看，集中于越南、泰国等国家。日本企业进行产业链调整和分散的重点区域为越南和泰国，着重在这两个国家开展制造和研发活动，同时对菲律宾、马来西亚、印度尼西亚等国也表现出了较高的关注度。

表5 推动日企在东南亚地区实现生产多元化措施的结果

(a) 单位：个，%

产业		第一批		第二批		第三批	
		项目数	占比	项目数	占比	项目数	占比
医疗健康	口罩	4	13	0	0	1	3
	防护器材	10	33	3	14	1	3
	医疗器械	3	10	3	14	4	13
	新冠病毒检测	0	0	0	0	1	3
	制药	0	0	0	0	0	0
汽车及机械零部件		9	30	13	62	18	60
半导体		2	7	1	5	1	3
化工原材料		2	7	1	5	4	13
总计		30	100	21	100	30	100

(b)

国家	第一批		第二批		第三批	
	项目数	占比	项目数	占比	项目数	占比
菲律宾	3	10	0	0	3	10

续表

国家	第一批		第二批		第三批	
	项目数	占比	项目数	占比	项目数	占比
越南	14	47	6	29	14	47
马来西亚	4	13	1	5	1	3
泰国	6	20	7	33	5	17
老挝	1	3	0	0	0	0
印度尼西亚	1	3	3	14	5	17
缅甸	1	3	0	0	1	3
印度	0	0	2	10	0	0
柬埔寨	0	0	1	5	1	3
新加坡	0	0	1	5	0	0
总计	30	100	21	100	30	100
申请数	124	—	64	—	155	—

资料来源：「海外サプライチェーン多元化等支援事業」、日本貿易振興機構、https://www.jetro.go.jp/services/supplychain/［2021－01－10］。

三 日本产业链调整对中日两国的影响及建议

日本产业链调整不仅是企业的自主选择，而且通过政府的补助措施，它们的战略意图得以体现，并产生了政策效果。需要进一步分析日本产业链调整对日本和中国的影响。

（一）对日本的影响

首先，在短期影响方面，有助于提升日本医疗健康器械及关键零部件的供给。例如，日本富士公司将检测试剂生产线、爱丽思欧雅玛公司将医疗卫生用品生产线、盐野益公司将疫苗生产线从中国迁回日本。此外，日本罗姆公司拥有生产5G设备中半导体的核心技术，该公司计划于2021年底前将位于中国的生产线迁回日本。其次，在长期影响方面，日本不仅会进一步提升产业链的本地化水平，而且还会加快对外依赖多元化进程。疫情冲击促使日本深刻认识到产业链稳定的重要性，加强对维持产业链安全的战略性考量,促进制造业回流,强化本地化生产,同时降低对中国进行集中采购的依赖程度,推动全球化采购体系建设。日本将进一步推动与东南亚地区的经济合作,加强与欧洲、印度、澳大利亚的合作关系,推动全球化采购进程,提升产业链安全水平。近年来,日本分别与欧盟和英国达成了日欧 EPA 与日英 EPA,这有利于推动日本与欧洲间的投资与贸易,增加采购来源地。此外,日本提出"供应链弹性倡议",升级"中国+1"战略范围,打造日本、印度、澳大利亚之间的供应链互补关系,为日本在亚太地区的供应链提供补充,实现降低对单一国家依赖程度的目的。

(二)对中国的影响

首先,在短期影响方面,对中国经济的影响较小。虽然此次日本出台了促进日企调整产业链的相关政策,但是此次日企搬迁,涉及的数目较少。在促进企业回归日本本土生产方面,日本经过严格审查,实际批准了 203 个项目;在实现生产基地多元化方面,总共批准了 81 个项目。2020 年,在华日企总数为 1.36 万家,因此产业链调整政策所涉及的企业数量仅占日本在华企业总数的 2.09%。[①] 此外,从调整产业链的日企类型来看,以中小企业居多。在促进企业回归本土方面,两个批次中的中小企业的占比均超过 60%;在实现生产基地多元化方面,三个批次中的中小企业占比分别为 87%、57%、47%。故日本产业链调整涉及的企业数量和规模均较小,由此所引发的波及效应不大。其次,在长期影响方面,日本产业链调整为中日经贸关系稳定发展带来挑战,不利于中国新发展格局的构建。日本企业在实施对华投资决策时的顾虑有所增加,同时,推动日本企业加快产业链调整,增加在日本国内的投资生产,调整或替换采购商,完善其在全球范围内的产业链布局。以往中国与日本开展投资和生产合作时,在华日企发挥了技术溢出、促进就业和产业升级的作用,但是随着日本企业进行产业链调整和改变投资行

---

① 「日本企業の中国進出動向(2020 年)」、新日本法規、https://www.sn-hoki.co.jp/articles/article358702/ [2020-12-17]。

为，这会对中日经贸关系产生影响，不利于中国通过与日企合作提高生产与经营水平。

（三）应对建议

第一，提高产业链与供应链的现代化水平，积极加强国际产业链合作。面对不断增强的日本产业链全球分散化和本地化发展趋势，中国应立足产业规模优势，不断完善技术创新体系，提升科学技术水平，切实有效地提高自主创新能力，加大对关键产品和重要零部件及核心生产技术的攻关力度，补足产业链短板，形成创新能力更强、附加值更高、安全可靠性更强的产业链及供应链。第二，进一步改善中国的市场环境，将在华生产、在华销售的日企留住，以为中国经济发展做出应有贡献。为继续促进日本企业对中国的经济发展起到技术溢出、促进产业结构升级的作用，中国应进一步完善市场经营环境，增强对日本企业的吸引力，明确《中华人民共和国出口管制法》中的具体内容，稳定现有日本的在华投资，促进日企在华经营。第三，强化中日经贸关系，积极吸引日本先进制造业、现代服务业企业来华投资，加快构建国内国际双循环新发展格局。中日经贸关系是中日关系的"压舱石"，即便在新冠疫情的冲击下，中日经贸关系仍然具有稳定态势。为此，要加快对外开放步伐，强化中日经贸关系，降低日本先进制造业、现代服务业企业来华投资成本，促进日本先进制造业、现代服务业企业来华投资。

新冠疫情造成日本产业链断裂，影响日本国内供应稳定。日本政府将维护产业链安全上升至战略高度，推动进行产业链调整，促进制造业企业回流及在东南亚地区进行多元化生产。虽然该政策在近期对中国经济的影响较小，但是从长远来看，这不利于中国双循环新发展格局的形成。鉴于中日两国之间存在紧密的经贸关系，日本很难在产业链中完全"去中国化"，中日两国应采取有效措施，推动务实合作，增强世界经济的稳定性和确定性。

B.12
疫情下中日民间交流新动向*

熊淑娥**

摘　要： 2020年新冠疫情在全球蔓延极大地改变了个人、社会和国家交往的基本方式。中日民间交流在新冠疫情冲击下明显受阻，同时也呈现两国民众守望互助、交流形式有所创新、医疗健康领域议题显著升温以及区域内交流动力持续增强的新动向。中日民间交流可以有效增进国民之间的相互认知与理解，同时，也具有容易受到国民情感影响的脆弱面。对此，两国都有责任反思和寻找具体解决之道。新冠疫情结束以后，中日民间交流将有所恢复，但是，日本对于自身实力与地位的焦虑感，是影响两国关系发展的重要变量。未来中日民间交流仍然存在一定干扰因素。

关键词： 新冠疫情　民间交流　中日关系　命运共同体

托马斯·弗里德曼（Thomas L. Friedman）使用"新冠疫情前"（Before Corona，B. C.）与"新冠疫情后"（After Corona，A. C.）来形容新冠疫情给世界带来的划时代变化。① 的确，2020年新冠疫情在全球蔓

---

* 本报告为中国社会科学院重大课题"中国与周边国家关系研究"（项目编号：2020ZDGH016）的阶段性研究成果。
** 熊淑娥，法学博士，中国社会科学院日本研究所助理研究员，主要研究方向为日本思想史、日本文化与社会。
① Thomas L. Friedman, "Our New Historical Divide：B. C. and A. C. —The World before Corona and the World after," March 17, 2020, *The New York Times*, https：//www.nytimes.com/2020/03/17/opinion/coronavirus – trends. html［2020 – 12 – 10］.

延，前所未有地影响了个人层面的日常交流、社会交际和国际交往方式。在国际关系层面，新冠疫情加速了全球化负面效应外溢的趋势，在应对多重全球危机时，国际社会的对策呈现矛盾化、碎片化风险。① 新冠疫情明显冲击了中日民间交流的势头，但也丰富了互动的议题，创新了交流的形式，增强了区域内的合作动力。

一 2020年中日民间交流形势

民间交流，通常是指与政府外交政策、意图等无直接关系的不同国家、地区民众或民间团体之间的交往。② 民间交往包括经贸往来、文化交流、教育留学、观光旅游等不具备政治色彩的活动，也包括政府有意识地通过非正式渠道的交流以增进国家间关系的活动。随着时代的发展变化，民间交流的范围和内容也在不断扩大和增加，在传统的经贸、文化、教育、体育、科技层面的交流之外，环保、青少年、媒体、地方、智库、医疗、康养等也日趋成为新的交流领域。

随着新冠疫情在全球蔓延（见图1），各国和各地区相继实行隔离、保持社交距离和入境管控等防疫措施。这些措施取得了一定成效，也从物理空间上隔断了人类交流互动的可能性。同时，由信息技术所支撑的云交流，尽管在一定程度上削弱了人类进行面对面沟通与交流的真实性，但也成为新冠疫情下人类交往的主要替代手段。

从总体上看，2020年，官方各级别的往来频次与规模均受到限制，民间交流也面临很大困难，各种渠道的活动在不同程度上受阻。2019年11月25日，根据中日两国领导人达成的重要共识，中日高级别人文交流磋商机

---

① Masaya Lavaneras Blanco, Antulio Rosales, "Global Governance and COVID-19: The Implications of Fragmentation and Inequality," *The E-International Relations*, May 6, 2020, https://www.e-ir.info/pdf/83300 [2020-12-10].

② 沈海涛：《战后中日关系中的民间交流：特征、作用与课题》，《现代日本经济》2003年第1期，第41页。

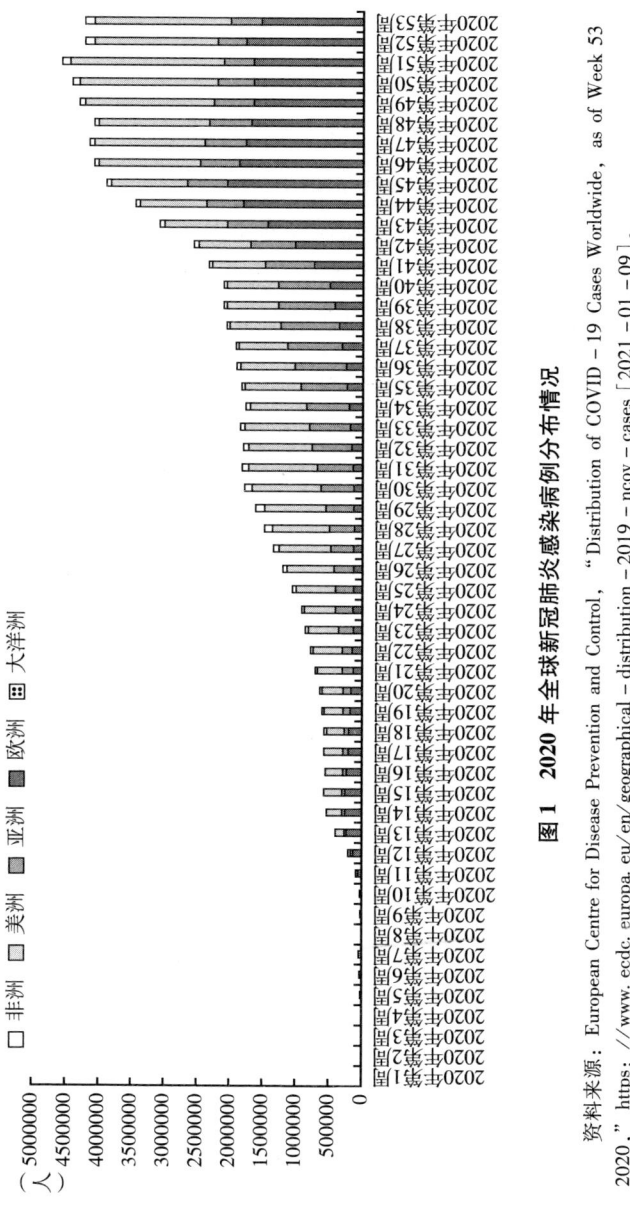

图 1　2020 年全球新冠肺炎感染病例分布情况

资料来源：European Centre for Disease Prevention and Control, "Distribution of COVID – 19 Cases Worldwide, as of Week 53 2020," https://www.ecdc.europa.eu/en/geographical – distribution – 2019 – ncov – cases [2021 – 01 – 09]。

制首次会议在东京召开。会上，中国国务委员兼外交部部长王毅与日本外相茂木敏充共同启动中日高级别人文交流磋商机制，会议达成的一项重要共识就是确定2020年为"中日文化体育交流促进年"。① 然而，2020年初开始蔓延的新冠疫情，打乱了中日两国进行交流的节奏，原来的计划纷纷被搁置或取消。其中，2020年3月30日，东京奥运组织委员会、国际奥林匹克委员会、东京都与日本政府四方联合宣布东京奥运会延期至2021年7月23日至8月8日举行。东京奥运会的延期在很大程度上影响了"中日文化体育交流促进年"计划落实的规模和方式。有鉴于此，两国已经在积极考虑将"中日文化体育交流促进年"顺延到2021年和2022年。②

近年来，日本成为中国游客最喜爱的观光目的地国家之一，有力地促进了日本的观光经济发展。2003年，日本推出"观光立国"政策，时任首相小泉纯一郎在施政方针演说中提出到2010年实现访日游客达到1000万人次的目标。③ 为了吸引外国游客，日本国土交通省于2003年4月1日推出"到日本旅游活动"（Visit JAPAN Campaign），取得不错成效。2016年3月30日，日本政府宣布在2020年内实现访日游客达到4000万人次的目标。④ 尽管2018年版和2019年版《观光白皮书》均记载了"扎实推进实现2020年度4000万人次的目标"的内容，但是受到新冠疫情的影响，2020年6月16日，日本国土交通省发布的2020年版《观光白皮书》中"4000万人次的目标"消失了，只有"2019年度访日外国游客达到3188万人次，连

---

① 《中日高级别人文交流磋商机制首次会议在日本举行 王毅同日本外相茂木敏充共同主持》，中华人民共和国外交部网站，2019年11月25日，https://www.fmprc.gov.cn/web/gjhdq_676201/gj_676203/yz_676205/1206_676836/xgxw_676842/t1718650.shtml［2020-12-09］。
② 《王毅：中日达成五点重要共识和六项具体成果》，中华人民共和国外交部网站，2020年11月24日，https://www.fmprc.gov.cn/web/wjbzhd/t1835081.shtml［2020-12-09］。
③ 「第156回国会における小泉内閣総理大臣施政方針演説」、日本首相官邸、2003年1月31日、https://www.kantei.go.jp/jp/koizumispeech/2003/01/31sisei.html［2020-12-09］。
④ 「明日の日本を支える観光ビジョン」、日本国土交通省、2016年3月30日、https://www.mlit.go.jp/common/001126601.pdf［2020-12-09］。

续 7 年创新高"等内容。① 中日人员往来在 2020 年出现大幅回落。

根据日本观光局的统计，2019 年，来自中国大陆地区的游客达到 959 万人次，占 30.1%；香港地区的游客为 229 万人次，占 7.2%；台湾地区的游客为 489 万人次，占 15.3%。② 然而，2020 年 1~12 月，中国赴日游客人数直线下降。另外，由于疫情等限制性因素的影响，尽管针对 2020 年来华的日本游客数量尚未发布具体数据，但可以预见的是，整体上处于较低水平。③

中日之间的商务人员往来也受到新冠疫情防控常态化，特别是核酸检测阴性证明、入境隔离 14 天等措施的影响。为促进双边商务人员往来，切实支持复工复产，中日两国政府共同宣布于 2020 年 11 月 30 日正式启动商务人员"快捷通道"。只是，在日本国内暴发第三波新冠疫情和 5 名自英国抵达日本的旅客在机场检疫中被确认感染变异的新冠病毒（"阿尔法"病毒）后，日本政府于 12 月 26 日宣布自 2020 年 12 月 28 日至 2021 年 1 月 31 日，暂停来自所有国家和地区的人员入境。2021 年 1 月 7 日，日本发布针对东京都、埼玉县、千叶县和神奈川县的第二次"紧急事态宣言"，1 月 13 日又将大阪、爱知、福冈等 7 个府县追加为实施第二次"紧急事态宣言"的区域。尽管在此期间来自中国、韩国等 11 个国家和地区的商务人员的往来不受限制，④ 但是中日之间商务往来的有序平稳恢复可谓再次遭遇变数。

与中日人员往来数据呈断崖式下跌不同，2020 年，中日经贸领域的互动经历了回落与缓慢恢复的过程。从进口和出口贸易数据看，2020 年 1~12 月，日本进出口额均呈现起伏变动，而且，较上年同期相比，5 月的出口额和进口额跌幅分别为 -28.3% 和 -26.1%，双双创下 2020 年最大跌幅（见表 1）。

---

① 『観光白書』、日本国土交通省、https://www.mlit.go.jp/statistics/file000008.html［2020 - 12 - 09］。
② 「訪日外国人旅行者の内訳（2019 年）」、『観光白書』2020 年版、7 頁、日本国土交通省、https://www.mlit.go.jp/statistics/content/001348581.pdf［2020 - 12 - 09］。
③ 《国家统计局新闻发言人就 2020 年 10 月份国民经济运行情况答记者问》，中华人民共和国国家统计局网站，2020 年 11 月 6 日，http://www.stats.gov.cn/tjsj/sjjd/202011/t20201116_1803274.html［2020 - 12 - 09］。
④ 「国際的な人の往来再開に向けた段階的措置について」、日本外務省、2021 年 1 月 8 日、https://www.mofa.go.jp/mofaj/ca/cp/page22_003380.html［2021 - 01 - 09］。

表1 2020年日本进出口贸易数据

单位：百万日元，%

时间	出口额	同比	进口额	同比	差额	同比
1月	5431202	-2.6	6746313	-3.6	-1315111	-7.7
2月	6321285	-1.0	5214703	-13.9	1106582	236.6
3月	6358054	-11.7	6350851	-5.0	7203	-98.6
4月	5206030	-21.9	6137194	-7.1	-931164	—
5月	4185622	-28.3	5026959	-26.1	-841337	-12.9
6月	4862354	-26.2	5135263	-14.4	-272909	—
7月	5369179	-19.2	5362105	-22.3	7074	—
8月	5233105	-14.8	4988730	-20.7	244375	—
9月	6054141	-4.9	5370395	-17.4	683746	—
10月	6565808	-0.2	5696655	-13.2	869153	7686.3
11月	6113662	-4.2	5751126	-11.1	362536	—
12月	6706199	2.0	5956643	-11.6	749556	—

注："差额"中，负数表示贸易逆差，正数表示贸易顺差。
资料来源：笔者根据日本财务省公布的数据整理制作，「令和2年分［輸出確報；輸入速報（9桁）］」、2021年1月28日、財務省、https://www.customs.go.jp/toukei/shinbun/happyou.htm［2021-03-04］。

从国别和地区看，排在日本贸易伙伴前五位的分别是中国大陆、欧盟、美国、韩国和泰国。如表2所示，2020年，日本对泰国和美国的出口额同比出现-17.2%和-17.3%的负增长，但是对中国大陆和台湾地区保持2.7%和1.1%的正增长。另外，表3的贸易指数也显示出中日经贸合作的显著特征，即尽管新冠疫情在一定程度上影响了中日之间的进出口贸易总额，但是在新冠疫情的考验下中日经贸往来显示出强大的韧性。

表2 2020年日本与主要国别和地区的进出口贸易数据

单位：百万日元，%

国别和地区	出口额	同比	进口额	同比	差额	同比
中国大陆	15082825	2.7	17477577	-5.3	-2394752	-36.5
中国香港	3414522	-6.8	84916	-62.3	3329606	-3.2
中国台湾	4739059	1.1	2856298	-2.4	1882761	6.9
美国	12612459	-17.3	7427482	-14.0	5184977	-21.6

续表

国别和地区	出口额	同比	进口额	同比	差额	同比
欧盟（EU）	6461764	-14.6	7789299	-12.6	-1327535	-1.4
韩国	4766235	-5.5	2838003	-12.1	1928232	6.1
泰国	2723059	-17.2	2536308	-8.3	186751	-64.5

注："差额"中，负数表示贸易逆差，正数表示贸易顺差。
资料来源：笔者根据日本财务省公布的数据整理制作，「令和2年分地域（国）別輸出入」、2021年1月28日、财务省、https://www.customs.go.jp/toukei/shinbun/happyou.htm［2021-03-04］。

表3　2020年日本贸易指数（2016年=100）

国别和地区	出口额	出口量	出口价格	进口额	进口量	进口价格
世界	97.0	98.1	98.9	88.0	102.1	86.2
美国	93.1	96.5	96.5	88.3	83.8	105.4
欧盟（EU）	100.7	90.1	111.7	96.5	88.6	108.8
亚洲（含中国）	102.5	102.8	99.8	98.2	113.7	86.3
中国	123.4	132.0	93.5	104.0	118.1	88.1

资料来源：财务省「贸易指数」、2020年11月、https://www.customs.go.jp/toukei/shinbun/trade-st/2020/202011d.xml#pg21［2021-01-09］。

二　2020年中日民间交流新动向

新冠疫情改变了全世界人民的生活、工作、学习和出行方式。当佩戴口罩与保持社交距离成为生活新常态，共同防疫成为人类新目标时，加之两国在地缘、历史、文化上的渊源，新冠疫情下的中日民间交流呈现若干新动向。

（一）中日社会民众守望互助

"德不孤，必有邻。"中日一衣带水，在地理位置上是近邻，在新冠疫情这场全人类大考验面前，更是守望互助的"命运共同体"。新冠疫情唤起了中日民众命运与共、休戚相关的文化记忆，中日2000多年交往的历史底蕴，在2020年新冠疫情面前展示出强大的能量，为两国民间交流写就了一

段山川异域、风月同天的佳话。

自新冠疫情突袭而至之后,日本中央和地方政府、民间企业、行业协会、友好团体、教育机构等迅速行动起来,为中国捐赠了急需的口罩、护目镜、防护服等防疫物资,可谓"雪中送炭"。另外,当新冠疫情在中国逐渐得到控制、日本新冠疫情防控进入紧张阶段时,中国民众立即调动各渠道资源,对日本进行反向捐赠,是为"知恩图报"。中日社会在新冠疫情的特殊背景下释放的善意与进行的良性互动,为两国关系的发展注入了定力与信心。

(二)民间交流形式有所创新

云对话、云展览、云推介等成为2020年中日民间交流的新形式。尽管隔离与保持社交距离限制了新冠疫情下人们交流的物理空间,但也催生了借助云端开展云对话的新模式。比起线下形式,线上交流的优势在于可以突破时间和空间的相对限制,降低交流成本,增加对话渠道,提高沟通效率。

云对话是中日民间交流的新手段。环球网等着眼于后疫情时代的民间交流工作,策划组织了"首都民间国际交流与合作云对话"系列活动。2020年8月22日,北京市与东京都举办了"北京—东京大学生线上交流活动",为被迫暂时中断留学计划的中日大学生搭建了交流平台。2020年11月27日举行的"北京—东京线上经济交流会"采用线上和线下相结合的方式,来自两国首都的企业家围绕"十四五"规划、"区域全面经济伙伴关系协定"(RCEP)的签署等中日经贸合作方面的热点议题展开交流与讨论,寻找合作机遇。云端还可以为既定的民间交流活动提供有效的替代手段,如上文提到的"中日文化体育交流促进年"计划,一共计划开展53项活动,其中有7项因新冠疫情而改为采用线上交流形式。①

云展览是中日民间交流中的新模式。这种借助新媒体平台进行展览的优势是,观众可以在线点击每一幅作品,放大局部,仔细赏鉴,反复品味。

---

① 「2020『日中文化・スポーツ交流推進年』イベントカレンダー」,日本外务省,2020年12月23日,https：//www.mofa.go.jp/mofaj/a_o/c_m1/cn/page22_003392.html [2021-01-03]。

2020年7月3日至9月30日,"青山一道　同担风雨"中日韩名家线上书法展在人民网国际、日文和韩文三个频道同步展出。观众足不出户,通过云端便可以欣赏中国的苏士澍、解永全,日本的星弘道、饭高和子,韩国的林载右、全明玉等92名书法大家的108幅作品,切实感受中日韩"字同源,书同道"的文化脉络。展览的主题"守望相助、共抗疫情""世代友好、共创未来",正好切合了中日韩进行民间交流的共同心声与目标。

云推介是中日经贸合作的新增长点。根据2019年12月24日第八次中日韩领导人会议精神,2020年5月20日,中日(成都)地方发展合作示范区挂牌成立。同日,北京、成都会同东京、大阪等以"两国多城"视频连线的方式,举行中日产业合作线上推介会。11月19日在蓉举行的中日(成都)城市建设与现代服务业开放合作示范项目合作推介暨集中签约活动,采用线上与线下相结合的方式,发布了对日合作清单,双方集中签约15个项目,计划投资总额达204.5亿元,具体涉及动漫、交通与医疗等领域。①

(三)医疗健康领域议题显著升温

公共卫生、医疗康养、疫苗研发等涉及人类与地球健康与安全的议题,在新冠疫情下的中日民间交流中明显升温,两国有识之士就此类议题多次展开高效务实的交流。2020年5月29日,阿里巴巴公益基金会等与日本医疗国际化机构共同举办了"中日合力抗疫视频研讨会"。会上,浙江大学医学院附属第一医院医疗团队介绍了该院的治疗流程,分享了其编辑的《新冠肺炎防治手册》的主要内容,并介绍了全球新冠肺炎实战共享平台(Global MediXchange for Combating COVID – 19,GMCC)②。

作为中日民间交流最重要的平台之一,16年来,"北京—东京论坛"在

---

① 《中日(成都)城市建设与现代服务业开放合作示范项目合作推介暨集中签约活动举行》,成都市人民政府网站,2020年11月20日,http://www.chengdu.gov.cn/chengdu/home/2020 – 11/20/content_ bf850b016cfa472b8360eaf96d74941e.shtml[2021 – 01 – 12]。
② 全球新冠肺炎实战共享平台(GMCC),https://gmcc.alibabadoctor.com/alibaba – actions[2021 – 01 – 12]。

团结两国社会各领域人士、保持沟通渠道、凝聚合作共识方面持续发挥重要作用。2020年11月30日，以线上形式分别于北京和东京两地召开的第十六届论坛，特别设置"公共卫生分论坛"，中方的陈冯富珍、高福、吴尊友与日方的押谷仁、佐原康之、诧摩佳代等专家学者均认为，两国未来可以继续在传染病防治与疫苗研发方面开展合作。

此外，2020年12月22日，博鳌亚洲论坛与日本医疗国际化机构联合举办中日新时代健康论坛。论坛在青岛、东京设置分会场，以"人类健康·地球健康"为主题，并设置碳中和、医疗康养和绿色发展等关系人类与地球健康和安全的议题。在新冠疫情面前，生命尊严逻辑超越权力竞争逻辑，超越意识形态、价值理念差异的健康医疗领域的议题，成为中日民间交流的新热点。通过进行各种新形式、新议题的交流，两国不仅确认了进行合作与交流的必要性，而且针对新冠疫情常态化下的新生活方式等达成了一定共识。

（四）区域内民间交流动力持续增强

动力形成趋势，趋势催生动力。全球新冠疫情在未来较长一段时间可能仍将持续。现有的全球产业链布局是以低成本和零库存为导向的，新冠疫情的蔓延促使各国更为重视供应链的安全性与可控性。[①] 经济全球化由资本驱动，资本的逐利本性决定了经济全球化的本质是"可以同甘而不能共苦"。但是，经济全球化势头已经不可逆转，在一国范围内形成完整生产链的主张不符合经济与社会发展的根本趋势。[②] 从长远来看，全球供应链不太可能重新回归本地化，区域化仍旧是趋势之一。

新冠疫情突袭而至后，日本和韩国并没有切断与中国的正常人员交流，日韩都迅速向中国伸出援助之手。继而，中国、日本、韩国等东亚地区国家率先控制住新冠疫情，防疫成效突出，树立起了全球防疫标杆。东亚区域内

---

① 迟福林：《应对疫情严重冲击　加快推进高水平开放》，载赵剑英主编《后疫情时代的全球经济与世界秩序》，中国社会科学出版社，2020，第132页。
② 唐士其：《观念与机制的变革——从新冠疫情看未来的全球公共安全治理》，《国际政治研究》2020年第3期。

的新冠疫情防控体现出东亚的文化价值、集体主义精神的独特性和优越性。在此背景下，中日韩在产业布局上的较强互补性也使三国在开展区域合作方面的动力有所增强。①

中日韩以抗疫合作为基础助推经济合作是进行区域内民间交流的方向。其实，中日韩在传染病合作与区域融合发展方面已经具备一定基础。2019年12月15日，在首尔举行的第十二届中日韩卫生部长会议上，三方续签了《中日韩关于共同防范和应对流感大流行和新发再发传染病的联合行动计划》，为抗疫合作构建了制度性框架，并在传染病防治、应对老龄化等领域共享经验，达成共识。2020年8月30日，山东自贸试验区青岛片区的中日韩消费专区电商体验中心正式启用，该中心以"跨境电商＋新零售"为特色，打造线上线下融合的消费模式，是中日韩合作平台建设的成果之一。

此外，2020年，中日韩三国联合举办的"东亚文化之都"评选活动、文化产业论坛和"悟空杯"中日韩青少年漫画大赛等，均按计划顺利进行，有力加强与增进了三国人民的交流与友谊。未来，中日韩可以继续在与抗疫直接相关的医药产品、医疗设备、抗疫物资、疫苗研发等领域，形成新的分工合作机制，保障区域内防疫物资供应链的稳定与安全，并进一步推进包括经济合作在内的各项民间交流活动。

三 对中日民间交流的反思与展望

民间交流的重要性在于具有官方交流不可替代的作用，尤其是在涉及国民情感时，民间率先行动具有引领意义。尽管如此，中日民间交流现状与两国日益深化的合作需求并不匹配，原因值得深思。

（一）对现状的反思

我们反思中日民间交流现状中存在问题的目的不是加深对立和冲突，而

---

① 袁鹏：《新冠疫情与百年变局》，《现代国际关系》2020年第5期，第4页。

是在未来可以更好地开展合作与交流。以留学教育为例，新冠疫情暴露了留学教育中留学人数骤减、网络授课的学习效果不佳等各方面问题。未来的中日教育合作领域，可以借鉴2020年10月美国亚利桑那州立大学雷鸟全球商学院在日本广岛大学内开设全球分校的做法，① 考虑在对方国家开设国际分校。

在教育之外，文化、青年交流是民间交流的重要内容。为了更好地吸引日本人，特别是年轻人来华旅游、学习等，中国在旅游基础设施、游客观光体验等方面具有很大的改进空间。而且，更为重要的是，对于如何提升中国的国际形象、增强国家魅力等，中国应该认真思考并拿出有效对策。

同时，正如互动交流是双向的一样，为推动交流而进行的努力也是双向的。例如，观光产业本身就容易受到自然灾害、流行病等外部环境恶化的影响，而且在很大程度上会被国家间的政治、历史问题所左右，这一点在亚洲地区表现得尤为突出。② 因此，对于造成日本人对华情感不佳现状的原因，以及如何改善这种不容乐观的现状，不仅"值得中国官方人士研究"③，也值得日本各方面人士深思。因为，中日民间交流具有可以加深国民之间相互认知与理解的一面，也具有容易受到国民情感影响的脆弱一面，两国都有责任从正面进行引导。

日本社会有识之士对于中国对外政策的解读，不可避免地会影响民众的对华认知和情感。对于中国的"一带一路"倡议，有学者认为，2015年以后，中国将其作为外交重点是在建立中美新型大国关系过程中遭遇挫折的结果。④ 也有分析人士认为，其导致中美出现贸易摩擦。⑤ 更有甚者认为，中国的快速发展是历史必然，西方阵营在与中国的竞争中取得胜利也是历史必

---

① 「アリゾナ州立大学/サンダーバードグローバル経営大学院—広島大学グローバル校の概要—」、https：//www.hiroshima-u.ac.jp/system/files/148188/広島大学グローバル校の概要.pdf［2021-01-12］。
② 宮島良明「新型コロナウイルス感染拡大の訪日観光への影響」、東大社研現代中国研究拠点編『コロナ以降の東アジア―変動の力学―』、東京大学出版会、2020、40~41頁。
③ 《日本的未来取决于对华政策抉择》，《环球时报》2020年12月18日，第7版。
④ 高原明生「中国の一带一路構想」、川島真・遠藤貢・高原明生・松田康博編『中国の外交戦略と世界秩序―理念・政策・現地の視線―』、昭和堂、2020、18~20頁。
⑤ 小原凡司「地政学に基づく中国の国家戦略」、『東亜』2021年1月号、11~12頁。

然，日本应该在西方阵营的对华大战略中发挥主导作用。① 值得注意的是，上述言论的根源均在于日本社会自2010年以来并未完全接受中国的和平发展，这成为日本国民对华感情不断恶化的症结所在。

（二）对未来的展望

新冠疫情提醒人类，在病毒面前，人类是相互依存、不可分割的命运共同体。按照弗里德曼对于新冠疫情前后的时代划分，可以说2020年是"人类命运共同体元年"。综观历史，"危"与"机"通常相辅相成。中日民间交流在新冠疫情背景下暴露出不足，在一定程度上阻碍了中日关系的发展，但也使两国更加深刻地意识到改进双边交流形式、议题、范围等的必要性和迫切性。可以预见的是，新冠疫情平息以后，中日民间交流将有所恢复。但是，日本对于自身实力与地位的焦虑感是影响两国关系发展的重要变量，未来，中日民间交流仍然存在一定干扰因素。

"山川异域，风月同天。寄诸佛子，共结来缘。""缘"的内涵因时代而变化。② 然而，无论如何，中日两国互为邻国的地缘关系都不会发生变化。"论往昔，中华东瀛为敌为友是非在；望前程，环宇生民是福是祸总相关。"③ 中日友好的根基在民间，中日关系的前途掌握在两国人民手中。未来，两国应该在维护好现有渠道的基础上，开拓思想交锋、经济合作、文化交流与政策沟通的宽领域、多层次交流平台，建立起学术团体、企业行会、新闻媒体、社会公众之间的民间交流机制，探索有效消除国民感情症结、促进加强相互理解与认知的方向与道路，而这也是维护"人类命运共同体"的应有之义。

---

① 兼原信克「日本が主導すべき西側の対中大戦略」、『正論』2021年1月号、50～57頁。
② 吴葆璋：《山川异域，风月同天》，《读书》1979年第8期，第137页。
③ 初晓波、李尧星：《中国的日本研究：历史、现状与展望——初晓波教授访谈》，《国际政治研究》2020年第2期，第160页。

B.13
疫情下的日本对非外交
——以日本对非抗疫援助为核心

王一晨*

摘　要： 自1993年东京非洲发展国际会议平台建立至今，日本对非关系逐渐从"保持存在"转为"战略重视"，援助模式由"传统援助"变为"投资合作"，同时在方式上紧拉国际组织开展多边合作，在方向上也突出对非洲重点战略地区的重视。2020年新冠疫情暴发以来，非洲各国受到疫情严重冲击，日本作为世界卫生医疗及对外援助大国，为增强自身在非影响力，着眼于后疫情时代的日非合作，不断加大对非紧急卫生医疗援助力度，大力开展"抗疫外交"。本报告从疫情前日本对非战略布局切入，重点整理疫情发生后日本对非抗疫援助新变化，试析其动因并研判发展形势。

关键词： 日非关系　新冠疫情　"印太"战略　对外援助　抗疫外交

长期以来，在日本传统对外关系中，地理位置偏远的非洲并未占有重要地位。日本对非外交战略经过从最初的外交接触到融入西方对发展中国家援助体系，在此之后对非开展政府对外援助，再到重视非洲市场资源并以官民协作方式推广经济外交等几个阶段。近年来，随着中国等新兴市场国家不断

＊ 王一晨，法学博士，中国社会科学院日本研究所助理研究员，主要研究方向为日本对外战略、日非关系。

加大对非合作力度，非洲各国"向东看"势头愈发猛烈，日本对非态度也逐渐转为战略重视。2020年，随着新冠疫情在全球肆虐，日本作为世界医疗卫生和对外援助大国，利用自身技术优势，延续对非洲社会民生领域的援助传统，对非开展以卫生医疗援助为核心的抗疫外交的特征愈发显著。

一 疫情前日本对非战略布局和思路

近年来，非洲大陆逐渐成为域外大国进行权力角逐的重要战场，日本也愈发重视在非彰显经济实力和政治影响力。长期以来，日本以"东京非洲发展国际会议"（TICAD）为基轴，紧拉国际组织，重视同非洲域内重点地区与国家的关系，着力深化对非经贸投资合作，不断完善自身对非战略布局。

（一）日本越来越重视对非战略

欧洲的前殖民宗主国一直视非洲为"战略后院"，美国向来将非洲作为全球反恐战略的重要一环，中、印、俄等新兴市场国家不断走进非洲。日本始终紧咬对非合作，特别是安倍开启"俯瞰地球仪外交"模式并逐步将其升级更新，在第六届TICAD上提出"自由与开放的印度洋－太平洋"战略，紧拉非洲以作为其战略支点，联合印度"取长补短"，倡导共建"亚非增长走廊"。日本对非外交举措实质上均系将一直强调的"印太"地缘政治战略空间延伸至非洲大陆，可见，非洲在日本"印太"战略版图中的地位愈发凸显。

（二）日本对非战略逐渐从"传统援助"转为"投资合作"

自加入经济合作与发展组织（OECD）以来，日本的前期对非政策是通过提供无偿援助和贷款投资，围绕"减贫""发展"等主题开展"援助外交"[①]。非

---

① 外務省「2019年日本の開発協力政策—開発協力大綱—」，https：//www.mofa.go.jp/mofaj/gaiko/oda/shiryo/hakusyo/19_hakusho/honbun/b0/seisaku.html［2020－11－01］。

洲逐渐成为日本仅次于南亚、东南亚等周边地区的主要对外援助地区。①2019年，在日本横滨召开的第七届TICAD上，日方大打"日非合作转型牌"，突出"新TICAD"理念，着力在经济、社会和安全三大支柱上做文章，推进未来三年私企进行超200亿美元的对非投资，深化培养非洲青年产业人才的"ABE倡议"，倡导"全民健康覆盖"，发起"非洲健康与福利倡议"，将"人的安全"放在援助非洲社会发展的重要位置，推动同联合国、非盟以及非洲各次区域组织合作维护非洲安全，提出向非洲派遣精于政府债务和宏观财政政策的专家等。日方强调横滨峰会将实现"TICAD从政府援助主导向企业投资合作的重大转型"②。可见，经过七届TICAD，在后安倍时期，日本对非"官民协作"的双轨外交趋势已逐渐成形，其中"官退民进"的特点更加突出。

（三）日本对非合作突出"多边切入+重点介入"的特点

日本虽然介入非洲时间较早，但因地理位置较远且受整体国力所限，难及中美对非合作覆盖范围，程度上也不如欧洲在非耕耘之深。因此，日本对非多采用以同国际组织开展多边合作为切入点，紧拉非洲重点国家以作为主要抓手的复合式战略，且注重长期投入，少做"一锤子"买卖，突出日非合作与国际对非合作的不同特点，以增强自身在非影响力。与"中非合作论坛"不同，日本历届TICAD均邀请联合国开发计划署（UNDP）、非盟、世界银行等国际组织作为共同办会方参会，以彰显开放性和包容性。日本开展对非合作很难做到多角度、全覆盖地平均发力，基于"印太"战略在非洲的自然延伸，日本与非洲合作的重点区域集中在东南非、印度洋沿岸以及西非几内亚湾沿岸等的资源型国家，主要借推动基础设施互联互通，完善非洲内地至沿海地区的物流交通体系，确保战略资源运输渠道畅通。

---

① "OECD Development Co-operation Profiles 2020 Japan," https://www.oecd-ilibrary.org/sites/b8cf3944-en/index.html?itemId=/content/component/b8cf3944-en [2020-11-02].
② 外務省『外交青書2020年版』第2章第7節「アフリカ」、132~133頁、https://www.mofa.go.jp/mofaj/gaiko/bluebook/2020/pdf/pdfs/2_7.pdf [2020-11-03]。

二 疫情背景下日本对非援助新变化

2020年初突如其来的新冠疫情打乱了国际对非合作进程，日方本应加快落实的第七届TICAD诸项成果也因此被迫停摆。非洲长期卫生医疗条件较差，疫情更是给非洲带来巨大挑战，截至2020年12月底，全非累计确诊病例已超270万人且增长速度较快①，并对非洲各国经济社会发展造成极大冲击。在此背景下，日本为延续自身在非的战略影响力，开始转变思路，加大对非卫生医疗领域的援助力度，注重长短结合，着力开展抗疫外交。

（一）日本加大对非紧急抗疫援助力度

日本开展对外抗疫援助主要涵盖以加强疫情应对和完善卫生医疗体系为主的无偿资金援助（医疗物资捐赠）、以支援发展中国家经济社会发展为目标的日元贷款以及通过国际组织多边渠道提供援助三大领域②，其中对非洲国家的抗疫援助主要集中在无偿资金援助领域。

1. 向非洲捐赠抗疫紧急医疗物资

日本在2020年下半年加大了对外抗疫援助力度，根据外务省的统计数据，截至2020年12月31日，为援助全球发展中国家抗疫，日本共与96个国家签订"经济社会发展计划"，捐赠紧急医疗物资价值共计478亿日元。③对非紧急援助主要呈现如下几个特点。

第一，受援国家数量位居各大洲第一。在接受日本紧急医疗物资捐赠的96个国家中，亚洲有22个，主要集中在东南亚和南亚；拉丁美洲有18个，

---

① 《非洲新冠肺炎疫情最新播报》，新华非洲微信公众号，2020年12月31日，https://mp.weixin.qq.com/s/C7KHuxe4p0YUWU4hbj270Q［2021-01-05］。
② 「日本の新型コロナウイルス感染症対策（途上国支援：概要)」、外務省網站、2020年9月、1頁、https://www.mofa.go.jp/mofaj/files/100098633.pdf［2020-11-20］。
③ 日本开展抗疫紧急援助的相关数据为笔者根据日本外务省公布的信息整理、总结所得。「ODA情報一覧」、外務省網站、https://www.mofa.go.jp/mofaj/gaiko/oda/news/index.html［2020-12-31］。

遍布南美和加勒比地区；欧洲有5个，均为东欧和巴尔干地区国家；大洋洲有14个，全部是南太平洋岛国；非洲有37个，覆盖东西南北中五大次区域。日本在短短半年间为过半数非洲国家提供紧急援助，充分体现出其对非开展抗疫外交力求做到全覆盖。

第二，受援资金总额仅次于亚洲。在日本已提供的共计478亿日元的抗疫紧急物资捐赠中，亚洲受援209亿日元，位列首位，占比约为43.7%；拉丁美洲受援79亿日元，占比约为16.5%；欧洲受援5亿日元，占比约为1%；大洋洲受援40亿日元，占比约为8.4%；非洲受援145亿日元，占比约30.3%。造成日本对非援助额少于亚洲的主要原因在于对东南亚的援助是日本官方发展援助的重中之重，此次对菲律宾、缅甸、柬埔寨、印度尼西亚、越南、老挝六国的援助额就高达115亿日元，占其对外援助总额的近1/4。因此，非洲在日本对外紧急抗疫援助中是仅次于东南亚的重要地区。

第三，对非洲援助注意均衡但有所侧重。在日本对非紧急医疗物资捐赠中，北非3国为20亿日元，西非11国为40亿日元，中非6国为17亿日元，东非13国为60亿日元，南非4国为8亿日元。非洲各国均存在较大基础卫生医疗缺口，日本在开展抗疫援助中虽尽量做到"多点开花"，但关注重点仍集中于东非、西非，这两个地区的受援国数量、受援金额均远高于其他地区。东非、西非是日本推动"增长之环"①、"纳卡拉走廊"②以及"北部走廊"③三大基建工程的重点地区，也是石油、天然气、有色金属等战略资源的主要来源地，西非是落实"全民健康覆盖"倡议的示范地区，东非更是日本力推的"印太"战略的域内区域。日本对埃及、尼日利亚、肯尼亚、埃塞俄比亚四国的援助额达45亿日元，占援非总额的近1/3。可见，日本对非抗疫外交更倾向于加大对基础设施重点合作地区和次区域主要资源型国家的

---

① 日本于2015年参与连接布基纳法索、科特迪瓦、多哥、尼日利亚等西非国家的环状公路建设项目，共提供315亿日元低息贷款和无偿援助。
② 日本于2012年参与连接莫桑比克内陆经马拉维至纳卡拉港口的铁路公路改建项目，以为其国内煤炭等矿产出口提供便利。
③ 日本于2017年参与以肯尼亚为中心辐射延伸至乌干达、卢旺达、布隆迪、刚果（金）的道路建设项目，旨在构建东非地区的物流交通网络。

支持力度。

2. 向非洲提供日元贷款

提供日元贷款是日本援助发展中国家缓解新冠疫情带来的经济冲击的重要手段之一,但接受日元贷款的非洲国家相对较少。2020年8月,日本向肯尼亚提供80亿日元贷款以帮助其提升基础卫生水平。肯尼亚在本国"2030年远景规划"中将促进"全民健康覆盖"作为重要战略目标,日本视肯尼亚为推动"全民健康覆盖"倡议在东非落地的主要合作支点①。12月,日本向摩洛哥提供2亿美元贷款以缓解疫情对其经济社会造成的负面影响②。

日本在对非贷款方面一直保持谨慎态度。一方面,日本对非贷款多用于基础设施建设教育、卫生、公共服务等民生领域,大工程合作项目较少,因此,日本对非贷款仍处于相对较低水平;另一方面,日本长期附和西方炒作中国在非"制造债务陷阱",站在所谓对非债务问题"道义制高点"。这相对限制了其对非开展日元贷款的合作。

3. 通过国际组织开展对非多边援助

2020年4月30日,日本国会批准的2020年度第一次补充预算案共划拨840亿日元作为对包括非洲在内的全世界发展中国家的抗疫资金支持。③ 其中用于提供给国际组织的金额约为365亿日元,主要用在提高发展中国家应对疫情的卫生医疗水平和促进新冠病毒疫苗研发两方面。④

在提高医疗卫生水平方面,一是同联合国开发计划署合作,为包括非洲在内的29个国家提供卫生医疗培训和改善公共服务条件,其中于

---

① 外務省「ケニア共和国に対する円借款に関する書簡の交換」、2020年8月27日、https://www.mofa.go.jp/mofaj/press/release/press4_008709.html［2020-11-20］。
② 外務省「モロッコ王国に対する新型コロナウイルス感染症対応のための支援（ドル建借款）」、2020年12月3日、https://www.mofa.go.jp/mofaj/press/release/press24_000056.html［2020-12-31］。
③ 外務省「緊急経済対策（令和2年度補正予算外務省所管分）」、2020年4月、https://www.mofa.go.jp/mofaj/files/100042203.pdf［2020-11-17］。
④ 寺林裕介「新型コロナをめぐるWHOを中心とした世界の動きと日本外交」、『立法と調査』2020年9月号、105頁。

2020年8月与UNDP共同向埃及和尼日利亚提供约610万美元援助以缓解疫情造成的社会经济负面影响，这被当地媒体大加赞扬。① 二是与联合国儿童基金会（UNICEF）合作，支援包括非洲在内的66个国家提高当地医护人员的防护能力、购买卫生用品等。2020年6月，日本向UNICEF提供400万美元，为埃塞俄比亚近8000名医护人员提供防疫培训，向200万名民众普及防疫知识。② 三是与联合国妇女署（UN WOMEN）合作，于2020年6月提供450万美元以在肯尼亚、埃塞俄比亚、卢旺达、南非四国开展相关项目，为当地妇女与女童提供同等的疫情防护和医疗救助手段，日本成为疫情暴发以来首个向UN WOMEN提供援助的国家。③

在促进新冠病毒疫苗研发方面，日本在疫苗开发和供给保障领域不断加强同"流行病防范创新联盟"（CEPI）和"全球疫苗免疫联盟"（GAVI）的合作。④ 日本在TICAD横滨峰会上就别出心裁地同时召开"GAVI第三次增资准备会"，邀请大批非方人员参与，支持与GAVI在非开展传染病疫苗接种三方合作。⑤ 在2020年6月的"全球疫苗峰会"上，日本又向GAVI增资3亿美元，其中，1.3亿美元被用于保障对包括非洲

---

① "COVID-19 Crisis: Japan Partners with UNDP to Support Nigeria's Health and Socio-Economic Response," UNDP, August 20, 2020, https://www.ng.undp.org/content/nigeria/en/home/presscenter/pressreleases/2020/covid-19-crisis--japan-partners-with-undp-to-support-nigeria-s-h.html［2020-11-29］；"Government of Japan and UNDP Commit to Addressing Socio-Economic Impact of COVID-19 in Egypt through Human Security Approach," *African News*, August 20, 2020, https://www.africanews.com/2020/08/25/coronavirus-egypt-government-of-japan-and-undp-commit-to-addressing-socio-economic-impact-of-covid-19-in-egypt-through-human-security-approach［2020-11-30］.

② "Japan Gives UNICEF over USD 4 Million for Its COVID-19 Response in Ethiopia," UNICEF, June 29, 2020, https://www.unicef.org/ethiopia/press-releases/japan-gives-unicef-over-usd-4-million-its-covid-19-response-ethiopia［2020-11-30］.

③ "The Government of Japan to Fund UN Women Programs to Address the Impact of COVID-19 on Women and Girls in Africa," UN WOMEN, June 12, 2020, https://africa.unwomen.org/en/news-and-events/stories/2020/06/japan-fund-covid19［2020-12-03］.

④ 外務省「日本の新型コロナウイルス感染症対策（途上国支援：概要）」、2020年9月、3頁、https://www.mofa.go.jp/mofaj/files/100098633.pdf［2020-12-09］.

⑤ 外務省「Gaviワクチンアライアンス第3次増資準備会合の開催」、2019年8月30日、https://www.mofa.go.jp/mofaj/ic/ghp/page4_005259.html［2020-12-09］.

在内的发展中国家新冠病毒疫苗供给。①

与国际组织在非洲开展多边合作一直是日本对非援助的重要抓手，也是同中非合作的主要不同之处。新冠疫情暴发以来，日本在加大对非双边援助力度的同时，延续同国际组织开展在非三方合作的模式，既节省自身成本，弥补难以兼顾深度与广度的不足，又借国际组织在非洲各国已有成熟框架内推动援助快速落地，达到通过抗疫援助增强在非影响力的主要目的。

（二）日本持续深化对非抗疫援助长期机制

1. 以提高非洲人民营养水平为抓手

非洲各国长期面临人口营养不良问题，日本以提升非洲人民营养水平为抓手，既做长线投入以提升非洲国家对日亲近感，又可将日本自身健康理念"软实力"逐步渗入非洲民间基层，提升日本的整体影响力。2020年10月，日本外相茂木敏充在"全民健康覆盖友人部长级会议"②上强调，为提高非洲应对新冠疫情的能力，各国需要通过加强援助非洲、改善非洲人民生活环境以实现长远社会安全保障的目标。日本为推动实现"全民健康覆盖"，向非洲12国提供援助，提高当地人民的营养水平，并表示于2021年在东京召开"全球营养峰会"，为非洲儿童营养与健康提供援助。③ 2020年3月，日本同联合国儿童基金会合作，在加纳开展"母子健康手册计划"，提供1亿日元援助用于提高育儿期母子营养供给和医疗服务水平。④ 7月，日本向马达加斯加提供约1.5亿日元援

---

① 外務省「UHCフレンズ閣僚級会合での茂木敏充外務大臣発言」、2020年10月8日、https：//www.mofa.go.jp/mofaj/files/100101489.pdf［2020 - 12 - 09］。
② 另外，"全民健康覆盖友人集团"（UHCフレンズグループ）于2018年12月由日本主导设立，共有64个成员国，现任主席国为日本、泰国、格鲁吉亚。
③ 外務省「UHCフレンズ閣僚級会合での茂木敏充外務大臣発言」、2020年10月8日、https：//www.mofa.go.jp/mofaj/files/100101489.pdf［2020 - 12 - 11］。
④ 外務省「ガーナにおける母子保健サービス改善のための無償資金協力に関する書簡の交換」、2020年3月2日、https：//www.mofa.go.jp/mofaj/press/release/press4_008351.html［2020 - 12 - 11］。

助用于改善当地5岁儿童的营养状况。①

2. 深化对非疫情科研和人才培养合作

日本以在非医疗研究机构为支点，大力开展对非疫情科研合作。加纳野口英世纪念医学研究所、肯尼亚医学研究所、赞比亚大学、乌干达地区重点医院等医学基地均为日本与非洲各国合作研究传染病及实施相关对策的代表性成果。尤其是位于加纳的野口英世纪念医学研究所已成立40余年，拥有120名医学研究人员。该所已为当地民众进行核酸检测30余万人次，占全国检测总数的80%，成为加纳最大的新冠病毒检测中心。2020年12月，日本向几内亚国家公共卫生研究所提供1.43亿日元无偿资金援助，用于改善医疗设备以提高当地疫情检测、病毒研究能力。② 日本驻马达加斯加国际协力机构（JICA）志愿者团队原成员艾哈迈德现已成为马达加斯加卫生部部长，与JICA合作在当地学校推广"防疫洗手歌"，并被日本电视台广为报道。③ 日本还动用一切在非抓手不遗余力地宣传自身的抗疫做法。2020年7月，马达加斯加卫生部部长、肯尼亚医学研究所主任、野口英世纪念医学研究所主任、日本国际协力机构副理事长等共同出席全球发展中心视频研讨会，向非洲宣传日本抗疫经验与方法。④

3. 加大对非粮食援助力度以缓解因疫情产生的连带危机

非洲长期以来面临粮食安全挑战，疫情暴发以来，非洲各国相继出现不同程度的粮食危机，向非洲提供粮食援助也成为日本开展对非抗疫援助的重

---

① 外務省「マダガスカルにおける栄養改善のための無償資金協力に関する書簡の交換」、2020年7月10日、https：//www.mofa.go.jp/mofaj/press/release/press4_008569.html［2020-12-13］。

② 外務省「ギニア共和国に対する無償資金協力に関する書簡の交換」、2020年12月24日、https：//www.mofa.go.jp/mofaj/press/release/press22_000127.html［2020-12-31］。

③ "Madagascar Handwashing Song：A Collaboration between JOCV and a Popular Singer Has Been Raising Awareness of Proper Handwashing," JICA, May 28, 2020, https：//www.jica.go.jp/english/news/field/2020/20200528_01.html［2020-12-16］。

④ "African Leadership Fighting against COVID-19—Webinar Hosted by Center for Global Development," JICA, July 30, 2020, https：//www.jica.go.jp/english/news/field/2020/20200730_01.html［2020-12-16］。

要手段。日本围绕"构建强韧且可持续的社会"这一新的 TICAD 理念,加大对非洲,特别是对西非、南非各国的粮食援助力度。截至 2020 年 12 月 31 日,日本在双边层面向尼日尔、布基纳法索、毛里塔尼亚、多哥等 13 国提供了价值共计 37 亿日元的无偿粮食援助;在多边层面,加强同世界粮食计划署(WFP)的合作,向乍得、中非、莫桑比克、喀麦隆等 7 国提供了价值共计 17 亿日元的无偿粮食援助,以缓解非洲各国因疫情出现粮食短缺所引起的各种负面社会问题。①

三 日本对非开展抗疫外交动因分析

当下,新冠疫情仍在全球蔓延,疫情持续冲击非洲。非洲各国更需国际社会援助以度过社会经济危机,但欧美国家或因国内事务无暇他顾,或因疫情冲击无力施以援手,作为世界医疗卫生大国,日本对非洲社会民生领域进行援助的经验丰富。在这一国际变局下,日方大力开展抗疫外交既能满足非洲的现实需求,又可以此为抓手为后疫情时代日非合作提前谋篇布局,符合日本对非洲政治、经济、战略等方面的利益考量。

(一)政治动因

长期以来,日本为谋求"政治大国"地位,参加"四国集团",积极寻求国际社会支持推动联合国安理会改革,特别是将拥有众多国家、同样希望联合国安理会改革"入常"且急需经济援助的非洲作为自己"争常"的"大票仓"。鉴于非洲是发展中国家最多的大洲,社会生活、医疗卫生水平普遍落后,新冠疫情冲击更令非洲的医疗卫生体系雪上加霜,日本希望借加大对非抗疫援助力度之机,既巩固日非关系,拉拢非洲助其推动联合国安理会改革,又赢得非洲国家的民意基础,以便在国际组织竞选和多边事务中得到非方更多的选票支持。

---

① 相关粮食援助数据为笔者根据日本外务省公布的信息整理、总结所得。外务省「ODA 情报一览」、https://www.mofa.go.jp/mofaj/gaiko/oda/news/index.html [2020-12-31]。

（二）经济动因

新冠疫情暴发以来，全球经济陷入衰退，日本国内也面临严峻挑战，亟须开发海外新兴市场以恢复企业的活力。近年来，非洲众多新兴市场国家出现较快经济增速及青年人口红利催生巨大消费市场和投资需求，对日本推动企业"走出去"的吸引力巨大。但长期以来，日企囿于回报率低、营商风险大等对赴非投资积极性不高，因此日本大打"抗疫援助牌"，既为更多日企投资非洲创造便利条件，也为后疫情时代进一步打开非洲市场谋划布局。同时，非洲自然资源丰富，是日本重要原材料进口来源地，对于能源资源匮乏的日本而言，拉紧非洲势在必行。日本通过对非洲重要资源型国家开展抗疫援助，侧面推动周边基础设施建设，力求进一步保障战略资源供给，确保自身经济安全。

（三）战略动因

非洲是日本"印太"战略的重要组成部分及自然延伸，深化对非关系也是日本完善全球战略版图的重要一环。受疫情冲击，传统发达国家自顾不暇，导致国际对非战略出现部分"权力空白"，日本借"抗疫外交"抢抓后疫情时代在非洲构建秩序的"机会窗口"，既缩小了自身与其他在非传统势力的影响力差距，提高了在非存在感，也为进一步推动"印太"战略在非落地，深化对非合作谋篇布局。同时，日本在非洲长期致力于进行社会民生领域的援助，倡导"全民健康覆盖"，非洲疫情肆虐为日本借抗疫援助在后疫情时代进一步落实TICAD横滨峰会成果提供契机，助力日本卫生医疗理念模式与非洲对接，打下合作基础。

（四）涉华动因

近年来，美国开启"逆全球化"风潮，扬言"撤出非洲"，英法德等欧洲传统发达国家对非虽不会轻易撒手，但始终难以做到面面俱到。与之相对，以中国为首的新兴市场国家逐步加大对非合作力度，在非影响力与日俱增,尤其是中国连续十余年为非洲第一大贸易伙伴国,中非合作论坛引领国际对非合作。特别是疫情暴发以来,"东进西退"的态势更加明显。因此,中国因素日益成为日本实施和调整非洲战略的重要变量。近年来,日本不断加大在非"进取"力度,视中国为最大战略竞争对手,倡导"高质量基础设施建设"以彰显日非合作与中非合作的不同,在对非合作议程中屡屡夹带"联合国安理会改革""债务""涉海"等问题,可见中国因素在日本实施对非战略中的比重不断提高。同时,日本也认识到中国在非经营已久,在基础设施建设、经贸合作、民间交流等领域均难以同中国进行量化竞争,因此,与欧美公开抹黑与诋毁中非合作、诱拉非洲"选边站队"不同,日本尽量避免与中方发生正面冲突,而是在医疗卫生等非洲急需但中国投入相对较少的社会民生领域加大对非合作力度,凸显竞争优势。

四 结语

疫情发生前,非洲国家"向东看"趋势愈发显著,日本以 TICAD 为对非外交基轴,着力在经济、社会和安全三大领域加强对非合作,重视非洲经贸合作伙伴的地位,进而在政治上拉紧非洲,力推自身的"争常"策略与非盟的联合国安理会改革立场"捆绑",为推动联合国安理会改革争取更多支持,同时不断增强自身在非洲的影响力,逐步推动"印太"战略在非落地。疫情暴发后,非洲各国受疫情冲击影响较大且急需获得国际社会援助,在欧美国家囿于自身困境分身乏术之际,日本抢抓"机会窗口期",利用自身在非社会民生领域的援助经验,加大对非医疗卫生的援助力度,倡导"全民健康覆盖"理念,对非洲各国进行紧急双边援助,与联合国开发计划署等国际组织携手对非进行多边援助,持续完善提升非洲人民的营养水平、加强人才培养、提供粮食援助等长期援非机制,力求做到理念实、覆盖广、力度大,积极探索抗疫外交新路线,为后疫情时代的日非合作谋篇布局。

2020 年 12 月 8~14 日,日本外相茂木敏充访问突尼斯、莫桑比克、南非、毛里求斯四国①，这是日本新政府外相的对非首访，也是新冠疫情背景下为数不多的对非进行访问的主要西方阵营国家外长之一，反映出日方高度重视日非关系及抢先谋划后疫情时代日非合作。茂木除到访2022年TICAD举办国突尼斯为第八届峰会造势外，其余三国均为印度洋沿岸国家。其间，日方大谈抗疫援助与基础设施建设合作，着眼于深化日非经贸合作关系，力推"印太"战略，涉及联合国安理会改革、东海、南海等问题，②且选在中国外长新年传统首访非洲之前，对冲中国在非影响力的意图十分明显。

应该看到，非洲各国在政治上依靠欧美，在经济上依靠中印俄等新兴市场国家的外交形势在短期内难因疫情而发生重大改变，因此，日本虽大力推动对非抗疫外交，但在地理上多局限于东非、西非，在方向上多集中在医疗卫生健康等社会民生领域，始终在广度、深度、力度上难及欧美中等的长期对非合作。非洲各国也多倾向于将日本视为经贸合作伙伴，而较少将其作为全方位、多领域的战略合作对象。

也应注意，虽然日本在短期内难以超越欧美成为中国在非的主要竞争对手，且日本对中非合作态度趋于保守谨慎，远不如欧美与中国在非竞争态势那般尖锐激烈，但在新冠疫情在非蔓延、中美博弈加速向非洲传导的大背景下，日本为推动"印太"战略，势必会继续以抗疫合作为重要抓手，不断深化对非合作。同时，应注意到日本借抗疫从卫生、医疗等民生角度重点突破，渗入基层的对非合作模式久久为功，在非洲民间具有较大市场，同时也是中非合作的较为薄弱的环节，这对借鉴这一合作模式加强中国对非合作具有参考意义。

---

① 「茂木外相、アフリカ4カ国歴訪で関係強化へ」、『毎日新聞』2020年12月10日、https://mainichi.jp/articles/20201210/k00/00m/030/237000c［2020-12-31］。
② 「アフリカと経済関係強化　日・南ア外相会談」、『産経新聞』2020年12月12日、https://www.sankei.com/politics/news/201212/plt2012120010-n1.html［2020-12-31］。

B.14
从2020年年度汉字和新语、流行语看日本社会与国民心态

王瓒玮*

摘　要： 2020年日本年度汉字为"密"；新语、流行语大奖为"3密"，其余为"爱的迫降"、"动物之森"、"安倍口罩"、"阿玛比埃"（Amabie）、"线上〇〇"、"鬼灭之刃"、"Go To 促销"、"单人帐篷"、"Fuwa"酱。词语最大的特点为均与新冠疫情紧密相关；从内容来看，词语集中折射了社会对防疫政策、数字化改革、心灵重建三个领域变化的反应。从中可以看到，日本社会对政府防控疫情能力和效果有所不满，国民焦虑不安。疫情下，社交距离的调整加快了日本数字化改革进程，但仍需克服旧有的社会认知与习惯。在疫情的大变局压力下，日本国民渴望被温暖地治愈。因此，娱乐业被社会大众密切关注，产生了良好的经济效益。

关键词： 年度汉字　新语　流行语　日本社会　国民心态

2020年，新冠疫情的全球大流行成为改写整个人类历史的标志性事件。日本社会在应对疫情这一巨大不确定事件的过程中做出深刻调整，国民心态也随之几经波动。此年间，社会的渐变发展又在日本国内政局、经济消费方

---

* 王瓒玮，历史学博士，中国社会科学院日本研究所助理研究员，主要研究方向为中日环境史、灾害史比较研究。

式、生活样式等诸多层面触发了系统性联动影响。日本的年度汉字、新语和流行语是管窥日本社会的特殊切入口。它们以短小精悍的词语形式对大变局中的热点事件进行高度浓缩，生动地表达了日本国民对社会新形势的感知与关注。

一 聚焦疫情：2020年年度汉字和新语、流行语概览

总体而言，2020年的日本年度汉字及十大新语、流行语一反往年所涉领域广博、叙事内涵多元的常态特征，表现出词语高度聚焦疫情的明显倾向。这说明，新冠疫情的突发与常态化成为推动本年度日本社会变化的主要外力因素。

2020年12月14日，第26个日本年度汉字在京都清水寺予以揭晓。主办方日本汉字能力鉴定协会自11月1日到12月6日面向公众征集意见，共收到208025张投票，最终"密"字以13.65%的支持率当选。"密"字获选的理由大致有三。其一，指代日本政府提出的防控疫情的"3密"政策，即拒绝"密"闭的空间、人员"密"集的场所和"密"切接触。该词最先出自东京都知事小池百合子，她在向民众宣传政府防疫政策时，将疫病专家的意见简化为严防"3密"。此后，该词在频繁的日常使用中迅速融入社会生活，为大众口口相传。其二，以避免"3密"接触为前提的新生活方式改革，改变了日本社会的社交距离，日本国民开始重新反思人与人之间亲"密"无间的重要意义。疫情扩大化背景下，线上无接触的交往形式得到推广和普及，物理空间的疏离反而增强了民众对心灵交流的渴望。同时，"密"字还寄托了日本国民希望在新的一年中，能够摆脱疫情影响，与他人重新建立紧"密"关系的美好愿望。其三，2020年也是日本政界、文艺界中，充满秘"密"以及各种"黑问题"的一年。10月1日，日本学术会议向政府提交了包含105人的成员名单，但菅首相未批准对其中6人的任命，并拒绝说明具体理由，这被社会舆论认为处理秘"密"。此外，艺人密会、

从2020年年度汉字和新语、流行语看日本社会与国民心态

服食禁药等不雅事件也被媒体曝光。①

年度汉字公布当天，菅义伟首相在疫情防控会议后的记者会上表示，他对"密"字的获选并不感到意外，并选出"动"字为自己的年度汉字，菅首相认为，"动"字可以激励自己时刻不忘执政为民的工作劳"动"目标。加藤胜信官房长官在同一记者会上选出"防"字为其本人的年度汉字。"防"字有"防止"疫情出现新一轮的暴发扩散、"防止"失业状况持续恶化等含义。② 加藤衷心希望，疫情给社会发展带来的负面影响能在政策的调控作用下得到有效抑制。

另一日本语言界的年度盛事是由日本自由国民社主办的"U-CAN新语、流行语大奖"评选。该奖项于1984年始创，从众多最能表现当年社会话题和社会热点的流行词中，择优选出获奖词，并在每年12月初予以公布。本届评委会由东京大学名誉教授姜尚中、杏林大学教授金田一秀穗、漫画家辛酸滑子、歌人俵万智、女演员室井滋、漫画家畠山秀树（艺名：役满）、《现代用语的基础知识》总编大冢阳子7人组成。2020年12月1日，第37届获奖词语在东京都揭晓。年度大奖为经东京都知事小池百合子使用而走红的"3密"，其余入围前十名的词语分别为掀起日本第四次韩流的韩剧"爱的迫降"、任天堂出品的游戏"动物之森"、安倍内阁期间推行的防疫"安倍口罩"、带有驱除瘟疫寓意形象的小妖怪"阿玛比埃"（Amabie）、互联网上远距离的"线上〇〇"、漫画和电影大热的"鬼灭之刃"、政府主导的振兴国内旅游的"Go To 促销"③、一个人享受大自然的"单人帐篷"、超有活力的YouTube新型搞笑女艺人"Fuwa"酱。

---

① 日本漢字能力検定協会「2020年『今年の漢字』第1位は『密』」、https：//www.kanken.or.jp/kotoshinokanji/data/release_kanji2020.pdf［2020-12-17］。
② 「首相、今年の漢字は『働』」、『日本経済新聞』2020年12月14日、https：//www.nikkei.com/article/DGXZQODE1475J0U0A211C2000000［2020-12-17］。
③ "Go To 促销"是日本政府为应对新冠疫情影响而推出的补助政策。到目前为止，它包括四个部分，分别为"Go To Travel Campaign""Go To Eat Campaign""Go To Event Campaign""Go To 商店街 Campaign"。政府希望以补助金的形式，唤起国民旅行的需求与热情。这一政策的预算高达1.7万亿日元，是到目前为止日本最大金额的补助政策。

近年来，在互联网新媒体的冲击下，日本国民接收信息的渠道更加多样化、灵活化，因此能够概括社会整体变化且广为人知的流行热点词越来越少。针对信息时代碎片化的演化趋势，新潟青陵大学社会心理学碓井真史教授提出，今后，年度新语、流行语的候选词语应更加关注不同行业领域及年龄结构的发展特征，才能建构和谐的多元社会价值认同。① 而本年度的新语、流行语虽然紧密围绕疫情主线展开，却可根据内容大致归纳为防疫政策、数字化改革、心灵重建三个领域。

二 焦虑难安：日本社会对政府防疫政策的反应及评价

年度汉字及新语、流行语大奖这两个捕捉社会语言变化的重要奖项，自设立以来在本年度首次表现出前所未有的一致性，政府的"3密"防疫政策的"密"与"3密"斩获两项大奖。其他词语，如"安倍口罩""Go To 促销"也均与政府的防疫对策息息相关。2020年，日本疫情出现了较为明显的波段性扩散特征，大体可分为4~5月、7~10月和11~12月三个时段。疫情波动使日本进入社会风险加剧的特殊时期。伴随着疫情走势，政府的社会管理职能与社会需求之间一直寻求矛盾的动态平衡，因此产生了相互影响。

第一，政府各阶段的抗疫措施成为日本社会舆论的众矢之的。2021年4月，致力于宣传语研究的日本中央大学饭田朝子教授便提出，虽然"密"字有"亲密""密切"的正面含义，但东京都知事小池百合子用"密"字这个简单的形式清晰地概括了厚生劳动省疫情防控政策的要求，因而其是"具有年度象征意义的符号化文字"②。小池百合子本人也因此在东京都树立

---

① 「12月1日発表の新語・流行語大賞どれに」、SankeiBiz、https：//www.sankeibiz.jp/workstyle/news/201130/cpd2011301843002 - n1.htm ［2020 - 12 - 17］。
② 『「密です」流行の秘密　小池氏発言ネットで話題に—専門家「訴え方が効果的」—』、https：//www.jiji.com/jc/article? k = 2020042900434&g = soc ［2020 - 12 - 17］。

了较为有领导力的抗疫领导形象。加之她本人善于利用地方都府权限，弥补国家防疫措施的不足，从而获得了政治加分。

第二，日本国民对安倍政府的防疫政策不满，成为其提前结束首相任期的重要因素之一。"成也萧何败也萧何"，历史总有惊人的相似，2011年的"3·11东日本大地震"和福岛核泄漏事故为安倍的长期执政提供了重要契机。时任首相菅直人没有做好灾难善后工作，招致国民恶评，因此自民党在2012年重获执政党地位，安倍再度拜相。2020年前所未有的疫情同样考验安倍政府的危机反应能力。从2020年4月7日安倍在会议上正式提出发放口罩的提议，到以"户"为单位送去2个纱布口罩，其间历时两个多月。滞后而又缺乏实效的防疫政策很难令民众满意，含有吐槽意味的"安倍口罩"广为流传。直到2020年8月，安倍正式提出因病去职，日本疫情也未能得到有效控制，日本社会损失巨大。日本防疫政策究竟何去何从，也是安倍留给继任首相的重要课题。

第三，"Go To Travel"被日本国立感染症研究所认定为掀起第三波疫情的最大诱因，直接导致菅首相的支持率不断下滑。研究报告指出，从病毒链状结构来看，日本自6月开始恢复经济活动后，有的无症状感染者中就已经出现了"阿尔法"变异病毒，并以东京都和首都圈为核心扩散。[1] "Go To Travel"原本为提振国内士气，刺激因疫情大为受挫的旅游业发展而出台的经济振兴政策，因违背"3密"原则，使疫情出现反复。如何实施有效的政策，实现防疫抗疫与经济恢复两不误，是菅政权能否获得连任的关键。

第四，第三波疫情影响了国民对举办奥运会的态度。2020年12月15日，一份NHK民调结果显示，62%的受访者认为应该停办"2020年东京奥运会"。反对的观点主要来自日本社会对疫情未明状况下，国际人口的流动增加违背"3密"风险的担忧。面对民调结果，政府举办奥运会的决心未改，小池百合子表

---

[1] 「コロナ第3波の元凶はGoToだった！　国立感染症研究所のレポートでエビデンスが」、Yahooニュース、https://news.yahoo.co.jp/articles/3633017b674b32452a3436a28e907d5ecf570f68［2020-12-23］。

示，民众的种种担忧是可以消除的，政府应该为未来做足准备。① 东京奥组委主席森喜朗认为，还不能做出停办奥运会的判断。② 另外，疫情走势与民意的确成为影响东京奥运在2021年如期举办的重要因素。

第五，政府防疫政策的不当产生连带效应，产生"新冠差别"社会现象的"密"字隐喻下的社会距离变化，使国民心理的孤独感和虚无感增强。面对新型传染病带来的未知与恐惧，日本社会对新冠肺炎患者乃至医护人员及其家属产生严重偏见，甚至对之进行污名化。为此，日本看护管理学会、日本儿童青年精神科诊疗所联络协议会等社会组织，针对保护医护人员及青少年的身心健康问题进行呼吁。不仅如此，人员流动性下降还增加了日本老龄化社会中的无缘死问题：由于医疗资源有限，不能及时就诊而死在家中的老年人较上年增加。

虽然防疫政策改变了社会的交往距离，同时却创造了新的社会经济价值，推动日本急速进入"在线"的数字化时代。

三　距离价值：疫情刺激日本加快数字化改革

2020年，以"在线"为前缀的组合词成为极具热度的社会流行词，在线医疗、在线教育、在线会议、在线聚会、在线相亲，甚至还出现了在线世界旅行等，几乎所有日常中的熟悉事物都在向以信息技术为支撑的在线化和数字化转变。事实上，日本的数字经济社会发展战略由来已久，但疫情下，新生活样式的转换大大推动了日本社会经济改革的进程，同时还树立起以多元对话、共创为核心的"日本式"数字社会价值观。菅首相组阁后，从政

---

① 「東京五輪、世論が開催賛成のほうに変わるとは到底思えない」、Yahooニュース、https://news.yahoo.co.jp/articles/f24fa2ac87aa6a2dbe7c5e938fc078172c992513 ［2020－12－23］。

② 「今年難しいとは口が裂けても言えない」、Yahooニュース、https://news.yahoo.co.jp/articles/e94232228e8805dff4c949fd94367d7e892001d5 ［2021－01－13］。

府行政规制的大处着手，表明将力争于 2021 年 9 月设立"数字厅"、设"10 月 10~11 日"为数字日，展现了政府改革创新的姿态。2020 年 12 月 20 日，日本国会审议通过了《数字政府实施计划》①。诸多动向标志着日本政府的数字化改革已进入前所未有的新阶段。

第一，"数字厅"被定位为官方和民间进行数字化改革的指挥塔，将全面统筹日本的数字化改革进程。首相将总领"数字厅"，拥有对其他政府部门提出纠正建议等的最高权限。对日本政府而言，首先需要解决的是全国行政系统的在线化、标准化、互通化问题，甚至具有较高难度的统一化问题。受日本自治体地方分权的政治体制的影响，各地方行政系统一直存在较大差异，急需合理整合。日本政府将从内阁府与总务省负责推进的"个人编号卡"项目入手，将逐步开发适应数字时代发展需要的行政操作系统。

第二，日本将进入数字政府转型新阶段。日本政府计划利用云计算、云服务（IaaS、PaaS、SaaS）等数字技术，建立可集中掌握和调用的政府信息系统（Gov-Colud），提升政府的治理能力。这套集中型的数据系统将与地方自治体共享，并通过开放数据利用的部分权限来打造数据的公共服务网点，形成个人、社会组织与政府协作共治的治理格局。这一功能将被主要用于医疗、教育、防灾等公共领域，实现多元主体的协同增效，以构筑安全、安心的可持续社会。

第三，数字化改革驱动经济领域的劳动方式改革。经济领域的数字化改革在 2004 年由瑞典学者提出，是指企业利用先进技术，谋求大规模的业绩改善。2020 年，日本大部分企业为应对疫情不得不进行在线远程工作，使在线办公产品大火，其中包括 Zoom 软件。日本企业一方面被动接受这一劳动方式变化，另一方面也在积极进行数字化经营方式改革。这涉及较为系统的战略转型，包括以数字化带动成本削减，提高工作效率，培养掌握人工智能、大数据、物联网等高科技的人才，重构工作评价体系，析出商业价

---

① 首相官邸「デジタルガバメント実行計画」、https：//www.kantei.go.jp/jp/singi/it2/dgov/201225/siryou4.pdf［2021-01-13］。

值等。

科技改变未来是人类的远大目标,然而,着眼当下,仍需关注社会对新理念的认知度及接受度。日本科技创新所要解决的核心问题是通过技术升级提高劳动生产率。从大数据来看,先进的科技赋能与旧有的社会文化习惯之间依旧存在张力,机遇与问题交织并存。在线远程工作并不是一个新鲜事物,这一政策已出台多年,2011年发生的"3·11东日本大地震"一度引人关注,但灾后在线远程工作并未得到广泛应用。疫情长期化,促使很多企业采用在线工作制。公私时间的混合一方面为家庭寻求工作与生活的平衡带来可能,另一方面也产生了相应的问题。据调查,公司内工作时间的减少让超过50%的男性反而感到工作压力加大。这种压力感被称为"劳动方式改革的副作用"。目前,日本约有1200万名男性因此而患有隐性更年期障碍症。①

总之,改革与发展不仅给日本社会经济注入活力,也带来新问题,需要协同解决。

四 寻求治愈:与疫情共生的社会心理变化及发展趋向

在突如其来的变局中,日本国民经历了因未知传染病所带来的焦灼不安、对可能失业的压力与惶恐、传染与被传染对立关系下的偏见与歧视。居家隔离的措施提升了家庭密集性,使家庭暴力、虐待性事件增加,还出现"新冠离婚"的社会问题。至暗时刻,日本国民向往能被温暖地治愈。从日本建设共生社会的角度来看,关怀心理治愈可以让国民重新确认自我在社会关系中的位置,远离孤独与疏离。2020年,日本民众在韩剧"爱的迫降"、动漫"鬼灭之刃"、游戏"动物之森"、YouTube社交网站、

---

① 「働き方改革の副作用、『仕事で感じるストレス増えた』が半数に」,https://www.fashionsnap.com/article/2019-11-19/work-style-reform/[2021-01-13]。

"单人帐篷"的旅行活动中追寻自我疗愈，进行心灵重建。在日本社会空间所行致远的深处，弥漫着"逃避可耻却有用"这般"治愈"的美好。

首先需要指出的是，日本的"治愈"心理及文化生成有着特殊的社会历史背景，它源于二战后的"原罪"意识。泡沫经济时代，日本社会朝气勃发，人们多追逐感官刺激。泡沫经济崩溃后，社会散发不安气息，自我迷失的加剧使人们转而开始寻求内心的平静，此时，治愈文化开始大行其道。1999年，索尼公司出品的机器狗"AIBO"和音乐家坂本龙一发表的单曲《ウラBTTB》开启了"治愈系"新纪元。此后，人或物被评价为"治愈系"的情况有所增加，泛属"治愈系"文化范畴的事物不胜枚举。温泉旅馆、文学、各类美食、猫咖啡店、明星、玩具等，凡可让人感到慰藉的事物，都被贴上了"治愈系"标签。"治愈系"迅速聚集了经济产业的规模效应，电影、电视、动漫等娱乐产业以此为创作内核，制造卖点，创作了一系列脍炙人口的作品，如宫崎骏的系列动漫，《深夜食堂》《孤独的美食家》等一系列电视剧。这些在生活中触动人心的"小确幸"，推动日本"治愈"文化走向海外，成为日本当代社会独立于世界的一种象征。

另一推动日本"治愈"文化走向高潮并经久不衰的社会历史因素是近年来接连不断的大灾害。受独特地理条件影响，日本一方面享有独特且多样的自然生态体系，另一方面也在承受诸多巨大自然灾害的侵扰。这种极致的正反冲击如同樱花一般，培育了潜藏在日本文化和国民性中的那股盛极而衰的物哀情怀。日本国民感受到事物从极致热烈的绚烂到义无反顾从容飘散，这令他们对生命的脆弱产生无限的悲悯与哀切，塑造了日本人孤独忧郁的敏感内心。生与死、唯美与残酷、温情与冷静之间折射出的生命光辉是日本国民内心追求的境界之美。[①] 2011年，"3·11东日本大地震"发生后，曾经看似一成不变的社会变得动荡，日本国民的心理发生重要转变。2016年，作为最受欢迎的现象级动漫电影作品《你的名字》便是社会转型期的代表作。导演新海诚坦言，他原本设定了一个从丧失感中体味生存意义的结尾，

---

① 参见陈安《樱花残：灾难视角下的日本文化》，中国科学技术出版社，2017。

但在2011年"3·11东日本大地震"发生之后,他不得不放弃,转而给出主人公面对失败和分离决不妥协并最终获得新生的故事,来迎合观众渴望在灾难中获得救赎的心态。

因此,当面对疫情带来的错乱与迷茫而倍感身心疲惫时,日本人便倾向于寻求内心的平衡来化解社会紧张感。回顾韩剧"爱的迫降"发现,其之所以俘获日本国民拥趸,也正是因为它让人看到,纯粹的爱能跨越政治隔绝下的朝鲜和韩国,能抚慰现实残酷,令生命绽放。游戏"动物之森"给日本人开辟了一块精神自由地,让人们可以随时从烦躁的现实中抽离,择一风景优美之地与同伴携手建造想象的世界,来弥补内心缺憾。大热的人气动画"鬼灭之刃"改编自漫画家吾峠呼世晴所著的少年漫画,单行本在2019年便火爆全日本,是畅销书中的畅销书。主人公被设定为爱家重义的暖男形象,为保护心爱的妹妹坠入魔道杀鬼,从而演绎了以爱为名的快意情仇,让观众品味何为黑白、善恶与正邪。"单人帐篷"的户外玩法更是令人可以在大自然中找到避世的快乐。无须顾忌旁人眼光,惬意地虚度光阴,便是日本人追求的最奢侈的治愈——让心归于纯净。也只有当人重拾内心平静后,才会获得新的力量,去面对被病毒威胁的世界。随着世界秩序进入重构期,社会不确定性大为增加,日本国民心理将迎来调适期,如何舒缓情绪,抵抗悲观抑郁,增强国民幸福感是日本社会未来需要解决的问题。

五　后疫情时代日本社会治理的革新方向

到目前为止,全球疫情仍在不断变化,日本政府一直努力探寻后疫情时代社会经济的复兴路径。2021年伊始,菅首相在新年致辞中明确指出,要将"绿色"与"数字"作为日本经济创新的源泉。与此同时,日本政府也将在如下领域加强社会治理能力。

其一,制定以"绿色"为底色的复兴战略。重思生命、重建人与自然的关系已成为国际社会经济复兴的基本共识。2020年12月25日,日本政府公布"绿色增长战略",其被视为日本 2050 年实现碳中和目标的进度表,涉及 14 个重点改革领域。日本政府希望以低碳转型为契机,带动经济社会走向可持续复苏。①

其二,数字化改革将给日本社会带来新机遇与新挑战。日本政府计划在近年内全面推进经济社会数字化,强化对灾害等突然公共事件的应对能力,增强国际竞争力,提升国民幸福感。但数字化也将给少子老龄化的日本社会带来新挑战,以更多人文关怀畅通数字技术与老龄人口之间的"数字鸿沟",将是日本面临的长期课题。

其三,与疫情共生已成为日本社会基本共识,加快推进全覆盖社会保障体系建设,以使之发挥"安全网""减震器"的作用至关重要。2020 年 12 月 15 日,日本政府出台《全覆盖社会保障改革方针》,在少子老龄化、医疗等方面做出积极调整,为社会缩小贫富差距、实现良性发展创造了基本条件。

2020 年的新冠疫情给人类社会带来的颠覆性影响是深远的,社会构造的新旧模式正经历演替。这一过程会面对难题、困境、纷争和不幸,社会需要不断增强自我修复和成长的韧性能力。日本一直秉承"以人为中心"的社会价值理念。在面向未来时,要像认知生命的不确定性一样理解应对外部环境变化的不确定性,或许是日本所能做出的最令国际社会期待的改革选择。

---

① 《日本政府推出绿色增长战略》,新华网,2020 年 12 月 25 日,http://www.xinhuanet.com/world/2020-12/25/c_1126909099.htm［2020-12-29］。

专题研究

Special Reports

B.15
中美日三边关系动向及日本的战略应对

卢昊*

摘　要： 2020年，国际形势在新冠疫情冲击下更趋复杂多变。中美、日美及中日关系在既有走势上呈现新的动向。中美对立持续加深，博弈形势复杂化。日美同盟协调强化，但摩擦与矛盾仍存。中日关系总体稳定，但消极因素上升。针对中美日三边互动特别是中美博弈，日本在研判基础上做出长期战略应对准备，从"维护秩序规制"高度应对中美博弈，并在中美之间采取更富灵活性的对策，同时保持对西方体系的倾向性与主动利用。日本的"战略活跃"在中美博弈大背景下，进一步刺激并提升了中美日三边的活跃程度，日本的战略选择将给中美日三边发展带来重要影响。

---

* 卢昊，中国社会科学院日本研究所综合战略研究室副主任、副研究员，主要研究方向为日本外交、亚太国际关系。

关键词： 中美日三边关系　中美博弈　中日关系　日本　战略自主

在当前全球变局背景下，中美日三边已成为引导区域乃至国际战略格局的"核心三角"之一，三方战略互动日益活跃，影响权重不断提升。2020年，在新冠疫情的突发要因催化下，国际经济政治权力转移、大国竞合博弈升级、国际秩序规则重构等引导国际变局的中长期要因持续深化。中美日三边战略互动更加频繁，"内部张力"与"外部辐射"也因此同步增强。目前，中美日各自的国家战略及对外战略都处于关键发展期或重大转型期。2020年，日美两国先后出现政权更替，影响外交政策的国内政治环境发生重大变化，进而产生战略调整的"多米诺骨牌效应"。在中美日三边中，日本的战略应对日益不可忽视，无论对三边关系总体走势还是对中日关系形势都产生直接影响。

一　中美日三方互动的当前动向与特征

在新冠疫情冲击下，中美、日美及中日关系在既有走势上呈现新的动向。受历史及现实战略因素影响，三组双边关系仍体现出"亲疏有别"的特征，但均非单纯的敌/友关系，其中既有协调合作，亦有牵制摩擦，且表现出很强的动态发展特征。

（一）中美对立持续加深，博弈形势复杂化

由于特朗普竞选总统失败，2020年成为"特朗普末年"。在这一年，特朗普政府基于既定对外战略方针与日益增强的国内政治需求，进一步强化对华政策竞争性，乃至趋向全面而非理性的"极限施压"。2020年1月中旬，中美在华盛顿签署第一阶段经贸协议。这并未使两国关系出现实质性缓和。稍后不久，特朗普及其幕僚即围绕新冠疫情向中方发难，基于贸易保护主义并利用泛国家安全名义强行阻断中美之间的经贸与科

技往来，① 在涉台、涉港、涉疆等中国内政问题上频频挑衅，② 在国际舆论上加大对华的恶意诋毁力度，联络盟友加强对华地缘战略围堵，乃至多次表示将改变20世纪70年代中美邦交正常化以来美国的对华接触政策，对华实施"新冷战"。③ 随着选举情况吃紧，特朗普以迎合国内保守选民为目标，进一步将选战策略与"中国问题"深度捆绑，全面激活中美之间几乎所有有矛盾的议题。在基本确定败选后，特朗普政府陆续宣布了一批对华制裁措施，企图"绑架"继任者的对华政策。针对美方主动发起的一系列挑衅与施压行为，中方在维护中美关系大局的前提下亦做出有理、有力、有节的反击。毫无疑问，特朗普政府的对华挑衅与施压之举，让中美政治关系大幅恶化，关系对抗性与冲突风险显著上升。

拜登接替特朗普上台后，宣称将对后者的外交政策进行"全面纠正"，包括"以和特朗普不同的方式处理中美关系"。拜登公开承认中美关系的重要性，主张重启对华对话，且上任后搁置或取消了特朗普政府实施的部分对华制裁政策，并降低对华攻击姿态，客观上为中美关系缓和与进行危机管控创造了条件。但在精英共识及国内保守势力的压力下，拜登政府仍明确将中国定位为最大的战略竞争对手，这与特朗普政府无本质区别。这也意味着中美博弈"竞合并举"强度提升，复杂性加强。

---

① 例如，5月中旬，美国宣布全面限制华为购买利用美国软件和技术生产的半导体，此后又将33家中国企业和机构列入"实体清单"，严格限制其与美国相关部门进行商业交易。从6月1日起，美国实施所谓《关于暂停部分中国留学生和研究人员以非移民身份入境的公告》。8月初，美国宣布拓展"清洁网络计划"，胁迫本国及外国企业不与中国5G供应商合作。
② 例如，6月、7月，美国国会通过"2020年维吾尔人权政策法案"与"香港自治法案"，恶意诋毁中方政策。此后，美国又以"香港国安法""破坏香港自治"为名，对中方官员实施所谓"制裁"。8月中旬，美国卫生与公共服务部部长阿扎访问中国台湾，成为1979年美台"断交"以来访台层级最高的美国政府官员。
③ 例如，特朗普于4月27日在白宫记者招待会上公开谴责并扬言要废除美国的对华接触战略，于5月16日在接受福克斯新闻专访时称考虑"要跟中国彻底切断关系"。美国国务卿蓬佩奥于7月23日在加利福尼亚州尼克松图书馆发表演讲时，鼓吹西方联合对中国发起"新冷战"。

（二）日美同盟协调强化，但摩擦与矛盾仍存

2020年是新《日美安保条约》签署60周年。日美以此为"契机"，致力于继续巩固同盟合作，推动同盟转型，并力促其发挥区域战略影响力。尽管有新冠疫情的干扰，安倍仍在3月下旬、5月上旬与8月底离任前与特朗普进行了3次通话，就日美政治防务合作、疫情防控合作、"印太"战略等进行政策协调。菅义伟就任后，于9月下旬与特朗普通电话。拜登基本胜选后，菅义伟于11月12日与之通电话。在拜登正式就任后，在日本力争下，两人于2021年1月28日通电话，菅义伟成为首个与拜登进行首脑电话会谈的外国领导人。2020年，日美在区域战略合作上重点发力，不仅多次围绕朝鲜半岛问题组织双边或日美韩三边磋商，还积极牵头推进"印太"战略，与其他各方开展战略联动。2020年10月，在美日联合推动下，美日印澳四国外长在东京举行第二次会议，美日双方积极推动四国未来举行首脑（视频）会议，进一步升级四边战略框架。在此背景下，日美两国战略专家积极建言，主张构建"平等同盟关系"，支持日本在同盟中具有更大权责。

基于稳定亚太特别是对华竞争需要，特朗普政府虽频繁对日施压，但仍支持强化日美关系，加上"善于巧妙迎合美方诉求"的安倍的周旋，日美政治关系保持稳定。拜登政府外交政策以重视同盟协调为基本方针，这亦将使日美关系中的协调性与可预期性较特朗普时期进一步上升。与此同时，日美在政策层面乃至战略层面的摩擦与矛盾并未完全克服，两国关系仍存在显而易见的问题。首先，特朗普时代破坏国际承诺、以压力方式管理同盟的做法对日美关系的冲击深刻，特别是在政治互信默契及现有战略同步性方面造成的损伤短期内难以弥合。[①] 其次，在经贸、防务负担等具体争议问题上，日美远未达成最终共识。再次，两国政权更替给外交关系稳定带来一定冲击，特别是菅义伟在政治操盘、外交经验及对美沟通方面与安倍均有明显差距，这给过去几年以来依赖首脑外交带动的日美战略协调带来不确定性。最

---

① 佐々江賢一郎「『考察 米新政権』トランプ主義 消えない」、『読売新聞』2020年11月26日。

后，拜登政府在亚太战略、对日政策上仍有诸多不明确乃至刻意模糊之处，这让日本始终存在战略焦虑与不安。①

（三）中日关系总体维持发展，但消极因素上升

按照2019年6月中日领导人会议达成的共识，2020年本应是中日关系进一步深化发展的重要年份。但新冠疫情对中日政治协调与高层交流造成直接冲击。特别是习近平主席原定于2020年春对日本进行的国事访问未能按计划成行。中日间部分对话机制也因此延期。疫情初期，中日官方及民间围绕共同抗疫开展了一系列友好互动，基于现实利益与文化认同的"命运共同体"意识有所增强。但此后日本国内疫情持续恶化，日本国内对华消极情绪逐步上升，反华强硬派"起势"并积极干扰政府政策，日本国民对华好感度仍处于历史低谷。② 在此情况下，日本政府在疫情问题、涉华内政问题上虽未完全追随西方，但仍做出批评与牵制中方的姿态，③ 不仅放慢了经贸领域进行务实合作的进程，还以维护经济安全为名推动对华经济"脱钩"，出台鼓励性政策以推动在华日企调整业务布局，并在高科技领域加强对华防范与规制。④ 2020年，中日围绕钓鱼岛问题的摩擦明显升温，导致两国关系再度紧张，日方坚持强硬立场，积极依托日美同盟及"印太"各国，谋求制造东海、南海问题"联动"，并发动国际舆论，制约中方"单方面强力改变现状的行动"。⑤

---

① 佐橋亮・川島真「米中対立激化の行方を読む（下）：大統領選の結果次第で変わるシナリオ」、https://www.nippon.com/ja/in-depth/a06902/［2020-12-08］。
② 根据2020年中国国际出版集团与日本言论NPO共同进行的舆论调查，对中国持负面看法的日本受访者时隔4年再度增多，比例达到89.7%；认同中日关系重要性的日本受访者所占比例下降到64.2%。言論NPO「第16回日中共同世論調査結果（2020年11月17日）」、https://www.genron-npo.net/world/archives/9354-2.html［2020-12-06］。
③ 「拡大G7・習氏来日　香港問題、日本外交を直撃」、『日本経済新聞』2020年6月2日。
④ 大木博巳「コロナ禍と対中依存リスク：中国をサプライチェーンのハブにしたのが賢い選択だったか」、『国際貿易と投資』第120号、2020、1頁、http://www.iti.or.jp/kikan120/120oki.pdf［2020-07-29］。
⑤ 「中国船の尖閣連続航行『毅然と対応』　官房長官」、『日本経済新聞』2020年6月3日。

总体上，尽管日本对华政策的消极性抬头，但目前仍基本坚持对华协调路线，在总体对外战略部署中仍将中日关系视为稳定全局的关键因素。2~3年内中日关系持续改善势头未在2020年发生"质变"。安倍直到辞职前，仍公开宣称将把改善中日关系作为自己的主要政治成果加以彰显。菅义伟就任首相后，于9月25日与习近平主席通电话，中日领导人同意共同发挥战略引领作用，努力构建契合新时代要求的中日关系。11月24~25日，中国国务委员兼外交部部长王毅访日，中日高层达成五点重要共识和六项具体成果，为两国下一阶段政治与战略的协调、改善创造了有利前提。[1] 2020年7月底与2021年1月下旬，中日以视频方式举行海洋事务高级别磋商团长会谈，表示将加速海空联络机制特别是热线建设，加强风险管控，增进安全互信。但由于日本政府对华政策日益增强的制衡性乃至对抗性，中日关系在疫情前既定轨道上稳定发展的同时，面临的不确定性、不安定性乃至矛盾激化风险有所上升，"潜在爆点"与"信任赤字"短期内很难化解。

二 日本对中美博弈的战略认知及应对

在中美日三边特别是中美博弈形势变化的背景下，日本积极进行应对。安倍执政时，日本战略自主性与活跃度显著提升，提升了日本在中美日三边中的地位。尽管安倍"超长期执政"在2020年终止，但延续多年的内外战略已产生效果，且方针、对策基本被菅义伟政府继承。其中，在对外战略方面，如何妥善处理与中、美的关系，在中美博弈中实现日本的战略利益最大化，成为牵引日本全盘战略及具体政策的核心议题。[2] 当前，日本对中美博弈的战略认知与应对措施主要如下。

---

[1]《王毅：中日达成五点重要共识和六项具体成果》，中华人民共和国外交部网站，2020年11月24日，https://www.fmprc.gov.cn/web/wjdt_674879/wjbxw_674885/t1835081.shtml[2020-12-01]。

[2] 杨伯江：《大变局：日本的战略认知与应对路径》，载宋志勇主编《南开日本研究2020》，天津人民出版社，2021。

（一）中美博弈"斗而不破"，日本需要做长期战略应对准备

围绕过去一年的中美博弈，日本战略界基本认为，一方面，中美关系恶化体现为前所未有的激烈竞争与"分断"（脱钩）。但基于密切相互依存关系与长年累积关系模式，中美全面对抗或彻底"分断"的可能性亦很小。特朗普时期中美关系的严重对立并非处于可持续状态，后续势必会有所缓和，或至少收缩为"选择性脱钩"（selective decoupling）与"部分不参与"（partial disengagement）。① 另一方面，中美将加大战略性竞争力度，导致大国博弈强度提升。日方认为，中美战略竞争经过一段时间的不断演化，具有"经贸战"、"安保战"、"科技战"及"意识形态战"等多层结构，带有"全领域"与"深刻化"的鲜明特征。而新冠疫情导致中美权力转移趋势加强，进一步激发双方的竞争意识，并压缩了外交协调的空间。日方特别指出，疫情下中国彰显出将庞大的经济及军事力量与"威权主义"及"全民动员"相结合的巨大潜能，对美国而言，中国是比冷战时的苏联更强有力的竞争对手。这也决定了中美博弈将长期化。②

基于以上战略认识，日本战略界呼吁从"实力主义"出发，对外交战略进行调整。除紧盯并根据中美博弈动向及时调整对策外，关键一点是不断增强日本的自主战略能力，确保"作为独立的战略参与者"，通过"战略上的不可或缺性"（strategic indispensability）获得战略主动。③ 为此，一方面，2020年，在疫情背景下，日本政府将经济安全迅速提升到国家战略的首要地位，并将高科技与国家安全更加紧密地关联起来，保障产业链安全，着力提高核心产业、基础科学及新兴技术领域的竞争力，寻求在数字化、通信技

---

① 北野幸伯「日本の地政学：超大国中国といかに対峙すべきか」、https://www.nippon.com/ja/in-depth/d00675/［2021-02-08］。
② 神保謙「ポスト・イージスアショアの防衛構想：中国との戦略的競争を焦点に」https://cigs.canon/article/20200714_6558.html［2020-12-20］。
③ 金子将史「『戦略的不可欠性』を確保せよ」、『Voice』2020年第6期、52頁。

术与量子科技等方面取得重大突破;① 另一方面，结合疫情下日益增长的国际合作需求，日本力争借提供"国际卫生公共产品"及经济发展援助之机，在提升道义形象的同时，迅速增强对国际组织及广大发展中国家的战略影响力。② 在日方看来，日本"只要具备（大体不次于中美的）足够能力，就可以获得国际社会的信任"，从而在风险环境中获得根本保障，确保自身的国际地位。③

（二）中美博弈给现行国际秩序带来重大冲击，日本需要从"秩序/规制维护"角度应对后果

日本战略界认为，由美国在战后建立并主导的自由主义国际秩序正因中美竞争及疫情冲击而出现"重大动摇"。在日本看来，无论特朗普治下的处于"战略收缩"的美国，还是积极推动自己的主张的中国"都无法单独构建新国际秩序"；而且，中美竞争的加剧将阻止它们携手共同维护、完善国际秩序，从而导致出现秩序失灵与规制空白。④ 不仅如此，中美博弈的"战火"还将深刻影响其他国家，阻断国际合作，在中美两个大国之间的中小国家"不可避免地面临艰难选择"。⑤ 日本认为，中美博弈是自由主义国际秩序陷入危机的重要原因，而依赖并受益于该秩序的日本无法坐视这一情

---

① 相关政策（如启动6G网络研发战略、制定战略方案）的目标是在2025年前后掌握关键技术。另外，日本发布量子技术创新战略，动员国内科研力量，计划在全国设立8个量子研发基地。
② 例如，在日本国会于2020年4月底批准的本财年第1次补充预算中，专门拨出840亿日元作为对亚非发展中国家的抗疫援助资金。其中有365亿日元被用于资助有关国际组织，协助发展中国家提高医疗卫生水平及研发、采购新冠病毒疫苗等。日本外务省称，截至2020年底，日本与96个国家签署协议，向其提供抗疫援助，其中援助的防疫物资的价值超过470亿日元。
③ Hosoya Yuichi, "Ensuring Japan's Future as a Strategic Partner of the U. S. ," https：//www.japantimes. co. jp/opinion/2020/10/08/commentary/world – commentary/ensuring – japans – future – strategic – partner – u – s/［2020 – 12 – 20］.
④ 五百旗頭真「米中対立の世紀と日本 戦後秩序再編へ誘導を」、『毎日新聞』2020 年 2 月 13 日。
⑤ 本多倫彬「第 33 回 CIGS 政策シミュレーション 米中対立下の日本外交（概要報告）」、https：//cigs. canon/article/20210201_ 5606. html［2021 – 02 – 02］。

况,更何况,包括日本在内的"美中以外的世界"是构建新秩序与确保秩序稳定的关键。① 日本应通过参与新秩序的构建,保持并提升自身的国际地位与影响力。

基于以上战略认识,日本在对外战略中不仅力争应对眼下疫情危机,还着眼于后疫情时代的国际秩序与规制构建,从维护与建立有利于自己的秩序/规制高度出发应对中美博弈。其政策目标包括:(1)确保当前国际秩序以和平渐进、多边协商的方式转型;(2)逐步树立日本国际秩序引导者与大国对话协调者的形象;(3)在规制建设中,大力支持并推广"基于普遍价值的"自由主义、民主主义观念。② 过去一年,安倍及菅义伟在国会演讲中均表示,日本"重视多边主义,决心在后疫情时代的国际秩序构建中发挥领导作用",特别是要"构建自由公正的经济秩序"。③ 日本以维护自由贸易及开放的国际经济秩序为突破口,在巩固全面与进步跨太平洋伙伴关系协定(CPTPP)及日欧EPA的同时,将重心转向推进区域全面经济伙伴关系协定(RCEP)谈判,并取得成果。④ 在WTO改革、国际基础设施投资、数字经济等领域,日本更加积极地参与协商,力争做"全面、平衡、高水平国际规则"的牵引者,并增加自身在中美经贸协调中的博弈筹码。⑤ 另外,围绕疫情防控等全球治理议题,日本在七国集团、二十国集团、东盟"10+3"等机制的视频会议场合积极倡导进行合作,特别是呼吁中美"承

---

① 高原明生・中西寛・吉岡桂子「米中対立下の『自由で開かれたインド太平洋』:戦略的競争と経済協力の共存へ」、『外交』2020年11/12月号、20頁。
② 五百旗頭真「日本は秩序再編へ誘導を」、『朝日新聞』2020年1月13日。
③ 首相官邸「第二百一回国会における安倍内閣総理大臣施政方針演説(2020年1月20日)」,http://www.kantei.go.jp/jp/98_abe/statement/2020/0120shiseihoushin.html [2020 – 12 – 01];首相官邸「第二百三回国会における菅内閣総理大臣所信表明演説(2020年10月26日)」,http://www.kantei.go.jp/jp/99_suga/statement/2020/1026shoshinhyomei.html [2020 – 12 – 01]。
④ 「[社説]自由貿易の旗手として菅政権は指導力を」、『日本経済新聞』2020年10月6日。
⑤ 加谷珪一「自由貿易協定RCEPで本当に得をするのは日本:中国脅威論は論点がズレている」、『Newsweek Japan』2020年12月15号。

担责任""参与合作",并将其纳入相关体系,① 以借此彰显并强化日本的道义立场、话语权与影响力。

(三)中美博弈背景下的日本同时面临风险与机遇,需要采取更加灵活的对策

日本战略界认为,中美两国均为与日本关系较为密切的国家,在对外战略上,中美代表了日本必须依赖的两个体系,即以日美同盟为中心、共享价值观的"民主盟国"体系和以中日关系为中心的东亚地区体系。②日本无法割舍任何一方。理论上,同时与中美深化关系是日本的必然选择,但面对当前的中美博弈,日本面临的形势更趋微妙,开展"平衡外交""等距离外交"的操作难度提高。③ 关于日本所面临的风险与机遇,一方面,日方担忧中美竞争加剧,导致日本进行外交周旋的空间被压缩,政策难以为继;④ 另一方面,日方认为,中美对立持续将使作为第三方的日本"战略平衡手"价值提升,为日本提供了"利用外交、经济与安全优势",从中美之争中取利的机会。⑤ 面对中美博弈现实,日本有必要也有可能"主动作为",在中美间争取"有利站位"与行动空间,但前提是对策必须更加灵活且富有弹性。

基于以上战略认识,2020 年,日本主要采取两方面的策略。一方面,日本结合形势加强对中美外交政策的平衡性与对冲性。⑥ 面对美国,日本坚

---

① 茂木敏充「第 1 回東京グローバル・ダイアログにおける茂木外務大臣外交政策演説」、『国際問題』2020 年 4 月、15~16 頁。
② 細谷雄一「外交の新たなアイデンティティを求めて」、https://www.nippon.com/ja/features/c00201/ [2020-12-01]。
③ 《日本政府担忧美中对立激化 如何保持距离成课题》,共同社,2020 年 7 月 27 日。
④ 『米中対立で「難しいかじ取り」佐々江賢一郎・前駐米大使』(2020 年 8 月 23 日)、https://www.jiji.com/jc/article? k=2020082300175&g=pol [2021-01-21]。
⑤ 佐竹知彦「米国のインド太平洋戦略枠組みと日本への含意」、『NIDS Commentary』No. 151、2021 年 1 月。
⑥ PHP「新世界秩序」研究会「自由主義的国際秩序の危機と再生—秩序再編期の羅針盤を求めて提言報告書—」、11 頁、https://thinktank.php.co.jp/wp-content/uploads/2018/10/20181025_01.pdf [2020-10-20]。

持"绑定但不局限于"的基本方针,深化同盟关系并将其置于日本的利益需要下,同时防范与美国过度捆绑造成的"同盟困境"风险;面对中国,日本加强"竞合并举"的双轨战略,在保持对华协调的同时,有效制约与"规范"中方。① 另一方面,日本强化与全球"中等力量"的战略联合,并依托"印太"战略(构想)的地缘政治与秩序构建功能,在中美之外拓展战略选择空间。疫情期间,日本重点加强了与欧盟及英、法、德等欧洲大国的战略协调,提出日欧联合发挥中美之外"第三极"的作用。日欧经济、安全关系乃至战略合作得到了显著提升,并且在共同构建"自由与开放的印度洋-太平洋"地区方面形成战略交汇。② 安倍在离任前,进一步明确了"自由与开放的印度洋-太平洋"构想在日本总体外交战略中的支柱定位,并深化了日印、日澳的安全合作。菅义伟上台后率先访问越南、印尼等东盟国家,大力支持东盟在"印太"战略中发挥中心作用,并积极推进美日印澳"四边机制",巩固区域战略架构,谋划将"自由与开放的印度洋-太平洋"打造为"新的多级化构想基础"。③

(四)在需要在中美之间"选边站队"的前提下,美国仍是日本更为有利的选择

尽管日本不断对"日美同盟"与"日中协调"这一策略组合进行平衡性调整,但对前者的战略倾向性仍是明确的。日本对美国的"优先选择"既是现实形势驱动,亦是心理惯性所致。日本战略界认为,日美共享同盟战略利益与共同价值观纽带,"只要日本所生存的战略环境未发生根本变

---

① 参见中国社会科学院日本研究所课题组《日本与国际秩序变革:观念与应对》,《日本学刊》2021年第1期。
② 鹤冈路人「欧州のインド太平洋戦略——大国間競争時代のEU—」,『外交』2020年3/4月号,130页。
③ 市川恵一「問われる日本外交の構想力——インド太平洋の将来を見据えて—」,『外交』2020年11/12月号,33~35页。

化，日美同盟对于日本的决定性价值就不会发生变化"。① 日本是美国主导的秩序的受益者与拥护者，并视日美同盟为维护亚太区域稳定的国际安全公共产品。② 在过去一年，日方对于疫情下中方的区域合作倡议、"一带一路"倡议及"十四五"规划等均保持高度关注，但大多数解读带有明显的意识形态偏见，与事实存在很大差距。基于此，日方认为其不应像美国一样设法孤立中国，而应增加接触，同时借助美国及其他"民主盟国"的力量，"塑造""规范"中国的快速发展进程。

基于以上战略认识，在推进对美、对华外交时，日本在维持总体平衡的前提下，仍将重点置于前者，对美追随仍优先于对华协调，在不断宣示日美同盟"政治正确"与战略优先的同时，日本在现实外交政策及意识形态上对西方体系的实际依附与利用进一步加强。在参与国际协调过程中，日本明显将美、欧乃至部分亚洲"民主盟国"而非中国作为首要伙伴，甚至仍在多数领域将中方视为竞争者与对立面。2020 年，日本进一步加强与西方规制体系的"连线"，在国际经贸、高科技领域针对中国进行规则博弈，包括在排除中国的前提下，发动多边力量，共建"高质量基础设施""高标准经贸机制"，摸索与西方国家构建与强化"科技联盟"，针对中国进行经济与技术"规锁"。日本着眼于构建后疫情时代的国际秩序，以重点针对中国规制的竞争思路推进"战略自主"，这进一步使中日关系的竞争面变得更为复杂而长期化。

三　中美日三边关系的未来走势

针对当前中美日三边形势，日本主动因应，试图在中美博弈背景下确保

---

① Yoichi Funabashi, G. John Ikenberry, "Introduction: Japan and the Liberal International Order," in Yoichi Funabashi, G. John Ikenberry, eds., *The Crisis of Liberal Internationalism: Japan and the World Order* (Washington, D.C.: Brookings Institution Press, 2020), pp.1 – 36.
② 細谷雄一「戦後史を解放し　国民の外交力底上げに挑む」、https://www.headlines.yahoo.co.jp/article? a = 20190903 – 00010004 – wedge – int［2021 – 01 – 21］。

战略主动,并维持与强化自身在当前国际体系中的"一流国家"地位。日本针对中美博弈的应对并不限于调整对美、对华政策,而是通过全面动员外交战略的手段实现相关目标。日本的"战略活跃"在中美博弈大背景下,进一步刺激并提升了中美日三边关系的活跃程度,使其更加直接地决定亚太地区的战略格局形势。

综合以上形势,可以预见中美日三边关系的未来走势将至少呈现以下特征。

(一)短期内,中美日三边的"内部张力"或将有所加剧

拜登上台后对外交战略做出调整,但可见的是,中美战略竞争的持续与深入已成为现实。在美国对华竞争战略的驱动下,日本日益展现出"联美遏华"的趋势,对华制衡措施逐渐加码。在中美矛盾的牵引下,中日矛盾如持续增加,就将使中美日互动的走向具有很大的不确定性。

(二)三方力量结构方面,中美日三边中"美日对华"的不均衡态势仍将持续,但实际力量对比将趋于均衡

与冷战时期相比,后冷战时期,中美日三边最大的特征是美苏(俄)对抗日益被中美竞争取代。日美同盟强化的动因来源亦是针对中国快速发展的防范意识与制衡意图。这一基本前提在当前很难改变,且有可能继续固化。即使如此,中美日之间力量的对比仍然趋向均衡。原因在于,首先,由于美中实力差距不断缩小,中日实力差距日益扩大,[①] 即使形成泾渭分明的"美日对华"阵营对立,双方力量的差距也不会过大,且将继续缩小。其次,美日之间尽管存在同盟协作约束,但远非完全"铁板一块"。不仅利益及战略存在分歧,在对华政策姿态及具体办法上亦有明显的差别与非同步特征,

---

① 2009年,美、中、日三国GDP的全球占比分别为23.6%、8.4%与8.6%,次年即2010年,日本GDP被中国反超。到2019年,美、中、日三国GDP的全球占比分别为24.4%、16.3%和5.7%。2009~2019年,中日GDP之比从大体接近扩大到约为2.7∶1。参见卢昊《后安倍时代的中美日三边关系》,《日本学刊》2020年第5期。

中美日彼此间仍处于不同程度的相互制约机制当中。最后，中美日三边因与其他国际战略力量及国际秩序格局变化的关联性不断增强，体现出日益开放的特征，其他"中等力量"国家或国家集团的战略选择也将对中美日三边的力量对比及博弈产生影响，并促使其保持微妙平衡。

（三）三方战略联动方面，中美日三方相互影响程度加深，对互动关系的建构能力将继续"此消彼长"

尽管形式上仍将不存在一个运作明确的中美日三边机制，但中美日各自的战略性调整及相关对外政策，日益倾向于将其他方的战略行动或政策作为参照，从而在实际上形成具有战略互动效果的三边关系。①从这个意义上说，中美日任何两方"脱钩"均不现实，在对互动关系建构的影响力方面，一方面，持续发展的中国将在中美日三边关系中逐渐拥有更大的回旋空间，但尚未建立起稳定的战略主导性；另一方面，美国对体系掌控能力的相对衰退与战略收缩已成为长期趋势，但美方仍有能力对中方施加相当大的战略压力。而且，基于对华战略竞争的前提，美国针对日本对华战略的"关切"及相应的战略牵引乃至胁迫亦将增强，这会对中美日关系的走势产生深刻影响。而秉持高度现实主义与实力取向的日本，亦会在力争影响三边关系建构的同时，根据中美影响力的消长情况调整应对之策。

（四）"日本因素"的作用方面，日本的战略选择将对中美日三边关系发展产生重要影响，值得高度关注

作为中美外的"第三方力量"，日本尽管受制于硬实力的"天花板"，但仍可依托自身软实力的积累，特别是国际形象、国际协调能力及观念共享能力方面的特定优势，在中美间力争扮演"关键变量"角色，发挥重要作用。在中美日三边体系内，日本的策略究竟是倾向于协调合作还是竞争对抗，将影响三边关系走势。当前，日本积极强化日美同盟之举对于缓和中美结构性

---

① 参见卢昊《后安倍时代的中美日三边关系》，《日本学刊》2020年第5期。

矛盾与"安全困境"并无益处，若日本积极追随美国强化遏华举措，则不仅无助于实现地区和平稳定与战略平衡，还将增加中美日三边互动的对抗强度与冲突风险；若日本坚持对华协调合作，在区域经济乃至安全合作中坚持开放协调立场，则有助于中美日三边良性互动，支持三方构建更加健康、可持续的协商对话关系，在区域自贸合作机制构建中发挥正面作用。因而，力促日本做出建设性的战略选择，回避破坏性的战略选择具有非常重要的意义。

（五）中日关系方面，中日关系无法避免外部干扰，但支持双边关系稳定发展的基础性因素仍然存在

在中美日三边关系中，中日关系是相对最脆弱、最容易受外界干扰的一环。当前，中日关系亦受制于外力，特别是因美国因素及日本国内保守政治因素的影响而不断波动。另外，在战略心理上，日本逐渐认识并接受了中日经济力量逆转、中国影响力不断增强的现实，但在优势心态与由"安全感"主导的传统对华心态瓦解的背景之下，日本始终难以重建新的、更为理性可观的对华心态，导致日本对华政策警惕度与竞争性始终保持在较高水平。在中美博弈及美国的战略牵引下，日本对华政策中的两面性，特别是其中的竞争对抗一面很容易受到刺激而日益凸显。同时，尽管中日关系复杂且存在长期的结构性矛盾，但两国共享深厚的地缘经济政治关联及具有广泛的共同利益关切。疫情之下，日本对华经济"脱钩"已被证明缺乏现实性。中日之间的利益纽带难以割断，"化竞争为协调"不仅具有必要性，亦具有可行性。

四 结语

全球变局迅速发展下，中美日三边关系的重要性与复杂性均明显提升。在追求实现自身战略目标的过程中，三方的战略互动密切度不断提升，并对外持续释放战略辐射效应，牵引其他国家或非国家行为体做出相应的对策调整。在可预见的未来，这一趋势不会改变。其中，中美博弈日益成为牵引当前国际变局特别是大国权力转移的核心动力，亦是中美日三边关系中的

"主要矛盾"。但在中美"两强"博弈的形势下，日本并非消极的现状接受者，而是积极的应变干预者，因此，需要重点关注日本扮演的角色及发挥的作用。展望2021年，中日关系在政治安全领域继续面临考验，能否重建互信成为核心问题。在经济、社会相关领域，实现合作深化是稳定中日关系的关键动力。[①] 中日关系存在诸多课题，从中长期角度加以解决的关键在于逐步建立起具有自律性的、受中日自身利益需求驱动而非受制于外力干扰的中日关系模式。在这一中长期目标的实现尚需时日的情况下，维持战略沟通，深化利益往来，做好危机管控，促进民间交流，至少会是有利于中日关系在当下保持稳定的必由之路。

---

① 参见2021年1月8日杨伯江在新华网第十一届"纵论天下"国际问题研讨会上的发言。

B.16 从日澳合作看美日印澳"四边机制"的未来走向

庞中鹏*

摘　要： 日本与澳大利亚双边关系近年来得到大幅提升。日澳两国在首脑层面保持密切交往，有力地推动了日澳关系发展。日澳双方的合作内容涉及政治与安全保障、经贸与能源资源，双方也进行了地区多边合作等，近三年最引人关注的是美日印澳"四边机制"。推动日澳强化双边关系的深层动因主要涉及价值观、地缘政治、南极战略、能源安全、美国因素、自由贸易、多边主义以及消除二战侵略历史的影响等。未来，美日印澳"四边机制"可能有顺利发展、缓慢发展甚至遭遇挫折而名存实亡等几种情况。随着美国白宫易主，日本、澳大利亚与印度国内形势发生变化，以及"美日印澳"四国内部关系发生复杂变化，再加上国际形势的深刻变动，未来，美日印澳"四边机制"将面临不少变量与不确定因素。

关键词： 日澳关系　美日印澳"四边机制"　日美关系　美印关系　地缘政治

近年来，特别是安倍晋三第二次执政以来，日本与澳大利亚不断深化和

---

* 庞中鹏，法学博士，中国社会科学院日本研究所副研究员，主要研究方向为日本外交战略、日本能源安全战略、日本与亚太地区国际关系等。

提升双边关系内涵与层次，使日澳关系发展为"特殊战略伙伴关系"。日澳关系的具体内涵涉及政治与安全保障、经贸与能源资源等领域，近三年来，尤其是特朗普执政期间，日澳双方加强了在地区事务领域的合作，其中最引人关注的是美日印澳"四边机制"（Quad）。日澳在强化双边关系的同时，通过美日印澳"四边机制"，把各自的影响力扩展到印度洋地区。本报告通过梳理2020年日澳双边关系的发展情况，并在分析与阐述影响日澳不断深化双边关系的深层次因素的基础上，尝试预判与展望未来5~10年美日印澳"四边机制"的可能性走向，研判未来几年美日印澳"四边机制"可能面临的困难与挑战。

一 2020年日澳关系概况及近年来深化的原因

日本与澳大利亚双边关系在2020年得到极大提升，特别是11月澳大利亚总理莫里森访问日本，有力地推动日澳双边关系发展。日澳双方在2020年共举行4次首脑电话会谈、1次首脑视频会晤、4次外长电话会谈、1次外长会晤（面对面），双边关系呈现如下特点。

第一，日澳两国在首脑层面保持密切交往，双边关系得到质的提升。

2020年7月，安倍晋三与莫里森举行首脑视频会晤，双方会谈的要点包括：尽量降低新冠疫情对经济的冲击，继续在经济与安全保障领域加强双边合作；为构建"自由与开放的印度洋－太平洋"地区，双方承诺继续支援太平洋岛国与东南亚国家；安倍就中国香港、东海与南海等形势变化与莫里森交换了意见；针对朝鲜局势，双方交换意见，特别是"朝鲜绑架人质问题"，安倍寻求莫里森的理解与支持；双方表示继续加强包括网络安全在内的安保领域的合作，确认继续推进防务合作的重要性，推动《日澳互惠准入协定》等防务合作领域的协定的谈判与签署工作。①

---

① 外務省「日豪首脳テレビ会談の開催　令和2年7月9日」、https：//www.mofa.go.jp/mofaj/a_o/ocn/au/page6_000402.html［2021-01-03］。

9月20日，日本首相菅义伟和莫里森总理进行首脑电话会谈，双方表示要像安倍执政时期那样继续推进与深化日澳双边关系；双方认为，日澳具有特殊战略伙伴关系，两国要为构建"自由与开放的印度洋－太平洋"地区继续与地区相关国家深化合作关系；菅义伟还请求澳方继续支持"朝鲜绑架人质问题"能够尽快得到解决。①

11月17日，澳大利亚总理莫里森到访日本，与菅义伟举行首脑会晤，双方就后疫情时代经贸、双边防务和安全保障以及地区与国际热点问题等强化合作交换意见。要点包括：双方确认日澳两国关系是有相同价值观的特殊战略伙伴关系，要为构建"自由与开放的印度洋－太平洋"地区而继续深化合作；《日澳互惠准入协定》形成大致框架，双方争取早日正式签署；就加强在信息通信、重要矿物资源以及氢能等新能源领域的合作达成共识；在"印太"战略方面，两国就加强与美国的合作达成共识；莫里森表示全面支持日本针对"朝鲜绑架人质问题"采取的各项对策；双方还就东海、南海以及东南亚地区局势等交换意见。②

第二，美日印澳首次在东京举行四国外长会议。

10月6日，美日印澳四国外长首次在东京举行四国外长会议③，会议要点如下。（1）就应对新冠疫情的暴发和传播所带来的各种挑战交换意见，计划在医疗卫生及数字经济等领域制定新的国际规则等方面进行合作。（2）确认加强与更多国家的合作以提升"自由与开放的印度洋－太平洋"的重要性；欢迎包括欧洲国家在内的其他国家为构建"自由与开放的印度洋－太平洋"而做出积极努力。（3）在基础设施、海洋安全、反恐与网络安全等领域加强合作，以促进实现"自由与开放的印度洋－太平洋"愿景。（4）就朝鲜半岛、东海与南海等地区事务交换意见。（5）同意将外长会议常态

---

① 外務省「日豪首脳電話会談　令和2年9月20日」、https：//www.mofa.go.jp/mofaj/a_o/ocn/au/page6_000431.html［2021-01-03］。
② 外務省「日豪首脑会谈　令和2年11月17日」、https：//www.mofa.go.jp/mofaj/a_o/ocn/au/page3_002927.html［2020-12-17］。
③ 四国外长包括：日本外相茂木敏充、美国国务卿蓬佩奥、澳大利亚外长玛丽斯·佩恩、印度外长苏杰生。

化、机制化,2021年在适当时机举行下一次四国外长会议。①

安倍晋三第二次执政以来,日澳关系快速发展,双边合作涉及政治与安全保障、经贸及人文交流等各个领域。2014年7月,时任首相安倍晋三应邀正式访问澳大利亚,日澳双边关系升格为"特殊战略伙伴关系"。在之后的几年里,日澳两国首脑频繁互访,并在国际多边场合不断会晤,推动日澳关系向纵深领域发展。

第一,日澳两国持相近的西方价值观,同属于西方阵营。在二战后长达75年时间里,日澳间既没有敏感的领土纠纷,也没有涉及对方国家根本的利害冲突。在日本方面看来,日澳两国都是同处于太平洋的海洋文明国家,同处于以美国为首的西方阵营中,都持有相近或相同的西方价值观,不仅互不构成威胁,而且能在价值观领域成为互相理解与支持的"朋友"。

第二,从地缘政治视角考虑,日本认可澳大利亚是海洋地缘政治领域中的重要合作对象国。日澳两国都是全球海洋地缘政治中的重要行为体,分别处于太平洋北部与南部。长期以来,日本以全球重要海洋行为体自居,澳大利亚也不例外,以作为南太平洋唯一的最大的发达经济体而"自傲",且又由于身处太平洋南北往来的"海洋枢纽"而受到包括日本在内的众多国家的"青睐"。

第三,日本深化"南极战略"需要澳大利亚的支持与协助。日本是最先在南极建立科考站的国家之一,随着国际社会"南极热"的升温,日本也面临紧迫感。在扩展在南极影响力方面,日澳两国有战略契合点,且日本也需要得到澳大利亚的支持与协助:一是澳大利亚地缘位置靠近南极洲,对于北太平洋国家的日本来说,去南极洲必须经过澳大利亚;二是澳大利亚是对南极洲拥有较大国际话语权的国家之一,日本想在南极洲获得与拓展更大的影响力与战略空间,需要获得澳大利亚的支持与协助。

第四,着眼于对能源安全战略的考量,日本需要与澳大利亚深化能源和

---

① 外務省「第2回日米豪印外相会合 令和2年10月6日」、https://www.mofa.go.jp/mofaj/press/release/press6_000682.html [2020-12-17]。

矿产资源合作关系。澳大利亚境内富含天然气、煤炭与铁矿石，长期以来与日本有着深厚的能源合作关系。2020年11月，菅义伟首相在与访日的澳大利亚总理莫里森会谈时就谈及要加强液化天然气（LNG）领域的合作。2012年，日本从澳大利亚进口的液化天然气量占日本液化天然气进口总量的19.6%，2018年增加到36.6%。从澳大利亚在日本液化天然气进口方面的重要地位可一窥澳大利亚在保障日本能源安全中起到的战略作用。①

第五，中国因素是日澳深化关系的重要外部因素。日澳深化关系有一个共同对象——中国。在南海问题上，日澳都极力主张"南海要自由与法治化"。两国都聚焦并放大南海问题，不外乎是借南海问题牵制与阻碍中国突破"第一岛链"，从而防止中国走向远洋，进而对日澳的海洋利益与秩序造成冲击。

第六，日澳在自由贸易领域有共同点。两国都加入了全面与进步跨太平洋伙伴关系协定（CPTPP）和区域全面经济伙伴关系协定（RECP），两个协定的最终达成从侧面说明日澳两国在自由贸易与多边主义领域的主张趋同，双方对特朗普时期退出多边机制、盲目排斥他国的一些"行径"具有一致的态度。

第七，日本谋划去除二战期间侵略过澳大利亚的历史记忆。二战后，作为美国的共同盟友，顾及同处于西方阵营的"团结"，日澳之间淡化了历史纠葛，但侵略历史是客观存在的，澳大利亚民众心中的历史记忆是不能轻易被完全抹除的。因此，安倍在担任首相期间，想要努力"消除"日澳之间不愉快的历史记忆，他在几次访澳过程中，都不忘寻求澳方要人对日本在二战中的侵略行为给予理解与谅解。②

---

① 経済産業省　資源エネルギー庁『令和元年度エネルギーに関する年次報告（エネルギー白書2020）』、https：//www.enecho.meti.go.jp/about/whitepaper/2020html/2 - 1 - 3. html ［2020 - 12 - 16］。
② 2018年11月16日，在日军轰炸达尔文港76年以后，日本首相安倍晋三访问澳大利亚北部城市达尔文，并与澳大利亚总理莫里森一起向达尔文二战遇难者纪念碑献花祈祷，成为二战结束以来首位访问这座城市的日本首相，同时也是首位哀悼二战期间死于日本空袭的澳大利亚人的日本首相。

二 对美日印澳"四边机制"未来走向的研判

近年来，日澳不断提升与充实双边关系的层次和内涵，除双边合作涉及的政治、安保、能源、经贸以及人文等领域之外，双方还重点推进地区战略层面的美日印澳"四边机制"建设。随着拜登上台，研判未来美日印澳"四边机制"走向还需结合地区与国际局势变化，本报告对未来美日印澳"四边机制"的几种走向展开分析。

第一，美日印澳"四边机制"在未来5~10年里，将逐渐构建起正式合作框架并朝着制度化方向发展。美日印澳"四边机制"在过去十几年里，迅速从最初的"美日印澳"概念发展为"美日印澳"四国外长会议。其中，推动美日印澳"四边机制"发展为国际关注的焦点则是最近三年多的事情，其是2017年特朗普正式上台后在日本安倍内阁大力"鼓动"之下形成的。日本安倍晋三辞职与菅义伟内阁执政、美国特朗普时代结束与拜登入主白宫等重大政治事件发生，对未来几年美日印澳"四边机制"的发展产生重要影响。一是美国拜登政府在摒弃特朗普时代疏离与打压盟友等极端政策的同时，会继续有选择性地重视"印太"战略；二是拜登政府进一步加强与日本、澳大利亚和印度等印太地区盟友与伙伴的关系；三是在此基础上，由美国推动、日本主导的美日印澳"四边机制"将走向制度化；四是美日印澳"四边机制"逐步成为印太地区重要的合作框架，在继续举办年度四国外长会议的基础上，逐步将其提升到定期举办四国首脑峰会的战略高度，未来还可能扩容，吸纳诸如英国、法国、加拿大、巴西、新加坡、菲律宾、新西兰与泰国等国家。

第二，即便美日印澳"四边机制"未来未能如预期那样上升到制度化战略合作轨道及定期举行首脑峰会的高度，也仍会保持缓慢向前发展的方向。拜登政府执政后重视盟友与伙伴，而日澳印三国作为美国在"印太"地区重要的盟友与伙伴，自然是拜登政府"重新领导世界"必须倚重与拉拢的对象，故而，未来5~10年，美日印澳"四边机制"会得到一定发展。

但是，鉴于美国受到新冠疫情的巨大冲击，在执政的头两年，拜登政府会把施政的重心放在控制国内疫情与尽快推动经济复苏上，美日印澳"四边机制"作为次级区域合作机制，不一定会成为拜登政府外交政策的优先方向。当然，美日印澳"四边机制"不是完全由美国"说了算"的，如果日本、澳大利亚与印度三国想推动美日印澳"四边机制"向前发展，那么拜登政府会顾及和盟友与伙伴的关系，象征性地支持美日印澳"四边机制"，使其不至于因为特朗普的下台而半途而废。

第三，美日印澳"四边机制"的发展前景不尽如人意，随着国际形势的发展变化，"四边机制"恐有消失或者被别的合作机制代替的可能。这个预判可从以下几个方面分析：一是美日印澳"四边机制"内部运行不畅，出现种种矛盾与分歧，致使该合作机制"名存实亡"；二是美日印澳"四边机制"没有一个明确的主导国，四国互相争夺主导权，存在感大为下降；三是美日印澳"四边机制"可能会有一个国家因和其他三国有矛盾、分歧或者利益纠葛而退出，失去继续存在的动力；四是随着国际局势的发展变化，该合作机制有可能被其他地区合作机制代替，或被其他地区合作机制吸纳。

三 美日印澳"四边机制"未来发展面临的挑战

尽管2020年日澳关系的深化促进了美日印澳"四边机制"的发展，但是，未来5~10年，美日印澳"四边机制"不会是一帆风顺、通行无阻的，可能面临如下挑战。

第一，未来几年日本形势的变化，影响美日印澳"四边机制"发展的速度与广度。美日印澳"四边机制"是安倍晋三大力倡导的外交政策，随着安倍于2020年9月下台，美日印澳"四边机制"逐渐失去"原动力"。尽管继任的菅义伟内阁没有大幅修改安倍内阁的外交政策，但是鉴于菅义伟内阁任期内面临疫情防控、发展经济与稳定社会的繁重任务，特别是要按期举办已经延迟了的东京奥运会与残奥会，而且菅义伟内阁能否成为长期内阁，本身就是一个问题，如果2021年9月菅义伟未能在自民党总裁选举中获得连任，或是在自民党总裁选举前后举行的众议院大选中未能带领自民党赢得多数议席，抑或是由于防控疫情不力而使民意支持率下跌到"危险水域"不得不提前辞去首相职务等，那么日本政坛会重新出现首相频繁更迭的混乱局面。届时，新上任的首相可能会由于忙于内政而无暇顾及外交领域的事务，使美日印澳"四边机制"最终由于失去日本的"大力推动"而濒临不能有效运转的尴尬境地。

第二，美国拜登政府外交政策的优先顺位发生变化，给美日印澳"四边机制"的发展带来变数。拜登政府的外交政策走向还有待观察，拜登政府的外交政策不可能完全沿袭前任特朗普政府的那种出格、破坏性强、"损人利己"的极端单边主义理念，未来几年，拜登政府的外交政策会重视与盟友和伙伴的关系，在一定程度上向多边主义回归（如重返《巴黎协定》与世卫组织等），即使针对竞争对手也不一定完全"决绝"与"恶语相向"。因为美日印澳"四边机制"是在特朗普时代特别是蓬佩奥担任国务卿时所极力主张的，其是特朗普推行"印太"战略的重要措施之一。美日印澳"四边机制"具有特朗普时代的"外交烙印"，拜登政府制定外交政策时或出于有别于特朗普时代外交政策的需要，即使不是完全改弦更张，也不得不对前任的外交政策做出一定更改，比如，对于美日印澳"四边机制"，很可能会在保留机制的名称的同时，对其具体内涵与功效进行某种程度的修改。

第三，澳大利亚形势如果发生变化，那么也可能会给美日印澳"四边机制"带来消极影响。澳大利亚之所以热衷于加入美日印澳"四边机制"，[①] 是因为澳大利亚现任总理莫里森与美国时任总统特朗普关系密切，莫里森政府紧密追随美国，在遏制中国方面充当美国的"急先锋"。但是，随着特朗普时代结束，澳大利亚政府的外交政策可能会发生一定转向：一是澳大利亚在未来1~2年将举行大选，莫里森政府想赢得连任，如果继续奉行极端

---

① 澳大利亚于2020年11月首次参加原本由美日印三国举行的"马拉巴尔"联合军演，这一演习第一次变成美日澳印四国军演。

"遏华政策",引发中澳经贸关系滑坡,就将拉低选情,这不利于连任;二是美国拜登政府上台后,澳大利亚作为美国的忠实盟友需要做出调整以适应拜登政府的外交政策,追随拜登政府的外交政策。

第四,印度对美日印澳"四边机制"的态度暧昧,影响"四边机制"的制度化转型速度。在美日印澳"四边机制"中,印度是一个变量因素。这是因为:一是印度长期奉行不结盟外交政策,如果美日印澳"四边机制"未来转型为正式的制度化同盟框架,就将违背印度奉行的不结盟外交政策;二是印度与俄罗斯长期保持良好的合作关系,特别是在军事领域,印俄合作非常深入,[1] 如果印度与美日澳保持更为紧密的关系,而又同时与俄罗斯深化军事领域的合作,那么这种"走钢丝"的危险外交行为,既不利于印度继续深化与俄罗斯的合作,也不利于印度加强与美国的伙伴关系,因为一旦失去"平衡",就将不利于印度在美日印澳"四边机制"中的威信与形象,从而降低美日印澳"四边机制"的稳定性。

第五,日美关系、日澳关系以及美印关系三对双边关系的变化影响美日印澳"四边机制"的深入发展。在美日印澳"四边机制"中,日美两国是推动"四边机制"发展的主导力量,故而日美关系的发展变化决定美日印澳"四边机制"的深入发展情况。鉴于大力构建美日印澳"四边机制"的安倍晋三与特朗普都已经下台,今后,美日印澳"四边机制"面临"助推力"不足的问题。如果日美继任领导人菅义伟(以及菅义伟之后的首相)和拜登想继续推动美日印澳"四边机制"向深入发展,那么,该合作机制或可"续命"并有所作为;如果菅义伟(以及菅义伟之后的首相)和拜登不愿意接过美日印澳"四边机制"的"衣钵",那么,美日印澳"四边机

---

[1] 2018年10月,印度和俄罗斯签下近90亿美元的军售大单。其中最引人关注的就是价值54.3亿美元的S-400防空导弹系统,预计俄罗斯在2021年底前交付第一套S-400防空导弹系统。S-400防空导弹系统是俄罗斯陆基移动式中远程防空导弹系统,是俄罗斯防空军第四代地对空导弹系统。S-400防空导弹系统在速度、精度等方面均优于美国"爱国者"PAC-3地对空导弹系统,是当今世界上性能最好的防空导弹系统。参见《完全无惧美国!印度确定购买俄罗斯5套S-400》,新华网,http://www.xinhuanet.com/mil/2018-09/28/c_129962791.htm[2020-12-16]。

制"就可能因欠缺"主导力量"而失去向前发展的"动力"。

日澳关系也是美日印澳"四边机制"中一对重要的双边关系。正是因为日澳近年来的密切互动,澳大利亚和日本才一起作为美国在亚太地区的重要盟友而加入美日印澳"四边机制"。不过,在保持密切联系的同时,日澳两国的关系也潜藏着一些分歧或矛盾,[①] 时间的推移及澳大利亚领导人的变动有可能使这些分歧"放大"从而影响两国关系。一旦分歧导致双边关系受阻,那么,澳大利亚对美日印澳"四边机制"的积极性就会有所下降,且有可能退出美日印澳"四边机制"。

美印关系是美日印澳"四边机制"中的另一个变量因素。原因如下。一是尽管美印两国关系近年来"升温"的步伐较快,但这主要基于特朗普执政时出于遏制中国战略的需要——拉拢与扶植印度以抵消中国在印度洋地区的影响力,随着特朗普时代结束,拜登政府如何发展与印度的关系、如何看待印度在美日印澳"四边机制"中的"角色"与"作用",都是今后美印关系中的重要课题。二是对于印度如何发展与美国的关系,印度与美国只是相互利用的伙伴,印度在美日印澳"四边机制"中的地位显然不及日澳,因为印度不是美国传统外交视野中的"战略盟友",鉴于印美两国的相互认知,未来几年(甚至十几年、二十几年),印度未必能成为美国的正式战略盟友;尴尬的定位决定了印度在美日印澳"四边机制"中将处于一种可进可退、可升可降的相对"自由"状态。三是俄罗斯因素对美印关系的发展具有深刻影响,俄罗斯不愿意看到印度快速倾向于和美国深化关系,相反,美国也不愿意看到印度继续深化与俄罗斯的关系,所以极力拉拢印度进入美国"印太"战略框架中,俄美争相对印度进行"拉拢"限制了印度在美日印澳"四边机制"中施展能力的空间。

---

① 日澳分歧主要有:两国在捕鲸问题上存在尖锐矛盾,日本热衷于在南太平洋大量捕鲸,澳大利亚出于保护鲸等海洋生物的原因坚决反对与抵制日本扩大捕鲸行动。另外,2016 年 4 月,日本在澳大利亚潜艇建造竞标中落败,最终,澳大利亚选择让法国建造商为其建造价值高达 385 亿美元的 12 艘新型潜艇。参见《500 亿澳元!日本落选澳潜艇订单》,新京报网,2016 年 4 月 27 日,http://epaper.bjnews.com.cn/html/2016 - 04/27/content _ 632802. htm? div = 0 [2020 - 12 - 16]。

第六，后疫情时代，考虑到日美印澳四国的经济发展情况，中国的发展对冲了美日印澳"四边机制"遏制中国的目标。美日印澳"四边机制"的主要目标是遏制中国的发展，从地缘政治视角达到围堵中国进入太平洋与印度洋的目的。不过，随着后疫情时代国际形势的深刻变化，特别是中国成为全球保持经济稳步发展的主要行为体，[①] 这给美日印澳四国以很大的震动。后疫情时代，在有效控制疫情的同时，有效恢复经济增长成为各个国家必须直面的课题。中国经济率先恢复正增长且是美日印澳四国重要的经贸合作对象，对于中国对美日印澳四国在后疫情时代经济恢复与重建过程中所起的不可替代的重要战略作用，四国不能不予以掂量，进行深入思考。如果四国在后疫情时代继续遵照特朗普时期"设计"的"路线图"，一门心思地图谋遏制中国发展，那么，四国将难以迅速跳出新冠疫情的经济泥淖，经济减速与发展滞后将使美日印澳"四边机制"难以为继。

---

① 国家统计局于2021年1月18日发布2020年宏观经济数据，2020年，中国国内生产总值（GDP）为1015986亿元，按可比价格计算，比上年增长2.3%。2020年，中国成为全球唯一实现经济正增长的主要经济体（参见《2020年中国GDP超百万亿，三大原因成就"全球唯一正增长"》，第一财经，https://www.yicai.com/news/100917510.html）。美国商务部于当地时间2021年1月28日公布的首次预估数据显示，从2020年全年来看，新冠疫情导致美国经济"停摆"，美国经济自2020年2月开始陷入衰退，虽然第三季度出现反弹，但全年仍萎缩3.5%。这也是美国经济自2008年国际金融危机以来首次出现全年萎缩，为1946年以来的最差表现。参见《美国2020年第四季度经济增长4% 全年经济萎缩3.5%》，中国新闻网，https://www.chinanews.com/gj/2021/01-29/9399421.shtml［2021-02-16］。

B.17
越南轮值东盟主席国期间日越关系新动向*

白如纯**

摘　要： 2020年越南任东盟轮值主席国，在东盟内部及东盟与地区相关国家间发挥协调作用。越南以制度优势、重要的战略位置以及人口红利等后发潜力，成为东南亚地区后发国家的样板。2020年9月，日本首相菅义伟把出访首站定为越南，使安倍二次内阁以来日本重视对越外交、通过重点国家对东盟施加影响的格局更加明确。越南也希望利用日本的资金、技术发展本国经济，并欢迎日本在东南亚地区发挥平衡作用，意图借助日本在经济、政治及安保领域全面介入东南亚，抵抗中国的地区影响力。但日越间私相授受的"小算盘"不会阻碍 RCEP 签署后中国与东盟各国经济合作的进一步深化，包括中日、日越、中越在内的各种双边或多边合作的大趋势仍是主流。

关键词： 日越关系　日本－东盟关系　东盟共同体　东盟轮值主席国　RCEP

2020年9月16日，菅义伟接替安倍晋三出任日本首相。一个月后的10

---

* 本报告为中国社会科学院创新工程重点课题"日本经济政策与经济战略"的阶段性成果。
** 白如纯，法学博士，中国社会科学院日本研究所研究员，主要研究方向为日本的东南亚政策、东亚区域经济合作。

月18日，菅首相将越南选为首次出访的第一个目的地。访越期间，菅义伟礼节性地拜会了越共总书记、越南国家主席阮富仲，与越南总理阮春福举行会谈，出席双方合作文件的签署仪式并共同会见记者。

菅义伟首相首访越南的一个重要背景是越南担任2020年东盟轮值主席国。鉴于轮值主席国拥有议题选择、议程安排、文件及声明起草等方面的"特权"和便利，越南政府在政治、外交方面有所行动，宣示或推动相关主张。在新冠疫情常态化、全球和地区范围内各种不确定性因素增加、东南亚地区受到不同程度冲击的背景下，担任东盟轮值主席国的越南的抗疫效果显著，经济恢复迅速并在该地区率先实现经济正增长。同时，越南党政首脑及相关部门高层与东盟其他成员和重要伙伴国举办了各级别的视频会议和进行电话交谈。越南在协调东盟各方面力量抗击疫情及举办各种形式的高级别会议等方面取得重要成果。作为东南亚地区经济发展的后起之秀，近年来，越南对树立自身在东盟乃至全球的正面形象、增强影响力充满期待，进行了巨大努力，并取得了积极的成果。即便在疫情严峻的情况下，包括日本首相在内的多个国家的领导人或高级官员也将越南选为出访对象国。

长期以来，日本利用屡试不爽的经济外交手段，配合首脑外交、峰会外交、民间外交等多种形式的外交对东盟国家施加影响。在安倍晋三二次执政之后，日本更加重视对东盟的外交。越南连续多年成为日本对外经济援助的首要对象国。日越加强全方位关系，契合越南发展经济、提升国际形象、增强在东盟乃至亚太地区影响力的愿望，这也是日本向东南亚渗透，推行"自由与开放的印度洋-太平洋"构想的需要。

一 首相外交首秀凸显日越特殊关系

日本首相菅义伟于2020年9月中旬上任后，赶在11月中旬越南主办东盟及东亚领导人系列峰会前，于10月中旬迅速出访东南亚两国，首站即为越南。结合2013年1月安倍晋三二次执政不满一个月即出访包括越南在内的东南亚三国，在一定程度上显示了日本政府对发展对越关系的重视。毕竟前后两任首相均把首次出访国选为同一个国家，除了作为外交基轴的对美关系外，这在日本首脑上任后的首次出访史上的确史无前例。

（一）越南信心满满地迎接日本首相

2020年，除担任东盟轮值主席国之外，越南还是联合国安理会非常任理事国（任期为2020～2021年）。越南常驻东盟代表团团长陈德平大使表示，越南接手东盟轮值主席国后，发挥了良好的协调作用。越南促进对接并将东盟优先事项纳入全球议程，为巩固东盟在亚太地区的中心地位做出了贡献。在新冠疫情暴发之初，作为东盟轮值主席国，越南迅速与东盟其他成员国落实"双重目标"，即在大力防控疫情的同时，继续努力建设东盟共同体和开展2020年的优先事项。由于东盟各国及时采取行动，整个东盟在防疫的同时适应疫情常态化，逐步实现经济全面恢复。东盟争取伙伴国的支持，致力于应对疫情和实现恢复经济的目标。由越南提出的倡议因具有实用性而得到各方积极评价，让东盟在抗疫和促进经济恢复方面做出重要贡献。

越南作为轮值主席国的出色表现为高调接待来访的日本领导人做了铺垫。在菅义伟首相来访前，越南总理阮春福代表越南政府和人民对菅义伟当选日本首相表示祝贺，同时，阮春福强调，越南一直将日本视为最重要的长期战略合作伙伴之一，愿与日本一道进一步促进双边合作，同时加强两国在共同关心的世界和地区问题上的合作，致力于维护世界和地区和平、稳定、合作与发展。阮春福对日本在新冠疫情防控中向越南提供的帮助向菅义伟表示诚挚感谢，同时希望双方继续保持合作，通过互助渡过疫情难关。

随着新冠疫情的威胁逐渐得到控制，日越双方领导人同意尽快恢复定期航班，同时实施商务计划。双方达成共识，即两国人员可以在遵守新冠防控规则的前提下，无须进行14天隔离即可互相出行。阮春福表示，越南欢迎日本投资者，将向日本投资者提供房地产及人力资源方面的帮助。他强调，希望日越双方能够加强经济联系，实现共同进步。

越南媒体评价日本首相菅义伟及其夫人此次对越南的正式访问，认为此次访问是在越日纵深战略伙伴关系呈现朝着蓬勃和务实方向发展、两国拥有

高度政治互信、各级尤其是高层互访与接触频繁的背景下进行的。菅首相此次对越南进行正式访问，展现了越南新冠疫情防控工作的安全高效，经济社会发展成就明显，国际地位不断提高，表明了越南落实革新开放路线的成效，彰显了越南融入国际社会的决心。①

（二）日本积极配合东盟轮值主席国越南

日本首相继承前任重视对东盟外交的姿态。菅义伟在出访前及访问期间均高度评价东盟在印度洋-太平洋地区的作用，强调东盟是日本推动的"自由与开放的印度洋-太平洋"构想得以实现的关键，他表示，此次访问东盟两国以"维护亚太地区稳定"为目的，希望加强和东南亚各国的合作。2020年10月12日，在出访越南前夕，菅义伟在与阮春福通电话时表示，对日越关系蓬勃发展表示高兴，同时对越南在抗疫中与日本积极配合表示感谢。菅义伟强调，日本高度评价与越南的合作，希望推动两国合作迈上新台阶，同时高度评价越南在世界和地区发展中的地位和作用，并表示，为帮助越南成功举办即将召开的东盟峰会及相关会议，日本愿与越南密切配合与合作。他同时向遭受暴雨、洪涝灾害的越南中部人民致以诚挚的问候。②

实际上，日本对该地区的外交攻势早已布局并逐一实施。2020年4月22日，越南举办了东盟经济部长与日本经产大臣会议，通过了《东盟-日本经济部长关于应对新冠疫情，促进经济复苏倡议》这一联合声明。7月29日，东盟经济部长与日本经产大臣再次举办会议，通过《东盟与日本经济复苏行动计划》。10月14日，越南外交部副部长、越南驻东盟代表团团长阮国勇与日本外务省副大臣森健良共同主持第35届东盟-日本论坛，邀请东盟各成员国高级官员与东盟秘书处副秘书长一同出席。森健良在致

---

① 《越南政府总理阮春福与日本首相菅义伟举行会谈》，越南人民军队报网，https：//cn.qdnd.vn/cid-6123/7183/nid-577945.html［2021-01-21］。
② 《东盟-日本中心秘书长高度评价越南2020年东盟轮值主席国的作用》，越通社网，https：//zh.vietnamplus.vn//129771.vnp［2021-01-21］。

辞时强调,日本愿加强与东南亚地区的合作,重视东盟在本地区的核心作用;日本支持东盟的"印度洋-太平洋展望"(AOIP)观点,愿与东盟一道将其落到实处。日本高度评价东盟为应对疫情所做的努力,表示日本将继续协助东盟抗击疫情,减少其对经济社会造成的影响,同时推动经济社会可持续复苏。森健良说,日本将为东盟成立紧急医疗问题与新疾病中心(ASEAN CDC)提供协助,从而提升东盟的医疗服务能力,及时有效对抗新出现的传染病。

在谈到国际和地区局势时,森健良强调了地区和平与稳定的重要性,在提及南海形势时呼吁加强对话、增进互信,不采取任何使局势复杂化、扩大化的举动,不采取军事化管理方式,不使用武力或以武力相威胁,在遵守包括1982年通过的《联合国海洋法公约》在内的国际法的基础上通过和平方式解决争端。日本希望有关各方充分落实《南海各方行为宣言》(DOC),早日达成"东海行为准则"(COC)。①

上述表态表明日本意图借越南担任东盟轮值主席国之机,通过越南增强其在东南亚地区的影响力,对中国维护南海主权的行动形成牵制。外务大臣茂木敏充就菅义伟就任日本首相后的首次外访答记者问时表示,菅义伟此次访问越南和印尼,对实施"自由与开放的印度洋-太平洋"构想具有重要意义。日本领导人与东盟轮值主席国越南及东南亚地区第一大国印尼坦率地讨论地区和国际热点问题,尤其在新冠疫情常态化背景下变得更为必要。茂木敏充也谈及2013年日本首相安倍晋三将越南和印尼选为就任后的首访目的地。在任期间,安倍首相努力推动日本与越南及印尼两国进行经济与安全合作。②

日本-东盟中心秘书长藤田正孝接受越通社记者采访时,高度评价越南在担任2020年东盟轮值主席国期间发挥的重要作用,认为越南不仅控制住

---

① 《东盟2020:第35届东盟-日本论坛今日召开》,越南人民军队报网,2020年10月14日,https://cn.qdnd.vn/cid-6130/7187/nid-577799.html[2021-01-19]。
② 《日本首相确认将访问越南 "重走"前任之路》,腾讯网,2020年10月15日,https://new.qq.com/omn/20201015/20201015A017EZ00.html[2021-01-21]。

了疫情，还实现了经济快速复苏，这是越南展现国家力量的良好机会。① 日本防卫大臣岸信夫对越南主办东盟防长扩大会议（ADMM＋）给予充分肯定并不吝溢美之词。

除了与越南多位领导人进行会谈、会见之外，菅首相于2020年10月19日访问日越大学并发表演讲，表示他一直期待能够与日越大学的同学相见，日越大学是基于日越首脑之间达成的共识而建立的，是日本与东盟合作培养人才的象征。②

二 日越紧密关系体现双方的共同意愿

越南担任东盟轮值主席国的2020年，也是越南实现"2011～2020年社会经济发展战略"及"2016～2020年社会经济发展计划目标"的关键之年。2021年初，越共召开十三大，以出色的成绩向大会"献礼"。越南发展经济的需求契合日本开拓东南亚市场、复苏经济的需要。日本与越南关系的迅速"升温"，是双方相互倚重的结果。

（一）访问成果体现双方的共同需求

越南总理阮春福和日本首相菅义伟共同见证两国相关部门、行业、地方和企业之间总价值近40亿美元的12个文件的签署。据越通社等越南媒体的报道，菅义伟首相的这次出访取得了令双方满意的结果。主要涉及如下内容。

1. 政治层面

双方领导人对越日关系强劲、全面的发展势头表示满意。双方在进

---

① 《东盟－日本中心秘书长高度评价越南2020年东盟轮值主席国的作用》，越通社网，https：//zh.vietnamplus.vn//129771.vnp ［2021－01－21］。
② 首相官邸「日越大学における菅総理政策スピーチ」、2020年10月19日、https：//www.kantei.go.jp/jp/99_suga/statement/2020/1019vju.html ［2021－01－19］。

一步深化越日纵深战略伙伴关系的措施与方向方面，一致同意通过领导人的互访与接触提升对话机制效率。在交流方面，加强越南共产党与日本自民党及两国政府和国会之间的关系，增强政治互信。高度评价在新冠疫情防控工作中，两国人员间开展国际合作、互相分享经验和互相帮助的做法。

2. 地区经济合作层面

双方同意在东盟、湄公河、联合国等地区和国际场合保持密切配合，推动达成"全面与进步跨太平洋伙伴关系协定"（CPTPP）和"区域全面经济伙伴关系协定"（RCEP）等。

3. 安全层面

双方再次强调在海洋活动中维护南海和平、安全、航行与飞越自由和法律至上原则，尤其是维护1982年通过的《联合国海洋法公约》的重要性。双方一致同意保持密切配合，推动越日关系迈上新台阶，推动各领域的合作走向深入，发挥两国互补优势，推动开展各大项目和具体项目，同时保持密切合作，为地区和国际和平、稳定、合作与发展做出积极贡献。

4. 具体合作领域

双方领导人探讨了两国人员往来的优先机制，决定早日恢复受疫情影响的商业航班，为恢复两国各项合作活动创造条件。双方同意推动中长期农业合作，承诺早日为越南龙眼和日本橘子开放市场。日本增加越南研修生名额。双方通过有效配合开展重点项目合作，具体涉及应对气候变化、应对干旱和海水入侵、预防自然灾害、保护环境、防止城市内涝、防洪、建设电子政务等领域的合作。

（二）越南对日本的多元化需求

1. 经济层面

日本是越南的主要贸易伙伴之一，2020年，日越双边贸易额达2860亿美元，同时，日本也是越南的最大援助方，截至2019年，日本向越南提供了约230亿美元的各类援助。①

在越南主持下,2020年的东亚领导人视频会议签署了拖延多年的"区域全面经济伙伴关系协定"。协定签署国基本涵盖越南主要出口市场,这些国家对越南产品有较大需求。鉴于RCEP的市场准入门槛相对较低,各成员国对商品质量的要求也比较宽松,基于关税降低等利好因素,越南具有竞争力的农产品、水产品、纺织服装、家电产品以及其他工业产品将具有更大的出口优势和更强的市场竞争力。RCEP也排除了行业限制,尤其是对电信、金融业以及其他专业服务部门的限制,海关程序与行政程序实现便利化,这些有利于促进越南进行对外贸易,推动商品、服务、投资跨境流动,为越南的革新开放注入活力。②

越南地理位置重要,拥有丰富的自然资源、充足且低廉的劳动力。RCEP的签署将增强越南市场的吸引力。一方面,越南政府计划出台更多政策,促进投资和贸易自由化,吸引外资流入,营造透明的投资环境,提供更多发展机遇,提升国民就业率,带动国家经济发展;另一方面,越南企业希望利用RCEP签署的契机与提供的便利,创造有利的投资条件,积极引进外资和进行对外投资以促进经济发展,转变经济增长方式,提升国家和地区的技术能力、生产能力、竞争能力。

在RCEP构建的多边贸易体系下,越南深度参与区域和全球供应链与价值链,有机会承接转移的制造业,加快国家工业化进程,提升在价值链中的地位和作用。从外部环境来看,RCEP使东盟国家在亚太地区价值链中的地位大幅提升,为推动越南在全球价值链中向上游转移、重塑新地位提供了契机。因此,RCEP有助于提升越南在区域与世界经济体系中的地位与作用。

---

① 《[东南亚周报89]营义伟首访越南强化双边关系、缅部分选区活动喊停恐影响大选公信力、泰政府撤销曼谷「严重紧急状态」》,《东南亚周报》网站,2020年10月23日,https://aseanplusjournal.com/2020/10/23/aseanweekly67/ [2021-02-11]。
② 张琪悦、周士新:《越南促成RCEP的动力与隐忧》,上海国际问题研究院微信公众号,2020年12月16日,https://mp.weixin.qq.com/s/ELv35JHGCZ7xps06f1BqEg [2021-01-25]。

2. 政治安保层面

尽管担任东盟轮值主席国只有一年的时间，但利用轮值主席国身份可对年度东盟首脑及高官会议的议题选择施加影响。在中美关系紧张的背景下，越南借助与日本的特殊关系，分化东盟，迎合美国战略调整，"借力打力"，从中渔利的意图明显。越南总理阮春福在主持东盟峰会开幕式致辞时，使用大段篇幅刻意渲染在全世界正竭尽全力应对新冠疫情的背景下，部分地区出现违反国际法的行为，导致区域不稳定，使局势更加复杂；强调要认真、充分落实《南海各方行为宣言》，制定有效且符合国际法及1982年通过的《联合国海洋法公约》的东盟与中国间的"南海行为准则"。

日本和越南与中国分别存在东海和南海的主权纷争，中日也存在扩大在东南亚地区影响力的较量。2020年4月，中越在西沙群岛出现紧张局势，越南在联合国安理会提交照会，挑起事端。日本媒体连续三天炒作中国海警船的正常巡航，日本冲绳县石垣市议会于6月22日通过了将中国钓鱼岛的"行政区划"名称从"登野城"改为"登野城尖阁"的议案等，表明日本在东海"搅局"的力度加大。

日本勾连与中国有海洋权益纠纷的国家并与越南呼应，联合美、澳、印等国家，使中国面临来自东海、南海以及台海等多方面的压力。

三 日本强化与越南及其他东盟国家的合作

日本对资源能源丰富、具有后发潜力的东南亚国家耕耘早、投入多，并与之联系紧密。进入21世纪后，与经济总体低迷的日本形成鲜明对照的是，中国与东盟国家的经济联系开始加强，日本在东南亚的影响力有所下降。安倍二次组阁之后，日本与越南、印尼等东南亚国家的经济政治关系显著提升。菅义伟把当选首相后的首次外访安排在东南亚国家，有政治、经济及安保领域的通盘考虑。对于日本通过首脑外交礼数上的"重视"，拉近与东南亚的关系，标志性意义明显。

（一）越南与印尼同为日本的主要合作伙伴

越南作为 2020 年东盟轮值主席国，同时是日本主导的 CPTPP 及 RCEP 的成员，在本年东盟内外联系中扮演主要角色。菅义伟有意在东盟领导人会议召开前，通过访问越南加强两国协调，显示日本对越南作为东盟轮值主席国的格外重视。

印度尼西亚是东盟成员国中经济体量最大、领土（海）面积最大、人口最多的国家，在东南亚地区有较强影响力，"中等强国"战略目标明确，且经济发展潜力大。印尼是日本较早开展经济外交的对象国，曾长期占据日本在东南亚乃至全球首要受援国位置。选择印尼为首访对象之一，在某种程度上也是在宣示"结识新朋友、不忘老朋友"的含义。

1. 通过经济贸易合作寻求利益最大化

在新冠疫情转为常态化背景下，调整产业结构及产业链布局成为各方关注的焦点。2015 年末东盟共同体宣告成立后，东南亚地区重新成为日本企业关注的对象。越南已经与欧盟签署自贸协定，并于 2020 年 8 月 1 日起正式生效。越南希望借此成为欧盟国家制造业企业的新投资目的地。该协定正式生效使越南成为继新加坡后东南亚地区与欧盟签署自由贸易协定的第二个国家。越南对欧盟出口的 71% 的关税和欧盟对越南出口的 65% 的关税立即取消。此外，越南和欧盟将分别在 10 年和 7 年内取消 99% 的关税。在此之前，2018 年 7 月，日本和欧盟也正式签署日欧经济伙伴关系协定。日本、越南与欧盟分别完成自贸安排，凭借区位优势、人口规模和结构、经济社会发展情况及潜在的消费市场需求，日本会持续增加对越南的投资和产业转移。目前，东盟是日本第三大贸易伙伴，仅次于中国和美国。2019 年，日本对东盟商品出口额达 115800 亿日元，日本从东盟的进口额达 117600 亿日元，此外，东盟也是许多日本企业的重要市场。

2. 通过政治安全合作制衡中国

日本支持越南在东盟地区发挥作用，主要原因是在南海，越南与中国存在重大利益冲突；在东海，日本与中国围绕钓鱼岛存在主权争端。因此，日本与越南在与中国有关海洋争端问题上存在共同利益关切、相互捆绑、"抱团取暖"的现实需要。越南强调，东盟各国在面对地区和国际问题时应发出东盟的共同声音，针对南海问题，明确指出，需把地区和平、稳定、安全、航行与飞跃自由放在最优先地位。这与安倍政府一再强调的"积极和平主义"、维护基于国际法框架下的"航行、飞越自由"的说辞如出一辙。日本尽管在字面上把"印太"战略调整为"印太"构想，但众所周知，日本的私下图谋是对冲"一带一路"倡议。日本借力美国、拉拢东盟在"印太"战略框架下给"一带一路"设置障碍，修改和平宪法，成为"政治大国""普通国家"，进而成为联合国安理会常任理事国的目标一如既往。

3. 通过人文社会交流培育亲和氛围

在越南主持的东盟与中日韩抗击新冠肺炎疫情领导人特别会议上，安倍提出三项援助举措，即增强传染病的应对能力、建立传染病应对中心、提供更多的经济援助等。同时，日本对越南的抗疫效果给予积极评价。在东盟峰会召开之际，据越南相关部门报告，越南在4月16日至6月25日已连续70天无新增本地病例。确诊病例累计达352例，其中，境外输入病例为212例，且无死亡病例。越南政府认为越南的防控效果在东南亚地区乃至全球范围内都可圈可点。对于日本来说，为使延期到2021年的东京奥运会和2025年大阪世博会顺利举办，需要得到东盟各国的支持和帮助，越南作为东盟轮值主席国的组织与协调作用不可或缺。日本将加大对与东盟各国在人文领域进行交流的援助力度，在东南亚地区培养对日本友好的氛围。

（二）RCEP签署为日本与东盟关系的发展带来机遇

2020年，虽然新冠疫情肆虐、以美国为首的某些国家出现逆全球化和贸易保护主义倾向，但"区域全面经济伙伴关系协定"成功签署，使东亚区域经济一体化向前迈出实质性步伐。

1. RCEP使中日、日韩之间从此有了自由贸易协定

根据该协定中的自贸规则，中日两国将实现关税减让的目标。2020年，

中国再次成为日本第一大出口国，中日经贸关系加强不仅有助于推动中日两国的经济融合，而且能够挖掘RCEP（涵盖人口最多、经济规模最大的自贸区）的巨大潜力，为推进区域经济一体化注入更多动能。中国成为日本第一大出口国有助于中日韩自贸区建设的推进。

回顾2020年初，新冠疫情暴发后，一度出现日企"去中国化"的噪声。日本政府相关部门以分散风险、降低成本，或巩固和重塑产业链、供应链为目的，鼓励在中国的日本企业到东南亚国家投资建厂，但由于中国经济的出色表现及完善的营商环境，日本政府的提议收效甚微。在华日本企业撤离中国后将生产基地迁至东南亚等地区的第三国，越南即为多数日本中小企业向东南亚转移的首选目的地。总体来看，真正想撤离中国市场的日本企业基本上属于缺乏竞争力、主要从事制造业生产的中小企业。像松下电器等大型企业非但没有撤退的计划，相反却加大了在中国的投资力度。2020年，日本对美国、欧盟出口总额均呈现不同幅度的下降，意味着在欧美新冠疫情肆虐的背景下，日本对控制疫情取得积极成效的中国市场的依赖度提高。在RCEP时代，中日已具有准自贸安排，加上中国市场的平稳复苏，预计2021年，日本对华出口额将进一步增加。

2. RCEP对越南及其他东盟国家开展对日贸易带来机遇与挑战

仅就越南情况来看，在RCEP时代，越南仅凭关税优惠与中日韩三国进行产品竞争的优势将不复存在。在RCEP签署前，根据"东盟-日本自贸协定"和"越日经济伙伴协定"的规定，越南向日本出口的纺织产品享受优惠关税，而日本对来自中国的同类产品征收15%~20%的关税。同样，日本对来自越南的皮革鞋类征收5%的关税，而对来自中国的同类产品征收30%的关税。

在RCEP时代，很多限制和障碍将成为过去。中国、日本、越南以及RCEP框架内的其他国家将享受到自贸区形成后带来的便利和实惠。RCEP生效后，越南及东盟一些国家就将失去或逐步减少之前对外出口中享受的关税优惠。根据东盟与有关国家的"东盟+1"自贸协定，出口到日本、韩国的产品的原材料中至少有40%来自本地区时才能享受关税优惠，而越南制造的产品的原材料主要来自中国,因此越南出口到日韩印三国的很多产品无法享受关税优惠。①

四 结语

回顾战后日本外交史,日本新任首相首次出访或者新年首次外访的目的地基本上是作为外交基轴的美国。即使某些年份有极个别的例外安排,也会因令人感到意外进而引发国内外关注并进行各种解读。2020年,安倍晋三由于健康原因辞职,菅义伟组阁,外界普遍认为菅首相将贯彻安倍的既定方针以推进内政外交。菅首相把外交首秀选在东南亚的越南和印尼,不管是有意安排还是某种巧合,都在一定程度上验证了其给人的"继承衣钵"的印象。

2015年末,东盟共同体成立,东盟一体化进入新时代。目前,东南亚已成为全球经济版图中最具发展潜力的地区之一。东盟很多国家的年轻劳动力充裕,经济增速较快,潜在消费市场巨大。尽管2020年东盟对外交流与合作遭受疫情的严重影响,但本着"齐心协力与主动适应"的精神,东盟国家展现出坚定、团结与统一的面貌,保持合作以应对疫情带来的多方面挑战,加快东盟共同体建设进程,确保有效实施2020年东盟的优先事项和实现合作目标,加强对外交往,同时继续巩固和促进发挥东盟的核心作用。

对于经济已经历"失去二十年"甚至失去更多并饱受疫情冲击而深陷低迷状态的日本来说,在新冠疫情常态化的背景下,通过进一步深化与东南亚国家的合作,实现"改元换代"后经济的复苏非常重要。菅义伟访问日本企业落脚较多的越南和印尼,也包含继续推进经济外交战略的目的。

---

① 《越媒称RCEP对越南出口的挑战与机遇并存》,环球网,2014年11月7日,https://china.huanqiu.com/article/9CaKrnJFNrB [2021-01-21]。

B.18
英国"脱欧"背景下的日欧关系＊

陈静静＊＊

摘　要： 英国"脱欧"不仅对英国和欧盟具有重要影响，而且对与双方都有密切关系的日本影响重大。长期以来，英国是日本进入欧盟的门户，影响日本与欧洲各个方面的合作，英国"脱欧"迫使日本重新考虑和定义与英国和欧盟的关系。英国"脱欧"成为促使日本、欧盟和英国更加积极参与国际事务的催化剂，日本采取双轨制加快与欧盟和英国的接触。日本与欧盟签署了经济伙伴关系协定和战略伙伴关系协定，不断加强在经济、政治和安全方面的合作。日英积极加强政治和安全合作，在日欧经济伙伴关系协定签署之后，日英迅速启动经济伙伴关系协定谈判并顺利签署。从双方的接近态势看，日欧合作已突破单一领域，呈现全方位、战略性借重的特点。

关键词： 英国"脱欧"　日欧关系　日英关系　日欧 EPA　日英 EPA

日本与欧洲的关系可以分为三个层面：日本与欧盟的关系、日本与欧盟成员国的关系以及日本与英国的关系。英国"脱欧"不仅对当事方英国和

＊ 本报告为中国社会科学院创新工程项目"日本外交战略及中日关系研究"（项目编号：GJ08 - 2017 - SCX - 2974）的阶段性研究成果。

＊＊ 陈静静，法学博士，中国社会科学院日本研究所副研究员，主要研究方向为日本外交。

欧盟的影响重大，而且对与英国和欧盟有密切关系的日本具有重要影响。因此，本报告主要讨论英国"脱欧"背景下日本与欧盟的关系、日本与英国的关系以及两者之间的联系。此外，本报告简要提及日本与北约及与其重要成员国法国的安全关系。

一 英国"脱欧"对日本的影响

2016年6月，英国以全民公决的方式决定脱离欧盟。英国退出欧盟不仅给欧盟成员国，也给其在欧洲以外的伙伴国带来了诸多政治和经济挑战。日本对此反应强烈，日本智库国际问题研究所认为，无论对于欧盟还是日本，英国"脱欧"都是非常严重的问题，对于日本也是不容小视的挑战。[1]

（一）日本对英国"脱欧"的反应：极为震惊并迅速应对

欧洲之外，恐怕要属日本对英国"脱欧"最为关注，并对公投结果最为震惊。一位驻东京的高级外交官说："大家都对'脱欧'公投的结果感到惊讶，但日本人感到震惊。"甚至在英国"脱欧"公投之前，日本时任首相安倍晋三就明确表示，日本倾向于让英国留在欧盟。因此，日本成为唯一一个对英国"脱欧"表达明确立场的非欧盟国家。[2]

为尽量减小英国"脱欧"对日本造成的负面影响，2016年7月，日本成立了由内阁成员及相关省厅官员组成的"英国脱欧政府特别工作小组"，直到2020年1月31日，其持续关注英国"脱欧"进展并制定相关应对方案。[3] 同时，日本外交界和商界齐聚一堂，协调各方立场。几个月后，外务省向英国和欧盟发布了长达15页的公开信，表达了日本对英国和欧盟未来

---

[1] 日本国际问题研究所「混迷する欧州と国際秩序」、http://www2.jiia.or.jp/pdf/research/H30_Europe/JIIA_Europe_research_report_2019.pdf［2021-03-01］。

[2] Karel Lannoo, "A Hard Brexit Is the Last Thing Japan Wants," *CEPS Commentary*, December 7, 2016.

[3] 相关内容可参见日本外务省网站，https://www.mofa.go.jp/mofaj/erp/we/gb/page4_002149.html［2021-03-01］。

关系的某种"愿望",公开信详细列出一系列有助于日本企业发展的需求。① 日本从一开始就对英国"脱欧"表明立场:不"脱欧"或采取"最软"的"脱欧"形式,不受阻碍地进入欧洲单一市场,"脱欧"前最好设置较长过渡期。

(二)英国"脱欧"对日本的影响

尽管日本出口产品中只有1.92%流向英国,但是对日本来说,英国"脱欧"可能会带来额外的严重后果。② 主要原因是英国"脱欧"影响日本与欧洲在经济、政治和安全等方面的合作。因此,英国"脱欧"迫使日本重新考虑和定义与英国、欧盟和欧盟各成员国的关系。

1. 英国"脱欧"对日本经济的影响

英国是日本进入单一欧洲市场的主要门户,日本一直以复杂的方式依赖英国的欧盟成员资格。欧盟前身欧共体于1970年1月开始实施共同商业政策,欧共体成为一个相对封闭的市场,时任英国首相哈罗德·威尔逊将欧共体描述为一个"区域内自由贸易的实体……但相对于外部世界……是一个高度限制、具有歧视性的贸易集团",日本产品特别是电子产品和汽车行业相关产品无法进入欧共体市场。日本不得不通过与成员国进行双边贸易进入欧共体,因此,日本需要与欧共体的"内部人士"结为亲密伙伴,进而合法规避欧共体的贸易壁垒。随着英国加入欧共体,日本加强了与其的联系。1973年,日本跨国公司开始在英国投资设厂,减少与欧共体的贸易冲突。随后,英国决定大规模引进日本投资,日本跨国公司特别是汽车产业相关企业在英国大量投资,并将产品出口到欧共体市场,此后,这种合作关系不断发展。因此,英国加入欧盟使日本受益,这不是因为减少贸易顺差,而是因为"对日友好"的成员国"抵达布鲁塞尔"。③ 这样,

---

① 相关内容可参见"Japan's Message to the United Kingdom and the European Union," https://www.mofa.go.jp/files/000185466.pdf [2021-03-01]。
② Jacob Wood, Haejin Jang, "Brexit: The Economic and Political Implications for Asia," *Social Science*, Vol. 2, June, 2017.
③ Hitoshi Suzuki, "Post-Brexit Britain, the EU and Japan: The Car Industry, the Aeronautical Sector and Military Cooperation," *Europe and the World: A Law Review*, Dec. 2020, pp. 1-17.

英国逐渐成为仅次于美国的日本进行直接投资的第二个目的地，众多日本公司将业务集中在英国，并将英国作为通往欧洲的门户。

目前，从日本投向欧盟的外国直接投资总额来看，约有50%通过英国流入其他欧盟国家。除此之外，还有73家日本金融公司在英国开展业务。根据欧盟目前的规定，在英国运营的日本金融机构在欧洲开设办事处相对容易，然而，在英国"脱欧"之后，这些公司在欧盟获得经营许可证可能会比较困难。在英国具备欧盟成员国身份之时，在英日资企业制造的产品就可以在其他欧盟国家进行销售时获得优惠待遇。英国退出欧元区后，必须与欧盟就新的贸易条件进行谈判，这可能会导致产生新的关税壁垒和其他壁垒。在此背景下，英国"脱欧"极大改变了日本对欧洲的经营格局，并带来巨大的不确定性。①

2. 英国"脱欧"对全球自由贸易的影响

欧盟是基于自由贸易理念而建立起来的地区性国际组织，英国"脱欧"本身反映了国内民粹主义和反建制力量的上升，也表明英国的政策被民意绑架而不得不内向化。日本担心英国不能继续充分扮演"自由贸易的旗手"的角色，甚至会阻碍自由贸易发展。② 就像欧洲理事会主席唐纳德·图斯克所说，"因为英国'脱欧'，（欧盟和英国）将渐行渐远。事实上，这是放松而不是加强经济联系。'脱欧'协议不会使英国和欧盟之间的贸易摩擦减少，反而使英国和欧盟的贸易更加复杂。这就是英国'脱欧'的本质"。③

---

① Karel Lannoo, "A Hard Brexit is the Last Thing Japan Wants," *CEPS Commentary*, December 7, 2016.
② 日本国際問題研究所「混迷する欧州と国際秩序」、http：//www2. jiia. or. jp/pdf/research/H30_ Europe/JIIA_ Europe_ research_ report_ 2019. pdf［2021－03－01］。
③ European Council, "Statement by President Donald Tusk on the Draft Guidelines on the Framework for the Future Relationship with the UK," March 7, 2018, http：//www. consilium. europa. eu/en/press/press－releases/2018/03/07/statement－by－presidentdonald－tusk－on－the－draft－guidelines－on－the－framework－for－the－future－relationship－with－theuk/? utm_ source = dsmsauto&utm_ medium = email&utm_ campaign = Statement + by + President + Donald + Tusk + on + the + draft + guid elines + on + the + framework + for + the + future + relationship + with + the + UK［2021－03－01］.

英国"脱欧"反映了发达国家对自由贸易的保守态度,正如《经济学人》所指出的,出口是日本经济实现增长的一个重要来源,所以它"担心世界正在对贸易失去兴趣"。①

同时,所有在欧洲运营的日本企业都普遍担心"脱欧"对英国经济的潜在负面影响,日本贸易振兴机构(JETRO)组织的"2017年在欧洲的日本附属公司商业状况调查"显示,欧洲各地的日本公司将"英国经济放缓"列为对英国"脱欧"的首要担忧。② 日本政界和商界部分人士对"全球英国"持怀疑态度,不确定其在"脱欧"后是否能继续在世界上扮演重要角色。③

3. 英国"脱欧"对日本政治与安全的影响

日本政府官员普遍认为,英国"脱欧"主要影响日本的经济利益,而且,他们对英国"脱欧"产生的政治和防务影响感到担忧。鉴于日本的全球政治影响力、军事重要性和国际地位,英国是日本最重要的欧洲伙伴之一。目前,日英在政治与安全领域有着非常好的合作,英国是为数不多的与日本进行外长和防长"2+2"定期磋商的国家之一。日本要极力避免欧盟和英国因为英国"脱欧"而变得更加内向,并可能被民粹主义的负面力量包围,从而阻碍它们在国际安全方面发挥应有的作用,特别是可能漠视亚太的安全问题。④

随着中国快速发展,日本对中国在南海和东海的行动越来越不安,因此,日本希望英国和欧盟在这些问题上秉持更加积极的立场。日本一些人认

---

① "Trade Deals between the EU and Japan Only Get You So Far," *The Economist*, October 5, 2017.
② JETRO, "2017 Survey on Business Conditions of Japanese-Affiliated Companies in Europe," December 4, 2017, https://www.jetro.go.jp/en/news/releases/2017/aa69fb794e4db59f.html[2021-03-01].
③ Duncan Barlett, "Japan's Business Leaders Vow to Stay in Britain Despite Brexit," *Japan Forward*, March 7, 2018, http://japan-forward.com/japans-business-leaders-vow-to-stay-in-britain-despitebrexit/[2021-03-01].
④ 日本国際問題研究所「混迷する欧州と国際秩序」、https://www2.jiia.or.jp/pdf/research/H30_Europe/JIIA_Europe_research_report_2019.pdf[2021-03-01]。

为，中国的"一带一路"倡议试图增强其对欧洲的经济和政治影响力，他们预计，英国"脱欧"对欧盟和英国都会产生负面经济效应，这可能会使这两个行为体更愿意接受中国的投资，进而产生政治影响。①

二 日本与欧盟迅速实现战略接近

英国"脱欧"成为日本更加积极地参与国际事务的催化剂。鉴于对失去进入单一欧洲市场的机会及欧盟和英国实力减弱的担忧，日本采取双轨制，同时加快与欧盟和英国的接触。内外多重危机促使欧盟下定决心，启动并持续加强与日本的经济伙伴关系和战略伙伴关系。在此背景下，日欧双方展开经济伙伴关系协定②谈判，并同时推进战略伙伴关系协定③谈判，此外，双方还推动进行互联互通合作。④ 日欧 EPA、日欧战略伙伴关系协定（SPA）、《可持续互联互通伙伴关系协定》顺利签署，成为日欧进行战略合作的"三大支柱"。在此基础上，日欧实现了战略接近，推动双方关系进入"蜜月期"。⑤

（一）日欧签订经济伙伴关系协定

2016 年，日本是欧盟在亚洲的第二大贸易伙伴，双方的贸易额占欧盟

---

① Irina Angelescu, "Budding Ties? The Impact of Brexit on Europe-Japan Relations," https://www.jiia.or.jp/en/column/2020/03/image/Budding_Ties_The_Impact_of_Brexit_on_Europe-Japan_Relations_Irina_Angelescu.pdf［2021-03-01］.
② 「経済上の連携に関する日本国と欧州連合との間の協定」（EPA）、https://www.mofa.go.jp/mofaj/files/000382088.pdf［2021-03-01］.
③ 「日EU戦略的パートナーシップ協定」（SPA）、https://www.mofa.go.jp/mofaj/erp/ep/page22_002086.html［2021-03-01］.
④ 「持続可能な連結性及び質の高いインフラに関する日EUパートナーシップ」、https://www.mofa.go.jp/mofaj/files/000521612.pdf［2021-03-01］.
⑤ 关于"蜜月期"的说法，日本政学两界已达成共识，例如，2020 年 2 月，日本外相茂木敏充在出席纪念日欧 EPA 生效一周年活动时发表讲话称"日欧关系进入蜜月期"，参见『茂木外務大臣の「日EU・EPA発効1周年記念レセプション」への出席』、https://www.mofa.go.jp/mofaj/ecm/ie/page1_001013.html［2021-03-01］；日本学界论述参见小久保康之「蜜月時代に入った日EU関係」、『国際問題』No.691、2020 年 5 月。

的贸易总额的比重为 3.6%，但仍远远落后于欧盟与其最大的亚洲贸易伙伴中国的贸易额占欧盟贸易总额的比重（14.9%）。英国举行"脱欧"公投后，日欧合作的"萌芽"是经济伙伴关系协定。在英国"脱欧"的刺激下，日本和欧盟都表现出达成协定的重大政治意愿。日本有关人士强调，日欧 EPA 与全面与进步跨太平洋伙伴关系协定（CPTPP）的达成是日本重要的外交政策优先事项，得到最高决策层的支持。[1] 日欧双方于 2017 年 7 月达成原则协定，并于 12 月完成谈判。日欧达成 EPA 表明，双方反对贸易保护主义和单边行动，支持自由开放的经济和多边主义。[2] 双方都对彼此给予厚望，并希望借此实现各自的政治目标。

欧盟希望借助日欧 EPA 的架构获得新发展动力，以应对自身面临的多重危机，并在全球层面应对世界经济体系与国际战略格局的新一轮调整，维护和巩固现有的国际多边贸易体系和全球经济治理架构，借助日本应对中国的快速发展。[3] 日欧 EPA 是欧盟当前进行对外战略布局的重要一环，欧盟将贸易政策视作推广价值理念、实现战略意图的手段。同时，这也体现出日本大力推动自由贸易多边框架、消除美国单边主义的消极影响的坚定政治意图。安倍将日欧 EPA 称为 21 世纪自由贸易的样板。[4]

（二）日欧政治和安全合作稳步推进

英国"脱欧"公投一结束，欧盟就发布了全球外交与安全战略，这份文件制定了"整体欧盟"的方针。有学者甚至认为，这种具体的外交

---

[1] Irina Angelescu, "Budding Ties? The Impact of Brexit on Europe-Japan Relations," https://www.jiia.or.jp/en/column/2020/03/image/Budding_Ties_The_Impact_of_Brexit_on_Europe-Japan_Relations_Irina_Angelescu.pdf［2021-03-01］.

[2] 日本国際問題研究所「戦略年次報告 2019～自由・公正で"透明性のあるルールに基づいた国際秩序の構築は可能か"、http://www2.jiia.or.jp/pdf/strategic_annual_report/JIIA_strategic_annual_report2019_jp.pdf［2021-03-01］。

[3] 忻华：《从"欧日经济伙伴关系"的确立看欧盟对外战略布局》，《当代世界》2019 年第 6 期。

[4]「欧州連結性フォーラム 安倍総理基調講演」、2019 年 9 月 27 日、https://www.kantei.go.jp/jp/98_abe/statement/2019/0927eforum.html［2021-03-01］。

政策使欧盟成为一个"超级大国",以与美国和中国竞争,甚至超越美国和中国。① 日本和欧盟不仅在经济方面积极进行合作,在政治和安全方面也相互借重。日欧在就 EPA 进行谈判的同时,也就战略伙伴关系协定(SPA)展开谈判。欧盟和日本自 2003 年以来一直是战略伙伴,在英国"脱欧"背景下,欧盟和日本考虑通过协定加强双方的伙伴关系,2017 年 7 月,双方原则性达成 SPA,其与 EPA 于同日签署。双方决定通过深化经济关系,不断加强政治和安全关系。这对日本尤为重要,且对日本来说是全新的,除了《日美安保条约》和在 1954 年与埃塞俄比亚签订的一项较为宽松的政治合作协定外,日本基本上没有与其他缔约方签订过此类协定。② 日欧 SPA 呼吁双方在政治、安全等 50 个领域开展全面合作,③ 包括政治和区域对话、与促进人权和基本自由有关的规定以及进行经济、科学和文化合作。④ 从本质上说,"战略伙伴关系旨在创造欧盟对区域和全球安全的'全面方针'与日本在中东和亚洲的'人类安全'概念之间的协同效应"。⑤ 日欧 SPA 为加强日本与欧盟之间的战略合作提供了法律基础,在该协定的基础上,日欧关系变得更加紧密。

与此同时,日欧安全合作不断升温,主要表现在日英和日法的双边合作及日本与北约的关系上。日英合作将在下文提及,此处主要介绍日法安全合作及日本与北约的关系。对日本来说,英国"脱欧"意味着它失去了进入欧盟的主要门户,因此,日本需要一个新的战略伙伴,此时,法国作为日本

---

① Irina Angelescu, "Budding Ties? The Impact of Brexit on Europe-Japan Relations," https://www.jiia.or.jp/en/column/2020/03/image/Budding_Ties_The_Impact_of_Brexit_on_Europe-Japan_Relations_Irina_Angelescu.pdf [2021-03-01].
② Marie Söderberg, "Introduction: Where Is the EU-Japan Relationship Heading?" *Japan Forum*, Vol. 24, No. 3, 2012, p. 259.
③ 日本国際問題研究所「戦略年次報告 2019～自由・公正で"透明性のあるルールに基つ"いた国際秩序の構築は可能か」, http://www2.jiia.or.jp/pdf/strategic_annual_report/JIIA_strategic_annual_report2019_jp.pdf [2021-03-01]。
④ Enrico D'Ambrogio, "Japan and Prospects for Closer EU Ties," *European Parliamentary Research Service* (*EPRS*), October 2017, p. 6.
⑤ Axel Berkofsky, "The EU-Japan Strategic Partnership Agreement (SPA)—Responding to the Crisis of the Liberal World Order," *Bertelsmann Stiftung Asia Policy Brief*, December 2017, p. 5.

的战略伙伴的价值陡升。① 法国政府不断介入印太地区安全事务，加强与日本的安全合作，包括进行军事交流、联合军演等。2018 年 7 月，日法签署《相互提供物资与劳务协定》（ACSA），该协定促进两国进行军事交流，为武器进出口提供方便。2019 年 5 月，法国国防部发布了《法国印太防务战略》，谋求加强与区域主要伙伴（美、澳、印、日）和欧洲伙伴的合作。② 该战略与安倍提出的"自由与开放的印度洋－太平洋"构想存在诸多共同点。同年 5 月，法国参加了在印度洋举行的首次日美澳法四国联合训练，6 月，法国总统马克龙访日，双方公布了日法合作路线图，强调加强印太合作，包括建立日法全面海上对话机制、深化安全防务合作。③ 2020 年 12 月，法国海军与美日海军在菲律宾海进行联合军演。此外，日、美、法、澳于 2021 年 5 月首次在东海进行联合军演。

日本与北约的安全合作也有所发展。自 2013 年双方通过《联合政治宣言》、2014 年批准《个别伙伴合作计划》以来，两国的安全合作稳步推进。2020 年 6 月，日本和北约对《个别伙伴合作计划》进行修订，主要内容包括在优先合作领域增加"人的安全"，提及印太，深化东亚安全形势磋商。④

在欧盟层面，日欧安全合作并未取得实质性进展。在与日本进行 SPA 谈判时，欧盟提议缔结一项框架参与协定（FPA），使日本自卫队能够在欧盟共同安全与防卫政策任务下与之进一步合作。然而，这一建议没有被采纳。日方认为，在缔结框架参与协定之前，应首先建立具体的合作机制，例

---

① Michito Tsuruoka, "A New Japan-France Strategic Partnership: A View from Tokyo," *Lettre du Centre Asie*, No. 74, Nov. 16, 2018, https://www.ifri.org/sites/default/files/atoms/files/tsuruoka_japan_france_strategic_partnership_2018.pdf［2021－03－01］.

② "France's Defense Strategy in the Indo-Pacific," https://apcss.org/wp－content/uploads/2020/02/France－Defence_Strategy_in_the_Indo－Pacific_2019.pdf［2021－03－01］.

③ 「＜特別なパートナーシップ＞の下で両国間に新たな地平を開く日仏協力のロードマップ（2019～2023）」，2019 年 6 月 26 日，https://www.mofa.go.jp/files/000492472.pdf［2021－03－01］.

④ 日本国際問題研究所「戦略年次報告2020～インド太平洋の今日と明日：戦略環境の変容と国際社会の対応」，https://www.jiia.or.jp/strategic_comment/pdf/StrategicAnnualReport2020jp.pdf［2021－03－01］.

如，在印度洋－太平洋地区的巡逻方面建立相关机制。尽管欧盟逐渐加强与印太地区的接触，但实现安全的关键仍然是借助北约及与美国联盟。[1]

（三）日欧在互联互通方面开展合作

除进行经济和安全合作外，日本和欧盟还在互联互通领域开展合作。自2016年以来，日本一直推动"自由与开放的印度洋－太平洋"，并积极加强与欧洲在该地区的合作。2018年，欧盟出台《欧亚互联互通战略》。2019年9月，在布鲁塞尔举行的欧亚互联互通论坛上，欧盟与日本签署了《可持续互联互通伙伴关系协定》，共同推动基于规则和可持续原则的投资项目，并应对美国和中国带来的风险，该协定涵盖贸易、经济、运输、环境和高质量基础设施建设等多个领域。在此协定的推动下，互联互通和可持续发展领域成为日欧在印太地区进一步加强合作的首要领域。[2] 欧盟和日本有望通过基础设施能力建设和安全合作、海洋资源和废物管理、第三国市场合作等进一步加强合作，实现可持续和高质量互联互通的目标。[3]

三 日英关系新进展

长期以来，英国是日本通往欧盟的首选门户，日本在对待欧盟的整体态度上依赖英国，日本推动英国在欧盟内部积极倡导自由贸易和参与亚洲事务。因此，英国"脱欧"给日本带来很大的挑战。在英欧关系动荡、英美合作不顺利的情况下，日本对英国外交的价值不断增加。

---

[1] 日本国际问题研究所「戦略年次報告2019～自由・公正て"透明性のあるルールに基つ"いた国際秩序の構築は可能か」、http：//www2.jiia.or.jp/pdf/strategic_annual_report/JIIA_strategic_annual_report2019_jp.pdf［2021-03-01］。

[2] 日本国际问题研究所「戦略年次報告2020～インド太平洋の今日と明日：戦略環境の変容と国際社会の対応」、https：//www.jiia.or.jp/strategic_comment/pdf/StrategicAnnualReport2020jp.pdf［2021-03-01］。

[3] 日本国际问题研究所「戦略年次報告2019～自由・公正て"透明性のあるルールに基つ"いた国際秩序の構築は可能か」、http：//www2.jiia.or.jp/pdf/strategic_annual_report/JIIA_strategic_annual_report2019_jp.pdf［2021-03-01］。

（一）日英签订 EPA

鉴于日本在公开和私下场合多次表达对英国"脱欧"的担忧，特雷莎·梅政府试图通过外交渠道接触、安抚日方，英国内阁高级官员和梅于 2017 年多次访问东京，为双方提供了加强关系的机会。访日期间，梅展现出加强与日本关系的空前热情，并讨论在英国"脱欧"后达成日英自由贸易协定。在正式"脱欧"前，英国无法与第三方单独进行自由贸易协定谈判，有鉴于此，日英签署了一份关于加强合作的联合宣言。① 双方希望，这一接触框架有助于双方在英国"脱欧"后加快自贸协定谈判。

在英日经济关系方面，英国一直试图保持暂时的欧盟成员国地位。梅希望，从英国"脱欧"到双方能够就双边自贸协定进行谈判之前，英日之间可以适用日欧 EPA。这表明，英国越来越意识到，就近 40 个独立的自由贸易协定和多达 1139 个双边和多边协定进行重新谈判是非常艰巨的任务，对于这些协定，其由于具有欧盟成员国身份而成为缔约方。正如欧盟专家所指出的："与'脱欧'派人士所宣称的相反，英国几乎不可能迅速与第三方谈判并缔结新的双边协定。这不仅是英国能够召集多少贸易谈判代表的问题，而且在知道来自英国的货物是否以及在什么条件下能够进入单一市场之前，第三国可能根本不希望与英国进行贸易协定谈判。"② 因此，日本从一开始就对英国的提议比较谨慎，直到 2020 年，日本官员才开始接受英国"脱欧"后在日英关系中暂时适用日欧 EPA 的建议。

英国于 2020 年 1 月 31 日正式"脱欧"，于 2020 年底过渡期结束退出日欧 EPA。同年 6 月，日英启动自由贸易协定谈判，双方希望参照日欧 EPA 达成日英 EPA，10 月，正式签署 EPA。日英 EPA 在关税削减等方面

---

① UK Government, "Japan-UK Joint Declaration on Prosperity Cooperation," August 31, 2017, https://www.gov.uk/government/uploads/system/uploads/attachment_data/file/641154/JapanUK_Joint_Declaration_on_Prosperity_Cooperation.pdf [2021-03-01].

② Guillaume Van der Loo, Steven Blockmans, "The Impact of Brexit on the EU's International Agreements," *The CSS Blog Network*, August 10, 2016, https://isnblog.ethz.ch/internationalrelations/the-impact-of-brexit-on-the-eus-international-agreements [2021-03-01].

大致沿袭日欧EPA的相关内容，该协定被认为是英国加入CPTPP的一块垫脚石。① 此外，这是英国"脱欧"后达成的首个重大贸易协定，对英国而言，象征意义远超经济收益本身，它向世界传递了一个信号，即英国有能力开展国际贸易协定谈判，并与主要贸易伙伴达成协定。

（二）日英政治与安全合作迅速发展

英国在经济问题上的回旋余地在一定程度上受到暂时的欧盟成员国身份的限制，但它在政治和安全问题上有更多的空间与日本接触，并呈现快速发展的势头，英日关系的重点开始从传统的贸易领域向军事领域扩展。②

2017年，梅首相访日时对加强双边安全和防务合作表现出极大的兴趣，如希望两国加强安全合作，并发布《日英安全合作联合宣言》。③ 日英军事交流不断增加，英军频访太平洋并与日本自卫队进行联合军演。2017年1月，日英签署了《相互提供物资与劳务协定》，日本自卫队和英军能够共享物资和运输服务，此后，两国每年都举行联合演习。④ 2017年12月，双方在"2+2"会谈后就加强联合军事训练等事宜发表声明，明确两国具备"全球战略合作关系"，两国的安保合作开始升级。作为英国全球战略的一部分，英国计划在2021年向印太地区派遣"伊丽莎白女王"号

---

① 鹤冈路人「日英EPA（経済連携協定）がもたらす新しい日英関係—Brexitカウントダウン番外編—」、https：//www.tkfd.or.jp/research/detail.php？id=3595 ［2021-03-01］。日本国际问题研究所也认为，日英EPA是英国加入全面与进步跨太平洋伙伴关系协定的一块垫脚石，参见日本国際問題研究所「戦略年次報告2020～インド太平洋の今日と明日：戦略環境の変容と国際社会の対応」、https：//www.jiia.or.jp/strategic_comment/pdf/StrategicAnnualReport2020jp.pdf ［2021-03-01］。
② Hitoshi Suzuki, "Post-Brexit Britain, the EU and Japan: The Car Industry, the Aeronautical Sector and Military Cooperation," *Europe and the World: A Law Review*, Dec. 2020, pp. 1-17.
③ UK Government, "Japan-UK Joint Declaration on Security Cooperation," August 31, 2017, https：//www.gov.uk/government/uploads/system/uploads/attachment_data/file/641155/JapanUK_Joint_Declaration_on_Security_Cooperation.pdf ［2021-03-01］。
④ 日本国際問題研究所「戦略年次報告2019～自由・公正て"透明性のあるルールに基づ"いた国際秩序の構築は可能か」、http：//www2.jiia.or.jp/pdf/strategic_annual_report/JIIA_strategic_annual_report2019_jp.pdf ［2021-03-01］。

航母。①

武器装备方面的合作进一步加强。双方在航空领域的合作由来已久，双方不仅在民用航空方面密切合作，而且在军用飞机方面的合作也迅速加强。日本自卫队的船只和飞机装备的是来自英国的劳斯莱斯发动机。2014年4月，安倍政府决定放弃日本战后禁止武器领域合作和出口的政策。此后，日本热衷于推动军事装备联合研发和出口，积极寻求与英、法、德、意在国防生产方面进行合作。② 防卫装备合作已成为日英"安全防卫伙伴关系"的新支柱。

四 结语

英国是日本进入欧盟的门户，因此，英国"脱欧"影响日本与欧盟合作的所有方面，并迫使日本重新考虑和定义与英国、欧盟和欧盟成员国的关系。英国"脱欧"成为日本、欧盟和英国更加积极地参与国际事务的催化剂，日本采取双轨制加快与欧盟和英国进行接触。

日欧 EPA、日欧 SPA、《可持续互联互通伙伴关系协定》加强了日本和欧盟在经济、政治和安全方面的合作。鉴于历史原因，日欧影响国际政治的主要工具是经济，因此双方都有将经济影响外溢到政治和安全等领域的强烈诉求，双方的很多经济政策的立足点并不完全在于发展经济，而更加关注制度和规范。为了改变自身所处的"经济巨人、政治侏儒"的尴尬境地，日本与欧盟相互借重，推动国际贸易体系朝着对各自有利的方向发展，并趁机抓住制定和修正国际规则的主导权，进而在国际秩序重组中寻找到有利的位置。同时，日本与欧盟的重要成员国也积极推进防务合作。

---

① 日本国際問題研究所「戦略年次報告 2020～インド太平洋の今日と明日：戦略環境の変容と国際社会の対応」，https：//www.jiia.or.jp/strategic_comment/pdf/StrategicAnnualReport2020jp.pdf［2021-03-01］。

② Hitoshi Suzuki, "Post-Brexit Britain, the EU and Japan: The Car Industry, the Aeronautical Sector and Military Cooperation," *Europe and the World: A Law Review*, Dec. 2020, pp. 1-17.

英国"脱欧"提升了日本在英国外交战略中的重要性。因为英国正式"脱欧"之前无法与第三方启动自由贸易协定谈判，所以日英在政治和安全方面的合作先行发展，并不断加强，在日欧 EPA 签署之后，日英迅速启动 EPA 谈判并最终签署。

可以预见，随着法国、德国和荷兰等国出台"印太"战略，欧盟越来越关注这一地区，日本将成为欧盟在该地区的首选合作伙伴，日欧战略接近得以推进。未来，英国也将加强在印太地区的存在，一方面是为了配合日本，加强日英双边合作；另一方面是配合美国的"印太"战略，将矛头指向中国。对日本来说，日欧战略接近和日英合作不断深化，一方面可以提升战略自主性；另一方面积极拉拢北约进入印太地区，从而推动中日东海争端不断国际化、复杂化，并形成对华包围之势，阻碍中欧经济合作平稳发展。

B.19
日本太空战略新动向及其影响

孟晓旭*

摘　要： 2020年，日本在太空领域进一步深化战略，通过新《太空基本计划》，强调要成为独立自主的航天国家。在强化举措方面，日本增加太空预算，成立太空作战部队，构建太空监视体制，强化太空攻防能力。日本太空战略注重与盟国和伙伴国开展合作，一方面关注防灾、商业和科技发展等；另一方面注重安全保障，强化太空军事能力构建。日本深化太空战略具有复杂影响，如加剧太空安全竞争，有利于美国联合盟友增强在太空等新领域的影响力等，这些都需要我们加强研究。

关键词： 太空战略　多域联合防卫力　太空作战部队　"印太"战略　《太空基本计划》

太空已是大国必争的新战略制高点，太空战略也是日本深化同盟关系并实现大国目标的重要路径。2020年，尽管面临新冠疫情蔓延和经济形势严峻等困难，日本并没有迟滞推动太空战略的进程，时隔五年再次修订《太空基本计划》，阐明日本太空战略的基本立场和具体方针。日本重视太空在国家经济社会和科技发展中的重要作用，强调从安全保障的立场出发推进太空战略，加强以日美同盟为基础的国际太空合作，并将之与"印太"战略结合，具有明显的针对性。

---

* 孟晓旭，中国社会科学院日本研究所研究员，主要研究方向为日本政治外交与对外关系。

一 日本推进太空战略的新动向

近年来，日本在太空领域不断探索发展。2019 年 5 月，日本民企首次发射"MOMO"3 号小型火箭。从国家战略层面看，2013 年 1 月和 2015 年 1 月，安倍政府先后通过日本第二份和第三份《太空基本计划》。2016 年 11 月，日本国会通过《太空活动法》，并于 2018 年 11 月正式实施。2020 年，日本在太空领域进一步强化举措，深化太空战略。

（一）增加太空领域预算，明确各省厅的任务

2020 年，日本用于太空开发的经费主要体现在令和 2 年（2020 年）财政预算案及令和元年（2019 年）补充预算案这两个预算案中。对于太空开发费用，在 2020 年财政预算案中为 3005 亿日元；在 2019 年补充预算案中为 647 亿日元，共计 3652 亿日元，比上一年度增长 1.4%。具体预算上，内阁官房的预算为 785 亿日元，内阁府为 389 亿日元，警察厅为 10 亿日元，总务省为 72 亿日元，外务省为 3 亿日元，文部科学省为 1865 亿日元，农林水产省为 3 亿日元，经济产业省为 28 亿日元，国土交通省为 96 亿日元，环境省为 89 亿日元，防卫省为 312 亿日元。与 2019 年度费用相比，国土交通省的增加幅度最大，为 73.9%。①

各省厅在太空领域的具体分工明确。内阁官房的主要工作为开发和运用情报卫星，包括开发涉及"基干卫星""时间轴多样化卫星""数据转播卫星"等 10 颗卫星的情报收集网。内阁府的主要工作为开发和运用实用型准天顶卫星系统，强化准天顶卫星系统的防灾功能，加强对太空利用的调研卫星通信网络的建设，以及推进科技创新等。警察厅的主要工作为运用高精度卫星图像解析系统。总务省的主要工作为研究与开发太空通信系统技术和卫

---

① 内閣府「令和 2 年度当初予算案及び令和元年度補正予算案における 宇宙開発利用関係予算について」，https：//www8.cao.go.jp/space/budget/r02/fy02yosan_ 01hosei.pdf [2020 - 12 - 07]。

星遥感技术等。外务省的主要工作为支援卫星图像研读分析。

文部科学省的太空预算经费在各省厅中占比最高，其所承担的任务也最多。主要工作为负责 H3 火箭事务，维持基干系统，研究先进光学卫星 ALOS-3、先进雷达卫星 ALOS-4、技术试验卫星 9 号、太空碎片对策技术、太空监视（SSA）体制，进行国际太空探测相关研发，实施火星卫星探测计划以及研究 X 射线光谱成像卫星等。农林水产省的主要工作为调查和评估水资源，改善渔场环境，实施智能农业综合推进对策，进行智能农业技术开发等。经济产业省的主要工作为促进政府卫星数据的开放，整备数据环境，促进数据利用，进行太空产业技术信息基盘建设，为远距离探知石油资源研发高光谱传感器，研发无人机安全运用技术等。国土交通省的主要工作为提升星基增强系统（SBAS）的性能，在测位和遥感领域灵活利用卫星。环境省的主要工作为进行地球环境观测、地球环境保护试验研究，综合推进环境研究等。防卫省的主要工作为确保对太空的安全利用，强化太空情报收集能力、X 波段防卫通信卫星通信能力建设，利用商用卫星和气象卫星信息等。①

（二）建立太空作战部队，构建太空监视体制

2018 年日本《防卫计划大纲》提出，人造卫星对于实现跨领域作战不可或缺，在强调提升太空信息收集、通信、定位等能力的同时，构筑从地面和太空进行持续监视太空状况的体制，构建涉及太空领域专业部队和新设职种等体制。② 日本从 2019 年开始改革航空自卫队体制，使其朝着太空部队方向转型。2020 年 4 月 17 日，日本国会正式通过《防卫省设置法》修正案，批准 2020 财年在日本航空自卫队下新设"太空作战部队"。2020 年 5 月，日本成立首支太空作战部队，并将其部署在航空自卫队府中基地，预计

---

① 内閣府「令和元年度補正予算及び令和 2 年度予算における宇宙開発利用関係予算（省庁別事業概要）」、https://www8.cao.go.jp/space/budget/yosan.html［2020-12-15］。
② 防衛省「平成 31 年度以降に係る防衛計画の大綱について」、https://www.mod.go.jp/j/approach/agenda/guideline/2019/pdf/20181218.pdf［2020-12-20］。

未来规模将扩大到100人左右。该部队的主要任务是监视陨石、可疑人造卫星和太空垃圾等，保护日本太空资产与增强太空能力。时任日本防卫大臣河野太郎在授旗仪式上表示，该部队的任务是构建日本太空情况监视体系，其对抢占太空领域的优势地位具有重大意义。日本还决定在统合幕僚监部新设"太空领域规划班"（暂定名），以作为发挥在太空领域的统合作用的组织。①

目前，太空作战部队主要依据美国的卫星情报开展监控、分析人造卫星和太空垃圾等训练。2020年12月，日本航空自卫队首次公开太空作战部队的训练画面，其主要使用美军的公开数据进行模拟训练。太空作战部队预定从2023年开始依据日本本国情报正式启动监控活动，未来将通过在低轨道部署多颗小型卫星以形成卫星网，探知、追踪和拦截沿复杂轨道飞行的导弹。在2021财年预算中，日本防卫省计划成立负责对太空领域进行指挥、控制的部队，并由其与太空作战部队组成"太空作战群"（暂定名），规模在70人左右。自卫队承担的太空警戒监控任务预计将进一步增加。

日本积极推进构建太空监视体制。防卫省的目标是在2022年之前建立监视太空、掌握太空状况的太空监视体制以及整备信息收集、处理和共享等操作系统。日本宇宙航空研究开发机构（JAXA）需要不断完善具有监视低轨道（高度在1000千米以下）能力的雷达和具有监视静止轨道（高度约为36000千米）能力的光学望远镜。日本2020年版《防卫白皮书》提出，2020年度，日本在太空领域整备防卫力量的主要任务就是强化太空监视体制，具体任务包括：（1）整备太空作战部队体制；（2）整备太空监视系统；（3）整备太空光学望远镜；（4）加强利用太空情报收集的能力等。新《太空基本计划》提出，要将情报收集卫星由4颗增至10颗，在2022年前开发出能够迅速掌握受灾情况的系统，同时构建导弹预警系统。②

---

① 防衛省「令和2年版防衛白書」，https：//www.mod.go.jp/j/publication/wp/wp2020/pdf/R02030103.pdf［2020－12－07］。
② 内閣府「宇宙基本計画（令和2年6月30日　閣議決定）」，https：//www8.cao.go.jp/space/plan/kaitei_fy02/fy02.pdf［2020－12－20］。

（三）加强能力建设，强化太空攻防能力

2018年日本《防卫计划大纲》强调，为了确保自身能力及妨碍对方指挥控制和信息通信的能力，在平时到有事的所有阶段都要致力于强化太空优势能力。2020年2月，日本成功发射新型光学侦察卫星"光学7号"，使目前在轨的光学侦察卫星和雷达侦察卫星增至8颗，距离"10星"组网系统仅差2颗。该卫星首次增加了数据中继载荷，目的是与专用数据中继卫星配合使用，实现及时进行数据下载。2020年11月，日本发射43号H2A火箭，其上搭载有向地面传输情报收集卫星数据的"数据中继卫星1号"及JAXA的"光数据中继卫星"。这两颗卫星可以延长通信时间和加快数据传输速度，大大提升日本的太空情报收集能力。菅义伟首相就此发表谈话称，日本政府将最大限度地使用情报收集卫星系统，保障日本的安全，提高危机管理能力。2020年12月，为确保人造卫星本国制造，日本政府决定于2021年度新设官民联合智库。为此，内阁府与文部科学省已提交涉及约3亿日元论证费等的相关预算。

日本不断强化太空态势感知能力，持续推进导弹防御能力和防灾能力建设。在2021年度预算中，防卫省提出，把1.7亿日元用于发射多枚小型人造卫星、组建监视卫星群和借此跟踪与探测新型导弹。关于强化太空态势感知能力，日本新《太空基本计划》强调，要利用信息收集卫星（IGS）（包含超小型商业卫星）等多个渠道获取卫星图像，继续利用人造卫星（ALOS-2）的图像及船舶自动识别装置（AIS）的信息；为实现通信集成化、高速化和大容量化，切实推进对"煌3号"的整备，以早日实现X波段防卫通信卫星"3星"组网的目标，同时进行下一代防卫通信卫星的调查研究。关于准天顶卫星系统，日本的目标是在2024年3月底实现7颗卫星组网，建成自己的卫星定位系统。2020年，日本在准天顶卫星系统的开发、整备和运用方面的相关工作进展情况如下：（1）进行了准天顶卫星系统"4星"组网体制的运用；（2）为构建"7星"系统，开发准天顶卫星系统"5~7号星"及相关地面设备；（3）推进并讨论制定有关今后卫星定位的工

作方针；(4) 在泰国设置雷达检测电离层干扰系统，并与泰国地理信息与空间技术发展局 (GISTDA) 签订谅解备忘录；(5) 与美国签订将美制传感器运用到准天顶卫星"6号星"及"7号星"上的相关文书。①

为提升卫星的防干预能力，日本在2020年度预算中列出防电磁干扰装置的相关经费，试图将太空与电磁波领域结合起来，提升妨碍对方指挥控制和信息通信的能力。日本还在探索进行反卫星能力的建设。2020年6月，JAXA宣布与日本ALE公司联合研发的"太空碎片预防装置"将在2021财年被安装在一颗低轨卫星上，以进行在轨验证。JAXA还宣布将研发用于摧毁太空垃圾的人造卫星，该卫星将使用激光照射太空垃圾，然后将其丢弃在大气层。预计三年后可以在太空对该卫星进行技术检测。

二 日本太空战略发展的特点

即便受到新冠疫情的冲击，2020年，日本也仍继续推进太空战略，并将之作为未来工作的重点。2020年9月，日本发布2021财年防卫预算案，预算金额为破纪录的5.49万亿日元，预算重点关注在太空等新领域强化相关能力。其中，太空项目拨款为1237亿日元，而上一年度该领域的预算为1047亿日元。综合来看，日本的太空战略具有以下特点。

（一）注重与盟国和伙伴国开展合作

新《太空基本计划》强调，在太空领域要"加强与盟国和伙伴国的战略合作"。日本首先重视与美国在太空领域进行合作。一是与美军达成战略共识，共享太空情报。2020年8月27日，时任日本首相安倍晋三同美国太空军司令雷蒙德举行会谈，双方就进一步加强太空等领域的双边合作达成一致意见。2020年，"日美太空合作工作组"（SCWG）共召开6次会议，就

---

① 内閣府「宇宙基本計画工程表」、https：//www8.cao.go.jp/space/plan/plan2/kaitei_fy02/kaitei_fy02rev.pdf［2020-12-20］。

太空政策协商、信息共享、专家合作、桌上推演等进行广泛讨论。自2018年起，美国通过"对外有偿军事援助"（FMS）向日本提供太空技术支持，帮助日本自卫队建立太空监视体制和开发深空探测雷达。在未来日本发射的准天顶卫星上将搭载美军的外空监视传感器等。二是接受美军培训。日本政府向位于美国加利福尼亚州范登堡空军基地的联合太空运用中心派遣航空自卫队的自卫官。日美还协商从2021年起让自卫官作为正式的常驻联络官。日本成立太空作战部队后也会与美军进一步共享信息。日美商定拟从2023年起实时共享有关他国卫星和分担太空垃圾等的相关信息，构筑应对他国卫星攻击的防护体制，并在合适的时机与美国建立联合太空指挥中心。三是参加美国主导的多边太空演习和多边太空协议。日本参加美军主办的"全球哨兵演习"和"施里弗演习"，谋求太空安全并展示威慑力。

除美国外，日本还积极寻求与其他伙伴国进行合作，通过与太空强国联手，实现"优势互补"，间接增强太空能力，弥补自身不足，实现太空领域的利益共享和责任分担。日本与"五眼联盟"开展太空情报合作，建立太空军事情报网。日澳间有双边"日澳太空协议"和多边"日美澳太空协议"，两国经常就太空政策交换意见。2020年10月19日，防卫大臣岸信夫同访日的澳大利亚国防部部长雷诺兹举行会谈，双方围绕太空领域的合作达成一致意见。日法"2+2"会晤就加强太空对话达成一致意见，启动日法全面太空对话。2020年，日本—欧盟太空政策对话已经进行四次。日印也有政府间太空对话。2020年10月14日，日本与美国、加拿大、英国等8个国家签署了有关探索月球的"阿尔忒弥斯"协议。

（二）突出安全保障，强调太空军事能力的构建

新《太空基本计划》提出，首要目的就是确保太空安全，太空安全的重要性日益凸显，其是国家安全的必要组成部分，取得太空优势至关重要。《日本国家安全保障战略》强调，确保对太空的稳定利用在国家安全保障方面至关重要，要从安全保障的角度出发灵活利用太空，重点扩充和强化卫星的情报收集功能，在情报收集分析、监控海洋、信息通信、测位等方面灵活

利用日本拥有的各种卫星，同时构建监控太空状况的体制。① 2018 年日本《防卫计划大纲》强调，要从平时开始对太空领域进行持续的监视，进行相关信息的收集和分析；在受到攻击时，利用太空领域阻止和排除攻击，并将太空列为关键战略军事领域，称在太空领域确保优势地位事关生死存亡。日本 2020 年版《防卫白皮书》强调，为提升太空作战能力，日本需构建太空监视体制，提高情报收集、卫星导航和军事通信的能力，提升干扰对方指挥系统、进行信息通信和网络攻击的能力。日本成立太空作战部队，在航空自卫队的任务中增加涉及"太空空间"的内容，明确"太空空间"也是防卫领域的一部分，强化日本在"太空空间"的防御能力和控制力。2020 年 11 月 28 日，首相菅义伟在埼玉县狭山市入间基地检阅航空自卫队时表示，日本所处安全环境日益严峻，指示陆海空自卫队打破壁垒，强化共同应对太空问题的能力。

在具体方针上，新《太空基本计划》提出，为确保太空安全，要开发用于定位、通信、情报收集和海域感知的太空系统；加强与盟国和伙伴国的合作，构建相关系统以提高太空态势感知能力等；增强任务保证能力并参与国际规则的制定。主要项目涉及准天顶卫星系统、X 波段防卫卫星通信网络、情报收集卫星、小型卫星系统等。具体做法是，确立准天顶卫星系统"7 星组网"，并进行后继星的开发；2022 年，发射 X 波段防卫卫星通信网 3 号星；切实构建情报收集卫星的"10 星组网"架构；探讨构建适应型小型卫星系统；推进太空技术在海洋态势与太空态势上的感知等。就太空安全而言，2020 年版《防卫白皮书》强调，要构筑确保进行太空稳定利用的太空监视体制；提高对太空领域的信息收集、通信、测位等各种能力；与电磁波领域结合起来，从平时到有事的所有阶段确保太空利用的优势并强化相关能力。

长期以来，日本采取以民掩军的方式逐渐提升太空安全能力。日本军事

---

① 内阁府「国家安全保障戦略について」，https：//www.cas.go.jp/jp/siryou/131217anzenhoshou/nss-j.pdf［2020-12-07］。

通信卫星数量比意大利和西班牙要少,加上严峻的财政状况,因此,日本利用通用卫星和政府民生卫星为安全保障服务。日本新《太空基本计划》提出,坚持以目标为导向的方针,推动政府部门和商业部门合理分工,促使整个系统有效运作,充分利用商业部门的活力,并为其提供必要的资金,如提供可预测性的投资,以促进太空政策落实。

(三)安全方面主要针对中俄

日本的太空战略紧随美国的步伐。2018年,美国副总统彭斯在演讲中提出,美国的对手已让太空变成战斗领域。2018年,美国公布的《国家太空战略》提出,为保护美国和盟国在太空的利益,其将抑制和击退威胁。在此背景下,日本在当年年底的新《防卫计划大纲》中提出,在太空等新领域确保日本的优势地位"事关生死存亡"。2019年2月,特朗普向国会提交创建太空的法案。同年年底,美国成立太空军。与此同时,日本在当年财政预算中就列出了组建太空作战部队的项目。2020年5月,特朗普公布美国"太空军"军旗两天后,日本正式成立太空作战部队。日本太空战略对中俄保持警惕。2020年版《防卫白皮书》提出,在太空领域,主要国家不断提高卫星应用能力,各国推动重组太空部队。日本新《太空基本计划》也认为,应对空间安全问题已成为当务之急,空间威胁日益增加,各国正在发展反太空能力,破坏太空的手段也在升级——不仅限于通过导弹袭击、破坏卫星。

日本2020年版《防卫白皮书》提出,中国致力于进行太空开发,中国被认为是太空大国之一,未来可能威胁到美国在太空领域的优势;俄罗斯不仅在对叙利亚的军事作战中充分利用太空能力,侦察在全球范围内活动的美国及其盟国的军队,继续对卫星武器进行开发,除了反复进行地面发射外,还尝试从米格战斗机(MiG-31)上发射反卫星导弹等。日本防卫厅发布的《中国安全战略报告2021》对中国的太空力量充满警惕,称对中国而言,"太空信息支援的重要性日益提升,特别是海军和空军,不仅在近海也在远海积极开展活动","中国提出到2045年全面建成世界航天强国的目标,正在进行广泛的太空开发利用"。① 日本成立太空作战部队的目的就是与美国一道在太空领域牵制和对抗中俄。2020年12月16日，日本公开的太空作战部队演训内容就以中美两国人造卫星在太空险些相撞为案例。

（四）目的方面涉及防灾、商业等经济民生和科技发展领域

新《太空基本计划》强调，利用太空为实施灾害对策、实现国土强韧化和促进全球课题解决做贡献，涉及开发和利用气象卫星、温室气体观测技术卫星、地球观测卫星传感器，发射先进光学雷达卫星、信息收集卫星，完善准天顶卫星系统，升级传感器技术，利用卫星数据进行灾害管理并提高国土韧性等。日本强调，在发生大规模灾害时，利用卫星尽早把握受灾情况等，帮助灾民迅速避难；在相关府县之间共享卫星信息，谋求对图像数据的恰当利用。日本重视太空的经济性和商业性。2018年3月，首相安倍宣布，通过向海外出口太空基础设施实现经济增长，促进太空产业良性发展。同年4月，《日本航天海外市场拓展战略》提出的产业目标是，在21世纪30年代初实现2.3万亿~2.5万亿日元的市场规模，其中，相关措施包括联合多国拓展导航定位功能等。

日本认为，太空活动的领域在不断扩大，新的太空业务不断涌现，其中包括低轨道飞行和空间碎片清理服务；针对美国等正在大量投资小型和微型卫星以及提供低成本发射服务，日本提出，要利用太空推动产业和科技发展，实现由太空驱动的经济增长和创新。新《太空基本计划》强调，改变由政府主导的太空开发计划，积极鼓励民间企业参与月球探测等活动，政府可与民间企业合作进行探月活动共同技术开发。日本强调，要加强对太空在"Society 5.0"中的使用，加强对数据卫星的利用，为民间企业、团体提供太空态势感知服务，在国家项目中增加对它们的产品的采购，促进民间团体、企业参与月球探测活动，促进智慧农业发展，推动发展地球低轨道活动

---

① 防衛研究所「中国安全保障レポート2021—新時代における中国の軍事戦略—」、http：//www.nids.mod.go.jp/publication/chinareport/pdf/china_report_JP_web_2021_A01.pdf［2020-12-15］。

中的经济活动等。

为维持太空活动的独立性，日本强调探索与创新太空科学知识，认为强化产业和科学技术基础是刻不容缓的课题，提出通过国际合作、向私企转让技术、促进技术标准化和成熟化等举措推动航空科学技术发展。日本新《太空基本计划》提出，要率先推进探索共同技术及研究开发革新技术，以太空发达国家的身份参与国际太空科学探索，参加包括国际空间站（ISS）在内的地球低轨道活动，开发与卫星有关的创新性基本技术等。

三　日本推进太空战略的影响

在战后很长一段时间，日本禁止以安保为目的开发和利用太空。加上"和平利用＝非军事化利用"的观念及日美卫星采购协议的限制，日本在太空开发方面比较缓慢。当前，日本急迫地要在太空领域增强影响力，强化战略，这具有复杂的影响。

一是加剧太空安全竞争，加快太空军事化。在国家安全领域，外层空间被视为"战略高边疆"，太空领域正从过去的美苏"两极竞争"向"多极竞争"转变，军事化竞争激烈。美国在太空领域推进安全竞争，建立"太空军"，与澳大利亚等七国发布《联盟太空作战倡议》，建立太空作战联盟。俄罗斯组建"空天军"这一新军种，并计划在2024年前建成新的太空导弹预警系统梯队，在"统一太空系统"内部署航天器。法国公布《国防太空战略》并推动组建太空军，宣称要维护太空利益。欧盟也提出要将卫星定位系统"伽利略"、地球观测"哥白尼计划"、欧洲防务局的侦察卫星计划等用于欧洲的安全保障领域。印度正式成立国防航天局，空间研究组织还建立了太空态势感知控制中心。阿联酋公布2030年国家航天战略和国家航天投资计划，稳步推进火星探测计划。在亚非各国，利用小型卫星推动进行太空开发利用的活动也非常活跃。菲律宾发布《菲律宾太空法》并成立航天局，确定了对太空进行开发与利用的战略路线图。日本深化战略，"小步快跑"，加快发展新型太空武器装备，并在美国和北约之后将太空作为与陆、海、空、网络空间并列的单独作战领域,新《太空基本计划》明确提出"要成为与美俄欧并列的太空大国"的战略目标,这无疑会加速太空领域的安全博弈,其带有明显的针对性,不利于维护太空安全。

　　二是进一步拓展日美同盟的合作领域,这既有利于美国联合盟友增强在太空等新领域的影响力并强化竞争优势,也有利于日本借助美国的太空力量守护自身的太空资产及获得太空作战优势,深化"印太"战略,提升日美在印太地区的联合威慑力。新任美国总统拜登重视盟友在美国安全战略中的重要作用,多次强调只有在联合盟友的情况下美国才会更加强大。为换取美国掌握的太空数据与信息,日本向美国提供自身掌握的相关信息与数据,使美国拥有的关于太空的数据的精确度越来越高。在日美同盟机制下,日本提升太空态势感知及太空作战能力可以强化美国在太空领域的竞争优势。另外,日本借助美国强化自身太空战略,维护日美同盟的利益。毕竟,目前,日本在太空竞争方面处于第二梯队,虽然部分技术实力较强,但整体力量仍然较弱。日本表示,面对高超音速武器的威胁,必须有效利用太空技术进行联合应对,以确保日本的国家安全及美军基地的安全。日本有通过加强在太空领域的合作强化地缘政治博弈的战略考量。新《太空基本计划》强调,为维持印太地区的和平与稳定,美国太空系统对维持、发挥美国的威慑力及提升作战能力不可欠缺。作为强化日美同盟的一环,日本要在太空方面与美国分担责任。

　　三是日本在把安保领域扩展至太空的过程中也在逐步推动安全战略转型,并进一步推动自身的"大国化"进程。尽管日本太空战略强调经济、民生、科技等方面,但更在意安保领域,这表明日本在高边疆安全领域日益活跃,是日本深化安全战略的重要步骤,扩展了日本的安保范围,完善了防卫战略。2018年《防卫计划大纲》提出的"多域联合防卫力"的主要内容就是融合太空、网络、电磁波等新领域与陆、海、空等传统领域的军事力量,通过彼此的跨域作战来弥补在单个领域的不足,完善自身的防卫理念,提升防卫能力。[①]

[①] 孟晓旭:《竞争时代日本多维度联合防卫力战略构建及其影响》,《国际安全研究》2020年第3期。

日本新《太空基本计划》增加了讨论在安保领域利用及扩大利用准天顶卫星系统的内容,并在卫星通信、卫星播放、太空状况把握、海洋状况把握等多个项目中增加了与《防卫计划大纲》和《中期防卫力量整备计划》协调的内容。日本加大太空安全开发力度,加强太空军事存在,推动了日本的"大国化"进程。通过建立太空作战部队推动日本调整自卫队防卫体制,日本未来要把航空自卫队更名为航空太空自卫队也表明航空自卫队将逐步从单一的空中力量向兼顾空中和太空的力量转型。通过与美国合作,日本在形成自身的太空竞争优势的同时,还协调两者之间的关系,逐步改变日本在日美合作中的地位,最终摆脱对美依赖,成为独立的大国。日本新《太空基本计划》提出的目标是"成为一个独立自主的航天国家"。

四是对地区安全特别是中日关系具有复杂的影响。日本利用太空领域强化态势感知和导弹应对能力,提升日本对地区的情报收集能力和威慑力,将助长日本在朝核问题上的强硬姿态,不利于维护东北亚的安全形势。同时,日本借助太空手段与中国加大在领土争端上的对抗力度。对于中国在钓鱼岛海域的维权行动,日本海上保安厅利用情报卫星加大对钓鱼岛及其周边海域的监控力度,并将引进可大幅提高飞行时速的大型无人机。新《太空基本计划》强调,在相关府省的合作下,利用日本拥有的人造卫星等太空技术强化对海洋态势的感知。日本海上保安厅已着手测试大型无人机,其最早于2022年入列。地面人员可以通过卫星传送系统操控大型无人机上的摄像及雷达设备以实现对海洋监控范围的覆盖,其中包括对钓鱼岛的监控。日本环境省表示,将通过卫星技术对钓鱼岛进行自然环境调查,在领土争端方面与中国加强博弈。日本还积极探索制定太空规则,试图在新领域谋求一席之地,有联合相关国家限制中国开发和利用太空的目的。新《太空基本计划》强调,日本在与同盟国美国、欧洲等友好国家的合作中积极制定国际规则,确保日本的太空安全,为维持和推进"自由与开放的印度洋-太平洋"做出贡献。对于美国主导的约束中国开展探月等太空开发活动的"阿尔忒弥斯"协议,日本太空政策特命担当大臣井上信治表示期待其成为国际通行的准则。也是出于针对中国的目的，日本提出要与相关国家加强沟通，推动在太空领域实施透明性和信赖酿造措施。

四 结语

作为国际竞争的重要领域，太空受到各国的重视。目前，日本在太空领域内的总体实力与美俄等第一梯队的国家还存在一定差距，不少关键技术依靠他国，受经济因素制约，太空领域面临的财政压力不小，合作对象有明显的局限性，国内相应支持机制也存在不足。尽管如此，日本仍立意"高远"，不断强化太空战略，重点调整涉及军事航天、防灾应对、太空产业基础及太空国际合作等方面的内容，增强自身的话语权与影响力。特别是，日本的太空战略强调发挥太空在国家安全保障中的作用，并使太空成为中日竞争的潜在领域。对此，中国一是应在保持关注的同时，不断提升自身开发和利用太空的能力，巩固太空战略空间，维护中国的太空利益。二是积极开展国际合作，积极参与太空规则制定，为人类和平利用太空、推动构建人类命运共同体贡献中国智慧、中国方案、中国力量。三是完善中国的太空战略，为实现太空强国目标提供有利的基础和支撑。四是与日本就太空领域的广泛议题展开对话，推动构建契合新时代要求的中日关系。

B.20
日本《综合创新战略2020》的实施及其政策创新

陈 祥*

摘　要： 日本坚持以政府引导政策来推动科技发展，在安倍晋三第二次上台组阁期间积极强化首相官邸对制定国家科技大战略的主导权，整合中央政府内部的数个促进科技发展的"司令塔"机构,设立"综合创新战略推进会议"。2020年6月26日，第七次"综合创新战略推进会议"鉴于新冠疫情的冲击，对日本的科技发展方向重新进行了战略性规划，释放出日本科技发展的几个新动向：（1）应对新冠疫情；（2）实施数字化战略；（3）关注基础科技领域。这些都反映了日本政府根据国际创新发展形势、全球社会发展新方向、自身技术特点与产业格局做出的重大战略调整，将深刻影响今后日本在全球创新发展中的定位。

关键词： 《综合创新战略2020》　首相官邸　安倍内阁　数字化　新冠疫情

自20世纪90年代泡沫经济破灭以来，日本的创新政策效果并不明显，为消除日本经济长期处于停滞的状态，构建创新的经济增长体系，安倍晋三执政期间加大了国家层面对创新战略的主导与介入力度。2018年6月，日本将此前的

---

* 陈祥，文学博士，中国社会科学院日本研究所副研究员，主要研究方向为日本问题、环境史、近代日本侵华史。

日本《综合创新战略2020》的实施及其政策创新

"科学技术综合创新战略"提升为"综合创新战略",并以内阁为主体设立了"综合创新战略推进会议",将原来分散于各中央机构的科学技术创新职能集中到国家层面并加以战略引导。2019年,日本政府发布《综合创新战略2019》,重点分析过去一年国内外形势的变化,提出从知识源泉、知识创造、知识扩散和知识成果国际流动四大方面推动创新。① 然而,骤然出现的新冠疫情对全球造成巨大冲击,并在很大程度上改变了全球科技创新的方向。日本政府基于这一重大变化,于2020年7月制定《综合创新战略2020》,对日本经济发展和科技革新所面临的创新难题和攻坚方向进行重新调整与布局。该战略强调坚持"第五期科学技术基本计划"中提倡的"Society 5.0",通过网络空间和现实空间的结合创造持续且坚韧的"以人类为中心的社会"。同时,该战略根据新的国际形势和科技发展需求,针对日本面向"Society 5.0"发展经济、实施制度和进行政策创新做出新的规划,这或成为日本实现"新成长"的重要推动力。

一 综合创新战略推进会议

——安倍内阁强化中央制定科技发展战略的主导权

长期以来,日本的科技创新战略分为两个层面。第一层面是各个省(部级)分别制定具体领域的国家科技发展战略,其中以文部科学省、总务省和经济产业省制订的各类国家级战略性计划居多。比如,五期《科学技术基本计划》(文部科学省)、AI战略(经济产业省和总务省)、社会5.0战略(国土交通省)、生物战略(科学技术政策担当大臣)等。在政策的制定和实施过程中,负责牵头实施的省无法约束其他省,导致科技战略无法达到相应的政策效果,对目标的渗透较差;日本将落实具体科技战略的指挥权下放给各省,这能够确保一些具体领域的科技战略得到较好的落实。第二层面是在其之上的国家级的综合科技战略,在2014年以前,它是由内阁府下设的"综合科学技术会议"负责制定的。但是,鉴于科学技术发展日新月

---

① 张丽娟:《日本〈综合创新战略2019〉的政策重点》,《科技中国》2020年第2期,第102页。

异，以及安倍晋三积极强化首相官邸对制定国家科技大战略的主导权，因此日本于2014年正式将其更名为"综合科学技术·创新会议"（CSTI），强化其的"司令塔"功能，由其负责在国家层面制定科学技术创新政策，总体掌握日本科学技术的发展情况，并对日本综合、基本政策的企划与方案制定进行整体性调整。① 此外，日本中央政府中还存在几个功能相似的"司令塔"本部机构，安倍于2018年6月对这些科技战略机构进行深入改革。他对原先在日本国家科技发展中具有"司令塔"作用的"综合科学技术·创新会议、高度信息通信网络社会推进战略本部（IT本部）、知识财产战略本部（知财本部）、健康·医疗战略推进本部（健康·医疗本部）、宇宙开发战略本部（宇宙本部）和综合海洋政策本部（海洋本部）"等最高科技发展战略部门进行横向调整，将它们正式整合在首相官邸之下，组建"综合创新战略推进会议"，其成为日本最高的科技战略发展指挥部门，主导制定国家科技大战略（见图1）。

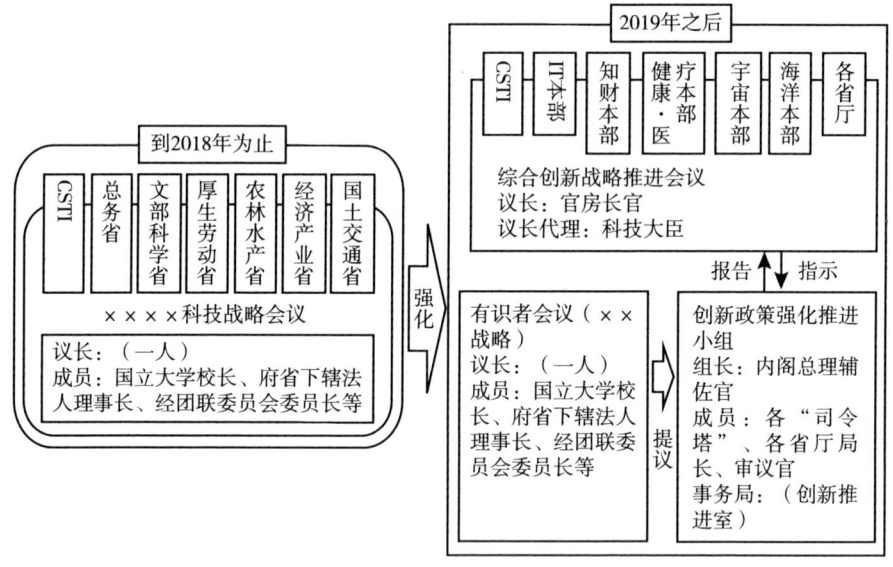

图1 "综合创新战略推进会议"成立前后的日本国家科技战略制定流程

资料来源：内閣府『政府全体の技術戦略について』、2019年1月31日、https：//www.soumu.go.jp/main_content/000597695.pdf［2020-11-09］。

---

① 首相官邸『第1回統合イノベーション戦略推進会議 議事録』、https：//www.kantei.go.jp/jp/singi/tougou-innovation/dai1/giji1.pdf［2020-11-11］。

安倍首相对日本科技战略的架构进行的改革，保障了首相、内阁主导科技战略制定，"综合创新战略推进会议"负责进行国家最高科技大战略的制定，内阁府的"综合科学技术·创新会议"负责每月跟进、督导科技战略的执行、评估和调整情况。这就能有效排除各省（部）在发展科技方面面临的掣肘与制约，形成国家最高合力，使中央政府能够对关乎国家命运的科技战略做出更加科学、准确的判断，并进行相对有效的国家科技动员。

二 《综合创新战略2020》的政策解析

"综合创新战略推进会议"在成立之后，已经召开七次会议，针对日本科技战略的发展情况制定了诸多详细战略规划（见表1）。从七次会议所制定的日本科技发展战略的内容来看，其每年不定期召开2~3次会议，除了制定年度性的《综合创新战略》之外，还会及时制定一些具有很强前瞻性的科技发展战略、社会发展战略和科技发展保障性战略，已经初具科技发展"司令塔"功能。

表1 日本"综合创新战略推进会议"的情况

	召开日期	制定科技发展战略情况
第1次	2018年7月27日	制定了"综合创新战略推进会议"具体细则
第2次	2018年9月28日	AI战略、面向社会5.0战略
第3次	2018年12月14日	加速推进面向社会5.0战略，明确今后进行科技创新的主要三大技术领域（AI、生物、量子）
第4次	2019年3月29日	基于人类中心的AI战略、超级城市计划、开发日本潜力战略、支持独角兽企业战略、支持创新创业企业战略
第5次	2019年6月11日	《综合创新战略2019》、AI战略2019、生物战略2019、量子技术创新战略（中期）、"安全·安心"战略、革新性环境创新战略、便捷城市战略
第6次	2020年1月21日	量子技术创新战略、"安全·安心"战略、革新性环境创新战略、构建数字化社会战略
第7次	2020年6月26日	新冠病毒科学技术·创新政策、《综合创新战略2020》、生物战略2020（基础研究）、AI战略2019（修正）、绿色创新战略

2020年，日本面临的国内外形势较以往出现复杂变化，日本进行战略调整的重要前提就是对这种复杂变化做出研判。（1）抗击新冠疫情。新冠疫情成为世界发展面临的最不稳定的因素，对社会经济活动造成深刻影响，需要实施严格控制外出政策，学校临时停课，医院等公共服务部门和生产链等都必须做出相应的调整。（2）世界各地发生的异常气象现象和大规模灾害。在过去一年，世界各地发生了诸多异常气象现象及其伴生的大规模灾害，今后发生超出预想范围灾害的可能性很高，需要利用日本科学技术与创新能力，推进气候变化对策，尽可能做好事先防灾工作，能通过感应器等发现灾害先兆，必须通过强化避难等减灾努力将受害水平降到最小限度。（3）围绕创新的国家竞争日益激化。随着数字技术发展，以美中两国为中心的围绕创新的国家竞争将被激化；AI、量子技术等新兴技术，半导体制造技术等基础技术，以及数据解析和APT（高级可持续）防御软件技术，不仅涉及国家的产业竞争力，还关乎国家安全，需要从国家技术战略角度制定方案并强化技术管理。（4）加速建设数字社会。日本意识到，数字技术必将进一步向社会浸透，深化数字社会建设就需要和其他国家进行协调、合作，推动制定全球通用规则，以让日本从中受益。（5）创业环境的变化。最近几年，大型风险企业的资金循环"暗流涌动"，随着全球贸易保护主义抬头，风险企业不仅成为最"烧钱"的创新企业，而且是受新冠疫情影响最大的企业。（6）企业行为发生变化。日本认为，ESG（E，Environment，即环境；S，Social，即社会的；G，Governance，即治理）和SDGs（可持续发展目标）日益受到重视，未来，企业不仅要为股东创造利润，还要为整个社会做出贡献，因此，企业的行为必须做出相应调整。

2020年6月26日，第七次"综合创新战略推进会议"对日本科技发展方向重新进行战略性规划，并提出三个紧迫性要求：（1）新冠疫情在世界各地引起大规模灾难，出现史无前例的非连续变化，日本在数字化发展方面落后，面临一定危机；（2）国家间的竞争基于对新兴技术的快速创新，应抓紧提升日本的科学技术水平及创新能力；（3）需要实施融合人文、社会科学的"Society 5.0"战略性科学技术创新政策。① 随后，基于这种战略性分析，其制定了《综合创新战略2020》（共计180页)②，涉及如下三点主要内容。

（一）日本创新战略的总体定位

该战略认为2020年席卷全球的新冠疫情成为二战以来的最大危机，世界各国采取不同程度的"封城"、限制移动等措施，对民众的精神与心理造成巨大冲击。其还从全球气候异常与灾害频发、围绕创新的大国博弈、数字社会的深化、创业环境的变化等方面，对相关战略造成的影响进行深入评估。由此，该战略认为，日本需要从数字化、创新能力、研究能力方面着力提升国际地位。该战略梳理了日本短期和中长期的科技战略目标：短期要克服新冠疫情造成的困难局面，并构筑强韧的社会、经济基础；中长期要提升"知识源泉"的研究能力，实现对社会构造的根本性变革。

（二）新冠疫情下的总体战略目标

针对新冠疫情制定单独的科技战略是《综合创新战略2020》最大的特点。日本政府意识到新冠疫情将对科学技术创新产生广泛的影响，特别指出日本在与社会数字化相关的学校教育、研究活动、远程办公、行政手续等方面，相比其他发达国家处于显著落后状态。日本为应对新冠疫情提出相关策略。首先，为强化对公共卫生危机的应对需进行整体性的方针探讨，推动针对新冠疫情开展相关研发工作，开展最尖端的课题研究以维持、强化日本的防疫功能，同时还要求加强对新冠病毒的研究和对人文社会科学知识的运用，以及做好对未来可能发生新传染病危机的应对机制整顿、国际合作等；其次，针对确保科研人员就业和继续从事科研活动，需要政府加大力度资助

---

① 首相官邸『統合イノベーション戦略2020（概要）（素案）』、https：//www.kantei.go.jp/jp/singi/tougou-innovation/dai7/siryo1-2.pdf［2020-11-11］。
② 首相官邸『統合イノベーション戦略2020』、https：//www8.cao.go.jp/cstp/tougosenryaku/index.html［2020-11-11］。

因疫情而停滞的科学技术创新活动，维持并加强对与创新、创业机制相关的活动的援助，从而确保国家持续开展科研活动；再次，针对日本科技实现突破和进行社会变革，应推进数字化建设并完善相应社会环境，从而构筑强韧的可持续发展社会和经济结构。

（三）具体实施路径

《综合创新战略2020》针对日本促进科技振兴和未来建设制定了具体实施路径。第一，对"知识源泉"进行研判，强调完善支撑社会数字化的基础，实现安全的自由数据流通和构建数据驱动型社会，完善研究数据的基础和进行国际交流，推进基于实证性的政策规划实施和大学运营。第二，对"知识创造"进行研判，要求强化创造价值源泉的研究能力，重点支持年轻学者进行有挑战性的研究，振兴人文社会科学，通过大学改革构建创新体系，面向解决社会问题进行战略性研发，积极培育创新人才。第三，对"知识扩散"进行研判，重点强调建设"Society 5.0"，鼓励进行创业，推动政府在事业和制度方面进行创新。第四，对"知识成果国际流动"进行研判，重点推动对可持续发展社会的相关科学技术进行创新，并完善有关科学技术国际网络。第五，明确国家采取战略性应对措施的四个基础性技术：AI技术、生物技术、量子技术、材料技术。第六，明确国家采取战略性应对措施的应用领域：安全与安心的社会、环境能源、健康与医疗、食品与农林水产业和其他重要领域等。

《综合创新战略2020》是日本针对新冠疫情形势和科技发展形势，在科技发展战略领域进行的一次重大调整。正如环境大臣小泉进次郎在2020年6月"综合创新战略推进会议"后强调，此次政府制定的战略是为了应对新冠危机和气候危机而进行的社会再设计，日本以此为契机确立了朝着"无碳社会、循环经济社会、分散型社会"方向发展的战略大方针。①

---

① 小泉進次郎「統合イノベーション戦略推進会議で『統合イノベーション戦略2020（素案）』が決定されました」、https：//shinjiro.info/action/activity/2020/06/27/1308.html［2020-11-11］。

三 《综合创新战略2020》指导下日本政策的新动向

从战略角度看,新冠疫情在很大程度上将21世纪以来日本科技发展存在的诸多隐性问题激化,此次调整使日本的创新发展战略变得清晰、明确。而且,时任内阁官房长官菅义伟长期主持制定日本综合创新战略,他在接替安倍晋三担任日本内阁总理大臣之后没有更改科技战略发展方向,确保了日本综合创新战略的稳定性与连续性。从战略上看,鉴于CSTI作为"综合创新战略推进会议"的重要组成部分,此次战略调整的内容也为2021年制订"第六期科学技术基本计划"指明了方向。具体而言,《综合创新战略2020》释放的新动向包括如下几点。

(一)当务之急是应对新冠疫情

2020年的新冠疫情对全球教育、医疗、交通等公共服务领域,以及产业领域的生产链与供应链造成前所未有的重大影响。人类社会应保持强烈的危机感,进行大胆的变革,总之要构建一个能够有力应对传染病的社会,重新构建人与人之间的联系机制,再度形成社会的"团结"成为当前紧迫的课题。

1. 强化应对公共卫生危机的措施

《综合创新战略2020》首先体现为强化应对公共卫生危机的能力,这不仅需要自然科学,还涉及人文社会科学,应举科技创新的整体力量进行应对。因此,应重点确保对各种人才的培养、完善体制和加强国际合作等。在这种理念的指导下,明确日本将坚持走防疫与恢复经济并重的道路,即日本在不给经济按下暂停键的同时加强全面的方针检讨,推进对应对新冠病毒的技术的研发,用新科技手段确保经济活动,运用新技术强化医疗机构和公共机构的功能,加强新冠疫情对策研究和进行人才培养,用好人文社会科学,完善应对传染病危机的体制。从中可以看出,应对公共卫生危机已经成为日本"综合创新战略"的重要组成部分,也是该战略全面指导当前日本科技进行重点突破的体现。在应对新冠疫情方面，明确提出要在诊断方法、治疗方法、疫苗开发、医疗器械研发、医疗与防疫体系创新方面展开研究；在尖端基础研究领域，投入超级计算机（富岳）和"Spring-8·SACLA"以用于研究新冠疫情的传播情况和进行治疗药物研析等；在研发环境方面，在强调治疗药物的安全性的同时，要求强化对病毒基因变异情况的解析；在国际合作方面，要求推动G7科技部长会谈和首席科学顾问电话会议，强化日本与东盟在新冠肺炎治疗与药物研发方面的合作，凭借日本的临床与治疗经验加速推进构建亚洲共同研发新冠病毒治疗对策的机制；在疫苗尽早进入临床应用方面，采取疫苗研发与生产并举的机制。

2. 确保科研活动不受疫情冲击

《综合创新战略2020》还体现为保障对日本中长期科研创新进行投入方面，即防止新冠疫情导致对科研活动、创新创业和产学合作的投资出现急剧减少。鉴于世界在后疫情时代的复兴将进入一个具有新的体制、规则、服务和商务活动的变革时期，日本需要紧盯国际形势，资助那些进行创新创业的青年学者和产学合作项目。对此，日本提出构建维持、强化创新的生态体系，动用政府的公共资金组建发展资金和有关民间风险投资企业的基金，扶助因市场剧烈变动出现资金断流和因业务中断面临困难的创新创业型企业；要防止产学合作项目的研发投资骤减，避免恶性循环，需要加强对新冠疫情结束后有关解决社会变革和社会问题的优质产学官共同研究和开放创新，构建常态化的创新生态体系。另外，新冠疫情对大学、科研机构的研究活动产生直接影响，特别是对博士、博士后等青年研究人员的就业造成巨大冲击，需要由国家拨款资助科研活动；需要从国家战略角度出发，通过远程技术等手段以最少的人力投入确保新冠疫情期间积极开展生物资源研究。

（二）数字化成为日本国家创新战略的关键

《综合创新战略2020》最大的亮点是，面对新冠疫情给社会生活带来的急剧变化，日本意识到自身在数字化领域的落后和社会体系的脆弱。因此，该战略重点强调构筑坚韧的可持续发展社会和经济结构，并在推进数字化建设过程中，积极寻求构建无碳社会、分散型社会和发展循环经济。为了达到相关目标，该战略明确提出强化推进数字转换，为每位学生配备一台终端设备，完善家庭通信环境，改善教育机构的线上教学环境；在科研方面，加快推进建设使用 AI、机器人技术等的智能实验室，努力改善研发环境和实现研究方法的数字转换，包括完善通信网络、利用规模庞大的计算资源、完善研究数据等，高效地建设创新、共享、便利的环境；在数字化基础设施方面，推动宽带基建实现从"公"到"民"的转变，在支持居家学习、居家办公、在线门诊的同时，还要进行有关完善获取灾害信息的设施建设和光纤铺设等。

基于《综合创新战略2020》的既定目标，菅义伟在上台后发表的首次施政演说中明确表示："数字厅作为常设机构，可以推动日本进行大胆的行政改革，以在疫情期间、后疫情时代创造全新的日本社会经济。"[1] 日本计划通过进行为期一年的筹备，到 2021 年 9 月组建一个总人数达 500 人的数字厅，规模超过消费厅和复兴厅，定位是"拥有强大'司令塔'功能，囊括政府和民间的高水平人才，能够引领日本社会整体实现数字化的组织"。[2] 日本迈向数字社会，将带来电力的消耗和物流的增多，并逐步建设一个能够防范气候风险的真正可持续且强韧的社会。经济产业省基于《综合创新战略2020》制定了"革新性环境创新战略"，提出今后 10 年内要实现向政府与民间企业投资 30 万亿日元，从发展绿色金融、社会变革方面加速进行脱碳型技术的研发。

（三）强化基础科技领域的战略支撑

以基础研究为科技创新的根本，是日本科技在世界领先的重要前提。[3]

---

[1] 首相官邸「第二百三回国会における菅内閣総理大臣所信表明演説」、https：//www.kantei.go.jp/jp/99_suga/statement/2020/1026shoshinhyomei.html［2020 - 12 - 20］。
[2] 「デジタル庁、年末に基本方針＝『強力な司令塔機能』―閣僚会議で菅首相指示―」、『nippon.com』、https：//www.nippon.com/ja/news/yjj2020092300111/［2020 - 11 - 11］。
[3] 尹玲、于群：《日本科技创新战略的发展与启示——评〈日本科技厅及其政策的形成和演变〉》，《中国高校科技》2020 年第 6 期，第 98 页。

《综合创新战略2020》针对加强AI技术、生物技术、量子技术、材料技术四个基础性技术领域的研发活动与促进相关产业发展，分别设计了几个政策，以确保日本政府各部门从战略高度相互协作，加强科技创新。

AI技术发展理念是建设一个维护人类尊严（Dignity）的社会、不同背景的人能够追求建立具有多样性与包容性（Diversity & Inclusion）的社会、可持续（Sustainability）发展社会，并以2025年构建数字社会为目标，设定三大人才培养计划：所有高中生（100万人/年）掌握相关"数理数据可续、AI"的基础素养、培养数据科学专业领域的应用人才（25万人/年）、进行AI的社会再教育（100万人/年）。为达到上述目标，具体政策分为：进行教育改革、强化基础性技术研发、推动将技术用于社会、完善数据基础、建设数字政府、深化伦理探讨等。

生物技术发展战略计划到2030年完成，以生物和数字的融合为基础，打造包括涉及人们的活动的数据在内的大数据基础，最大限度地利用这些数据发展产业和进行相关研究，从而构建全球最先进的生物经济社会，打造实现可持续发展和具备循环经济的"Society 5.0"。为达到该目标，要求强化如下具体政策：进行市场领域调整、加强生物和数字融合（打造数字基础）、投资建设数字城市、培养研发人才、规范使用生物数据库、完善生物样本数据共享伦理、发挥"司令塔"功能等。

量子技术的战略目标是通过使用该技术，让日本计划达到的三大社会目标进行飞跃性的革新：进行生产性革命、构建健康与长寿社会、确保国家和国民的安全与安心。日本深刻意识到美国、欧洲、中国等都已经将量子技术作为促进未来经济、社会变革的战略性重要技术，通过制定国家战略、增加研发投资等措施加速推动量子技术突破。日本推出的政策有：举国家之力全面推动量子技术创新，完善技术研发和焦点机构的配套设施，强化与美国、欧洲的技术合作，从2022年起完善量子技术人才培养体系和开设完整的教学项目。

材料技术是《综合创新战略2020》单列的重点发展方向，战略目标是："以材料技术带动产业发展，使日本成为在世界发挥领导力的国家；以材料技术的魅力，使日本成为从世界聚拢优秀学者的国家；以材料技术创造新的价值和产业，使日本成为为世界做出贡献的国家。"为此，日本的材料企业要在国际市场获得高水平的竞争力和信誉度，扩大材料制品的出口规模，同时提升国内用户企业的国际竞争力；打造聚集国内外优秀科研人员进行世界性研究、创新的平台，必须确保提升材料技术领域的科研水平和培养相关优秀人才；加快推动材料研发机构的数字化进程，在材料研究领域率先确立使用数据的"日本范式"，在数字化浪潮、建设有韧性的社会及构建产业格局的过程中，日本要获得世界领导者的地位。

根据国际形势和科技发展动向对创新战略做出适时调整是日本确保创新能力的重要保障，也是促进日本发展的基本保障。从战略层面看，《综合创新战略2020》各项指标通过对不同科技、社会发展目标及紧迫性标准的制定及进行与之配套的战略的布局，保证日本创新战略能够以国家意志的形式得以贯彻，不会因政治局势变动而受到不良影响。同时，就制定《综合创新战略2020》的流程与理念而言，这符合日本长期以来坚持的官产学结合的政策制定流程，从而确保整个战略可以契合国家大政方针，当然，其也适用于促进产业发展和明确科研指向，可谓日本式制定发展战略的典型，值得加以持续关注。

四　结语

基于国际形势出现的重大变化，日本需要确定新的发展方向，引领全球发展，在国际新格局中明确日本科技战略的定位。《综合创新战略2020》是日本根据国际创新发展形势、全球发展新方向、自身技术特点与产业格局做出的重大战略调整。这一调整势必深刻影响今后日本在全球创新发展中的定位，从《综合创新战略2020》中可以看出日本基于以下三点对科技战略进行定位。（1）数字化：日本意识到在数字化方面相比世界其他先进国家处于相对落后的状态，如大数据利用滞后、国际经验不足、企业应变能力弱等。因此，日本更加强调自身在数字化方面的优势在于尊重个人自由、隐私权，而且在国际社会创新能力竞争日趋激烈的背景下，日本能够在做好国际协调、强调数据安全使用等方面发挥重要作用。(2) 创新能力：日本在数字革命潮流中，没有培育出提供数字平台的 IT 巨头公司，相比欧美各国，研发投入滞后。日本所谓的构筑 "Society 5.0"，即意欲追赶其他先进国家，完善创造创新的环境，通过提升全要素生产率（Total Factor Productivity, TFP）加快进行创新。(3) 研究能力：日本依然在大部分领域领先于其他国家，并意识到需要着手改善与年轻科研人员相关的稳定职位不足、专心研究时间不足、职业发展路径不足等问题，以提升他们从事科研活动的水平，让日本产出更多令全球关注的论文（世界排名前 10%），稳定增强科研能力的基础。

B.21
RCEP框架下日本对华经济外交走势

常思纯*

摘　要： 2020年，RCEP正式签署，这标志着全球最大的自贸区即将正式诞生。意识到印度短期内难以重返RCEP、新冠疫情背景下日本对华经济合作需求增加、东盟年内签署协定的坚定态度以及拜登赢得美国总统大选等因素促使日本下定决心，即使印度不参加也要签署。RCEP签订意味着中日达成首个相互减让关税和开放市场的协定，这不仅将推动中日经济关系进一步发展，也为中日在亚太地区深化经济合作，携手推动产业链、供应链优化与整合创造机遇。但是，在竞争在亚太自由贸易区路径选择方面的影响力、争取国际经贸话语权等领域，日本对华经济外交仍将长期处于合作与竞争并存的局面。

关键词： RCEP　区域经济合作　广域FTA　经济外交　一带一路

2020年11月15日，在第四次区域全面经济伙伴关系协定（RCEP）领导人会议上，东盟十国和中国、日本、韩国、澳大利亚、新西兰等15个国家正式签署RCEP，这标志着一个涵盖22亿人口（占全球人口近30%）的市场、26.2万亿美元GDP（占全球GDP的约30%）和将近28%的全球贸易（基于2019年数据）①的全球最大自贸区即将正式诞生。中国

---

* 常思纯，法学博士，中国社会科学院日本研究所副研究员，主要研究方向为经济外交、日本外交。
① 《〈区域全面经济伙伴关系协定〉（RCEP）领导人联合声明》，中华人民共和国商务部网站，2020年11月15日，http://www.mofcom.gov.cn/article/ae/ai/202011/20201103015906.shtml [2020-11-16]。

国务院总理李克强表示，"这不仅是东亚区域合作极具标志性意义的成果，更是多边主义和自由贸易的胜利……不仅将有力推动地区经济整体复苏进程，必将为促进地区的发展繁荣增添新动能，也将成为拉动全球增长的重要引擎"。①

一 2020年RCEP谈判动向

在2019年11月4日的第三次区域全面经济伙伴关系协定（RCEP）领导人会议上，除印度外的RCEP 15个成员国宣布整体上结束谈判，并将启动法律文本的审核工作，争取在2020年签署协定。印度则因为担心签署协定后导致贸易赤字进一步扩大，宣布退出RCEP谈判。2019年12月初，15个成员国正式启动RCEP法律文本的审核工作。

2020年2月3~4日，在印度尼西亚巴厘岛举行的高级代表会议上，与会各方确认了下一步谈判的进行方式与日程。此次会议是第三次区域全面经济伙伴关系协定（RCEP）领导人会议后召开的首次包括首席谈判代表在内的高级官员会议，印度没有派代表出席本次会议，并缺席此后RCEP谈判的所有相关会议。由于担心中国影响力的提升，日本在会上仍然坚持包括印度在内的16国签署协定。

受新冠疫情的影响，2020年4月，第29轮RCEP正式谈判以视频会议的形式举行，各国在制定包括电子商务和知识产权等共同规则方面基本达成共识，并就取消关税和降低税率等具体问题进行双边谈判。4月30日，与会各国发表了《首席谈判官共同声明》，确认争取年内如期签署协定，同时重申欢迎印度尽早重返RCEP谈判。尽管日本仍坚持不考虑签署没有印度的RCEP，但是也有部分国家认可在没有印度的情况下可以先行签署。② 此后，

---

① 《李克强出席第四次区域全面经济伙伴关系协定领导人会议 各方正式签署"区域全面经济伙伴关系协定"》，《人民日报》2020年11月15日，第3版。
② 「RCEP事務レベルが電話会合 年内妥結目標を再確認」、『日本経済新聞』2020年4月25日。

在5月中旬，15个成员国以视频形式举行了第30轮RCEP正式谈判，就协定的法律文本及市场开放等问题进行磋商。

6月23日，RCEP 15个成员国宣布整体上结束谈判后的首次部长级会议通过视频形式举行，会后发布的《区域全面经济伙伴关系协定（RCEP）第10次部长级会间会联合媒体声明》指出，在新冠疫情大流行的背景下，RCEP的重要性持续提升，各国重申在2020年内签署RCEP。同时，各国强调RCEP将对印度保持开放。①

此后，在7月9日举行的第31轮RCEP视频谈判会议上，各国就法律审查及协定涉及的其余问题进行磋商，为签署做最后的冲刺准备。8月27日，在第8次RCEP部长级会议后，各国发表《联合媒体声明》，指出在不确定的背景下，RCEP具有突出重要性，并一致认为"RCEP将对推动疫后复苏、维持区域和全球经济发展稳定发挥重要作用"。② 尽管日本仍有意"努力劝说印度至最后时刻"，但是也逐渐接受15国率先签署RCEP的现实。③ 10月14日，在第11轮RCEP部长级会间会（视频会议）上，各国确认协定的法律文本审核工作取得实质性进展，决定为争取年内签署协定做好充分准备。

11月15日，15国首脑在第四次区域全面经济伙伴关系协定（RCEP）领导人会议上正式签署协定，这意味历经8年，在进行31轮正式谈判、8轮部长级会谈、11轮部长级会间会后，终于将在东亚地区建成一个世界上参与人口最多、成员结构最多元、发展潜力最巨大的自贸区。RCEP是一个现代、全面、高质量、互惠的自由贸易协定，不仅包括货物贸易、投资规则、争端解决、服务贸易等议题，也涉及知识产权、电子商务、金融电信等新议题，涵盖货物、服务、投资和人员等方面的市场准入承诺。RCEP的签

---

① 「インド復帰へ呼びかけ継続　RCEP閣僚会合」、『朝日新聞』2020年6月24日。
② 《区域全面经济伙伴关系协定（RCEP）第8次部长级会议〈联合媒体声明〉》，中国自由贸易区服务网，http://fta.mofcom.gov.cn/article/rcep/rcepnews/202008/42988_1.html［2020-12-14］。
③ 「貿易圏『インド抜き』現実味　RCEP閣僚会合欠席で」、『朝日新聞』2020年8月28日。

署意味着中日和日韩之间首次达成双边关税减让安排，特别是作为全球经济第二大和第三大的中日两国能够利用以东盟为中心的区域经济合作框架达成自由贸易协定，具有重要的历史意义。此外，各成员国也表示，RCEP 将对印度保持开放，欢迎印度早日加入。

二 日本的态度转变及原因

从周边国家来看，日本对 RECP 的态度出现了较大的变化，其出于对自身利益的考虑，不得不将 RECP 作为美国退出"跨太平洋伙伴关系协定"（TPP）之后的重要备选项。

（一）日本对16国 RCEP 的态度变化

在印度宣布退出 RCEP 后，日本担心在 RCEP 框架下难以制衡中国，表现出如果印度退出，那么日本也不会签订的态度。2020 年 1 月初，日本外务大臣茂木敏充访问越南、泰国、菲律宾和印度尼西亚四个东南亚国家，积极游说它们坚持 16 国签署 RCEP。1 月 10 日，茂木敏充在印度尼西亚还发表了日本对东盟的政策演讲，表示"日本正在与东盟各国加强合作，争取实现包括印度在内的 16 国 RCEP 签订"。[①] 同一天，日本经济产业大臣梶山弘志在澳大利亚参加日澳第 2 次经济部长会议，两国确认争取年内签署包括印度在内的 RCEP。[②] 此后，在 2020 年上半年举行的几次 RCEP 各层级谈判中，日本都坚持应该由 16 国共同签署 RCEP。

但是，从 2020 年下半年开始，日本的态度发生明显转变。在 7 月 6 日于世界贸易组织（WTO）举行的对日第十四次贸易政策审议会上，日本外

[①] 外務省「日本の対 ASEAN 政策に関する茂木外務大臣スピーチ―『ゴトン・ロヨン』の精神と共に、新たな協力のステージへ―」、https：//www.mofa.go.jp/mofaj/s_sa/sea2/id/page4_005548.html［2020 - 12 - 14］。

[②] 「日豪、インド含む合意方針確認　RCEP 交渉で—経済閣僚対話—」、日本时事新闻社、https：//www.jiji.com/jc/article?k = 2020011000209&g = int［2020 - 12 - 14］。

务省经济局参事官曾根健孝表示,"日本将争取在今年年底之前签署RCEP"。① 日本在承诺年内签署RCEP的同时,没有再提及坚持让印度参加。在7月29日举行的日本-东盟经济部长视频会议上,与会各国通过了《日本与东盟经济强韧化行动计划》,尽管各国仍表示"RCEP继续对印度开放",但是也明确提出"日本与东盟承诺在2020年内签署RCEP"。② 由此可见,日本已经不再坚持由包括印度在内的16国共同签署RCEP。

当然,同意15国率先签署协定,并不意味着日本完全放弃印度。事实上,在日本的坚持下,15国通过了《关于印度参与〈区域全面经济伙伴关系协定〉(RCEP)的部长声明(2020年11月11日)》,承诺RCEP将自生效之日起即对印度的加入保持开放;尽管RCEP规定生效之日起18个月后才开放新成员加入,但印度可以不受此限制,任何时候都可以提出加入申请并开始进行谈判;同意印度以观察员身份参加RCEP会议及各种经济合作活动。③

(二)日本态度变化的原因

1. 日本意识到印度短期内难以重返RCEP

首先,尽管日本极力挽留印度,但是在从2020年2月以来举行的各级别RCEP谈判中,印度都受到邀请,不过没有派人参加,显示出了印度比较坚决地退出RCEP的态度。

其次,2020年,受新冠疫情冲击,印度经济大受打击,反对加入RCEP的势力不减反增,更加倾向于保护国内产业。印度保持了长期的高速的经济增长,2009~2018年的平均国内生产总值(GDP)增长率达到7.0%,2010

---

① "Trade Policy Review," Japan Day 1 (July 6th) Statement, https://www.mofa.go.jp/mofaj/files/100072691.pdf [2020-12-14].
② 「日ASEAN経済強靱化アクションプラン」、日本経済産業省、https://www.meti.go.jp/press/2020/07/20200729005/20200729005-2.pdf [2020-12-14]。
③ 《关于印度参与〈区域全面经济伙伴关系协定〉(RCEP)的部长声明(2020年11月11日)》,中华人民共和国国务院新闻办公室网站,2020年11月15日,http://images.mofcom.gov.cn/sydney/202011/20201116070620383.pdf [2020-12-14]。

年和2016年，GDP增长率分别高达8.5%和8.3%。但是，自2017年以来，印度经济增速就出现放缓的态势，连续三年下降，尤其是2019年，GDP增长率仅为4.2%。[1]再加上2020年以来，为防控新冠疫情，印度的经济活动暂停，国内供应链中断和食品价格上涨等问题导致经济增长率大幅下跌。国际货币基金组织（IMF）在4月、6月、10月先后发布的三次《世界经济展望报告》中，分别预测印度2020年的GDP增长率为-5.8%、-12.9%、-10.3%。[2]此外，截至3月，在印度城市地区，失业率为8%~9%，4月暴涨至25%，5月达到26%，刷新了历史纪录。[3]从6月开始，印度分阶段重启经济活动，与此同时，新冠肺炎感染人数激增，累计感染人数仅次于美国。在此困难局势下，印度国内利益集团、农民及低收入者更加无力承担加入RCEP后面临的竞争风险与压力，反对党也借机向莫迪政府施压，使印度政府重返RCEP的可能性进一步降低。

再次，在中国综合实力与地区影响力日益增强的背景下，印度对中国的警惕性不断增强：从不愿在中美之间"选边站队"到出现"联美制华"的战略倾向。因此，印度不愿加入中国积极推动的RCEP，转而积极推动与美欧等进行双边贸易谈判。2020年，印度不仅重启了搁置多年的印度与欧盟的贸易谈判，还开始探讨与美国签署双边贸易协定的可能性。

2. 新冠疫情背景下日本对华经济合作需求增加

如表1所示，截至2020年第二季度，日本实际GDP增长率已经连续三个季度下跌，尤其是2020年第二季度，扣除物价因素后，日本实际GDP下降8.3%，按年率计算则下降29.2%，创下二战以来的最大跌幅。

---

[1] World Bank，"GDP增长率（年百分比） - India，" https：//data.worldbank.org.cn/indicator/NY.GDP.MKTP.KD.ZG?end=2019&locations=IN&start=2009［2021-01-04］。
[2] *World Economic Outlook—A Long and Difficult Ascent*，IMF，https：//www.imf.org/-/media/Files/Publications/WEO/2020/October/English/text.ashx［2021-01-04］.
[3] 《1.2亿人失业，印度在风险中重启经济》，日经中文网，https：//cn.nikkei.com/politicsaeconomy/economic-policy/40853-2020-06-08-10-25-18.html［2021-01-04］。

RCEP框架下日本对华经济外交走势

表1 日本实际GDP增长率

单位：%

项目	2019年		2020年		
	第三季度	第四季度	第一季度	第二季度	第三季度
GDP	0.2	-1.8	-0.6	-8.3	5.3
按年率换算	0.7	-7.2	-2.2	-29.2	22.9

资料来源：内閣府「2020年10~12月期四半期別GDP速報」（1次速報值）、2021年2月15日、https://www.esri.cao.go.jp/jp/sna/data/data_list/sokuhou/gaiyou/pdf/main_1.pdf［2021-03-03］。

与此同时，中国经济尽管受新冠疫情影响，2020年第一季度，GDP同比下降6.8%，但是从第二季度开始，GDP增长率由负转正，增长3.2%，中国成为全球疫情大蔓延背景下率先实现经济正增长的国家。第三季度，中国GDP增长4.9%，①在实现自身经济复苏的同时，也拉动日韩等周边国家经济增长。第三季度，日本的GDP增长率由负转正，增长5.0%，换算成年率为增长21.4%，外部需求（即出口减去进口）的贡献度达到2.7%。②其中，外需的增长基本来自对华出口的增长。从表2可以看出，2020年以来，日本出口持续低迷，尤其对欧美的出口跌幅巨大。相比之下，日本对亚洲的出口高于平均水平，特别是对华出口从7月开始率先复苏，并连续5个月实现正增长。由此可见，已率先实现经济复苏的中国市场对日本的吸引力巨大。

表2 日本出口增长率变化（2020年1~11月）

单位：%

时间	世界	美国	欧盟	亚洲	中国
1月	-2.6	-7.7	-1.8	-3.2	-6.4
2月	-1.0	-2.6	-7.7	1.7	-0.4
3月	-11.7	-16.5	-11.1	-9.4	-8.7

---

① 《统计局：前三季度经济增长由负转正》，中华人民共和国中央人民政府网，http://www.gov.cn/xinwen/2020-10/19/content_5552334.htm［2020-01-04］。

② 内閣府「2020年7~9月期GDP速報（2次速報值）—ポイント解説—」、https://www.esri.cao.go.jp/jp/sna/data/data_list/sokuhou/files/2020/qe203_2/pdf/qepoint2032.pdf［2021-01-04］。

续表

时间	世界	美国	欧盟	亚洲	中国
4月	-21.9	-37.8	-28.0	-11.3	-4.0
5月	-28.3	-50.6	-33.8	-12.0	-1.9
6月	-26.2	-46.6	-28.4	-15.3	-0.2
7月	-19.2	-19.5	-30.5	-8.2	8.2
8月	-14.8	-21.3	-19.2	-7.8	5.1
9月	-4.9	0.6	-10.6	-2.0	14.0
10月	-0.2	2.5	-2.6	4.4	10.2
11月	-4.2	-2.5	-2.6	-4.3	3.8

注：11月为速报值。

资料来源：財務省「令和2年11月分貿易統計（速報）の概要」、https：//www.customs.go.jp/toukei/shinbun/trade-st/gaiyo2020_11.pdf［2021-01-04］。

事实上，根据国际知名智库的测算，到2025年，RCEP有望带动成员国出口、对外投资存量、GDP分别比基线多增长10.4%、2.6%、1.8%。① 2020年6月，彼得森国际经济研究所估计，RCEP签订后，相比其他成员国，日本和韩国获得的收益较大，到2030年，均可拉动两国实际收入增长1%。② 另外，无论是日本前首相安倍晋三还是时任首相菅义伟都将复苏经济作为最优先任务。2019年，RCEP成员国进出口贸易额占日本进出口贸易总额的46%，其中，日本对RCEP成员国的出口额占出口总额的43%（对华出口额占出口总额的19.1%）。③ 因此，日本各界对于借RCEP之力提振日本出口贸易、推动日本经济复苏寄予厚望。RCEP生效后，成员国之间将相互降低关税和非关税成本，日本各界盼望借助以中国为代表的外需拉动经济增长，增加企业受益机会，提高产品竞争力，使新冠疫情冲击下的低迷经

---

① 《商务部国际司负责同志解读〈区域全面经济伙伴关系协定〉（RCEP）之一》，中华人民共和国商务部网站，2020年11月15日，http：//www.mofcom.gov.cn/article/news/202011/20201103015927.shtml［2021-01-04］。

② Peter A. Petri, Michael G. Plummer, *East Asia Decouples from the United States: Trade War, COVID-19, and East Asia's New Trade Blocs*, https：//www.piie.com/system/files/documents/wp20-9.pdf［2021-01-04］.

③ 外務省「地域的な包括的経済連携（RCEP）協定に関するファクトシート」、https：//www.mofa.go.jp/mofaj/files/100115475.pdf［2021-01-04］。

济出现起色。因此，在对华乃至对区域经济合作需求增加的背景下，日本参与 RCEP 的动力大增。

3. 东盟年内签署协定的坚定态度对日本的促动

RCEP 本来就是由东盟发起并主导的亚太区域经济合作机制，长期以来，东盟坚定不移地推动谈判进程，并希望能够尽快达成。2020 年，新冠疫情大蔓延导致跨境物流受阻、国际需求萎缩、产业链及供应链中断、全球旅游业遭受重创，东盟各国面临的经济下行压力增大。亚洲开发银行（ADB）于 2020 年 12 月发布的报告称，2020 年，亚洲发展中经济体的经济出现近 60 年来的首次萎缩，预计东南亚经济将萎缩 4.4%。其中，菲律宾是东盟各国中经济萎缩情况最严重的国家，预计 2020 年经济负增长 8.5%。此外，泰国（-7.8%）、新加坡（-6.2%）、马来西亚（-6.0%）也是出现较大经济萎缩的三个东盟成员国。① 在经济下行压力增加的情况下，东盟各国迫切希望能够通过区域经济一体化推动出口、拉动投资，为经济复苏注入活力。2020 年 3 月 11 日，在越南岘港举行的东盟经济部长非正式会议上，东盟各国不顾日澳等国的游说，一致赞成无论印度是否加入，都要争取在年内签署 RCEP。②

日本长期重视与东盟加强政治经济关系，2020 年 8 月 1 日，修订版的日本－东盟经济伙伴关系率先在日本及泰国、新加坡、老挝和缅甸生效，日本与东盟各国在跨境服务贸易和投资方面的合作进一步升级。在东盟各国坚持年内签署 RCEP 的坚定态度面前，日本也意识到需要信守承诺，并继续展现自己"自由贸易的旗手"的国际形象，与东盟共同推动 RCEP 签订。

4. 拜登赢得美国总统大选对日本的影响

2020 年 11 月初，拜登在美国总统大选中获胜，这使美国重返跨太平洋伙伴关系协定（TPP）的可能性大增。拜登表示，将与盟国协商全球贸易规

---

① "Asian Development Outlook（ADO）2020 Supplement: Paths Diverge in Recovery from the Pandemic," ADB, https://www.adb.org/sites/default/files/publication/658721/ado-supplement-december-2020.pdf［2021-01-04］.
② 「ASEAN『インド抜き』容認　RCEP 年内妥結で」、『日本経済新聞』2020 年 3 月 12 日。

则，以应对中国不断增长的影响力。① 日本各界普遍认为，拜登很有可能带领美国重返多边主义，重塑美国世界贸易秩序维护者的地位。因此，日本希望通过与中国共同参与构建世界第一大自贸区倒逼美国尽快重返TPP，并提升日本对美外交的主动性。

三 日本对华经济外交展望

RCEP签署意味着中日达成首个相互减让关税和开放市场的协定，这不仅将推动中日经济关系进一步发展，也为中日在亚太地区深化经济合作，携手推动产业链、供应链优化与整合创造机遇。可以预见，一方面，RCEP签署后，日本将在加强区域经济合作、深化中日贸易投资关系、优化产业链与供应链结构等方面更加积极主动；另一方面，日本在区域影响力、国际话语权、规则制定权等方面的对华竞争并不会减少，甚至不排除在美国的政治压力下，有可能协助美国一起对中国高科技产业进行封锁和遏制。因此，RCEP框架下的日本对华经济外交将长期处于合作与竞争并存的局面。

（一）努力增强日本产品对华的出口竞争力

RCEP签订后，日本面向中国出口的无关税品类比例将从8%提升至86%。② 如表3所示，日本对华出口的很多工农业产品的关税将分阶段降为0。其中，日本汽车产业将取得巨大收获，面向中国出口的汽车零部件中的约87%品类将分阶段撤销关税，其中，部分汽油车专用发动机零部件、农用拖拉机和部分钢铁产品（现行关税税率为3%~6%）将在协定生效后立刻取消关税。此外，纯电动汽车（EV）的锂离子蓄电池的部分电极和相关材料预计在协定生效后第16年废除关税，部分纯电动汽车（EV）发动机则有望在第16年或第21年废除关税。对于日本对华整车出口方面，根据协

---

① 《拜登称美国及盟友需制定全球贸易规则 抵挡中国影响力》，路透社，https://cn.reuters.com/article/biden-usa-china-allies-1116-mon-idCNKBS27X07N［2021-01-04］。
② 「RCEP 関税91%撤廃」、『読売新聞』2020年11月15日。

定,中国自愿将进口某些轿车的关税税率从25%降至15%。① 这对于日本汽车产业削减成本、完善供应链和提高出口竞争力将起到巨大的推动作用。日本也会积极利用RCEP谋求扩大对华出口规模。

(二)争取在区域经济合作中的对华主动性

一方面,日本消极应对中国加入"全面与进步跨太平洋伙伴关系协定"(CPTPP)的积极态度。习近平在出席亚太经合组织(APEC)领导人非正式会议时表示,中国将积极考虑加入CPTPP。这无疑向世界表明了中国积极支持贸易投资自由化、便利化和进一步加大开放力度的决心。对此,日本的态度却并不积极。日本经济再生担当大臣西村康稔在2020年11月21日回答记者提问时对中方加入CPTPP的意愿表示"欢迎",但同时也强调要"确认中国是否已准备好遵守高水平的市场准入规则"。② 11月28日,日本外务大臣茂木敏充向记者表示,"不会视任何国家为例外""新成员国必须接受所有高标准"。③ 12月11日,日本首相菅义伟在网络节目上表示,"没有11个成员国的同意,(中韩)加入TPP并非易事",他指出,TPP要求成员国遵守比其他框架协定更高水平的规则,因此"门槛很高,需要进行战略性思考来应对"。④ 2021年1月3日,菅义伟在日本广播协会(NHK)的节目中表示:"TPP的规则要求很高,(中国)在目前的体制下,很难加入。"⑤ 从上述发言中可以看出,日本对中国加入CPTPP的态度很消极。尽管日本一再拿CPTPP的高标准"说事",但真实意图是不愿中国的加入影响日本在CPTPP中发挥的主导作用和在国际经贸领域的话语权。

---

① 「政府、RCEP署名 部品関税撤廃へ、完成車輸出でも成果」、『日刊自動車新聞』2020年11月17日。
② 「中国のTPP参加、動向注視 経財相」、『日本経済新聞』2020年11月22日。
③ 「TPP中国参加『例外扱いせず』外相」、『日本経済新聞』2020年11月29日。
④ 「首相、中韓のTPP参加『簡単には入れない』政治」、『日本経済新聞』2020年12月12日。
⑤ 「中国のTPP参加『今の体制難しいと思う』菅首相」、NHK、https://www.nhk.or.jp/politics/articles/statement/50933.html〔2021-01-08〕。

表3 RCEP涉及的日本对华出口工农业产品关税变化

单位：%

品类	现行关税税率	减免时间
部分汽油车专用发动机零部件	3	立即
其他发动机零部件	2~8.4	第11年或第16年
部分纯电动汽车（EV）发动机	10、12	第16年或第21年
农用拖拉机	6	立即
烤箱、微波炉	15	第11年
日本酒	40	第21年
酱油	12	第21年
贝类	10	第11年或第21年

资料来源：笔者根据媒体报道资料整理得到。

另外，日本积极与中国竞争在亚太自由贸易区（FTAAP）路径选择方面的影响力。RCEP签署后，亚太地区存在CPTPP和RCEP两个大型自由贸易协定，日本同时是这两大自由贸易协定的成员国。在2020年11月20日举行的亚太经合组织（APEC）领导人非正式会议上，日本首相菅义伟以视频方式发表演讲并呼吁"通过稳步实施和扩大CPTPP，及尽早达成RCEP，来构建高质量、全面的亚太自由贸易圈"。①"高质量"与"全面"两个词是日本主导下的CPTPP一向强调的关键词。可见，日本还是更加希望走通过扩大没有中国参与的CPTPP，来促进亚太区域经济一体化发展。

（三）积极构建高效且强韧的产业链

自2020年初新冠疫情在全球大蔓延以来，日本政府鼓励日本企业将生产基地迁回本国或转移到东南亚等国。在2020年7月17日和11月20日，日本经济产业省先后确定了两批获得政府补贴将生产链迁回日本国内的企业

---

① 外務省「APEC首脳会議の実施（結果）」、https：//www.mofa.go.jp/mofaj/ecm/apec/page1_000898.html［2021-01-08］。

名单，其中第一批共 57 家企业（补助总额约为 574 亿日元）①，第二批共 146 家企业（补助总额约为 2478 亿日元）②。此外，日本贸易振兴机构（JETRO）先后公布了两批获得补助将生产链转移到东南亚各国的企业名单，第一批为 30 家企业③，第二批为 21 家企业④。也就是说，至此，接受补助确定转移生产链的企业仅为 254 家，实际上，绝大多数日本企业不会放弃中国市场。JETRO 公布的 12 月问卷调查显示，仅有 1% 的在华投资企业计划向第三国或地区转移生产链，6.7% 的企业计划缩小对华投资规模，而计划维持现状和扩大投资规模的企业分别占 55.6% 和 36.6%。⑤

RCEP 签署后，日本经济界立刻表示热烈欢迎，主要经济团体迅速做出反应，纷纷公开表态支持。日本经济团体联合会会长中西宏明表态称，"RCEP 对促进本地区贸易、投资规模的扩大及提高产业链的效率与韧性将发挥重要作用"。⑥ 日本经济同友会代表干事表示，日本能够与作为主要贸易伙伴的中国、韩国首次签署贸易协定是一个巨大成果。经济界要充分利用 RCEP，在本地区构建多元且强韧的供应链。⑦ 日本商工会议所主席三村明

---

① 経済産業省「サプライチェーン対策のための国内投資促進事業費補助金の先行審査分採択事業が決定されました（2020 年 7 月 17 日）」、https://www.meti.go.jp/press/2020/07/20200717005/20200717005.html［2021 - 01 - 08］。
② 経済産業省「サプライチェーン対策のための国内投資促進事業費補助金の採択事業が決定されました（2020 年 11 月 20 日）」、https://www.meti.go.jp/press/2020/11/20201120005/20201120005.html［2021 - 01 - 08］。
③ 「第一回公募（設備導入補助型（一般枠・特別枠））における採択事業者について（2020 年 7 月 17 日）」、JETRO、https://www.jetro.go.jp/services/supplychain/kekka - 1.html［2021 - 01 - 08］。
④ 「第二回公募（実証事業・事業実施可能性調査）における採択事業者について（2020 年 11 月 5 日）」、JETRO、https://www.jetro.go.jp/services/supplychain/kekka - 2.html［2021 - 01 - 08］。
⑤ 「2020 年度 海外進出日系企業実態調査（アジア・オセアニア編）」、JETRO、https://www.jetro.go.jp/ext_images/_News/releases/2020/f2a455aa82cb1403/2020ao - ou.pdf［2021 - 01 - 08］。
⑥ 「RCEP の署名を受けての中西会長コメント」、日本経済団体連合会、http://www.keidanren.or.jp/speech/comment/2020/1115.html［2021 - 01 - 08］。
⑦ 「東アジア地域包括的経済連携（RCEP）の署名をうけて」、経済同友会、https://www.doyukai.or.jp/chairmansmsg/comment/2020/201113_1834.html［2021 - 01 - 08］。

夫认为，RCEP签署是日本迈出的构建"自由与开放的印度洋－太平洋"的重要一步，由于日本企业主要以亚洲为中心构筑供应链，因此RCEP签署意义重大，未来，其将进一步推动供应链在更广的区域提升效率和韧性。① 日本贸易会会长小林健表示，RCEP签署不仅有助于推动亚洲地区贸易、投资活动增加，还有助于形成强韧的、高效率的供应链。② 由此可见，日本大多数企业非但不会撤离中国，反而会谋求实现包括中国、东南亚等国在内的区域内产业链的深度融合，在RCEP框架下，进一步优化日本跨国企业区域布局，构建以亚洲为中心的高效且强韧的产业链，增强抵御域外冲击的能力，推动日本经济实现整体发展。

RCEP的签署只是迈出了第一步，RCEP在生效后才能真正发挥作用。RCEP生效条款规定，至少需要在6个东盟成员国和3个非东盟成员国完成国内核准程序的60天后才能正式生效。③ 2021年4月15日，中国正式完成RCEP核准程序。日本经济产业大臣梶山弘志在2020年11月18日举行的自民党会议上表示，RCEP"不仅可以促进日本工业品出口，而且还将对日本农产品、水产品及酒类出口做出重大贡献，希望日本能推动协定尽快生效"。④ 2021年2月24日，RCEP批准案在日本内阁获得通过，并被提交日本众参两院，于6月完成RCEP核准程序。中日两国已率先完成国内批准手续，有助于推动协定尽快生效，尽早开启减税进程。

---

① 「地域的な包括的経済連携（RCEP）協定の署名に対する三村会頭コメント」、日本商工会議所、https://www.jcci.or.jp/news/2020/1116094841.html［2021-01-08］。
② 「RCEP協定署名についての小林会長コメント」、日本貿易会、https://www.jftc.or.jp/chairman/comments/20201115.html［2021-01-08］。
③ 《第二十章 最终条款》，中华人民共和国商务部网站，http://fta.mofcom.gov.cn/rcep/rceppdf/d20z_cn.pdf［2021-01-08］。
④ 「政府、RCEP署名を報告 自民会合、『輸出に寄与』」、『産経新聞』2020年11月18日。

B.22
"经济安全"被纳入日本国家安保战略的意图及影响*

张玉来**

摘　要：2020年4月，日本国家安全保障局新设"经济班"，以作为统领"经济安保"战略的"司令部"，这意味着"经济安全"被纳入日本国家安保战略。事实上，日本一直高度重视"经济安全"，并对相关机制、体制的建设进行了长期摸索与实践。在全球大变局背景下，日本对"经济安全"进行战略升级，并确立了战略自主性、战略不可或缺性等原则，试图强化"一元化"管理，划定战略发展重点。在短期内，这一系列战略举措或可发挥优化资源配置的作用，实现"以变应变"的战略目的，但从长期来看，这很可能会造成市场机制失灵、社会活力不足和创新能力下降，最终影响经济发展。

关键词：日本　经济安保　国家安保战略　战略自主性　全球大变局

一　"经济安全"被纳入日本国家安保战略

2020年4月，日本国家安全保障局（NSS）新设机构——"经济班"，

---

* 本报告为国家社科基金项目"日本重大突发公共卫生事件应对体系的历史考察——兼论新冠肺炎疫情的应对"（项目编号：20STA007）的阶段性成果。
** 张玉来，历史学博士，南开大学世界近现代史研究中心、日本研究院教授、博士生导师，主要研究方向为日本经济、中日经济关系。

这个拥有20名成员的新设机构引发外界高度关注，鉴于NSS是掌控日本国家安保战略的最高中枢，一举一动高度敏感，特别是在中美之间的竞争加剧之际，日本的战略走向备受关注。

（一）日本对"经济安保"的长期摸索与实践

日本学术界早就形成了"经济安保"的观点，日本政府也进行了诸多实践尝试。长期进行美国经济安全保障研究的同志社大学教授村山裕三提出，"经济安保"就是"经济与安全保障相互重合的领域"，美国在克林顿政府时期就已经从重视安全转向重视经济，作为"军事力量受限的通商国家"，日本应该使用经济力量及技术力量。①

20世纪80年代初，日本就存在所谓"综合安全保障"的概念，如日本著名国际政治专家、京都大学教授高坂正尧认为，狭义安全保障只是军事性质的安全保障，而广义安全保障则包含经济层面的安全保障，日本的安全保障不同于其他国家，对于日本来说，经济安全保障非常重要。

日本政府从实践层面进行积极探索。1980年，由大平正芳首相设立的"综合安全保障研究小组"在提交的《综合安全保障研究小组报告》中提出了与"经济安全保障"相关的三项建议：一是运行并维护相互依存体系（针对自由贸易体制和解决"南北"问题），二是采纳中性方针策略（即与重要经济国家保持友好关系），三是提倡自助努力（涉及经济储备、自给力、生产效率和出口竞争力）。1982年，通商产业省所设"产业结构审议会"提出，要"确立经济安全保障"，就应把对日本经济具有重大威胁的国际因素转变为主要经济手段，包括"一是维护和强化世界经济体系，二是确保重要物资的稳定供应，三是通过技术开发为国际社会做出贡献"。②

---

① 村山祐三「経済安全保障を考える－技術政策の視点から」、『RIETIブレイン・ストーミング最前線』2004年4月号、https://www.rieti.go.jp/jp/papers/journal/0404/bs01.html［2021-01-10］。
② 渡辺純子「通産省（経産省）の産業調整政策」、RIETI Discussion Paper Series16-J-033、2016年3月、https://www.rieti.go.jp/jp/publications/dp/16j033.pdf［2021-01-10］。

2013年12月，日本首次制定并公布《国家安全保障战略》；2015年，国会审议通过《安全保障相关法案》，经济安保战略再次成为热点。2019年5月，自民党税制调查会会长甘利明向时任首相安倍晋三建言，日本应仿照美国国家经济委员会（NEC）模式成立专门负责确定与军事相关的技术出口限制以及进行经济制裁等的日本版NEC。他还针对欧美国家普遍实施的"秘密专利制度"，即可以用于军事方面的技术专利不予公开，① 认为日本当时实施的"经济安保"政策严重缺乏一致性，已经暴露出诸多弊端。金泽工业大学教授、日本退役海军将官伊藤俊幸指出，在G20成员中只有日本和墨西哥未构建"秘密专利制度"。

此外，日本政府内部也有观点认为，负责制定专利政策的专利厅与负责制定安保政策的防卫省之间一直未能就如何防止专利外泄达成一致意见，这使日本面临专利技术泄露这一巨大隐患。

（二）横跨各省厅的"经济司令部"

2020年3月24日，日本首相安倍晋三在日本参议院财政金融委员会答辩时，阐释了在国家安全保障局新设"经济班"的考虑，他指出，此举是为了"应对新冠疫情在全球扩散对世界经济及权力平衡的冲击等重大课题"，② 协调外交、安保以及经济三大领域的对策，进而形成一元化的对策以更具针对性和有效性。

当时，应对新冠疫情是各国政府的第一要务。很多国家禁止外国人入境，这使各国、各地区的人员、物资以及资本的自由流动骤然失速。面对世界经济严重受挫，要做到既能防止疫情扩散，又能让经济损失最小化，考验每个国家政府的执政智慧。

---

① 後藤匡「新たな『防衛力』経済安全保障とは何か」、NHK、2020年10月21日、https://www.nhk.or.jp/politics/articles/feature/46667.html［2021-01-08］。
② 「国家安保局に『経済班』発足　新型コロナ対応も急務」、『日本経済新聞』2020年4月1日、https://www.nikkei.com/article/DGXMZO57510630R00C20A4PP8000［2020-12-12］。

国际环境也因疫情发生巨大变化，很多国家把保护本国企业提升到国家安全高度，强化对外国投资的审查和限制，2020年2月13日，美国《外国投资风险审查现代化法案》（FIRRMA）正式生效，扩大并强化外国投资委员会（CFIUS）的职能与权限，加强对危害国家安全的因素的考虑，增强重启审查权和新增终止交易权。3月25日，欧盟（EU）公布成员加强对外国投资进行管理的方针，以保护欧盟民众的健康为由，禁止外国投资者收购欧盟医药及保健卫生企业。

以此为背景，多摩大学"规则形成战略研究所"所长、研究生院教授国分俊史建议，日本应该设定医疗及医药品的国内生产比重，并指出，企业若不能主动了解国外关于经济安保的相关信息，就将面临极大的经营风险。

（三）以抗疫"试水启航"的新设机构

抗击疫情成为安倍政府设立"经济班"的非常好的借口。在疫情于日本暴发、蔓延之初，入境口岸对策成为影响日本抗疫举措的重要因素，当时，安倍政府因应对"钻石公主号"邮轮发生的疫情失策而饱受各国批评。日本的传染病预防与控制事务由厚生劳动省负责，入境签证措施由法务省主管，边境口岸则属于国土交通省的管辖范围，由于入境游客涉及多个国家，相关事务又归属外务省，"政出多门"导致日本政府未能对"钻石公主号"邮轮发生的疫情采取及时有效的措施。在突如其来的新冠疫情冲击之下，井然有序且高效机敏的日本行政系统暴露出一些问题。

"经济班"虽然人数不多，但骨干都是各省厅的中坚力量，具有丰富的经验。审议官藤井敏彦担任"班长"，历任经济产业省官房审议官和防卫装备厅官房审议官，拥有经济与安全两大领域的实际工作经验。在审议官之下是参事官领导的四个小组，参事官分别是财务省关税局总务科长泉恒有、外务省军备管理及军缩科长石川诚己、总务省数据通信科长山路荣作、警察厅警备科理事官山本将之。"经济班"在成立之初即被赋予四项任务：一是技术保护，也就是保护日本的先进技术不外泄，手段主要是针对出口管理和对日投资进行限制；二是网络安全，主要包括确保新上马的5G网络安全、官民能够共享信息;三是国际协调,重点是进行日美经济安保合作及实现日元的数字化;四是疫情应对,包括采取入境对策、向海外出口法匹拉韦(新冠肺炎治疗药物)、确保医疗器械供应链安全。①

应对疫情成为"经济班"的当务之急,因为这不仅决定日本经济回归正轨的情况,还直接关系内阁支持率。据报道,为了消除入境感染的威胁,藤井审议官每周组织两次各省厅审议官级别的会议,研究、制定更加适应实际状况的入境政策。同时,"经济班"还强化了人工呼吸机等疫情相关医疗器械的供应,以确保医疗物资供应链安全。鉴于新冠疫情呈现长期化趋势,"经济班"计划从厚生劳动省调入拥有应对传染病经验的职员以扩充人手,到2021年中,"经济班"规模达到30人。

(四)日本国家安保组织体系基本建成

日本国家安全保障局是日本国家安全保障会议(NSC)的秘书处(事务局),是负责日本国家安全事务的最高组织,下设7个分支机构,即总控协调班、战略企划班、信息情报班、第一政策班(负责制定对美国、英国和澳大利亚的政策)、第二政策班(负责制定针对东北亚地区和俄罗斯的政策)、第三政策班(负责制定面向中东与非洲的政策)以及新成立的经济班,总人数为90多人。局长是于2019年9月13日上任、警察厅出身的北村滋,其前任是资深外交官谷内正太郎(2014~2019年在任)。

参照日本内阁官房主页公布的信息,日本国家安全保障局主要承担三项任务:一是作为国家安全保障会议的常设支援机构,拥有内阁官房的综合协调权限,专门负责制定与国家安全保障相关的外交及防卫政策、基本方针和进行重要事项的企划立案及综合协调等;二是在应对紧急事态之际,从与国家安全保障相关的外交及防卫政策观点出发提出必要的建议(以内阁危机管理者身份负责事态应对中的危机管理);三是负责实时收发相关行政部门

---

① 「省庁越え政策練る『経済班』コロナや技術流出に対処」、『日本経済新聞』2020年6月3日,https://www.nikkei.com/article/DGXMZO59899990S0A600C2EE8000 [2021-01-10]。

的信息情报,并为日本国家安全保障会议提供各种情报和政策预案等(综合管理情报)。

就经济安全保障而言,迄今为止,日本已经明确了四个方向的安保工作,即技术保护(防止技术外泄)、网络安全(主要是维护新一代5G网络的安全)、数字货币的国际协调和抗击疫情。可以预见,今后,日本将强化对人工智能(AI)、新一代通信标准(5G)、无人机(小型无人机)、半导体以及全球定位系统(GPS)等方面的安保管理。

二 构建"经济安保"体制的战略意图

日本政府将"经济安全"纳入国家安保战略,构建起横跨各省厅的经济"司令部",显然具有深层战略意图。

(一)对"经济安保"新战略的认知

2020年12月16日,自由民主党政务调查会汇总了一份《关于制定"经济安全保障战略"的建议书》,该文件开宗明义地指出:"经济力量乃国力之根基,亦为国家间关系之基础。任何国家都在矢志不渝地追求经济竞争优势,这也就意味着经济领域已经成为国家间对抗的最前线。"它还指出,在国际关系稳定时期很难看出经济竞争力的作用,但一旦国际社会陷入动荡、既有国际秩序动摇,经济竞争力便会悄然引人关注,如今恰恰就迎来了这样的时代。① 此外,号称"日本经济安保研究第一人"的国分俊史教授甚至称之为"经济战争",他指出,"当前,中美之争不以军事对抗为大前提,取而代之的是,'经济'成为重要工具,形成了两国对决的'经济战争',这是考虑进行'经济安全保障'不可或缺的部分"。② 其理论依据是大国之

---

① 自由民主党政務調査会「『経済安定保障戦略策定』に向けて」、2020年12月22日、https://www.jimin.jp/news/policy/201021.html [2021-12-30]。
② 「新たな『防衛力』経済安全保障とは何か」、NHK、2020年10月21日、https://www.nhk.or.jp/politics/articles/feature/46667.html [2020-12-18]。

争基于核威慑力量，双方之间发生军事冲突的风险较以往已经大大减少，所以，如今是"经济为武器"的时代了。

《关于制定"经济安全保障战略"的建议书》还援引联合国对个别国家进行经济制裁的案例，指出，经济手段已经成为联合国常用的"武器"，对于那些破坏或违反既有秩序或规则的国际主体进行惩罚、制裁，堪称所谓"和平之武器"。而且，越来越多的国家利用经济手段向他国强加本国意志，或者主导构建有利于本国的新国际秩序。相反，日本对从经济战略角度维护国家独立、存续以及繁荣的意识却相对薄弱，甚至缺乏这样的政治环境。

基于这种认识，自民党于2020年6月成立"新国际秩序创造战略本部"，开始主动探讨如何利用相关手段在愈加动荡的国际社会中增强日本的竞争力，甚至创建可以维护国家利益的新国际秩序。"为确保国民生活及经济正常运行，日本应该重新审视自身的经济基础，理智地发现自身面临的瓶颈，努力寻找替代、解决方法，以确保在发生不可预测事件时经济能够安全。"①

不过，自民党的这份建议书也认识到拓展国家的未来发展空间的主角是全体国民，因此，政府要帮助国民提升预见未来的能力，制定必要的方针和路线图，从而使之能够更加从容地应对当今世界之大变局，应对新的挑战。

（二）确立战略自主性原则

自民党的建议书还指出，日本经济需要具备强大的韧性以维持国民生活和社会经济活动正常运行，任何情况下都不应过度依赖他国，对于"经济安保"，必须确立战略自主性。以此为基础，才有可能推动企业、大学及研究机构等国内利益共同体携手并进；才有可能与同盟国美国以及澳大利亚、印度、印太其他国家、欧洲等志同道合的国家合作，互相支持以维护彼此的利益。

---

① 自由民主党政务調査会「『経済安定保障戦略策定』に向けて」、2020年12月22日、https：//www.jimin.jp/news/policy/201021.html［2021-12-30］。

为确立日本的战略支柱产业，首先需要确认哪些是维持日本国民生活及实现经济正常运行必不可少的产业。换言之，在日本在对外贸易或投资方面发生危机之时，应首先找到影响甚至造成国民生活及经济停摆的产业，再确认其脆弱性程度；然后，通过体制机制，利用技术创新等措施，不断提高其强韧性，降低这些产业的对外依赖度。

长期以来，日本把能源（包括电力在内）、通信、交通、食品、医疗、金融（包括金融科技）、物流以及建设类基础设施产业作为支柱产业，日本政府设立专门机构管理这些产业，如能源产业一直由经济产业省（原通商产业省）主管，长期设有"资源能源厅"；而针对通信产业，甚至曾经专门设立电气通信省（1949~1952年），相关事务由其主管，后来，由其主管的相关事务划归邮政省（1949~2001年）主管，设有通信政策局和电气通信局；此外，国土交通省主管交通产业方面的事务，农林水产省主管食品产业方面的事务，厚生劳动省主管医疗产业方面的事务，内阁府下的金融厅负责处理金融产业方面的事务。①

然而，在数字化（DX）以及云技术等新技术革命进程中，日本在一些领域出现滞后甚至严重依赖海外的现象，如在虚拟数据方面，以美国GAFA②为代表的科创企业早已走在前面。对此，日本希望通过确立战略自主性原则，从经济安全保障视角出发，重新检视自身产业的竞争优势与劣势（包括供应链安全在内），通过实施相关政策举措，不断降低产业的对外依赖度，提升战略支柱产业的强韧化和多元化水平。与此同时，强化对优势产业的既有技术的保护也继续被视为确保战略自主的重要手段。

（三）构建战略不可或缺性

在确立战略自主性原则的基础上，日本想确保经济持续繁荣，还需要日

---

① 内閣官房「行政機構図（2020.8 現在）」、https：//www.cas.go.jp/jp/gaiyou/jimu/jinjikyoku/satei_01_05.html［2021-01-06］。
② GAFA，即谷歌（Google）、苹果（Apple）、脸书（Facebook）、亚马逊（Amazon）四大科技企业。

"经济安全"被纳入日本国家安保战略的意图及影响

本产业具有国际社会离不开的特征,即所谓的战略不可或缺性。[①] 日本意识到不可能使所有产业都具备这种竞争力,故从战略上锁定一些重点产业,通过政府与企业的"官民一体式"努力,以实现这一目标。

随着经济全球化不断深入,跨越国境的经济活动愈加频繁,国家间的相互依存程度提升,推动世界经济增长,但这也带来了国家经济力量及经济影响力的变迁,甚至传统的国际力量平衡也被打破。于是,一些国家开始将经济优势用于达到政治目的,也有一些国家用政治手段干预他国经济发展,国际经济体系面临断裂的风险。

美国大张旗鼓地把经济上升到国家安全范畴,在政策上就出现了上述双向操作的典型特征,如在2017年《国家安全保障战略》的第二章"促进美国的繁荣"中就明确阐述了"经济安全保障就是国家安全保障"的理念,并确立了五项基本原则:一是要推进美国国内经济活性化;二是要构建有利于美国的自由、公正、互惠的经贸关系;三是要确保美国在研发、技术、发明以及创新上的领先水平;四是要巩固国家安全保障所需的创新基础;五是确保美国在能源领域具有优越性。显然,在政策层面,这些原则更具复合性视角。

2020年突如其来的新冠疫情让日本发现自身经济体系的脆弱性和面临的潜在风险,突出例证就是日本一度出现口罩、防护服等医疗物资断供的现象,原因之一是日本企业将这类产能大部分转移到中国等海外地区。加之,2018年7月以来的中美贸易摩擦不断加剧——从以关税摩擦为主的贸易领域走向投资、技术、金融以及价值观等多个领域,这就使日本显然面临在两大贸易伙伴国之间"选边站队"的风险,一边是同盟国美国,但特朗普的"美国第一"主义可能让日本难以确保自身的经济利益;另一边是中国,虽然两国在经济上具有紧密的关系,但严重缺乏政治互信。

面对这种急剧变化的国际环境,日本的最佳应对方案就是提升自身在国

---

① PHP Geo-Technology 战略研究会「ハイテク覇権競争時代の日本の針路—『戦略的不可欠性』を確保し、自由で開かれた一流国を目指すー」、2020年4月2日、https://thinktank.php.co.jp/policy/6092/ [2020-12-20]。

际社会的存在感，特别是具有不可或缺性的存在感，综观日本的要素禀赋特征，显然，确立经济层面的产业优势最具可行性和战略意义，除了强化在全球价值链体系中的原材料及中间品优势之外，日本还期待通过推进数字化建设具备更多"不可或缺性"，从而实现战略自主。

（四）改变"政出多门"的现状

其实，长期以来，日本政府非常重视"经济安全"，只是由于相关事务由各省厅分割管辖，造成"政出多门"的现象，如今，把整个"经济安全"升级到国家战略层面，由国家安全保障局统一管理，或可实现进行"一元化"管理的目标。

制定经济安全保障相关政策及在将其付诸实施之际，显然需要分管各领域事务的相关政府部门统一意识，实现跨省厅的横向合作，只有确保政策具有统一性和协调性，才能更好地强化涉及企业、大学、研究机构等的产官学研合作。

为推进经济安保的一元化，日本政府及自民党拟分两个阶段改善法律环境：先在2021年通过有关安保设施周边的土地交易法案，从经济角度进行制约以确保军事设施及核电设施安全；然后在2022年推出防止机密情报泄露等一系列经济安全保障法案，其中包括限制相关专利公开的"秘密专利"及涉密资格许可等，在此过程中，还考虑与由美国、英国、加拿大、澳大利亚以及新西兰组成的"五眼联盟"开展情报合作。[①] 与之相配套，从政策层面出发考虑推出短期（1~2年）、中期（5年左右）和长期（10年左右）政策。

三 "经济安保"战略的重点及其影响

虽然日本"经济安保"战略刚刚起步，面临很多发展课题，但从自民

[①] 「経済安保、2段階で法整備 21年は土地取引規制、22年までに機密保護」，『日本経済新聞』2020年12月17日，https://www.nikkei.com/article/DGXZQOFS15BT90V11C20A2000000［2021-01-06］。

党及相关智库机构拟定的建议书来看，能源安全、食品供给安全、基础设施安全等传统安全仍是战略重点，同时增加了网络安全、海洋及宇宙开发、数字经济等新领域的内容。显然，"经济安保"战略必然是日本实现国家战略转型的重要组成部分，其产生的后续影响非常大。

（一）"经济安保"战略的重点

一是能源安全方面。能源产业一直被日本政府视为战略支柱产业，甚至是"生命线"，确保能源安全是国家的重要责任，长期以来，日本构建了安全稳定的能源供给体制。菅义伟出任首相之后，日本提出"2050年实现碳中和（carbon neutral）"的目标。由此，日本能源体系要做到既可以挑战再生能源的最大限度，又可以将火力发电升至最高效率，还可以保持核电运行体系稳定，并能应对各种灾害，进行创新性技术开发以积极应对和参与国际新规则制定。

二是积极推进海洋开发。作为岛国，日本在海洋开发方面具有很多优势，长期以来推进海洋资源勘探与开发，构建稳定安全的海上运输体制，提高海上执法能力，加强与海湾地区产油国的合作，参与开辟新航道等，战略自主性优势较为显著。

三是强化食品安全保障。在确保食品供给安全的同时，日本也在强化国内生产基础，提高小麦、大豆等农产品的进口替代能力，提升对水产资源的管理与调控能力，强化知识产权管理与保护，修改种苗法，防止优良品种流向海外，确保自身技术的优越性。

四是不断完善金融基础设施。为构建国际金融中心，日本试图以民主主义和法治主义为支撑，吸引海外公司及高端外国人才，提升金融环境质量，推进中央银行数字货币（CBDC）计划，发行数字化货币，争取获得制定CBDC技术的国际标准的主导权等，从而确保具有战略自主性。

五是完善信息通信基础设施。为构建国际数据流通中心，日本在推进5G网络普及的同时积极争取6G网络主导权，强化光纤网络等通信基础设施，积极承接海底光缆工程，探讨与卫星通信相关的制度与措施，支持日本企业拓展 ASEAN、印度、中南美洲市场，积极推进 6G 与相关产品的产业化及拥有制定相关国际标准的主导权。

六是积极推进太空开发。为促进太空技术进步，拓展太空产业领域，日本加速推进对国产小型卫星的开发，不断开拓太空市场，支持对太空系统进行相关开发，构建、管理和运用国产太空状况监视平台，主导印度洋-太平洋地区的太空监视体制及宇宙交通管制国际规则的制定等。

七是强化网络安全。为构建安全可信的网络空间，日本强力应对网络攻击，确保信息不被窃取、破坏或恶意攻击，防范信息供应链风险，规避没有保障的设备，吸引海外网络人才，改善国内网络信息安全环境。

八是推进大数据利用。针对虚拟数据方面被 GAFA 等海外企业主导的情况，日本加强对实时数据的利用，通过构建实时数据平台、发展数据交易市场，消除数据流通面临的相关障碍，探索确立实时数据交易规则。日本在大阪 G20 会议上发布可信赖自有数据流通方式（DFFT），拥有构建产业数据国际规则的主导权。

九是确保供应链安全。日本政府支持生产关乎国民健康的产品、零部件及素材厂商迁回国内，或针对海外企业采取生产据点多元化措施，对企业进行数字化改革以完善供应链并给予它们在税制方面的支持，同时推进机场、港湾、道路等的整备升级并强化国际集装箱码头的功能，提高产业链、供应链的效率，增强韧性。

十是维持技术竞争力。日本政府投入资金支持对特定领域的敏感技术的研发，制定秘密专利制度，强化国际合作并明确敏感技术导入资格审查认可制度，培育战略支柱产业，排除外国资金的支持，强化产官学合作，加强对大学、研究机构以及企业的敏感技术的管理，审查留学生及其他外国研究者。

十一是提高相关领域的创新能力。把资源集中投入 AI、量子技术、环境、生物、材料等领域，以推动技术创新，确保技术水平领先。日本政府协助企业确定重要技术、确保拥有相关人才、防止技术流出、取得相关研究成果，结合国内外人才与资金投入量子技术领域形成技术据点优势，提升材料技术的国际竞争力。另外，日本还通过梳理政治主导与学术合理性之间的关系，创造行政与学术之间"相互理解"的有利环境，推动超科学（trans-science）半导体尖端技术创新，扩大国内数字投资领域并拓展海外市场。

此外，"经济安保"战略还包括五个战略重点，即确保土地交易安全（加强对外国人购买土地的管理）、强化应对新冠疫情等传染病的能力（从研究治疗药物及疫苗着手）、促进基础设施出口（以"自由与开放的印度洋-太平洋"构想为主线）、制定国际机构规则（避免国际机构的中立性和公平性受损）、提升经济情报收集能力（包括与"五眼联盟"进行情报方面的合作）。

（二）"经济安保"战略的影响

对于维护日本的国家利益而言，"经济安保"战略显然可以发挥资源配置的功能，产生通过改革应对变局的"以变应变"效果；但毋庸置疑的是，"经济安保"战略将使政府干预经济的能力大幅提升，这只"看得见的手"伸得过长必然会影响市场机制正常运行，从而导致市场活力不足、创新能力下降等。

首先，一元化的"经济安保"战略显然有利于维护国家安全，如通过发挥资源配置功能实现国家战略目标。由政府确立清晰明确的发展方向并赋予其时间轴，这必然会把更多社会资源用于集中发展某些经济产业，并迅速具备强大的竞争力，这类似于二战后初期日本推行过的"倾斜生产方式"。其次，这种战略调整将形成巨大的改革动力，可以产生"以变应变"的效果。当今世界面临"百年未有之大变局"，社会分裂导致政治力量的可预见性大大降低，不确定性愈加凸显。针对国际局势的变化，身处其中的国家的应变能力应不断提升。系统化地明确"经济安保"战略，显然可以改变市场的运作模式，从而做到更加快捷地调动社会资源以应对国际局势的变化。

不过，这种"政治化"的经济显然具有极大的负面作用，首当其冲的就是"看得见的手"很容易失去自律而伸得过长，造成本应由市场机制决定的经济规律被扭曲。由此就将形成庞大的利益集团体系，其会逐步侵蚀社会活力和企业创新能力，最终造成经济下滑，产业衰退。特别是在技术不断推陈出新之际，"政治化"的经济将变得非常低效。这一点，日本在20世纪末已经历过。

从学习美国国家安全委员会（NSC）架构来看，日本通过在国家安全保障局下设"经济班"之举补齐短板，意在建构完整的日本版NSC体系，试图以最强势的领域重构国家竞争力。诚然，20世纪90年代初，泡沫经济崩溃导致日本的经济竞争力严重受挫，甚至有观点认为日本经济已经一蹶不振，难以东山再起。但事实上，经过平成时代的改革与转型，日本正在新自由主义道路上逐步复苏，多样化的企业创新与全球化经营悄然成为日本经济的新亮点。在"德温特年度全球百强创新机构"排行榜上，日本几乎与美国平分秋色，不分伯仲，而且日企盈利能力大幅提升也改善了日本的对外收支结构，日本连续30年蝉联世界最大债权国。

当前，愈加严重的贸易摩擦、突发的新冠疫情，特别是此起彼伏的逆全球化浪潮，都对日本全球化战略布局构成严峻挑战，这种动荡的国际局势是推动日本将经济安全纳入国家安保战略的重要原因之一。短期来看，从国家战略层面进行经济统筹固然可以发挥优化资源配置的作用，实现"以变应变"的战略目的，但从长期来看，政府"看得见的手"往往会伸得过长，从而威胁市场规律运行，导致市场机制失灵、社会活力不足以及创新能力下降等，最终影响经济健康发展。

B.23
"日本学术会议"争议及其社会反应分析

邹皓丹*

摘　要： "日本学术会议"争议是菅内阁上台后发生的首次备受官民关注的政治事件，此次争议作为菅义伟内阁意欲对"日本学术会议"进行行政改革的先导，从根本上反映了其延续安倍修宪路线下改革安保政策、加强武装日本、打击异己的政治企图。本次争议引发广泛讨论，除对菅内阁拒任动机的猜测外，在泾渭分明的两派支持者中，支持"日本学术会议"的一方质疑菅内阁此举的合理合法性，支持菅内阁的一方则批判"日本学术会议"本身问题重重，危害国家未来发展。

关键词： 菅义伟内阁　日本学术会议　"日本学术会议"争议　行政改革　安保政策

2020年8月31日，"日本学术会议"作为内阁直属的特别国家机构，依法向安倍内阁提交了105名第25届会员推荐名单，等待内阁通过并任命。9月16日，日本首相安倍晋三结束近8年的超长期执政，内阁官房长官菅义伟继任首相，菅内阁成立。10月1日，在"日本学术会议"不知情的情况下，菅内阁仅任命了名单中的99人，其余6名学者被排除在任命名单之外。[1] 被

---

* 邹皓丹，历史学博士，中国社会科学院日本研究所助理研究员，主要研究方向为日本法制史、日本文化。

[1] 「安倍政権時から水面下で選考に関与学術会議」、『東京新聞』2020年10月7日，https://www.tokyo-np.co.jp/article/60132 ［2021-01-17］。

排除的 6 名学者分别是：致力于进行基督教研究的京都大学学者芦名定道、研究政治学的东京大学学者宇野重规、研究行政法学的早稻田大学学者冈田正则、研究宪法学的东京慈惠会医科大学学者小泽隆一、致力于研究日本近代史的东京大学学者加藤阳子、研究刑法学的立命馆大学学者松宫孝明。

10 月 2 日，"日本学术会议"发表《有关第 25 届新推荐会员任命问题的请愿书》，希望菅义伟内阁说明将 6 名推荐会员排除在任命名单之外的理由，并尽快补任尚被排除在任命名单之外的那 6 名推荐会员。[1] 虽然 2016 年、2017 年、2018 年内阁与"日本学术会议"也因会员人选问题产生不同意见，但皆通过事先沟通的方式促成双方达成谅解。请愿书反映了"日本学术会议"对菅内阁所做决议的不认同，二者之间的对立由此暴露在公众面前，形成"日本学术会议"争议。这是菅内阁上台后发生的首次备受官民关注的政治事件，引发广泛讨论。

一 "日本学术会议"及其争议概述

（一）"日本学术会议"的地位与作用

"日本学术会议"成立于 1949 年，在 1948 年《日本学术会议法》指导下设立。它是作为美国单独占领日本期间所进行的战后改革的一部分而存在的，作为内阁直属的特别国家机构，其运作具有很强的独立性，它具有行政机构和政治组织的双重身份。

作为内阁行政机构的一部分，"日本学术会议"的运营经费由中央政府负担；根据 1948 年《日本学术会议法》第 4 条、第 5 条，其在国家学术行政体制中的权力仅限于咨询权和建议权，政府可以针对科学研究、科学实验及其他科学振兴相关支出的预算及其分配，需要专业科学家讨论的重要政策

---

[1] 「第 25 期新規会員任命に関する要望書」、日本学術会議、2020 年 10 月 2 日、http://www.scj.go.jp/ja/member/iinkai/kanji/pdf25/siryo301 - youbou.pdf［2021 - 01 - 17］。

等问题咨询"日本学术会议"。"日本学术会议"可以针对科学技术的振兴、研究成果的运用、研究人员的培养等问题,以将科学反映到行政领域或使其渗透到国民生活、产业等方面为目标,向政府提出建议。① 也就是说,"日本学术会议"并没有直接支配国家科研相关预算的权力。但是它被誉为"学者的国会",与同样为内阁所管辖、于1949年成立的科学技术行政协议会一起,在以学者代表与政府进行合议为特征②的战后日本国家学术行政体制③中,具有很大的影响力。

值得注意的是,"日本学术会议"被定位为特别国家机构,首先在于其在运作方面具有很强的独立性。究其原因,从"日本学术会议"的发展历史来看,它的成立与美国占领政府意图保障大学自治的改革逻辑一脉相承,1948年《日本学术会议法》是从保障学术自由的角度出发进行立法的。根据该法,"日本学术会议"会员要从从事学术研究工作和具有相关资格的人文、社会科学、科学研究者中互选产生,这意味着内阁无权干预"日本学术会议"的人事安排。1983年,《日本学术会议法》修正,首次规定"日本学术会议"会员要经过"日本学术会议"推荐,内阁任命。该法仅规定内阁总理大臣任命、推荐会员的权力,没有明确规定内阁总理大臣拒任推荐会员的权力。④ 而且,政府仅在形式上拥有对"日本学术会议"会员的任命权力,这点在1983年11月参议院的答辩中得到过认可。当时的内阁总理大臣中曾根康弘指出,"重视('日本学术会议'的)独立性,对此,政府的态度未曾有过丝毫改变"。当时的内阁官房审议官也明确表示,"事实上内阁总理大臣根本未曾有过左右('日本学术会议')会员任

---

① 「日本学術会議法」(1948年)、『官報』1948年7月10日、2页。
② 根据《日本科学技术协议会法》(1948年)第1条,日本科学技术协议会成立的目的是:与"日本学术会议"密切合作,审议将科学技术反映在行政事务中的各种措施、在各行政机关之间协调与科学技术相关的行政事务的必要措施。
③ 参见『学制百年史』、学制百年史编集委员会编、文部省、1981、https://www.mext.go.jp/b_menu/hakusho/html/others/detail/1317864.htm [2021-04-01]。
④ 《日本学术会议法》第7条第2款规定,("日本学术会议")会员在根据第17条规定被推荐的基础上,由内阁总理大臣任命。「日本学術会議法」、e-gov、https://elaws.e-gov.go.jp/document?lawid=323AC0000000121 [2021-01-17]。

命的想法"。①《日本学术会议法》自1948年以来已进行了10次修正，涉及修正组织方式和会员任期等，但"日本学术会议"会员选任不受内阁制约，是其得以维持运作独立性的根本保障。

另外，"日本学术会议"之所以被视为特别国家机构，是因为其具有独立的政治理念和主张。其创立宗旨即体现这一理念，展现了学界对于二战的反思，倡导学界在从事科研工作的同时，也要坚守以维护和平宪法、建立文化国家、维护《日本国宪法》的思想、良心、学问、言论自由为己任的政治志向。正如1948年《日本学术会议法》前言所言，"'日本学术会议'建立在科学是文化国家的基础此信念之上，在全体科学研究者的总体意愿之下，以为我国的和平复兴和人类社会的福祉贡献力量，与世界学界合作促进学术进步为使命"。②

为此，"日本学术会议"从成立起，一直明确主张，反对将民用领域的科研成果应用于军事领域。1950年4月28日，"日本学术会议"第6次总会发表《绝对不以战争为目的从事科学研究的决议声明》，其中写道："'日本学术会议'自1949年1月创立，即向国内外郑重声明，对此前日本科学研究者（在战争）中采取的态度表示深刻反省，与此同时，为创建科学文化国家、构筑世界和平的基础而努力。我们希望成为文化国家的建设者，成为世界和平的使者，深切希望战争的惨祸不再重来；与此同时，我们为实现本目标，为守卫身为科学研究者的节操，在此郑重声明，今后绝不以战争为目的从事科学研究。"③ 1967年，"日本学术会议"第49次总会再次发表《不以军事为目的从事科学研究的声明》④，重申上述主张。从这个意义上

---

① 「日本学術会議　昭和58年の政府答弁『形だけの任命をしていく』」、NHK、2020年10月8日、https：//www3.nhk.or.jp/news/html/20201008/k10012653471000.html［2021-01-17］。
② 「日本学術会議法」（1948年）、『官報』1948年7月10日、2頁。
③ 「戦争を目的とする科学の研究には絶対従わない決意の表明」、日本学術会議、1950年4月28日、http：//www.scj.go.jp/ja/info/kohyo/01/01-49-s.pdf［2021-01-17］。
④ 「軍事目的のための科学研究を行なわない声明」、日本学術会議、1967年10月20日、http：//www.scj.go.jp/ja/info/kohyo/04/07-29-s.pdf［2021-01-17］。

说,"日本学术会议"自始至终支持1947年和平宪法的政治理念,坚持不以军事为目的从事科学研究的政治主张,这使其具有政治组织的特点。

(二)行政视野下的"日本学术会议"争议

如上所述,自成立以来,"日本学术会议"的会员选任即不受内阁制约,这一原则虽然从法律降格为政治惯例,但也未曾改变,这是确保其独立运作的根本保障。"日本学术会议"强烈质疑菅内阁打破这一政治惯例的行为,明确要求菅内阁给出拒绝任命6名推荐会员的原因,由此形成意见对立。

政府方面,10月5日,菅义伟在内阁记者会上,没有直接回应"日本学术会议"的诉求,反而声明内阁拒任6名推荐会员的合法性。他认为,政府此举乃是"依据法律,并得到内阁法制局的认可",这是基于对"日本学术会议"作为"政府机构"、会员身为"公务员"并在此立场上进行的判断,政府有权不任命"日本学术会议"推荐的所有会员。而且,他特别强调,做出此种决定,乃是政府从"综合的、宏观的"视角出发进行的政治判断,"与是否侵犯学术自由"无关。[1]

10月9日,行政改革担当相河野太郎进一步解释了10月5日菅义伟提到的内阁基于"综合的、宏观的"视角究竟所指为何,明确了菅内阁此举的意图,即对"日本学术会议"进行行政改革。他指出,政府不但有权排除6名"日本学术会议"的推荐会员,而且下一步将"从行政改革的视角出发,对'日本学术会议'的预算使用方法、事务局机构、人员编制进行审查"。[2]

自此,菅内阁一直坚守该立场,从决策合法与行政改革的角度出发论证政府拒任"日本学术会议"6名推荐会员的理由,即使10月16日在首相官

---

[1] 「学問の自由と全く関係ない=学術会議の新会員任命見送りで菅首相」、『朝日新聞』2020年10月5日、https://www.asahi.com/international/reuters/CRWKBN26Q1FJ.html [2021-01-17]。

[2] 「日本学術会議行革の対象に聖域はない」、『産経新聞』2020年10月10日、https://www.sankei.com/column/news/201010/clm2010100002-n1.html [2021-01-17]。

邸会见"日本学术会议"新会长梶田隆章时，11月2日在国会面对在野党质询时，菅义伟也未直接回应"日本学术会议"10月2日的主张，正面说明拒任6名推荐会员的具体原因。

伴随着菅内阁改革"日本学术会议"的呼声，对"日本学术会议"进行行政改革的预案也被提上议事日程。12月9日，自由民主党政务调查会提交了《致力于改革日本学术会议的提案》，其说明了改革"日本学术会议"的基本政策框架。改革的宗旨在于，削弱"日本学术会议"对于国家科技政策制定的影响，将国家科技政策制定的决定权全部集中到内阁总理大臣所属的行政部门"综合科技革新会议"（CSTI）手中。该提案指出，"我国的科学技术行政体制应该根据内阁总理大臣所属的、发挥科学技术革新政策'司令塔'作用的'综合科技革新会议'的基本方针，由各省厅负责具体计划的制订和推进。另外，我国目前的科技行政体制未能明确反映包括'日本学术会议'在内的学术组织的地位和作用，未能明确反映承担科技行政职能的CSTI、相关省厅以及'日本学术会议'之间的关系和合作状态"，① 因此需要对"日本学术会议"进行改革。方式在于，从根本上改变"日本学术会议"作为内阁直属的特别国家机构的身份，将其改组为独立行政法人。这样的做法从实质上根本否定了《日本学术会议法》中对于"日本学术会议"的身份认定，将其降格为民间社会团体。

12月16日，"日本学术会议"发表《有关更好发挥日本学术会议作用的建议（中间报告）》，阐明了现阶段"日本学术会议"对于这次行政改革的态度。其并非抗拒内阁进行行政改革，而是强调无论如何进行改革，都要坚持《日本学术会议法》的基本原则和精神，保持"日本学术会议"作为"国家对内对外的学术代表机构的地位，要求政府授予其公共机构资格；要求从国家财政中拨付款项，以保证其运行的财政基础；要求国家保证其在活动方面独立于政府的状态；要求国家保证其选择会员的

---

① 「日本学術会議の改革に向けた提言」、自民党、2020年12月9日、6頁、https：//jimin.jp - east - 2. storage. api. nifcloud. com/pdf/news/policy/200957_ 1. pdf［2021 - 01 - 17］。

自主性和独立性"。①

2021年3月23日,"日本学术会议"会长梶田隆章与内阁科学技术政策担当相井上信治会面,进一步回应了涉及"日本学术会议"的争议问题及政府对其进行改革的诉求,他表示,"日本学术会议"将进一步讨论内阁拒任6名推荐会员的问题,并着手向内阁提交"日本学术会议"自身制定的行政改革草案。

从此次涉及"日本学术会议"争议的事态发展来看,这次由菅内阁发动的争议及随之而来的内阁对"日本学术会议"传达的改革意向,皆可被视为内阁与"日本学术会议"争夺唯一学术领导权的斗争。菅内阁试图首先通过拒任后者推荐的部分会员,强调内阁有权左右"日本学术会议"的任命决议,以为其后进行的行政改革探路并正名。也就是说,"日本学术会议"争议是作为之后自民党提交"日本学术会议"行政改革提案的先声而存在的,根本目的在于削弱"日本学术会议"在国家学术行政体制中的独立性,确保内阁在以"综合科技革新会议"为核心的国家学术行政体制中拥有唯一的领导地位。与此相对应,"日本学术会议"以《日本学术会议法》为基础,强调自身作为特别国家机构的地位,拥有自主性和独立性;强调无论如何进行改革,这一基本原则立场都无法动摇。截至目前,可以预计,"日本学术会议"改革势在必行,但如何改革,尚无定论,这有待"日本学术会议"与内阁进一步商讨。

(三)政治视野下的"日本学术会议"争议

如上所述,"日本学术会议"反对将民用领域的科研成果应用于军事领域,这与安倍组建第二次内阁以来在修宪路线下改革安保政策、加强武装日本的政治主张相悖。与此同时,这也可以视为菅义伟内阁意欲对"日本学术会议"进行行政改革的深层政治原因。

---

① 「日本学術会議のより良い役割発揮に向けて(中間報告)」、日本学術会議、2020年12月16日、http://www.scj.go.jp/ja/member/iinkai/kanji/pdf25/siryo305 - tyukanhoukoku.pdf [2021 - 01 - 17]。

2012年安倍晋三第二次组阁后,即开始围绕修改《日本国宪法》第9条进行一系列安保政策改革。除了在法律层面解禁集体自卫权之外,在行政改革层面,最值得关注的是2012年国家安全保障会议的成立。在2014年3月11日举行的国家安全保障会议中,安倍内阁审议通过"防卫装备转移三原则"草案,2014年4月1日举行内阁会议,正式通过"防卫装备转移三原则"①,以取代1967年三木武夫内阁确立的"武器出口三原则"②。"防卫装备转移三原则"大幅放宽了日本对外出口武器和军事技术的限制,是安倍内阁意图以修宪为中心、谋求日本成为"正常国家"的步骤之一。

为实施"防卫装备转移三原则",2015年6月,国会通过《修订防卫省设置法》。据此,同年10月1日,防卫装备厅成立。它作为防卫省的外局,整合原有的防卫省外局"技术研究本部"和"装备设施本部",负责对防卫装备的开发、购置、废弃及出口进行一体化管理。防卫省装备政策课长坦白,防卫设备厅的相关预算用于"向大学和民间企业中的研究机构等所拥有的基础技术——材料、元件、传感器、机器人技术等,即防卫省将来可能使用的技术提供资金支持"。③也就是说,防卫装备厅成立的根本目的是,希望通过将民用技术转变为军事技术,大幅提高日本军事成果产出能力,强化武装日本的物质基础,推进武器出口,降低武器进口水平。为此,防卫装备厅从2015年度开始实施"安全保障技术研究推进制度",最初年度预算总额为3亿日元,2016年度为6亿日元,2017年度增加到110亿日元,同比增长17倍,2018年度、2019年度皆保持与其近乎相同的水平,面向全国大学、企业及相关研究机构招募从事军事研究工作的科研项目人才。

---

① "防卫装备转移三原则",即日本不向明显妨碍维护国际和平与安全的场合出口防卫装备;对允许出口的情况进行限制和严格审查;出口对象将防卫装备用于目的之外或向第三国转移时,需获日方事先同意并将其置于适当管理之下。
② "武器出口三原则",即禁止向社会主义阵营国家、联合国决议规定实施武器禁运国家以及国际冲突的当事国或有冲突危险的国家出口武器。
③ 清谷信一「防衛省の装備調達は、これから大きく変わる、キーマンの防衛省装備政策課長に聞く〈上〉」,『東洋経済新聞』2015年5月22日、https://toyokeizai.net/articles/-/70516?page=3［2021-01-17］。

与此同时，2015年以来，防卫装备厅依托"安全保障技术研究推进制度"进行的民用转军事项目的公开招募活动，引起"日本学术会议"的警惕。2017年，"日本学术会议"第243次干事会发表《关于军事安全保障研究的声明》。该声明继承了1950年声明、1967年声明的宗旨，对晚近以来学术与军事的再次接近趋势表示担忧。其中特别指出，学术共同体研究的基本立场在于推动社会发展。殷鉴二战中"学术研究被政治权力制约动员的历史经验，（日本的）学术研究必须保持自主性和自律性，必须确保研究成果公开"。然而，与军事安全保障相关的研究受到研究方向性、保密性的制约，而且政府越来越有介入研究管理过程的倾向，这些都与学术共同体的研究初衷背道而驰。安倍内阁将大学等民用研究机构纳入军事安全保障研究范畴的做法，"会造成安保政策与学问自由和学术健全发展之间出现紧张关系"。① 有鉴于此，"日本学术会议"对安倍内阁的此种做法明确表示质疑。不仅如此，2018年，"日本学术会议"还以全国的主要大学、民间研究机构为对象进行问卷调查，督促大学等研究机构确立对军事安全保障研究的正确态度并采取对应措施，对军事安全保障研究保持警惕和进行反省。②

针对"日本学术会议"争议，2020年11月9日，内阁科学技术政策担当相井上信治与经济同友会前代表干事、三菱化学控股公司会长小林喜光等人举行会谈，就"日本学术会议"争议交换意见。此次会谈反映出，经济界要求改革"日本学术会议"的呼声越来越高，认为"有必要就科学技术的两用（军民两用）和确保'日本学术会议'的独立性等问题进行更深入的讨论"。③ 11月17日，内阁科学技术政策担当相井上在参

---

① 「軍事的安全保障研究に関する声明」、日本学術会議、2017年3月24日、http://www.scj.go.jp/ja/info/kohyo/pdf/kohyo-23-s243.pdf［2021-01-17］。
② 参见兵藤友博「「安全保障」研究と大学の姿勢」、『立命館経営学』第57卷第6号、2019年3月。
③ 「科学技術の軍民両用、議論を日本学術会議に経済界から改革求める声」、SankeiBiz2020年11月9日、https://www.sankeibiz.jp/business/news/201109/bsd2011091229001-n1.htm［2021-04-01］。

议院内阁委员会上表示,"关于(研究成果在军民两方面利用的问题)双重利用的问题,我认为这是一个必须随着时代的变化进行冷静思考的课题",①敦促"日本学术会议"反思其一贯的政治主张。

综上所述,"日本学术会议"自成立以来一直反对将学术研究成果应用于军事领域的主张,其自2017年以来质疑安倍内阁军事安全保障研究扩大至民用领域的声明与实践,都与安倍修宪路线下改革安保政策、加强武装日本的政治企图相悖,菅义伟内阁致力于对"日本学术会议"进行改革、削弱其独立性的根本目的也基于此,即延续安倍路线,进一步加强武装日本,扫除国内的反对力量。

二 "日本学术会议"争议的社会反应

自2020年10月以来,围绕"日本学术会议"争议,不同层面、不同立场的社会讨论络绎不绝。总体来看,除了对菅义伟内阁为何拒绝任命6名"日本学术会议"推荐会员的直观猜测外,支持"日本学术会议"一方包括大部分学术团体,社民党、立宪民主党、共产党等在野党,文艺界人士等知识分子,其论点主要围绕"日本学术会议"会员任命权的合法性与拒任的政治影响展开;支持菅义伟内阁一方包括自民党、一部分产经界人士、支持现有防卫政策的民间团体等,其论点主要集中于对"日本学术会议"自身存在的问题进行批判。

如上所述,在该争议开端,"日本学术会议"即发表声明,要求菅义伟内阁说明拒绝任命6名推荐会员的具体原因。该声明得到90多个民间学术团体的支持。与此同时,菅内阁始终未正面回应该问题。这引来舆论猜测,认为这是由于6名推荐会员"在安全保障相关法和特定秘密保护法等方面

---

① 「軍民両用『冷静に考えるべき課題』井上科技相、学術会議に促す」、『産経新聞』2020年11月17日、https://www.sankei.com/politics/news/201117/plt2011170007-n1.html [2021-04-01]。

对政府的方针表达异议"，① 菅内阁排除异己，因此拒绝对其进行任命。另外，还存在一种调和的猜测，试图以复杂官僚系统的运作为切入点，说明"日本学术会议"争议的来龙去脉，认为，该争议是在安倍内阁与菅义伟内阁政权交替之际因误会而出现的官僚干政从而引发的偶然事件。安倍内阁出于对"日本学术会议"批判安保法制的愤怒，确实试图在其推荐人选上做文章，但因政权交替未能成行。内阁总理大臣菅义伟误以为安倍在任期间已经与官房副长官杉田和博决定了该问题，进而未加干涉，并暗示，以官房副长官为代表的"情报官僚"组织一以贯之的反共立场、设置反政府人员黑名单的行为，才是出现"日本学术会议"争议的真正原因。②

就支持"日本学术会议"一方来看，10月2日，日本共产党委员长志位和夫表示，菅义伟内阁此举"是威胁到学术自由的极其严重的事态"，"将大力加强在野党的共同斗争，尽全力要求其撤回违宪、违法的拒绝任命行为"。③ 10月5日，在国会内部，社民党、立宪民主党等召开在野党联合听证会，质疑内阁与法制局拒任6名推荐会员的合法性。④ 同日，电影界是枝裕和、青山真治、森达也等22位导演、编剧发表抗议声明，认为菅内阁拒任6名"日本学术会议"推荐会员"不但侵害了学术自由，而且明确挑战了表现的自由、言论的自由"。⑤ 10月9日，在在野党联合听证会上，"日本学术会议"前会长渡边清吾重申"日本学术会议"10月2日的声明，认为首相拒任要有合理性，首相应该说明拒任的具体理由。他认为，"根据《日本学术会议法》第17

---

① 「菅首相が学術会議の任命を拒否した6人はこんな人安保法制、特定秘密保護法、辺野古などで政府に異論」、『東京新聞』2020年10月1日、https://www.tokyo-np.co.jp/article/59092［2021-04-01］。
② 佐藤優「権力論～日本学術会議問題の本質（菅総理よ、『改革』を売り物にするなかれ）」、『文芸春秋』98（12）、2020年12月、104~114頁。
③ 「学術会議介入『学問の自由』脅かす重大事態」、『赤旗』2020年10月2日、https://www.jcp.or.jp/akahata/aik20/2020-10-02/2020100201_01_1.html［2021-04-01］。
④ 「『決裁の過程で首相、長官に説明』野党ヒアリング詳報」、『朝日新聞』2020年10月6日、https://www.asahi.com/articles/ASNB67QBMNB6UTFK021.html［2021-04-01］。
⑤ 「『任命除外を憂慮し、怒り』是枝裕和監督らが抗議声明」、『朝日新聞』2020年10月6日、https://www.asahi.com/articles/ASNB62QXZNB6UTIL001.html［2021-04-01］。

条规定,'从有优秀研究或业绩的科学家中选拔会员候选人'。如果首相认为某个人没有会员资格,那就得按照法律要件进行说明。如果不了解(拒绝任命的)理由,'日本学术会议'就完全不知道该怎么办。首先希望首相说明理由。如果是无缘无故地拒绝,那么'日本学术会议'只会一筹莫展"。①

就支持菅内阁一方来看,纳米气体传感器创新厂商 AerNos 社长三轮晴治批判"日本学术会议"会员是 GHQ 体制遗留下的"御用学者",日本经济通货紧缩 25 年的原因就是这些"御用学者"提出的"经济政策"和"科学技术开发政策"出现错误,而且,现在这些"御用学者"还将导致日本的先进技术外流,呼吁对"日本学术会议"进行改组。② 经济学者竹中平藏指出,"日本学术会议"问题重重,他写道:"我也是学者,但我不是参与'日本学术会议'的人选,我只是远观学会的'老板们'做着些什么。当他们花了 10 亿日元的事情被曝光后,我又大吃一惊。我也看了几个政策建议,其中有些是很糟糕的提案,这些提案的目标从学经济学人的常识出发,是不可能实现的。我不知道('日本学术会议'内部)是谁负责任这个事情,但有些提案明显是在听了特定省厅的意见后,原封不动写出来的。"③ 2021 年 1 月,自由科学会发表致"日本学术会议"的公开信,指责后者妨碍防卫研究,并指出,从"日本学术会议"在 2017 年发表《关于军事安全保障研究的声明》以来,"政府可以招募到的项目数量急速减少,而且来自大学的应征项目急速减少",该声明"反而有损害研究活动自由、扼杀新技术的危险"。④

---

① 「『首相の行動は誤っている』学術会議の元会長が任命拒否を批判 < 野党合同ヒアリング要旨 > 」、『東京新聞』2020 年 10 月 9 日、https：//www.tokyo‐np.co.jp/article/60885 [2021 - 04 - 01]。

② 三輪晴治「日本学術会議を改組せよ」、『世界経済評論 IMPACT』2021 年 1 月 11 日、http：//www.world‐economic‐review.jp/impact/article2003.html [2021 - 04 - 01]。

③ 「竹中平蔵氏『学術会議は問題点だらけ。同じような考えの学者は決して少数ではないと思う』」、Yahoo ニュース、2020 年 12 月 2 日、https：//news.yahoo.co.jp/articles/d0f2b0836a20c6c9a2b4b6e37484a1040fdb419e [2021 - 04 - 01]。

④ 「日本学術会議宛の公開質問状(2021 年 1 月)」、自由と科学の会、2021 年 1 月 22 日、https：//news.yahoo.co.jp/articles/d0f2b0836a20c6c9a2b4b6e37484a1040fdb419e [2021 - 04 - 01]。

综上所述，2020年10月，菅义伟内阁单方面拒绝批准6名学者进入"日本学术会议"一事，引发日本学术界一片批评之声。从官僚体制内部来看，鉴于"日本学术会议"在日本行政体制中的特别国家机构的地位，可以将其视为菅内阁主张政府对"日本学术会议"拥有绝对控制权的"声明"，以为其后从根本上改革"日本学术会议"探路；从政治立场分歧出发，鉴于"日本学术会议"自成立起即坚决反对将民用研究用于军事领域，可以将其视为菅内阁继承安倍安保路线，为进一步加强武装日本来扫清行政体制内部的反对力量而采取的行动。该争议引发舆论持续发酵，在社会层面形成泾渭分明的两派阵营。支持"日本学术会议"一方主张程序正义，倾向于论证菅内阁的此种做法违宪；支持菅内阁一方主张实质正义，倾向于论证"日本学术会议"本身存在的缺陷，认为其不利于国家社会发展，而菅内阁的改革具有正当性。

附　　录
Appendix

B.24
2020年日本大事记

陈静静　孟明铭　邓美薇*

1月

2日　皇居举行令和时代首次新年公众庆贺活动，共有68710人前往皇居参加活动。

9日　法务大臣森雅子两度召开记者会，针对已潜逃至黎巴嫩的日产公司前董事长戈恩批判日本司法制度不公的言论进行反驳。

10日　防卫大臣河野太郎宣布，将向中东派遣海上自卫队（含一艘护卫舰和多架P3-C侦察机）。

11日　首相安倍晋三启程出访沙特、阿拉伯联合酋长国和阿曼三国，试图缓解因美国与伊朗冲突带来的中东地区紧张局势。

---

* 陈静静，法学博士，中国社会科学院日本研究所副研究员，主要研究方向为日本外交；孟明铭，历史学博士，中国社会科学院日本研究所助理研究员，主要研究方向为日本政治；邓美薇，经济学博士，中国社会科学院日本研究所助理研究员，主要研究方向为日本经济。

16日　厚生劳动省公布，神奈川县一名30多岁的男子被确诊为日本国内首个感染新冠肺炎的病例，这名患者已经在15日出院。

19日　日本政府在东京举行纪念仪式，庆祝《日美安保条约》签署60周年。

20日　第201届例行国会开幕，会期150天，于6月17日结束。

23日　日本奥运委员会和日本残奥委员会展示了日本国家队的正式服装。

28日　为应对新冠疫情，日本政府派出包机前往武汉撤离侨民。

30日　日本政府设立由首相安倍晋三牵头的"新型冠状病毒感染症对策本部"，由其负责指导全国防疫事务。

2月

2日　日本海上自卫队"高波号"驱逐舰从横须贺基地启程前往中东海域执行收集情报和确保日本船只安全的任务。

5日　日本政府宣布，因3日停靠于横滨港的"钻石公主号"邮轮出现新冠病毒传播迹象，即日起，整船人员隔离两周。

13日　日本神奈川县一名感染了新冠肺炎的80多岁女性死亡，这是日本国内首个确诊感染者死亡病例。

18日　日本政府推出对IT巨头加强管制的新法案。法案要求大型网购平台公开交易条件，以提高公平性，目的在于保护商家和用户。

22日　厚生劳动大臣加藤胜信承认失误：在19日解除隔离的"钻石公主号"邮轮下船人员中，有23人从未接受过新冠病毒检测。

23日　德仁天皇与皇后在皇居出席即位后的首个生日庆祝活动。

25日　日本政府召开新型冠状病毒感染症对策本部会议，制定了以重点应对地区感染者为核心的基本方针，以防范疫情进一步扩散。

26日　为防范新冠疫情进一步扩散，日本政府要求两周内避免举办演唱会和职业体育比赛等大型群体活动。职业棒球公开赛的剩余场次均以无观众形式举办。

27日 首相安倍晋三在新型冠状病毒感染症对策本部会议上表示，包括私立学校在内的全国所有小学、初高中和特殊学校在3月2日至春假期间临时停课。

28日 日本北海道知事铃木直道发布"紧急事态宣言"，要求北海道民众在周末减少外出。

日本国家安全保障局局长北村滋与中共中央政治局委员杨洁篪共同主持中日第八次高级别政治对话，对话围绕抗击疫情、科技创新和第三方市场合作等议题展开。

3月

3日 防卫大臣河野太郎表示，针对朝鲜2020年首次发射短程弹道导弹一事，已向朝方提出抗议。

5日 首相安倍晋三在"未来投资会议"上呼吁日本将对一国依存度高且具有较高附加值的产品的生产基地迁回国内，将附加值不高的产品的生产基地向东南亚等地区进行转移。

16日 日本央行决定扩大资产购买计划：通过增加购买交易型开放式指数基金（ETF）和企业债券稳定金融市场。

17日 中日韩三国外交部门就防控新冠疫情首次进行三边磋商。

19日 中国驻日本大使孔铉佑与自民党干事长二阶俊博会晤，并向日方捐赠防疫物资。

20日 东京奥运会火种抵达日本。

24日 国际奥委会执委会、日本政府、东京奥组委举行会谈，决定2020年东京奥运会正式推迟至2021年举办。

27日 日本国会参议院批准总额为102.7万亿日元的2020财年财政预算案。这是日本财政预算连续第二年超过100万亿日元，连续第八年创新高。

30 日 菲律宾国防部决定斥资 5.5 亿美元购买日本先进相控阵预警雷达，以提升菲空军的防空预警能力。这是安倍政府解禁"武器出口三原则"以来首次进行对外军售。

日本第 10 管区海上保安总部（鹿儿岛）表示，自卫队驱逐舰"岛风号"和一艘中国渔船在东海相撞，该事故中未出现死者和失踪者。

4月

1 日 日本防卫省宣布，全面开展航空自卫队 F-2 战机的后续机型开发工作，并在防卫装备厅新设负责开发事务的装备开发官岗位和部门。

6 日 日本政府在首相官邸做出决定，在国家安全保障局下设负责综合协调经济、外交和安保政策的"经济班"，以强化经济安全工作。

7 日 日本首相安倍晋三宣布日本进入紧急状态，有效期至 5 月 6 日。

日本政府推出总额达 108 万亿日元的大规模经济刺激计划。其中包括 2435 亿日元的国际供应链改革调整补助金，以用于资助日本企业将生产基地迁回日本国内或转移至东南亚地区，以及作为对旨在振兴旅游业、餐饮业的"Go To Campaign"政策的补贴等。

17 日 首相安倍晋三宣布，为缓解疫情影响，日本将向全体国民每人发放 10 万日元的补助金。

18 日 日本累计新冠肺炎确诊病例突破 1 万例，达 10104 例。

21 日 首相安倍晋三以公职身份向靖国神社供奉祭品。

外务大臣茂木敏充与中国国务委员兼外长王毅通电话，双方针对合作抗击疫情、落实东盟和中日韩领导人特别会议成果等达成共识。

23 日 日本政府发表 4 月经济报告，该报告指出，受新冠疫情扩散的影响，日本经济形势迅速"恶化"，情况极为严峻，这是日本政府自 2009 年 5 月以来首次在经济形势评估中使用"恶化"一词。

27 日 日本央行召开货币政策会议，决定进一步加大货币政策宽松力度。会后，日本央行公布利率决定：基准利率维持在 -0.1% 不变，十年期

国债收益率目标维持在 0 附近不变。

30 日 日本经济产业省发布的报告显示，3 月，经季节调整的工矿业生产指数环比下降 3.7%，至 95.8，为 2013 年 1 月以来的最低水平。

日本国会批准总额达 25.69 万亿日元的大规模补充预算案，这些补充预算将主要用于应对新冠疫情，金额创历史新高。

5月

4 日 日本政府正式宣布全国"紧急事态宣言"延长至 5 月 31 日。

7 日 厚生劳动省以特例形式批准抗新冠病毒药"瑞德西韦"用于治疗新冠肺炎，该药成为日本国内首款新冠肺炎治疗药物。

8 日 防卫大臣河野太郎宣布，日本航空自卫队的首支太空作战部队将于 18 日成立，预计从 2023 年起正式开展活动。

日本新《外汇法》开始实施，旨在加强对外国投资日本重要行业的限制。

总务省公布的家庭消费调查报告显示，受新冠疫情影响，日本 3 月实际家庭消费同比下降 6%，为 5 年来的最大降幅。

10 日 海上自卫队"雾雨号"驱逐舰开赴中东海域，接替"高波号"驱逐舰在当地执行情报收集等任务。

立宪民主党和国民民主党等四个在野党党首共同发声，强烈反对首相安倍晋三此前强行推动国会审议《检察厅法》修正案草案。安倍此举被怀疑是想通过修正案安排自己的亲信黑川弘务担任日本总检察长。

12 日 京都市埋葬文化遗产研究所宣布，在京都市上京区的京都仙洞御所内发现"京都新城"的石墙和护城河遗址，它被认为是丰臣秀吉生前下令建造的最后一座城堡。

丰田汽车公司宣布，预计 2020 财年并表决算经营利润减少 5000 亿日元，同比下降 79.5%。

14 日 首相安倍晋三宣布 39 个府县提前解除紧急状态，经济活动重启。

18日 内阁府发布相关数据，2020年第一季度GDP扣除物价因素后环比下降0.9%，按年率计算降幅为3.4%，连续两个季度负增长。

日本观光局公布的数据显示，4月的访日游客数量（推算值）为2900人次，同比减少99.9%，这是从1964年开始进行统计以来首次出现单月少于10000人次的情况。

日本政府和执政党决定放弃在本届国会通过《检察厅法》修正案。

19日 外务大臣茂木敏充提交2020年版《外交蓝皮书》，其中重新写明日本拥有北方四岛（俄称"南千岛群岛"）的主权，并称将"构筑新时代成熟的中日关系"。

21日 东京高等检察厅检察长黑川弘务因被曝疫情期间违规聚众赌博而宣布辞职。

22日 日本央行举行临时金融政策会议，推出新的贷款计划：通过金融机构向中小企业提供融资，总规模为30万亿日元。

25日 首相安倍晋三宣布，日本全国解除紧急状态。此次全国紧急状态持续了48天。

26日 首相安倍晋三与欧洲理事会主席米歇尔、欧盟委员会主席冯德莱恩举行视频会晤，强调全球应团结合作，抗击新冠疫情，实现经济复苏。

6月

5日 总务省公布的调查报告显示，受新冠疫情影响，日本4月实际家庭消费同比大幅下降11.1%，为有可比数据以来的最大降幅。

发现了"川崎病"的儿科医生、NPO法人日本川崎病研究中心名誉理事长川崎富作离世，享年95岁。

8日 内阁府发布的修正数据显示，扣除物价因素后，2020年第一季度，日本实际国内生产总值（GDP）环比下降0.6%，按年率计算降幅

为 2.2%。

7 日 据日本共同社报道，日本政府拒绝与美英澳加四国一起发表关于涉及中国香港政治局势的联合声明。

11 日 内阁府和财务省联合发布的法人企业景气预测调查结果显示，受疫情影响，日本全行业大中小型企业信心连续三个季度全面下降。

12 日 日本国会批准规模为 31.9 万亿日元的本财年第二次补充预算案，以防止 GDP 大幅下滑，再次创下历史新高。

15 日 防卫大臣河野太郎宣布停止在秋田和山口两县实施"宙斯盾"陆基导弹防御系统部署计划。

16 日 日本央行在货币政策例会结束后宣布，继续保持当时的货币政策宽松力度：短期利率维持在 -0.1%，并通过购买长期国债使长期利率维持在 0 附近。

17 日 财务省公布的初步统计数据显示，日本 5 月出口额同比下降 28.3%，为 2009 年 9 月以来的最大降幅。

18 日 东京地方检察厅特别搜查部以涉嫌违反《公职选举法》的罪名，逮捕了前法务大臣、众议院议员河井克行及其妻子参议院议员河井案里。

19 日 日本政府宣布全国解除为防控新冠疫情扩散而实施的民众跨地区流动限制令。

22 日 冲绳县石垣市议会通过议案，把中国钓鱼岛的"行政区划"名称由"登野城"更名为"登野城尖阁"。

23 日 冲绳迎来纪念太平洋战争末期登陆战 75 周年的"慰灵日"，县政府在糸满市和平祈念公园举办了"冲绳全体战争死难者追悼仪式"。

24 日 经济再生担当大臣西村康稔表示，将撤除隶属于政府的新型冠状病毒感染症对策专家会议，设立新的组织。

日本政府举行国家安全保障会议，正式决定着手修改现行国家安全保障战略，并探讨是否允许自卫队拥有攻击敌方基地的能力。

26 日 防卫大臣河野太郎表示，防卫省将新设专门负责印度洋-太平洋地区事务的部门，并在负责与美国以外国家进行防务合作等的国际政策课内，新设相关课长级职位。

27日 海上自卫队"鹿岛号"和"岛雪号"训练舰在印度洋与印度海军举行联合军事演习。

日本政府通知美国政府，反对其邀请韩国参加七国集团（G7）首脑峰会。

7月

1日 日本央行发布的第二季度企业短期经济观测调查结果显示，大型制造业企业信心指数从上一季度的-8点降至-34点，为2009年第二季度以来的最低水平。

4日 九州地区的球磨川流域暴发洪水和泥石流，死亡人数超过70人。

5日 东京都知事小池百合子在东京都知事选举中成功获得连任。

7日 总务省公布的报告显示，5月，日本实际家庭消费同比大幅下降16.2%，刷新有可比数据以来的最大降幅纪录。

9日 美国国务院宣布，已批准向日本出售105架F-35战机。日本将成为仅次于美国的第二大F-35战机运用国。

10日 陆上自卫队首次部署"鱼鹰"运输机。

14日 日本防卫省发布2020年版《防卫白皮书》。

15日 第163届芥川奖和直木奖公布获奖作品。高山羽根子的《首里之马》和远野遥的《破局》获得芥川奖，驰星周的《少年和狗》获得直木奖。

16日 日本将棋棋手藤井聪太七段（17岁）成为日本历史上最年轻的新"棋圣"，打破了尘封30年的纪录。

17日 经济产业省发布公告称，旨在调整日本国际供应链的国内投资促进事业费补助金项目，共收到90家企业的申请，有57家企业获批574亿日元补贴。

21日 日本国内新冠肺炎死亡病例超过1000人，其中，70岁以上者占84%。

海上自卫队发布消息称，日本驱逐舰"照月号"在中国南海至美属关岛海域同美澳海军进行联合训练。

22日　日本观光厅正式启动"Go To Travel"项目，该项目是此前4月通过的"Go To Campaign"政策的一部分，鼓励民众在日本国内旅游，并为游客的部分住宿费和交通费提供补贴。

29日　日本国内新增1261名新冠肺炎确诊感染者。这使单日感染者数量首次超过1000人。

8月

3日　7&i控股公司宣布以210亿美元收购美国便利店业位列第3的"Speedway"，以应对日本国内便利店增长缓慢的趋势。

日本汽车销售协会联合会和日本全国轻型汽车协会联合会发布的数据显示，7月，日本国内新车销量同比下降13.7%，降幅明显缩小。

4日　防卫大臣河野太郎就中国海警船在钓鱼岛周边海域巡航一事表示，在必要情况下会派出自卫队与海上保安厅携手采取切实行动。

5日　总务省公布的数据显示，截至2020年1月1日，日本的总人口数为124271318人，较上年减少505046人（下降0.41%），已连续11年递减，此次减少幅度创下历史新高。

日本政策投资银行公布的调查报告显示，2020财年，日本大企业实际设备投资出现自2011年以来的首次下降。

6日　广岛市举行原子弹爆炸75周年纪念活动。

9日　防卫省决定，为强化电子战体制，新编陆上自卫队专门的电子战部队，并计划于2021年春在熊本县健军驻地完成组建。

日本政府派出以前首相森喜朗为特使的吊唁团，赴中国台湾悼念病亡的台湾地区前领导人李登辉。

11日　财务省公布的国际收支初步统计报告显示，2020年上半年，日本经常项目顺差同比下降31.4%，为7.3069万亿日元，这是2015年以来日本经常项目顺差首次在上半年降至 10 万亿日元以下。

15 日　总务大臣高市早苗、环境大臣小泉进次郎、文部科学大臣萩生田光一、冲绳和北方领土事务担当大臣卫藤晟一、自民党代理干事长稻田朋美等参拜靖国神社。安倍晋三胞弟岸信夫已于 13 日参拜。

防卫大臣河野太郎在接受采访时表示，希望日本能与美英等五国情报机构建立的合作框架"五眼联盟"扩大合作。

17 日　首相安倍晋三在庆应大学医院接受了约七个半小时的健康检查。

内阁府发布的 2020 年第二季度国内生产总值（GDP）初值显示，扣除物价变动因素后，第二季度实际 GDP 比上一季度下降 7.8%，换算成年率为下降 27.8%，创二战后的最差纪录。

19 日　财务省公布的贸易统计初步结果显示，由于对中国出口额增加以及对美国出口有所恢复，7 月，日本出口额环比回升 4.7%，对中国出口额增长 8.2%，7 个月来出口额首次转为正增长。

23 日　曾经担任过厚生大臣、通产大臣和民主党最高顾问等职的众议院原副议长渡部恒三去世，享年 88 岁。

24 日　从 2012 年重新执政算起，首相安倍晋三的连续在任天数达到 2799 天，创下历代首相任期的最长纪录。

25 日　日韩《军事情报保护协定》（GSOMIA）迎来通知终止的最后期限。由于韩国方面没有发出终止通知，该协定得以维持。

28 日　首相安倍晋三宣布决定辞职，理由是溃疡性结肠炎宿疾复发，难以继续履行职责。

31 日　内阁官房长官菅义伟表示将参加自民党总裁选举。

9月

1 日　日本、印度与澳大利亚共同发表关于"供应链弹性倡议"（SCRI）的联合声明，意欲在供应链安全方面加强合作。

3 日　由于未能在两年内扑灭猪瘟疫情，日本正式失去世界动物卫生组

织认定的猪瘟"净化国"地位，这对日本猪肉出口造成影响。

8日 内阁府发布的修正数据显示，2020年第二季度，日本实际国内生产总值（GDP）环比下降7.9%，按年率计算下降28.1%。

9日 日本和印度签署《相互提供物资与劳务协定》，印度武装部队和日本自卫队将相互提供物资和服务。

10日 两大在野党立宪民主党和国民民主党正式合并，新党沿用立宪民主党名称，党首为枝野幸男，但国民民主党原党首玉木雄一郎和10余名国会议员拒绝加入新党，另立新的国民民主党。

11日 内阁府和财务省联合发布的第三季度法人企业景气预测调查结果显示，日本全行业大型企业信心明显回升，中小型企业信心继续低迷。

海上自卫队与美国、韩国、澳大利亚海军在美属关岛海域举行代号为"太平洋先锋2020"的联合演练。

14日 自民党举行总裁选举，菅义伟以绝对优势成为第26任自民党党首。

16日 自民党党首菅义伟在临时国会上被提名为第99任首相，正式组阁。

17日 日本央行在货币政策例会结束后宣布，继续保持目前的货币政策宽松力度，维持利率水平不变。

18日 日本共同社进行的民意调查显示，新首相菅义伟领导的内阁获得66.4%的支持率，高于前任首相安倍晋三在2012年上台时所获得的62%的支持率。

众议员高鸟修一确诊感染新冠肺炎，这是日本现任国会议员中的首个感染病例。

19日 前首相安倍晋三参拜靖国神社。

20日 首相菅义伟与美国总统特朗普举行电话会谈，双方表示将加强日美同盟关系。

21日 日本总务省公布的数据显示，日本65岁以上老年人数量占总人口数量的比例为28.7%，创历史新高。

23日 首相菅义伟召开内阁会议，要求各部门群策群力，在年底前为筹办"数字厅"制定政策大纲，以便2021年在国会推进实现政务数字化。

日本政府宣布，部分新婚夫妇从2021年起可以申请高达60万日元（约合3.9万元）的生活补助，以推动改善人口出生率低的状况。

24日 首相菅义伟和韩国总统文在寅举行电话会谈，双方就陷入僵局的日韩关系、新冠疫情等交换意见。

25日 日本同意美军在岩国基地追加部署F－35B战机至32架。

26日 海上自卫队与印度海军在阿拉伯海举行为期3天的代号为"JIMEX－20"的联合演习。

27日 公明党在东京召开大会，山口那津男连任公明党党首。

海上保安厅一艘公务船在钓鱼岛海域与一艘中国台湾地区渔船发生擦撞。

30日 防卫省决定，2021财年，防卫预算申请额为54898亿日元，较2020财年增长3.3%。日本防卫预算连续9年增加。

10月

1日 日本全面解除商务人士和持有中长期签证外国人的入境限制。

日本央行发布的第三季度企业短期经济观测调查结果显示，随着经济活动重启，大型制造业企业信心指数止跌回升，从上一季度的－34点升至－27点。

"日本学术会议"向内阁提交换届会员推荐名单，但首相菅义伟拒绝对其中六名学者的任命。这是首相首次拒绝任命该团体推荐的人选，引发舆论震动。

5日 内阁官房长官加藤胜信召开记者会宣称，对于中国政府在钓鱼岛主权专题网站上开设"数字博物馆"，日本通过外交渠道进行"抗议"并要求删除。

6日 首相菅义伟在首相官邸与正在访日的美国国务卿蓬佩奥举行会

谈。这是菅义伟上台后首次与外国政要展开面对面的外交活动。

9日 国际田联主席塞巴斯蒂安·科作为新冠疫情发生以来首位访日的主要国际体育组织官员，参观了东京的奥林匹克体育场所并与东京奥组委主席森喜朗举行会谈。

15日 防卫省表示，基本选定用在舰船上搭载雷达和发射装置的方式，作为对已放弃的在陆上部署导弹拦截系统——"宙斯盾"陆基导弹防御系统的替代方案。

16日 由于担心新冠疫情影响国际供应链，日本政府决定追加860亿日元的补贴以用于扶持口罩及医药品等企业迁回国内进行生产，补贴从2020年度预备费中支出。

日本政府决定拟将经过处理的福岛核电站核污水排入大海，但因遭到国内外的强烈反对而暂缓执行。

17日 首相菅义伟以公职名义向靖国神社供奉祭品。

18日 首相菅义伟从东京羽田机场出发前往越南和印度尼西亚，开启上任后的首次外访。

19日 首相菅义伟在上任后的首个出访目的地越南河内与越南总理阮春福举行会谈。

防卫大臣岸信夫与澳大利亚国防部部长琳达·雷诺兹在东京举行会谈，双方就日本自卫队向澳大利亚军方提供"武器"等防护原则达成共识。

20日 首相菅义伟在印尼茂物与印尼总统佐科举行会谈。

23日 日本与英国在东京正式签署经济伙伴关系协定（EPA），这也是英国"脱欧"后达成的首个重要贸易协定。

26日 首相菅义伟在第203届临时国会上发表组阁后的首次施政演说，强调兼顾应对新冠疫情和维持经济活动的方针，并表明于2021年如期举办东京奥运会和残奥会。

海上自卫队与美军在日本本土、冲绳县及其周边海域进行代号为"利剑21"的联合军演。参演双方共集结300架军机和数十艘战舰，兵力约为5万人。

29日 日本央行发布的经济展望报告显示，2020财年，日本实际经济增长预期为-5.5%，并将2021财年日本经济增长预期从此前的3.3%上调至3.6%。

11月

1日 前首相安倍晋三表示，自己的身体状况"飞速好转"，将在2021年回归政坛。

2日 大阪府于1日就重新规划四个特别区的"大阪都构想"举行居民公投的结果揭晓，该构想以微弱劣势遭到否决。大阪市长、日本维新会党首松井一郎表示会为此担责，并将在2023年4月市长任期届满后退出政坛。

3日 日本海上自卫队在孟加拉湾与美国、澳大利亚、印度海军共同进行"马拉巴尔2020"联合演习。

6日 日经平均指数以24325.23点收盘，较前日上涨219.95点，升至近29年来的最高位，刷新了泡沫经济破灭后的最高点位纪录。

8日 向国内外宣示秋筱宫成为皇位第一顺位继承人的"立皇嗣之礼"在皇居举行。

首相菅义伟在社交媒体上祝贺拜登当选新一届美国总统。

10日 财务省公布的国际收支初步统计报告显示，2020财年上半年，日本经常项目顺差降至5年多来的新低。

首相菅义伟会见到访的韩国国家情报院院长朴智元，要求韩方为改善日韩关系创造契机。这是菅义伟就任首相以来首次会见韩国政府高官。

11日 宫城县知事村井嘉浩表示，同意东北电力公司重启"3·11东日本大地震"后一直处于停机状态的女川核电站2号机组。

12日 首相菅义伟与美国当选总统拜登举行首次电话会谈。双方确认美国新政府上台后将继续致力于加强日美同盟关系。

因观测到宇宙基本粒子"中微子"而获得2002年诺贝尔物理学奖的东京大学特别荣誉教授小柴昌俊离世，享年94岁。

15日 中日韩与东盟（ASEAN）等15国正式签署区域全面经济伙伴关系协定（RCEP）。

野口聪一等四名宇航员搭乘的美国第一艘商用宇宙飞船"龙"号从美国佛罗里达州肯尼迪航天中心发射升空。

国际奥林匹克委员会主席巴赫访日，分别与首相菅义伟和东京都知事小池百合子举行会谈，确认争取如期举办已推迟至2021年夏季的东京奥运会。

16日 文化厅宣布，联合国教科文组织（UNESCO）评估机构建议将修复日本传统木造建筑的"传统建筑工匠技艺"列入《联合国教科文组织非物质文化遗产名录》。

首相菅义伟与来访的澳大利亚总理莫里森举行会谈。日澳在大框架上达成《日澳互惠准入协定》，允许日本自卫队和澳大利亚国防军互访，并在对方国家进行训练和进行联合行动。

19日 东京都将都内新冠疫情警戒级别调升为最高级。

旅居福岛县南相马市的作家柳美里的长篇小说《JR上野站公园口》英文版获得全美图书大奖翻译文学奖。

20日 总务省发布的数据显示，10月，除生鲜食品外的核心消费价格指数的季节调整值同比下降0.7%，连续3个月同比下降，为9年多以来的最大降幅。

经济产业省发布公告，从5月22日至7月22日，旨在调整日本国际供应链的国内投资促进事业费补助金项目共收到1670家企业申请，其中，146家企业获批2478亿日元补贴。

21日 鉴于新冠肺炎感染人数激增，日本政府决定调整旨在拉动内需的"Go To Campaign"政策。

23日 针对日本前首相安倍晋三的后援会于"赏樱会"前夕在东京都内举办晚餐会，东京地方检察厅特别搜查部要求安倍的公设第一秘书等人配合进行问询调查。

24日 日本政府决定将疫情出现扩散的札幌和大阪两地暂时排除在国

内旅游支援项目"Go To Travel"的适用范围之外。

25 日 首相菅义伟在首相官邸与中国国务委员兼外长王毅举行会谈，强调稳定中日关系的重要性。

26 日 日本政府敲定力争在 2021 年 9 月创设"数字厅"，以专门负责强力推动中央和地方行政系统数字化进程。

东京都政府决定再次要求提供酒类的餐饮店缩短营业时间。

30 日 秋筱宫亲王在记者会上表示同意长女真子公主的婚事。

12月

6 日 宇宙航空研究开发机构（JAXA）从澳大利亚南部沙漠成功回收从"隼鸟 2 号"探测器上分离的返回舱。

8 日 防卫大臣岸信夫宣布，将派遣 10 名隶属于陆上自卫队的护士前往因新冠肺炎感染者激增导致医疗系统资源紧张的北海道旭川市。

日本政府推出总规模达 73.6 万亿日元的第三次大规模经济刺激计划，以缓解新冠疫情对经济造成的冲击。

11 日 厚生劳动省首次通过一种经过基因编辑的西红柿的销售申请，预计其最早于 2022 年上市销售。

14 日 首相菅义伟宣布于 2020 年 12 月 28 日至 2021 年 1 月 11 日在全国范围内全面暂停此前推出的国内旅游支援项目"Go To Travel"。

首相菅义伟与包括自民党干事长二阶俊博在内的多人聚餐，此事被曝光后引发舆论对其不遵守防疫要求的指责。

16 日 财务省公布的贸易统计报告显示，11 月，日本出口额同比降幅由上月的 0.2% 扩大至 4.2%，出口额已连续 24 个月同比下降。

17 日 文部科学大臣萩生田光一宣布，原定于 2020 年在大学入学统一考试的语文和数学科目中引入论述题的改革计划推迟实施。

18 日 总务省发布的数据显示，11 月，日本去除生鲜食品外的核心消费价格指数经季节调整后为 101.2，同比下降 0.9%，连续第四个月同比下降，降幅为 2010 年 9 月以来的最高纪录。

国民民主党党首选举在东京举行，玉木雄一郎当选国民民主党党首。

防卫省正式宣布，确定选择美国洛克希德·马丁公司协助进行 F－X 隐身战斗机项目的研发工作。

美国辉瑞制药公司向厚生劳动省提交了其研发的新冠病毒疫苗的批准申请，该疫苗最快于 2021 年 3 月在日本开始接种。

21 日 日本政府召开内阁会议，确定 2021 财年财政预算总规模为 106.6 万亿日元，至此，日本年度预算连续 9 年创新高。

前首相安倍晋三就"赏樱会"前夜晚宴开支涉嫌违法一案"自愿"接受检察官询问，坚称不知情。

22 日 自民党议员、前农林水产大臣吉川贵盛因涉嫌接受鸡蛋生产巨头"AKITA FOODS"集团前代表提供的政治献金而引咎辞职。

25 日 日本政府推出绿色增长战略，涉及能源和运输等 14 个重点领域。该战略被视为日本在 2050 年实现碳中和目标的阶段性举措。

26 日 日本政府宣布，从 28 日起至 2021 年 1 月底，暂停所有持新申请签证的人员入境，日本国民和拥有长期签证的外国人除外。

27 日 为保护在中东海域的航行安全，日本政府决定自行向当地派遣海上自卫队护卫舰和巡逻机部队。

立宪民主党参议员羽田雄一郎去世。这是日本首次出现现任国会议员因感染新冠肺炎死亡的病例。

30 日 在 2020 年东京股市最后交易日，日经平均指数收盘报 27444.17 点，创下 31 年来的最高年终收盘点位。

Abstract

In 2020, Japan's domestic politics, economy and society have been all seriously hit affected by the outbreak of COVID-19. Although the LDP has maintained its strong political dominance, the former prime minister Shinzo Abe had to resign under pressure and his assistant Suga Yoshihide was elected as new LDP president and then the 99th prime minister of Japan. The spread of COVID-19 has had tremendous negative impact on Japan's economy, trade, consumption and investment, with the Tokyo Olympic Games 2020 been forced to be postponed, causing huge losses to Japan, which had high expectation for the effect of Olympic Games in promoting the tourism and stimulating the consumption and investment.

In the first quarter of 2020, Japan's real GDP decreased by 0.9%, or 3.4% on the annual basis, a decline for two consecutive quarters. After Japanese government released the emergency declaration in April, Japan's real GDP decreased by 8.3%, or 29.2% on the annual basis, the largest decline since the end of WWII. In order to reverse the downward trend of the economy, the Japanese government launched the the program of "Go To Campaign", however, the program has to be suspended it emergently under the dilemma between fighting the epidemic and pushing for "economic recovery". The COVID-19 has caused more than 200,000 infections and over 30,000 deaths in Japan in 2020 and had a wide and far-reaching impact on Japanese society, deteriorating the financial situation, increasing unemployment population, reducing family income and deepening relative poverty, especially the life of Japanese women facing unprecedented difficulties.

Under the impact of the COVID-19 epidemic, Abe's attempt of the "post-war diplomatic final solution" was further frustrated in its diplomacy towards neighbouring countries, with Japan-Russia relations having little progress and the Kuril Islands issue remaining stalled due to the effect of the amendment to the Russian Constitution. Relations between Japan and the Korean Peninsula have been still in difficulties. Japan-DPRK relations still remain in an impasse, with DPRK having not responded to Japan's offer of unconditional dialogue. The negative impact of historical issues between Japan and ROK continues to ferment, with the Japan-ROK relations at a low ebb and without any sign of improvement. In 2020, Japanese diplomacy has made new progress in Southeast Asia while its relations with neighbouring countries remaining frustrated. The impact of the COVID-19 epidemic has made Japan more aware of the importance of Southeast Asia in the geographical competition between China and Japan. In order to strengthen the cooperation between Japan and ASEAN countries, Japan insists on carrying out concrete diplomacy in that region regardless of the impact of the epidemic. The new prime minister Suga chose Southeast Asia as the destination of his first foreign visit.

Promoting cooperation with middle powers and focusing on building the "quasi-alliance" mechanism with the framework of the India-Pacific vision has become the leading accomplishment of Japan's diplomacy under the COVID-19 epidemic. Japan-India relations have developed in an all-round way, and the security and defense cooperation between the two countries has made rapid progress. In 2020, Japan-India bilateral cooperation has been upgraded. Japan-Australia relations have also developed with an emerging feature of "quasi-alliance". With the continuous progress of Japan's Indo-Pacific vision, the bilateral cooperation between Japan and Australia continues to improve, in particular in the field of security cooperation.

The Japan-U. S. alliance has become the key pillar of Japan's diplomacy. However, the Trump administration's "America first" doctrine put the Japan-U. S. alliance under pressure and caused some damage to the stability of the Japan-U. S. alliance in the U. S. diplomatic and security agenda. However, Since Suga took office, Japan's new administration has followed the "strategic diplomacy" in the Abe era. As Biden defeated Trump in the U. S. Presidency election, in Japan there has seen growing calls for strengthening the Japan-U. S. alliance. Biden has reconfirmed that the fifth article of U. S-Japan Security treaty is applicable to the Diaoyu Islands issue, which reflects Japan's importance in the strategic vision of the Biden administration.

Under the impact of the epidemic, China and Japan have had some friendly interaction and fight against COVID-19, however, there has been also some occasions that hinder the improvement of Sino-Japanese relations such as Japan politicizing the COVID-19 epidemic and intensifying the situation in the East China Sea. In 2020, Sino-Japanese relations have experienced a process of ups and downs with starting high and moving downward, which, compared with the previous situation of recovering stability, showing a significant downward trend. Looking forward to 2021, under the uncertainty of the COVID-19 situation and the promotion of American Indo-Pacific strategy, due to the inherent contradictions between China and Japan, the lack of powerful political leadership in Japan and the growing negative sentiment towards China in Japan, the prospect of Sino-Japanese relations will remain uncertain.

Keywords: COVID-19; Economic Recession; Suga Yoshihide; Security of Supply Chain; Diplomacy Towards Middle Powers

Contents

I General Report

B.1 Japan and Sino-Japanese Relations under the Impact of the COVID-19 Epidemic: The Retrospect and Prospect of Japan in 2020 −2021

Yang Bojiang, Zhu Qingxiu and Chen Xiang / 001

Abstract: In 2020, the outbreak and spread of COVID-19 have strong impact on Japan's domestic politics, economy, society and diplomacy, with Japan's mode of epidemic prevention coming with frustration and the Tokyo Olympic Games forced to be postponed. The performance of LDP administration had a strong start but gradually showed weakness. The former prime minister Shinzo Abe had to resign and his successor Suga Yoshihide, faced with difficulties, had to balance his policy between epidemic prevention and economic recovery. In 2020, Japan's economy has fallen into recession with the −4.8% annual growth rate of GDP. The epidemic has also hit Abe's "diplomacy overlooking the globe", with Japan's strategic activeness declining and relations with neighbouring countries stuck in dilemma. However, Japan has actively carried out "epidemic diplomacy", promoted progress in bilateral and multilateral cooperation and made new progress in the diplomacy towards Europe and Southeast Asia. Japan also continues to promote cooperation with "middle powers", focus on efforts to build new "strategic pivots" by deepening Japan-EU relations and introducing the "European factor" into the Asia-Pacific and India-Pacific regions to build a regional strategic balance that is favorable to Japan. With U. S. Democratic candidate Joe Biden won the presidential election, the Japan-U. S. alliance come to be restrengthened. In 2020, Sino-Japanese relations have fluctuated and encountered new problems and challenges. With the spread of COVID-19 in Japan, U. S. passing off the responsibility to China on the origin of COVID-19 and the rising contradiction between China and Japan on East China Sea and Diaoyu Island issues, there has been growing negative statement and action from the side of Japanese government and LDP, and the Suga administration attempts to make use of the "epidemic card" to touch the bottom line of China in Taiwan and Xinjiang issues. Looking into the year 2021, under the impact of variables such as COVID-19, Japan's domestic politics and China-U. S. -Japan interaction, Sino-Japanese relations will be faced with more uncertainty.

Keywords: Shinzo Abe; Yuga Yoshihide; *Blue Book of Japan's Diplomacy*; Japan-China Relations; RCEP

Ⅱ Situation Reports

B . 2 Japanese Politics in 2020: Under the Impact of COVID-19
Zhang Boyu / 027

Abstract: The spread of the COVID-19 epidemic has not only disrupted the political arrangements of Japanese Prime Minister Shinzo Abe, but also made it difficult for him to achieve political results in a short period of time. Faced with the situation of long-term epidemic prevention and control, Abe resigned again due to illness, after having judged that it is difficult to lead the Japanese government and people to win the fight against the epidemic. Like the Abe administration, the major challenge for the Yoshihide Suga administration, which was established on September 16, 2020, is to restore the Japanese economy while preventing and controlling the epidemic. After Tokyo became the destination of the "Go To

Travel" campaign by the Suga administration in order to stimulate the consumption on October 1, 2020, the "third wave" of the epidemic spread rapidly in Japan, with the approval rate of the Suga administration falling sharply in December. Under COVID-19 epidemic, the approval rate has become a barometer of the effect of epidemic prevention and control. The COVID-19 epidemic has greatly changed the political situation in Japan in 2020.

Keywords: Japanese Politics; The COVID-19 Epidemic; Abe's Long-term Administration; Presidential Election of Liberal Democratic Party; Suga Yoshihide Administration

B.3 Japanese Economy: Going up and down throughout the Year and Showing "Opportunities" in the "Crisis" of Economic and Trade with China   *Xu Mei* / 045

Abstract: In 2020, Under the circumstances of the long-term game between China and the United States, the complicated geopolitical situation and the sudden outbreak and spread of the COVID-19 epidemic, the world economy has fallen into recession and there is also no exception of Japan. In the first half of the year, the Japanese economy experienced negative growth for two consecutive quarters, especially in the second quarter, the largest decline since the end of World War Ⅱ. In the third quarter, with the relaxation of domestic epidemic prevention measures and the effective economic stimulus policies, the Japanese economy rebounded sharply with the real GDP increased by 5.3% quarter-on-quarter. However, it has been unable to reverse the annual economic decline and the decline of both domestic and external demand. Despite the deterioration of the economic and trade environment, Japan's trade with China has shown strong resilience and realized positive growth throughout the year, which demonstrates the importance of China-Japan economic and trade cooperation. In the face of the fierce epidemic, there are new opportunities for China-Japan cooperation. It's necessary for China and Japan to work together to deal with the epidemic, maintain the security of the industrial supply chain as well as the stability of the financial market, and actively promote the economic recovery after the epidemic, so as to drive the sustained and stable development of the regional economy.

Keywords: The COVID-19 Epidemic; Japanese Economy; Industrial Supply Chain; Private Consumption; Trade with China

B.4 Japanese Diplomacy in 2020: Continuation and Development in Post-Abe Period *Lyu Yaodong / 060*

Abstract: In 2020, The former Prime Minister Abe was replaced by Suga, with the diplomatic philosophy of the former destined to influence the latter's foreign policy. Suga's continuation of Abe's "strategic diplomacy" reflects in deepening the U.S.-Japan alliance, constructing the "quasi-alliance" mechanism within the India-Pacific vision and handling the legacy of Abe's "final solution of post-war diplomacy". To implement the policy of "building stable relations with neighboring countries", the Suga administration needs to reconsider Sino-Japanese relations meanwhile face Abe's diplomatic legacy such as Japan-Russia territorial dispute and historical issues relating to the Korean Peninsula. In particular, the structural problems in Sino-Japanese relations and the uncertainty of China-U.S. relation, as well as the uncertainty of the Suga administration's foreign policy is rising.

Keywords: Post-Abe Period; Japan-U.S. Alliances; Quasi-alliance; Quadrilateral Security Mechanism; China-U.S.-Japan Relations

B.5 Japanese Society in 2020: The Impact of COVID-19
Guo Pei, Hu Peng / 074

Abstract: Since the outbreak of the COVID-19 epidemic at the end of

January 2020, Japan has experienced the first wave in April, the second wave in August and the third wave of the epidemic in November. To curb its spread, the Japanese government has taken a series of measures such as putting on restriction on economic activities, opening hour of shops and people's travel. But the COVID-19 has still caused about 20000 people infected and more than 3000 dead in Japan, with the impact on Japanese society in 2020 very extensive and far-reaching. The unemployment population has grown, with people's income reducing and relative poverty rising. On the other hand, the COVID-19 has also promoted the development of telecommuting, online education and online application for job. There are changes of Japanese lifestyle, work style, learning style, and ways of communication. The trend of "Tokyo polarization" is also facing some uncertain factors.

Keywords: Japanese Society; The COVID-19 Epidemic; Telecommuting; Digital Department; Unemployment Rate

B.6 Japanese Culture in 2020: The New Trend of Neoliberalism

Zhang Jianli / 088

Abstract: In the context of global outbreak and spread of COVID-19 epidemic, the disadvantages of the deepening of Japan's reform, which focuses on the employment pattern of the neoliberal enterprises in Japan, has been highlighted. The proposal to replace the current social security system with the "unconditional basic income" system, which has aroused heated discussion from all walks of life in Japan, may contribute to realize the small government pursued by Japanese neoliberalists, but it may also weaken the foundation of maintaining the relative stability of Japanese society. The Suga administration takes the principle of "self-help, mutual help and public help" from the field of disaster relief as a political slogan of building an ideal society and repeatedly emphasizes it, which will inevitably increase the pressure of self-discipline and coordination of the people, promote the social atmosphere of "self-responsibility" and make the life of the vulnerable groups suffering from the Neo-liberal reform more miserable.

Keywords: Japanese Culture; Japanese Society; Neo-liberalism; Unconditional Basic Income

B.7 Sino-Japanese Relations in 2020 and Its Prospects

Wu Huaizhong / 101

Abstract: The development of Sino-Japanese relations in 2020 has basically three stages, respectively fast development (January-April), fluctuation (around May-August) and adjustment (around September-December), which are significantly different from the overall development in 2019. Throughout the year, the outbreak and spread of the COVID-19 epidemic, changes in the U.S. foreign policy and the situation of China-U.S. relations have exerted an important impact on the overall development of Sino-Japanese relations, with contradictions between the two sides having sometimes emerged, and changes of Japan's political situation and policies as well as the economic interdependence between China and Japan having intensified or relaxed this impact. In 2021, the Sino-Japanese relations are faced with options in two different directions. Both sides should strengthen mutual trust and cooperation, resolve conflicts and differences and work together to build bilateral relations that meet the requirements of the new era.

Keywords: Sino-Japanese Relations; The COVID-19 Epidemic; China-U.S.-Japan Relations

Ⅲ Japan under COVID-19 Epidemic

B.8 The Background, Effect and Impact of Japan's Law of Special Measures on Dealing with COVID-19   *Zhang Xiaolei* / 122

Abstract: The background of Japan's Law of Special Measures to Deal with the COVID-19 Epidemic includes such three factors as political situation, system and law. Despite the twists and turns, the emergency declaration measures adopted by Japan in April-May 2020 have played an overall role in controlling the epidemic. Meanwhile, some problems have also been exposed. Firstly, whether the declaration of emergency declaration means that the Special Measures for Responding to New Influenza and Other Issues in 2012 must be amended remains questionable. Secondly, the effect of emergency declaration measures is not up to expectations, which is partly related to the lack of government compensation and related punishment measures in the revised special measures Law. The amendment to the special measures law will have two aspects of effect, with one to set a precedent for the introduction of special emergency measures at the security level or even a basic law for emergency situations, and the other that the LDP may take the opportunity to reinforce the need to revise the constitution.

Keywords: Japan; The COVID-19 Epidemic; Emergency Declaration; Special Measures Law; Constitutional Amendment

B.9 The Election of Leader of the Komeito Party and the Establishment of "New Yamaguchi Regime": The Role and Influence of the Komeito Party under the Leadership of Yamaguchi in Combating COVID-19

He Xiaosong / 138

Abstract: At the beginning of the founding of the Komeito Party, It represented the people at the bottom and obtain the support of them. Ikeda Taisaku, the former president of Sokagakai who participated in the founding of the Komeito party, put forward such ideas as "speaking with the people", "fighting with the people", "fighting for the people", "going to the people" and "dying in the people". Yamaguchi Natuo, with the ideas, has been elected six times since taking over the leadership of the Komeito Party in 2009. In September 2020, when he was elected again without a voting. He promoted Ishii Keiichi to be the secretary general of the party and established a "new Yamaguchi regime". Faced with the impact of COVID-19, the Komeito Party has recommended a series of policies such as enterprise financing support in economic policy, employment grant and a subsidy of 100000 yen per people. In terms of social welfare policies, the Komeito Party continues to promote the reform of the social security system, which has yielded some certain results in stabilizing Japan's political and economic situation.

Keywords: New Yamaguchi Regime; Social Security System of All Generations; The COVID-19 Epidemic; Social Welfare; Candidate for Party Leader

B.10 An Analysis of the Election for Governor of Tokyo in 2020 and Political Trends *Meng Mingming / 151*

Abstract: In July 2020, the quadrennial election for governor of Tokyo was held. Under the the impact of the COVID-19 epidemic, more than 20 candidates including the current governor Koike Yuriko participated in the election, and finally Koike won the re-election. The main reasons for Koike's victory in the election include the stable governing performance, a positive image in epidemic prevention, success in manipulating public opinion, support from major political forces in Tokyo and the lack of competitiveness of the opposition parties. The result of that election will be beneficial to the election of the Koike's "tomin-first" party in the 2021 Tokyo Metropolitan Assembly Election; the tension between Koike and the Liberal Democratic Party will be temporarily relaxed, however, it is still unlikely that she will participate in the parliamentary election. In addition, the growing trend of populism in Japan reflected in that election deserve our further attention.

Keywords: Japanese Politics; Election for Governor of Tokyo; Koike Yuriko; Theatre Politics; Liberal Democratic Party

B.11 Japan's Industrial Chain Adjustment Trends and Impacts under the Epidemic Shock *Tian Zheng* / 164

Abstract: As the trend of globalization recedes, the phenomenon of Japanese manufacturing companies' divestment is attracting more attention. The breakdown of the industrial chain caused by the impact of the COVID-19 epidemic has prompted Japan to maintain the stability of the industrial chain from a strategic perspective. Encouraging manufacturing companies to return Japan and promoting the diversification of production in Southeast Asia are two important directions for restructuring Japanese industrial chain. The industrial chain adjustment policy launched by the Japanese government has played a practical role in the transformation of the industrial chain layout of Japanese companies. In the short term, the supply of Japanese medical and health equipment and key industrial parts has been strengthened. In the long term, the process of diversification of the industrial chain of Japanese companies has been accelerated. Although its current impact on the development of the Chinese economy is relatively minor, China should strengthen the independent innovation, upgrade the modernization level of its own industrial chain and supply chain and respond to the challenges of adjusting the industrial chain of Japanese enterprises.

Keywords: Industrial Chain; Supply Chain; Value Chain; Manufacturing Industry; Direct Investment

B.12 New Trends in China-Japan People-to-People Exchanges during the COVID-19 Epidemic *Xiong Shue* / 177

Abstract: The worldwide spread of the COVID-19 epidemic has drastically changed the basic ways of exchanges among individuals, societies and countries. In terms of the people-to-people exchanges between China and Japan, there has been frustration as well as emergence of new trends featuring mutual assistance, new ways of communication, growing focus on medical and health-care service and stronger motivation for regional exchanges. China-Japan people-to-people exchanges has been efficient in promoting mutual understanding between two peoples, but it is also influenced by the national sentiments of both sides. Both China and Japan are responsible to reflect on the issue and find a solution. China-Japan people-to-people exchanges may recovery after the end of the COVID-19 epidemic, however, Japan's anxiety over its strength and position will still serve as an important factor in China-Japan relation, and there will be also some negative factor for China-Japan people-to-people exchanges.

Keywords: The COVID-19 Epidemic; People-to-people Exchanges; China-Japan Relations; Community with a Shared Future of Mankind

B.13 Japan's African Diplomacy under COVID-19:
Focusing on the Japan's Foreign Aid to Africa
in Fighting against the Epidemic   *Wang Yichen* / 190

Abstract: Since the establishment of the Tokyo International Conference on African Development (TICAD), Japan has attached growing strategic importance to Africa, shifting from traditional way of ODA to economic cooperation and strengthening bilateral and multilateral cooperation in key areas in Africa with international organizations. The outbreak of COVID-19 epidemic in 2020 had a severe impact on African countries. As a country with great influence in medical and health area as well as a major power in foreign aid, Japan has enhanced emergency assistance to Africa and pursued an active diplomacy to fight against the epidemic, so as to develop its influence in Africa and deepen relations with African countries in post COVID-19 era. This report based on Japan's strategic layout for Africa before the outbreak of COVID-19, focuses on new changes of Japan's emergency aid to Africa after the outbreak and tries to analyze the motivation and study the trends in the future.

Keywords: Japan's Relations with Africa; The COVID-19 Epidemic; Indo-Pacific Strategy; Foreign Aid; Diplomacy of Fighting against the Epidemic

B.14 Observing the Japanese Society and National Mentality from Japanese Yearly Kanji and the "New Words/Buzzwords" of the Year 2020　　　　　　　　　　　　*Wang Zanwei* / 203

Abstract: In 2020, Japan's yearly kanji (Chinese character) is "mitsu" (closeness), with the top new word as "san mitsu" (three kinds of closeness) and the rest new words as "forced landing of love", "forest of animals", "the Abe mask", "amabie", "online zero", "ghost blade", "go to promotion", "single tent" and "Fuwa", all which are closely linked with the outbreak and spread of COVID-19. Those words, focusing on fields of epidemic prevention policy, digital reform and the spiritual reconstruction, reflects the dissatification and anxitey of Japanese people due to the ineffectiveness of the epidemic prevention policy conducted by the Japanese government. Under the epidemic situation, the adjustment of social distance has accelerated the process of digital reform in Japan, however, there are still some obsticles to be overcaome in terms of existing social cognition and habits of the Japanese people. Under the pressure of the great changes caused by the epidemic, the Japanese people are desiring for warmness and reassuring, which promotes the prospertiy of Japan's entertainment industry and produces fine economic benefits.

Keywords: Kanji of the Year; New Word; Buzzword; Japanese Society; National Mentality

Contents

IV Special Reports

B.15 Trends of China-U. S. -Japan Relations and Japan's
Strategic Response   *Lu Hao* / 214

Abstract: In 2020, the international situation has become more complicated under the impact of COVID-19. China-U. S., Japan-U. S. and China-Japan relations have shown some new trends. The China-U. S. confrontation continues to intensify with the game situation becoming complicated. The Japan-U. S. alliance has been strengthened in spite of the friction and contradictions. China-Japan relations have maintained stable development, but some negative factors have risen. In view of the trilateral interaction among China, U. S. and Japan, Japan attempts to make long-term strategic response, from the perspective of "maintaining the current international order", adopting more flexible measures between China and the U. S. while making use of the western system led by the U. S.. Japan's growing "strategic activeness" will further stimulate the interaction among China, the U. S. and Japan, with Japan's strategic choices having an important impact on the development of the trilateral relations.

Keywords: China-U. S. -Japan Relations; China-U. S. Gaming; China-Japan Relations; Japan; Strategic Independence

B.16 Trends of U. S. -Japan-India-Australia Quadrilateral
Mechanism from the Perspective of Japan-Australia
Cooperation   *Pang Zhongpeng* / 230

Abstract: The bilateral relations between Japan and Australia have been greatly improved in recent years. Japan and Australia have maintained close exchanges at the summit level, which has strongly promoted the development of

Japan-Australia relations. The scope of cooperation between Japan and Australia includes political and defense security, economic and trade, energy resources and regional multilateral cooperation. In recent three years, the cooperation mechanism involving the United States, Japan, India and Australia has attracted wide attention. The reasons for strengthening bilateral relations between Japan and Australia are mainly linked with values, geopolitics, Antarctic strategy, energy security, U.S. factors, free trade, multilateralism and Japan's attempt for eliminating the historical impact of aggression in WW II. In the future, the quadrilateral cooperation mechanism may develop but it may also encounter some setbacks. With the changes of leadership of White House, changing situation in Japan, Australia, and India along with the changing international situation, the quadrilateral cooperation mechanism will face difficulties and uncertainty in the future.

Keywords: Japan-Australia Relations; Quadrilateral Mechanism; Japan-U.S. Relations; U.S.-India Relations; Geopolitics

B.17 Japan-Vietnam Relations during Vietnam Serving as Presidency of ASEAN *Bai Ruchun / 241*

Abstract: Vietnam served as the rotating presidency of ASEAN in 2020, having played a coordinating role within ASEAN and between ASEAN and relevant countries in the region. Vietnam has become a model for the latecomer countries in Southeast Asia because of its advantages in systems, important strategic position and potential of demographic dividend. The new Japanese Prime Minister Yoshihide Suga, who took office in September 2020, set Vietnam as his first diplomatic destination, making it clearer that Japan has attached importance to diplomacy with Vietnam and exerted influence on ASEAN through key countries since Abe's second cabinet took office. Vietnam also attempts to attract more Japanese capital and technology to develop its economy and welcome Japan to play a balancing role in Southeast Asia, intending to make use of Japan's involvement in

Southeast Asia in the economic, political and security fields to counterbalance China's growing regional influence. However, the calculation and transaction involving Japan and Vietnam will not hinder the further deepening of economic ties between China and ASEAN countries after the signing of RCEP, with the general trend of bilateral or multilateral cooperation including China-Japan, Japan-Vietnam and China-Vietnam remaining as the mainstream.

Keywords: Japan-Vietnam Relations; Japan-ASEAN Relations; ASEAN; Rotating Presidency of ASEAN; RCEP

B.18 Japan-Europe Relations in the Context of Brexit

Chen Jingjing / 254

Abstract: Brexit has great influence on Britain and the EU, and it is also linked with Japan, which has close ties with both Britain and the EU. For a long time, Britain has been the gateway for Japan to connect with the EU, and it has impact on all aspects of Japan's cooperation with Europe. Brexit forces Japan to reconsider and redefine its relationship with Britain and the EU. Brexit has promoted Japan, the EU and Britain to participate more actively in international affairs. Japan has strengthened cooperation with the EU and Britain at the same time. Japan and the EU signed the EPA and the SPA to continuously enhance economic, political and security ties. Japan and Britain have also actively strengthened political and security cooperation. After the signing of the Japan-EU EPA, Japan and Britain have also rapidly finished negotiations on the EPA. Japan and Europe have entered a stage of comprehensive and strategic cooperation.

Keywords: Brexit; Japan-Europe Relations; Japan-UK Relations; Japan-EU EPA; Japan-UK EPA

B.19　New Trends of Japan's Space Strategy and Its Impact

Meng Xiaoxu / 268

Abstract: In 2020, Japan has further promoted its strategy in the space field, and through the new "space basic plan", it emphasizes to become an independent space power. In terms of strengthening measures, Japan has increased its space budget, established a space combat force, built a space surveillance system and strengthened its space offensive and defensive capabilities. Japan's space strategy focuses on cooperation with its allies and partners. On one hand, it focuses on disaster prevention, commercial and Technological Development and other economic and people's livelihood. On the other hand, it also pays more attention to security and attempts to strengthen its space military capabilities. Japan's ongoing space strategy has a complex impact and needs further observation.

Keywords: Space Strategy; Multi-domain Defense Force; Space Combat Force; "Space Basic Plan"; Indo-Pacific Strategy

B.20　The Implementation and Policy Innovation of Japan's Comprehensive Innovation Strategy 2020

Chen Xiang / 282

Abstract: Japan adhere to government-guided policies to promote science and technology development. During Shinzo Abe's second administration, Japan actively strengthened the leadership of the prime minister's office in formulating the national science and technology strategy, having integrated several "command towers" within the central government to promote the development of science and technology and established the "committee of promoting the comprehensive innovation strategy". In June 26, 2020, the seventh "committee of promoting the comprehensive innovation strategy" was held. In view of the impact of COVID-19, Japan made a strategic plan for the direction of science and technology development, focusing on several new trends in Japanese science and technology development such as coping with COVID-19 epidemic, promoting the digital strategy and strengthening the basic science and technology. It reflects major strategic adjustments made by Japan according to the international innovation development situation, new trends of global social development, its own technical characteristics and industrial pattern, which will have a profound impact on Japan's position in the global innovation development in the future.

Keywords: Comprehensive Innovation Strategy 2020; Prime Minister's Office; Abe Cabinet; Digitization; The COVID-19 Epidemic

B.21 Trends in Japan's Economic Diplomacy with China under the RCEP Framework *Chang Sichun / 295*

Abstract: The official signing of RCEP in 2020 marks the formal birth of the world's largest Free Trade Area (FTA). Japan's rising economic demand for China under the spread of COVID-19, ASEAN's firm attitude towards signing the agreement within this year, Biden's winning in the U.S. presidential election and other factors together make Japan determined to join RCEP agreement, despite that it is difficult for India to return to the agreement in the short term. RCEP is the first agreement signed by China and Japan on mutual tariff reduction and market opening, which not only deepens China-Japan bilateral economic relationship, but also creates opportunities for economic cooperation in Asia-Pacific region as well as the promotion of the industrial chains and supply chains for both countries. However, Japan's economic diplomacy towards China will remain in a situation of both cooperating with China and competing China in terms of striving for the economic domination in Asia-Pacific FTA and discourse power in international trade negotiation.

Keywords: RCEP; Regional Economic Cooperation; Wide FTA; Economic Diplomacy; The Belt and Road

B.22　The Intention and Impact of "Economic Security" Being Included in Japan's National Security Strategy

Zhang Yulai / 309

Abstract: In April 2020, a new "economy class" was set up in Japan's Bureau of National Security, as a leading body in terms of its economic security strategy, which means that economic security has also been incorporated into Japan's national security strategy system. In fact, Japan has always attached great importance to economic security issue, and related mechanisms and system have also been built and practiced for a long time. Faced with global changes, Japan has implemented strategic upgrading in terms of economic security, established the principles of strategic independence indispensability, tried to implement an integrated policy management and set up strategic development priorities. In the short term, the series of strategic measures Japan has adopted may optimize the allocation of resources and achieve the strategic goal of responding timely to changes, but in the long term, it is likely to cause failure of the market mechanism, insufficient social vitality and decline of innovation capabilities, and ultimately affect Japan's economic development.

Keywords: Japan; Economic Security; National Security Strategy; Strategic Independence; Global Change

B.23　The Dispute over the Science Council of Japan and Its Social Impact

Zou Haodan / 323

Abstract: The dispute over the Science Council of Japan was the first political event to attract the attention of the government and the civilian after Suga Yoshihide became Prime Minister. This event was considered as the Suga administration's intention to carry out administrative reform of the Science Council of Japan, which fundamentally reflected his political attempt to continue Abe's political route under the constitutional amendment to reform the security policy, strengthen the armed forces of Japan, and crackdown on the opponents. The dispute caused wide discussion. In addition to speculation about the motives for the cabinet's rejection, among the two distinct factions of supporters, the supporters of the Science Council of Japan questioned the legitimacy of the Suga administration's behavior, while supporters of the Suga administration criticized the Science Council of Japan itself had a lot of flaws, endangering the future development of the country.

Keywords: The Suga Administration; Science Council of Japan; Dispute over the Science Council of Japan; Administrative Reform; Security Policy

V Appendix

B.24 Chronicles of Events of Japan in 2020

Chen Jingjing, Meng Mingming and Deng Meiwei / 336

要　旨

　　2020年、コロナ禍が日本の国内政治・経済・社会に大きな衝撃を与え、自民党は引き続き「一強」の優位性によって権力を維持したが、安倍晋三首相は本来ならば「絶頂期」であった時期に退陣せざるを得ず、安倍首相の右腕だった菅義偉官房長官が自民党総裁に当選して、第99代首相となった。日本は多くの人力・物資・財源を投じてきた「2020年東京オリンピック」が延期され、オリンピック大会を利用して自国ブランドの宣伝、観光業の発展、消費促進、投資の刺激などが期待された明るいビジョンは基本的に達成不可能となった。

　　2020年第1四半期の日本実質GDPは、前期から0.6%減、年率換算で2.2%減となった。これは、2四半期連続のマイナスである。4月に緊急事態宣言が出され、第2四半期には物価の要因を除いた実質GDPは前期から8.3%減、年率換算で29.2%となった。これは第2次世界大戦以来最大の下げ幅である。その後、経済を底上げし、打撃を受けた観光業を支援するため、政府は「GoToキャンペーン」という旅行に対する補助金政策を打ち出して景気を刺激しようとしたが、「コロナ対策」と「経済回復」の板挟みとなり、中止を余儀なくされた。2020年、新型コロナウイルスの感染症によって、日本では20万人以上の感染者と3000人以上が死亡者が確認されています。また、財政状況の悪化、失業者の増加、就職難、収入減、相対的貧困の深刻化となっている。

　　コロナ禍の影響を受け、安倍首相が強く打ち出していた「戦後外交総決算」は周辺諸国との外交で頓挫し、日露関係の進展が鈍化し、領土紛争（（日本では「北方四島問題」、ロシアでは「南千島列島問題」）は、

要　旨

ロシアの憲法改正案発効によって、暗礁に乗り上げた。日本と朝鮮半島との関係は、依然として局面が打開されず、日朝関係は「離れて声を張り上げる」という段階にあり、北朝鮮は日本の提案した無条件対話の要請に対し、実質的な回答をしていない。韓国は「徴用工問題」の悪影響が続いており、両国関係は大きく揺れ動き、改善の兆しを見えない。周辺諸国との外交に比べて、2020年に日本の外交は東南アジアで新たな進展を見せた。東南アジア各国との協力関係を強化するため、日本はコロナウイルスの影響にもかかわらず、実質外交を継続し、安倍首相に代わる菅義偉首相は最初の外国訪問先に東南アジアを選んだ。

中進国との協力を進め、インド太平洋重視の視点での「準同盟」メカニズム構築が、2020年の日本の外交の最も顕著な特徴である。日英関係は全体的に進み、両国の安全防衛面での協力が急速に進展した。日印の二国間協力が進み、両国関係は次のステップに進んだ。日豪の協力関係が深化し、日本とオーストラリアの二国間協力が「準同盟」の方向へ深化している。そして、日本のインド太平洋構想を推進するとともに、日豪の軍事・安全保障協力での歩みも加速していた。

日米同盟は日本外交安全の「基盤」としているが、トランプ政府は「アメリカファースト」主義を掲げるため、日米同盟に圧力を与えたことによって、同盟のキズナはある程度に緩んでいた。菅首相は就任後、安倍時代の「戦略的外交」路線を受け継いだが、トランプ政府の終焉にしたがって、日米同盟がまた強化する軌道に復帰した。バイデン氏は次期大統領の候補者としていた時に、菅首相との電話会談で「日米安全保障条約第5条を尖閣列島に適用する」と述べたため、バイデン政権におけるアメリカ外交戦略において、日本が重要な地位を占めていることが浮き彫りとなった。

コロナショックの中で、中日両国は互いに見守り合い、助け合いすることがある一方、日本国内ではコロナ禍を政治化し、東海情勢を悪化させるなど、両国関係の安定的発展を阻害する要素も現れた。2020年度の中

日関係は、良好・停滞・調整という過程を経た。それまでの「回復・よい方向に向かう」傾向と比べると大きな差がある。

　2021年を展望すると、新型コロナウイルスの感染状況の見通しが甚だ不透明な状態となり、更にアメリカ側のインド太平洋戦略をより一歩展開する背景の下で、日中両国が固有する領土紛争、日本国内政局を強くコントロールできるリーダーの欠如、中国にかかわる日本国民の輿論の低迷などの影響を受けて、中日関係は大きな不確実性があると予想される。

　キーワード：新型コロナウイルス感染症　経済の衰退　菅義偉　サプライチェーンの安全　中進国外交

目　次

Ⅰ　総　論

B.1　新型コロナ禍における日本と中日関係
　　――2020～2021年の情勢レビューと展望
　　　　　　　　　　　　　　　楊　伯江　朱　清秀　陳　祥／001

　要　旨：2020年、新型コロナウイルス肺炎が世界で猛威を振るい、日本の政治・経済・社会・外交は大きな打撃を受けた。日本の消極的なコロナ対策は失敗し、東京オリンピックが延期を余儀なくされた。自民党の政権運営は、スタートは勢いがあったがその後は低迷し、安倍首相は本来、「全盛期の年」に辞任するつもりだったが、後継の菅義偉内閣はコロナ対策と景気回復の間で力を発揮できず、苦境に陥っている。日本経済は急激に落ち込み、国内需要・海外貿易ともに停滞し、通年の実質GDPはマイナス4.8％に減少した。コロナ禍は安倍首相の「地球儀を俯瞰する外交」にダメージを与え、日本の「国際化指標」が下落し、近隣諸国との関係はいずれも冷え込んでいる。しかし、日本は積極的に「コロナ外交」を行い、オン・オフラインを融合して柔軟な方式を採り、二国間協力の推進で成果を上げており、ヨーロッパ、東南アジアとの外交には新たな進展があった。同時に、日本は継続して「中等先進国」との協力を行い、新たな「戦略の支点」確立に力を入れ、日欧関係を深化させ、「ヨーロッパ要素」をアジア太平洋、インド太平洋に取り込んで日本に有利な地域戦略

のバランスを構築している。アメリカで民主党の候補者バイデン氏が大統領選挙に勝利したことに伴い、日米同盟は再び強化路線に戻った。2020年の中日関係は変動が表れ、新たな問題や課題に遭遇した。コロナ禍が日本で急速に拡大し、アメリカがコロナウイルス発生源の問題を中国に責任転嫁し、東海釣魚島に関する中日の紛争が再度顕在化したことに伴って、自民党の中国に対するマイナス発言や行動が増え、菅内閣は「コロナ禍カード」を切り、台湾や香港の問題に関して中国のボトムラインに触れようとしている。2021年を展望すると、コロナ禍の進展、日本の国内政治、中日米3か国の相互関係など、さまざまな変数の影響を受け、中日関係の見通しには大きな不確定性が存在する。

キーワード：安倍晋三　菅義偉　外交青書　中日関係　RCEP

Ⅱ　各　論

B.2　2020年の日本政治：コロナ禍に左右される　　　　　　　張　伯玉 / 027

要　旨：新型コロナウイルスの感染拡大により、安倍晋三首相の政治日程と計画を混乱させただけでなく、短期間で政治的成果を挙げるのも難航であった。。新型コロナウイルス感染防止対策が長期化する中、安倍首相は日本政府と国民をリードして、コロナ禍に打ち勝つことは難しいと判断し、病気を理由に再び辞任した。2020年9月16日に発足した菅義偉政権の直面する課題は、安倍政権と同様に、感染防止対策を実施しながら、いかに経済を回復させるかということである。10月1日、東京都が消費刺激策「go toキャンペーン」の対象になってから、新型コロナ感染の「第3波」が急速に拡大し、菅内閣の支持率は12月に大幅に低下した。コロナ禍の中、内閣支持率は感染拡大制御のバロメーターになったと言える。新型コロナウイルス感染症は、2020年の日本政治の情勢を変えたといえよう。

　キーワード：日本政治　新型コロナウイルス感染症　安倍長期政権　自民党総裁選　菅義偉内閣

B.3　**日本経済：浮沈みのある1年、対中貿易は「危機」の中に「機会」がある**　　　　　　　　　　　　　　　　　　　徐　梅／045

　要　旨：2020年は、中米対立の長期化、地政学的状況の複雑化、COVID‐19の発生と拡大により、世界経済は不況に陥り、日本も単独で生き残るのは難しくなった。上半期、日本経済は2四半期連続でマイナス成長となり、特に第2四半期は戦後最大の落ち込みになった。第3四半期には、国内の感染対策の緩和と経済刺激策の効果により、大きく回復し、実質GDPは第2四半期と比べて5.3％増加したが、通年の景気後退と内外需要の減少を逆転させることはできなかった。悪化する経済環境の中で、日本の対中貿易は力強さを見せ、通年でプラス成長となって、中日経済協力の重要性を示した。拡大するコロナ禍に直面し、中国と日本には新たな協力の機会が生まれている。両国は協力して対応し、産業チェーンとサプライチェーンの安全や金融市場の安定を維持し、コロナ禍終息後の経済回復を積極的に促進し、地域経済の持続的かつ安定的な発展を牽引しなければならない。

　キーワード：新型コロナウイルス感染症　日本経済　産業サプライチェーン　民間消費　対中貿易

B.4　2020年の日本外交：ポスト安倍時代の継承と発展　　呂　耀東 / 060

　要　旨：2020年、日本の首相が交替したが、安倍外交の理念は「菅内閣」に必ず影響を及ぼすだろう。日米同盟関係の深化、インド太平洋を視野に入れた「準同盟」体制構築の重視、「戦後外交の総決算」という遺産の処理、これらはすべて菅首相が安倍政権時代の「戦略的外交」から受け継ぐ具体的内容と見られる。菅首相は「近隣各国と安定的関係を構築する」という外交方針を徹底し、一方では中日関係の大枠を安定させ、もう一方では日ロの領土問題、朝鮮半島の「歴史問題」など安倍政権の外交遺産に対処する必要がある。特に、中日関係における構造的問題と中米関係の不確定性によって、「菅内閣」の対中政策の変化が大きくなっていくだろう。

　キーワード：ポスト安倍時代　日米関係　準同盟国　「米日印豪」4か国体制　中米日関係

B.5　2020年の日本社会：新型コロナウイルス感染症による影響
　　　　　　　　　　　　　　　　　　　　　　　郭　佩　胡　澎 / 074

　要　旨：2020年、日本では1月末に初のコロナウイルス感染者が発見されて以来、4月に感染の第1波、8月に第2波、11月に第3波のピークを経験した。感染拡大を抑制するため、日本政府は経済活動の縮小、営業時間の短縮、外出制限などの対策を打ち出しているが、コロナウイルスによって20万人以上の感染者、3,000人以上の死者が出ており、社会に幅広く深い影響を与えている。例えば、失業者の増加、就職難、収入減、貧困化の拡大などが生じ、特に女性はこれまでにない苦境に直面している。しかしその一方、コロナ禍によってテレワーク、在宅勤務、オンライン授業、オンライン就職活動などの新たな形態が現れ、日本人の従来の生活様式、勤務形態、学習形態、コミュニケーション方式などが一変し、「東京一極化」にも不確定要素が現れている。

　キーワード：日本社会　新型コロナウイルス感染症　テレワーク　デジタル庁　失業率

B.6　2020年の日本文化：新自由主義の新動向　　　　　　　張　建立／088

　要　旨：新型コロナウイルスのパンデミック及び長期化されつつある中、20世紀80年代以来深められてきた日本の新自由主義的な雇用形態改革の疲弊がますます目立つようになる。年金や生活保護などの現行社会保障制度を廃止して一人月額7万円のベーシックインカムに置き換えるという日本改造計画提案は、新自由主義の求める小さな政府の実現に有利であるが、日本社会の安定基盤を揺るがしかねない。菅内閣は「自助・共助・公助」社会の構築を強調するあまり、自己責任を迫る風潮が助長されて、日本新自由主義改革の辛酸をなめてきた弱者たちはさらに苦境に追い込まれてしまうかもしれない。

　キーワード：日本文化　日本社会　新自由主義　ベーシックインカム

B.7　2020年の中日関係と今後の展望　　　　　　　　　　呉　懐中／101

　要　旨：2020年の中日関係は、基本的に3段階で推移してきた。前期（1～4月頃）「良好な関係継続」、中期（5～8月頃）「不安定な変動」、後期（9～12月頃）「底打ち調整」である。これは、2019年の両国関係が全体として良好だったのと比べると、明らかに差がある。1年を見渡すと、世界的な新型コロナウイルス感染症の爆発と拡大、アメリカの外交政策の変化、中米関係情勢と中日関係の全体的状況が重要な影響を与えた。時に

顕在化する両国の矛盾や食い違い、日本の政治状況と政策の変化、両国の経済依存などの要素が、時にはこうした影響を強め、時には弱めた。2021年の中日関係の選択肢には2つの方向性がある。双方が相互信頼と協力を強化し、矛盾や食い違いを適切に処理し、新時代の要求に合った二国間関係の構築を共に目指すべきである。

　　キーワード：中日関係　　コロナ禍の時代　　中米日の相互交流

Ⅲ　コロナショック下の日本

B.8　日本の「コロナ特措法」における成立の背景、効果の評価と影響
　　　　　　　　　　　　　　　　　　　　　　　　　張　暁磊 / 122

　要　旨：日本の「コロナ特措法」成立の背景には政局、体制、法律の3つの要素がある。2020年4月から5月にかけて実施された緊急事態宣言措置は、紆余曲折はあったものの、全体としては感染拡大に対して抑制効果があったが、いくつかの問題も明らかになった。第1に、緊急事態宣言を出すに当たり、2012年の「新型インフルエンザ等対策特別措置法」の改正が必要かどうか、第2に、緊急事態宣言措置の効果が期待どおりではなかったということである。これは、改正「特措法」に政府の補償や賠償、処罰措置が欠けていることと関係づけている。「特措法」改正は、2つの面に影響を与えるだろう。一つは後日成立させる安全面での「緊急事態特別措置法」ないし「緊急事態基本法」の先例となること、もう一つは自民党が感染症対策に乗じて改憲の必要性をアピールする可能性があること、というのである。

　　キーワード：日本　新型コロナウイルス感染症　緊急事態宣言　特別措置法　改憲

B.9　公明党党首選挙と「新山口体制」の成立
　　　——コロナウイルス禍における山口公明党の役割と影響

何　暁松 / 138

　要　旨：公明党は、設立当初、幅広い民衆を代表し、民衆から支持を受ける大衆政党であった。池田大作・前創価学会会長は、公明党設立の際に、「大衆とともに語る」「大衆と共に戦う」「大衆の中に入る」「大衆とともに死ぬ」と述べた。山口那津男氏はその政策理念を守り続き、2009年に危機に瀕していた公明党の党首になってから、連続 6 回の当選を果たした。2020 年 9 月にも無投票で公明党党首に選ばれ、同時に石井啓一氏を幹事長に抜擢して「新山口体制」を確立した。2020 年コロナウイルス禍の中で、公明党は経済政策については企業融資への支援、雇用調整助成金の配布、国民 1 人あたり 10 万円補助金の支給を提案した。また、社会福祉政策については、引き続き全世代型社会保障制度改革を推し進め、これらの政策は日本の政治と経済の安定に一定程度の効力を発揮した。

　キーワード：新山口体制　全世代型社会保障制度　新型コロナウイルス感染症　社会福祉　党首候補者

B.10　2020 年東京都知事選挙と政治情勢の分析　　　孟　明銘 / 151

　要　旨：2020 年 7 月、東京都は 4 年に 1 度の知事選挙を実施した。新型コロナウイルス感染症の影響が広がる中、小池百合子・現東京都知事を含む 20 人以上が立候補し、感染防止やその後の復興などの問題について論戦を繰り広げ、最終的に小池氏が再選された。小池氏の勝利は、内的には自身の政治的成果の安定、感染防止に関する良好なイメージ、世論の扱いに長けていることなどが主な理由だが、東京の主要政党の支持や黙認、野党の競争力欠如も重要な外部要因と考えられる。今回の選挙結果は、2021

年の東京都議会選挙に対し、小池陣営「都民ファーストの会」に良いことと見られる。小池氏と自民党との関係は一時的に緩和すると思われるが、小池氏が2017年の東京都議会選挙後のように、勢いに乗じて国政選挙に進む可能性は低い。さらに、今回の選挙で明らかになったポピュリズム的傾向は、今後も注目すべきである。

キーワード：日本政治　東京都知事選挙　小池百合子　劇場型政治　自民党

B.11　コロナショックにおける日本の産業チェーン調整の動向とその影響

田　正／164

要　旨：グローバル化の流れが停滞する中、日本の製造業企業のダイベストメント現象が注目されるようになり、コロナショックによって産業チェーンが断裂し、日本の産業チェーンの安定が戦略の重点まで上っている。製造業企業の日本回帰と東南アジアでの生産多様化は日本の産業チェーン再構築の二つの重要な方向性である。日本政府が打ち出した産業チェーン調整政策は、日本企業の産業チェーン改変に実質的な影響を与えるように見える。短期的には、日本の医療機器やコアパーツの供給が強化され、長期的には日本企業の産業チェーンの多様化・分散化が加速された。これによる中国経済への影響は比較的弱く見えるが、中国にとってはイノベーションの強化、産業チェーン・サプライチェーンの現代化レベル向上のきっかけとなり、これによって日本企業の産業チェーン調整というチャレンジに対応すべきである。

キーワード：産業チェーン　サプライチェーン　バリューチェーン　製造業　直接投資

B.12　コロナ禍における中日民間交流の新たな動向　　　熊　淑娥 / 177

要　旨：2020 年の新型コロナウイルス感染症の世界的大流行は、個人・社会・国レベルの基本的な交流のあり方を劇的に変えた。中日の民間交流は今回のコロナ禍で大幅に制限されたが、同時に両国の人々がお互いに気を配り合い、新たな交流形態が導入され、医療・保健分野の課題が大きく取り上げられ、地域内交流の機運が高まるという新たな動向が現れている。中日の民間交流は、国民同士の相互認識と理解を効果的に増進することができる一方で、国民感情の影響を受けやすいという脆弱性もある。これに対し、両国にはともに反省し、具体的な解決策を見つける責任がある。コロナ禍が終息すれば中日の民間交流は回復すると考えられるが、国力や地位に対して日本が抱く不安は、中日関係の今後に影響を与える重要な変化要因であり、今後も依然として中日の民間交流には一定の妨害要素に直面しているであろう。

キーワード：新型コロナウイルス感染症　民間交流　中日関係　運命共同体

B.13　コロナ禍における日本の対アフリカ外交
　　　　―アフリカへのコロナウイルス感染症対策支援を中心に―

王　一晨 / 190

要　旨：1993 年に東京でアフリカ開発会議が開催されてから、日本は対アフリカ関係を「存在感の維持」から「戦略的な重視」へと、協力モデルを「従来型援助」から「経済協力」に変化させ、同時に、方式においては国際機関と連携して多国間協力を実施し、方向性においてはアフリカの重要な戦略的地域を特に重視するようになってきた。2020 年の新型コロナウイルス感染症爆発以来、アフリカ諸国では状況が特に深刻であ

る。日本は、世界における衛生医療と対外援助の主要国として、アフリカへの影響力を強めるために、ポストコロナ時代の日本・アフリカ協力に狙いを定め、アフリカへの緊急医療援助を拡大し、「感染症対策外交」を展開している。本稿では、新型コロナ禍以前の日本の対アフリカ戦略から入り、主にコロナ禍発生後の日本のアフリカに対する感染症拡大対応支援の新たな変化をまとめ、その動機を分析して情勢を検討・研究する。

　キーワード：日本・アフリカ関係　新型コロナウイルス感染症　インド・太平洋戦略　　感染症対策外交

B.14　2020年の漢字、新語・流行語から見た日本社会及び国民心理

王　瓚瑋 / 203

　要　旨：2020年の漢字は「密」であった。新語・流行語大賞は「3密」、他に「愛の不時着」、「あつ森（あつまれ どうぶつの森）」、「アベノマスク」、「アマビエ」、「オンライン〇〇」、「鬼滅の刃」、「Go Toキャンペーン」、「ソロキャンプ」、「フワちゃん」が挙げられた。新語・流行語の最大の特徴は、いずれもコロナ禍と密接に関係していることである。内容から見ると、感染防止対策、デジタル化改革、心の立て直しという3分野に対する社会の反応を反映している。ここからわかるのは、日本社会が政府のコロナウイルス感染症の対応に不満を持ち、不安に感じているのである。コロナ禍の中、ソーシャルディスタンスはデジタル化改革を加速させたが、これまでの社会の認識と習慣を克服する必要もある。コロナ禍による非常事態の圧力を受け、日本国民は暖かく癒されたいと強く願っている。それによってエンターテイメント業界が社会から注目を集め、経済効果を生んだのである。

　キーワード：今年の漢字　新語　流行語　日本社会　国民心理

目次

Ⅳ　特集研究

B.15　中米日三ヵ国関係の動向と日本の戦略対応　　　　盧　昊／214

　要　旨：2020年、国際情勢は新型コロナウイルス感染症の衝撃を受けることによって、複雑になり、めまぐるしく変わってきた。中米・日米・中日関係には従来の動きの上に、さまざまな新しい動向が現れた。中米対立の激化が続き、駆け引きが複雑になっている。日米同盟の協力が強化されても、摩擦と矛盾は依然として存在する。そして、中日関係は基本的に発展を維持されていたが、消極的要素も増大している。中米日三ヵ国の関係、特に中米の対立に対して、日本は慎重に研究・判断した上で、長期的戦略で対応を準備し、「秩序維持のための制約」の視点から、中米対立を高度に重視し、中米の間でより柔軟な対策を取り、同時に米国や西側体制への傾斜と利用を維持する。日本の「戦略的な活躍」は中米対立を背景に、中米日三ヵ国関係の動きをさらに刺激し拡大する。日本の戦略選択は、中米日関係の将来に重要な影響を与える。

　キーワード：中米日三ヵ国関係　中米対立　中日関係　日本　戦略の自主性

B.16　日豪協力から見る「米日印豪四ヵ国体制」の未来

龐　中鵬／230

　要　旨：日本とオーストラリアの2国間関係は近年大幅に緊密になっている。日豪は首脳レベルで緊密な交流を維持し、日豪関係の発展を強力に推進している。日豪協力の内容は、政治と安全保障、経済・貿易、エネルギー資源などがあり、双方も地域の多国間協力を行い、ここ3年間で最も目を引くのは、「米日印豪」4か国協力体制である。日本とオーストラリアが2国間関係を強化する深い動機は、主に価値観、地政学、南極戦略、エネルギー安全保障、アメリカの要因、自由貿易、多国間主義、第2次世界大戦の侵略による歴史的影響の排除などがある。今後、「米日印豪」4か国の協力体制は、順調な発展、緩慢な発展、挫折による喪失など、いくつかの可能性がある。米国大統領の交替、日本・オーストラリア・インドの情勢の変化、そして「米日印豪」4か国内部の関係の複雑な変化、さらに国際情勢の大きな変動に伴って、未来の「米日印豪」4か国体制は多くの変数と不確定要素に直面する。

キーワード：日豪関係　「米日印豪」4か国体制　日米関係　米印関係　地政学

B.17　ASEAN議長国担当期間中のベトナムと日本との関係に関する新たな動向　　　　　　　　　　　　　　　白　如純／241

要　旨：ベトナムは2020年にアセアンの議長国を務めることによって、アセアン内およびアセアンと地域の関係国との間で調整役を果たした。ベトナムは、その制度的優位性、重要な戦略的位置、人口ボーナスなど後発のポテンシャルを生かし、東南アジアの後発国のモデルとなっている。2020年9月に就任した日本の菅義偉・新首相は、最初の訪問国にベトナムを選び、第2次安倍内閣以後の日本が対ベトナム外交を重視し、重点国を通じてアセアンに影響力を行使する構図が、より明確になった。ベトナムも日本の資金と技術を利用して自国経済を発展させたいと考えており、日本が東南アジア地域のバランスを取る役割を果たすことを歓迎し、経済・政治・安保分野で東南アジアに全面的に介入する力を借りて、地域に対する中国の影響力に対抗しようとしている。しかし、日本とベトナムの間で行われる取引は、RCEP締結後の中国とアセアン諸国の経済協力の一層の深化を妨げるものではなく、中日・日越・中越などさまざまな二国間または多国間協力という大きな流れが、依然として主流となるだろう。

　キーワード：日越関係　日本－アセアン関係　アセアン共同体　アセアン議長国　RCEP

B.18　英国のEU離脱を背景とした日欧関係　　　　　　陳　静静／254

　要　旨：英国のEU離脱は英国とEUだけでなく、双方と密接な関係を持つ日本にも大きな影響を与えた。長年、英国は日本からEUへの扉であり、日本と欧州の各方面との協力に影響を与えてきたため、英国のEU離脱によって日本は英国やEUとの関係を再考し、再定義することを余儀なくされた。英国のEU離脱は日本・EU・英国が一層積極的に国際情勢に関与するよう促す触媒となり、日本は二重の路線で欧州や英国との接触を加速させている。日本とEUは「日本・EU経済連携協定」と「日EU戦略的パートナーシップ協定」を締結し、経済・政治・安全保障での協力強化を継続している。日本と英国は、政治・、安全保障での協力を強化し、「日本・EU経済連携協定」が締結されてから、ただちに「日英包括的経済連携協定」の交渉を開始し、締結した。日欧の急接近を見ると、双方の協力はすでに単一の分野に留まらず、全方位的・戦略的な協力という特徴が現れている。

　キーワード：英国のEU離脱　日欧関係　日英関係　日EU・EPA　日英EPA

B.19　日本の宇宙戦略の新たな動向とその影響　　　　　孟　暁旭／268

　要　旨：2020年、日本は宇宙分野での戦略をさらに深化させ、新たな

『宇宙基本計画』によって、自立した宇宙利用大国になることを強調した。強化措置については、宇宙関連予算を増大させ、宇宙作戦部隊の設立、宇宙監視体制の構築によって、宇宙での攻防能力を強化している。日本の宇宙戦略は、同盟国やパートナー国との協力を重視し、防災・ビジネス・科学技術の発展などに注力する一方、安全保障を重視し、宇宙軍事力の構築も強化するものである。日本の宇宙戦略の深化には、宇宙安全競争を激化させ、米国が同盟国と手を組んで宇宙などの新たな分野での影響力を強化するのに役立つなど、複雑な影響があるため、研究を強化する必要がある。

キーワード：宇宙戦略　多次元統合防衛力　宇宙作戦部隊　インド太平洋戦略　『宇宙基本計画』

B.20　日本の「統合イノベーション戦略推進会議」実施とその政策的イノベーション　　　　　　　　　陳　祥 / 282

要　旨：日本は政府の政策主導によって科学技術の発展を推進している。第二次安倍政権の間に、科学技術戦略に対する首相官邸の主導権を積極的に強化し、中央政府内部にある技術発展促進の「司令塔」としての複数機関を統合し、「統合イノベーション戦略推進会議」を設置した。2020年6月26日の第7回会議は、新型コロナの影響を踏まえ、科学技術発展の方向性について改めて戦略的計画を定め、いくつかの新たな政策を示した。(1) 新型コロナウイルス感染症対策、(2) デジタル化戦略の施行、(3) 基礎科学技術分野への関心。これらは、日本が世界のイノベーションの動向、グローバル社会の新たな方向性、自身の技術の特徴と産業構造に対して大きな戦略的調整を行うことを示しており、今後、世界のイノベーションにおける日本の位置づけに大きな影響を与えるだろう。

キーワード：「統合イノベーション戦略2020」　首相官邸　安倍内閣　デジタル化　新型コロナウイルス感染症

B.21　RCEPの枠組みでの日本の対中経済外交の動向　　常　思純 / 295

要　旨：2020年のRCEP調印は、世界最大規模の自由貿易圏の誕生を意味する。短期的にはインドのRCEP復帰が予想できないこと、新型コロナウイルス感染症流行下における日本の対中貿易依存度の高まり、ASEAN諸国が協定の年内署名を目指していること、米大統領選でのバイデン氏の勝利などによって、たとえインドが参加しなくても日本は、RCEPを署名する決心をした。RCEPが発効すれば、日中は初めて、相互に関税を引き下げ、市場開放に関する交渉で合意に達することになる。これは中日の経済関係のさらなる発展を促進するだけでなく、中日両国がアジア太平洋地域において経済協力を深化させ、産業チェーン・サプライチェーンの最適化統合を実現させるチャンスになる。しかし、アジア太平洋自由貿易区を主導するルートの選択、国際経済における発言権獲得をめぐって、日本の対中経済外交は今後も長期的に協力と競争が共存するのだろう。

キーワード：RCEP　地域経済協力　広域FTA　経済外交　一帯一路

B.22　「経済の安全」を日本の安全保障戦略に組み入れる意図とその影響
　　張　玉来 / 309

要　旨：2020年4月、日本国家安全保障局は、経済安全保障戦略を主導する「司令塔」として「経済班」が新設された。これは、「経済の安全」を日本の国家安全保障戦略システムに組み入れると意味している。

実は、日本は以前から「経済安全保障」を重視しており、関連メカニズムやシステム構築も長期にわたって探求され、実践されてきた。世界的非常事態を背景に、日本は経済安全保障の戦略的アップグレードを実施し、戦略的自主性と戦略的不可欠性の原則を確立し、「一元化」管理の強化を試み、戦略的に取り組むべき重点を明確にした。短期的には、これら一連の戦略的措置により資源配分を最適化し、「変化への適応」という戦略目標を達成することができるかもしれないが、長期的には、市場メカニズムが機能しなくなり、社会の活力とイノベーション能力が低下し、最終的には経済発展に影響を及ぼす可能性がある。

キーワード：日本　経済の安全保障　国家安全保障戦略　戦略的自主性　世界的非常事態

B.23　「日本学術会議」問題と社会の反応についての分析

鄒　皓丹／323

要　旨：「日本学術会議」問題は、菅内閣の発足以来、官民に注目された最初の政治的事件であり、今回の問題は菅内閣が「日本学術会議」に対して行政改革を行うための先鞭であり、安倍改憲路線での安全保障政策改革、武装強化、反対勢力打倒という政治的意図の継続を基本的に反映するものである。今回の問題は広い範囲で議論され、菅内閣が就任を拒否した動機を推測するだけでなく、はっきり分かれた2つの支持グループのうち、「日本学術会議」の支持側は菅内閣の今回の行動の合理性と合法性に異議を唱え、菅内閣の支持側は「日本学術会議」自体に問題が多く、国の将来を危うくしていると批判した。

キーワード：菅義偉内閣　日本学術会議　「日本学術会議」問題　行政改革　安保政策

Ⅴ 付録

B.24 2020年日本の重大事件　　　　陳　静静　孟　明銘　鄧　美薇 / 336

社会科学文献出版社

皮 书

智库报告的主要形式
同一主题智库报告的聚合

❖ 皮书定义 ❖

皮书是对中国与世界发展状况和热点问题进行年度监测,以专业的角度、专家的视野和实证研究方法,针对某一领域或区域现状与发展态势展开分析和预测,具备前沿性、原创性、实证性、连续性、时效性等特点的公开出版物,由一系列权威研究报告组成。

❖ 皮书作者 ❖

皮书系列报告作者以国内外一流研究机构、知名高校等重点智库的研究人员为主,多为相关领域一流专家学者,他们的观点代表了当下学界对中国与世界的现实和未来最高水平的解读与分析。截至2021年,皮书研创机构有近千家,报告作者累计超过7万人。

❖ 皮书荣誉 ❖

皮书系列已成为社会科学文献出版社的著名图书品牌和中国社会科学院的知名学术品牌。2016年皮书系列正式列入"十三五"国家重点出版规划项目;2013~2021年,重点皮书列入中国社会科学院承担的国家哲学社会科学创新工程项目。

中国皮书网

（网址：www.pishu.cn）

发布皮书研创资讯，传播皮书精彩内容
引领皮书出版潮流，打造皮书服务平台

栏目设置

◆ **关于皮书**
何谓皮书、皮书分类、皮书大事记、
皮书荣誉、皮书出版第一人、皮书编辑部

◆ **最新资讯**
通知公告、新闻动态、媒体聚焦、
网站专题、视频直播、下载专区

◆ **皮书研创**
皮书规范、皮书选题、皮书出版、
皮书研究、研创团队

◆ **皮书评奖评价**
指标体系、皮书评价、皮书评奖

◆ **皮书研究院理事会**
理事会章程、理事单位、个人理事、高级
研究员、理事会秘书处、入会指南

◆ **互动专区**
皮书说、社科数托邦、皮书微博、留言板

所获荣誉

◆ 2008年、2011年、2014年，中国皮书网均在全国新闻出版业网站荣誉评选中获得"最具商业价值网站"称号；
◆ 2012年，获得"出版业网站百强"称号。

网库合一

2014年，中国皮书网与皮书数据库端口合一，实现资源共享。

中国皮书网

权威报告·一手数据·特色资源

皮书数据库
ANNUAL REPORT(YEARBOOK) DATABASE

分析解读当下中国发展变迁的高端智库平台

所获荣誉

- 2019年，入围国家新闻出版署数字出版精品遴选推荐计划项目
- 2016年，入选"'十三五'国家重点电子出版物出版规划骨干工程"
- 2015年，荣获"搜索中国正能量 点赞2015""创新中国科技创新奖"
- 2013年，荣获"中国出版政府奖·网络出版物奖"提名奖
- 连续多年荣获中国数字出版博览会"数字出版·优秀品牌"奖

成为会员

通过网址www.pishu.com.cn访问皮书数据库网站或下载皮书数据库APP，进行手机号码验证或邮箱验证即可成为皮书数据库会员。

会员福利

- 已注册用户购书后可免费获赠100元皮书数据库充值卡。刮开充值卡涂层获取充值密码，登录并进入"会员中心"—"在线充值"—"充值卡充值"，充值成功即可购买和查看数据库内容。
- 会员福利最终解释权归社会科学文献出版社所有。

卡号：837433929515
密码：

数据库服务热线：400-008-6695
数据库服务QQ：2475522410
数据库服务邮箱：database@ssap.cn
图书销售热线：010-59367070/7028
图书服务QQ：1265056568
图书服务邮箱：duzhe@ssap.cn

S 基本子库
SUB DATABASE

中国社会发展数据库（下设12个子库）

整合国内外中国社会发展研究成果，汇聚独家统计数据、深度分析报告，涉及社会、人口、政治、教育、法律等12个领域，为了解中国社会发展动态、跟踪社会核心热点、分析社会发展趋势提供一站式资源搜索和数据服务。

中国经济发展数据库（下设12个子库）

围绕国内外中国经济发展主题研究报告、学术资讯、基础数据等资料构建，内容涵盖宏观经济、农业经济、工业经济、产业经济等12个重点经济领域，为实时掌控经济运行态势、把握经济发展规律、洞察经济形势、进行经济决策提供参考和依据。

中国行业发展数据库（下设17个子库）

以中国国民经济行业分类为依据，覆盖金融业、旅游、医疗卫生、交通运输、能源矿产等100多个行业，跟踪分析国民经济相关行业市场运行状况和政策导向，汇集行业发展前沿资讯，为投资、从业及各种经济决策提供理论基础和实践指导。

中国区域发展数据库（下设6个子库）

对中国特定区域内的经济、社会、文化等领域现状与发展情况进行深度分析和预测，研究层级至县及县以下行政区，涉及省份、区域经济体、城市、农村等不同维度，为地方经济社会宏观态势研究、发展经验研究、案例分析提供数据服务。

中国文化传媒数据库（下设18个子库）

汇聚文化传媒领域专家观点、热点资讯，梳理国内外中国文化发展相关学术研究成果、一手统计数据，涵盖文化产业、新闻传播、电影娱乐、文学艺术、群众文化等18个重点研究领域。为文化传媒研究提供相关数据、研究报告和综合分析服务。

世界经济与国际关系数据库（下设6个子库）

立足"皮书系列"世界经济、国际关系相关学术资源，整合世界经济、国际政治、世界文化与科技、全球性问题、国际组织与国际法、区域研究6大领域研究成果，为世界经济与国际关系研究提供全方位数据分析，为决策和形势研判提供参考。

法律声明

"皮书系列"（含蓝皮书、绿皮书、黄皮书）之品牌由社会科学文献出版社最早使用并持续至今，现已被中国图书市场所熟知。"皮书系列"的相关商标已在中华人民共和国国家工商行政管理总局商标局注册，如LOGO（ ）、皮书、Pishu、经济蓝皮书、社会蓝皮书等。"皮书系列"图书的注册商标专用权及封面设计、版式设计的著作权均为社会科学文献出版社所有。未经社会科学文献出版社书面授权许可，任何使用与"皮书系列"图书注册商标、封面设计、版式设计相同或者近似的文字、图形或其组合的行为均系侵权行为。

经作者授权，本书的专有出版权及信息网络传播权等为社会科学文献出版社享有。未经社会科学文献出版社书面授权许可，任何就本书内容的复制、发行或以数字形式进行网络传播的行为均系侵权行为。

社会科学文献出版社将通过法律途径追究上述侵权行为的法律责任，维护自身合法权益。

欢迎社会各界人士对侵犯社会科学文献出版社上述权利的侵权行为进行举报。电话：010-59367121，电子邮箱：fawubu@ssap.cn。

社会科学文献出版社